汉画像石画像砖艺术研究

黄雅峰 著

中国社会科学出版社

图书在版编目(CIP)数据

汉画像石画像砖艺术研究/黄雅峰著.—北京：中国社会科学出版社，2011.12（2014.5重印）

ISBN 978-7-5161-0058-5

Ⅰ.①汉… Ⅱ.①黄… Ⅲ.①画像石—研究—中国—汉代②画像砖—研究—中国—汉代 Ⅳ.①K879.404

中国版本图书馆CIP数据核字（2011）第177766号

出版人 赵剑英
策划编辑 郭沂纹
责任编辑 夏侠
责任校对 韩天炜
责任印制 王超

出版 中国社会科学出版社
社址 北京鼓楼西大街甲158号（邮编100720）
网址 http://www.csspw.cn
中文域名：中国社科网 010-64070619
发行部 010-84083685
门市部 010-84029450
经销 新华书店及其他书店

印刷 北京市大兴区新魏印刷厂
装订 廊坊市广阳区广增装订厂
版次 2011年12月第1版
印次 2014年5月第2次印刷

开本 710×1000 1/16
印张 21.75
插页 8
字数 390千字
定价 58.00元

图版一　河南郑州出土仰韶文化陶瓮棺　（照片）

图版二　浙江余杭反山出土玉琮神人兽面像　（照片）

图版三　河南南阳高庙汉画像石墓（照片）

图版四　河南淅川徐家岭九号楚墓出土铜怪兽　（照片）

图版五　洛阳烧沟 61 号西汉壁画墓　（照片）

图版六　洛阳烧沟 61 号西汉壁画墓前后室隔梁前壁大傩图画面　（照片）

图版七　安徽巢湖放王岗西汉墓凤鸟纹玉璧（照片）

图版八　四川新都酿酒汉画像砖　（照片）

图版九　陕西西安白家口出土西汉女俑　（照片）

图版十　陕西西安霍去病墓伏虎石雕　（照片）

图版十一　山东长清孝堂山郭氏祠堂石面肌理　（照片）

图版十二　河南南阳麒麟岗汉画像石墓墓女主人画像　（照片）

图版十三　河南南阳陈棚汉画像石墓彩绘画像　（照片）

图版十四　山东沂南汉画像石墓后室藻井　（照片）

图版十五（1） 陕西神木大保当 M11 汉画像石墓左门柱 （照片）

图版十五（2） 陕西神木大保当 M23 汉画像石墓墓门 （照片）

图版十六　新疆呼图壁康家石门子岩画　（照片）

图版十七　河南南阳麒麟岗汉画像石墓透视图

图版十八　湖南长沙子弹库楚墓出土人物御龙图　（照片）

图版十九　希腊维尔雪公元前五世纪陶瓶　（照片）

图版二十　四川广汉三星堆青铜神树　（照片）

图版二十一　河南巩县石窟北魏一窟　（照片）

图版二十二　河南邓县学庄出土南朝画像砖　（照片）

图版二十三　敦煌二四八窟北魏菩萨　（照片）

序

汉画像石、画像砖是汉代出土存量最丰富的文化遗存，也是中国美术具有代表性的视觉形式。汉画像石、画像砖作为建筑构件，由于建筑的开放性与实用性，及装饰图像的艺术性，往往会对观者形成视觉冲击力。山东嘉祥出土的东汉武氏墓地“从事武梁碑”碑文“摅骋技巧，委蛇有章，垂示后嗣，万世不亡”[①]。描写了画像石由技法完成样式的感人形象。汉画像石依靠自身的视觉造型，在图像的“垂示后嗣”的过程中，完成了思想“万世不亡”的艺术功用。汉代的艺术是综合整体的，常通过图像进行表达，通过技法、样式、色彩表现，创造出生动的视觉形象，以造型艺术的图像形式来感动观者。汉画像石、画像砖是完美的汉代艺术，通过图像形式集中呈现，对其审美认识与思维当时已经展开。

正如王朝闻所指出，“南阳画像石是难以匆匆理解的文化现象”[②]，汉代以后，画像石、画像砖慢慢减少了使用，汉画像艺术尚未被进一步认识的时代已经过去了，对其研究由金石学逐步展开。从宋至清，金石学以画像石为载体，由重视文字考证逐渐到重视图像解读，形成了用文字、文献考据汉画像的研究方法。尽管清末瞿中溶在《汉武梁祠画像考》一书中是有40幅形象概括，用线简约的摹图[③]，但图旁有文字释读，用文字来说明图像，全书中注重的还是文字、文献对图像的考据。目前在国内，金石学方法仍被汉画研究所沿用，同时考古学和文化学方法也得到了尝试。国外画像石研究，由20世纪初的“综合著录式”[④] 到巫鸿提出的“中层研究”方法论[⑤]，对画像

---

① 洪适：《隶释》卷六《从事武梁碑》，中华书局1985年版，第74—75页。

② 王朝闻语，参见韩玉祥著《汉画学术文集》，河南美术出版社1996年版，第4页。

③ 参见瞿中溶著《汉武梁祠画像考》，北京图书馆出版社2004年版，第353—427页。

④ 参见巫鸿著《国外纪年汉画像研究之回顾》，《中原文物》1999年第1期。

⑤ 同注释④。

的图录、内容、意义方面不断进行深化，其艺术研究显得滞后。目前画像石、画像砖研究已有不少著述，一些著述的研究中也涉及艺术风格的探索。但严格意义上的艺术研究还有待于深入进行。

进行汉画像石、画像砖的艺术研究，要清晰认识研究方法，皮道坚认为："我们惯用的一些解释艺术作品的方法，其实并不具有普遍性。至少，我们还缺乏视觉样式学方面的研究，还有待于发展纯视觉方面的理论。"[①] 完美的视觉形式是汉画像石、画像砖的突出特点，石材砖材的质地肌理、疏朗大方的简约构图、力透画面的金石细线、行云流水的运动轨迹，形成了别具一格的视觉形式。我们运用中西方成熟的艺术理论，着眼于视觉艺术的研究，才能排除很多假设和谬误。在艺术研究中，通过分析汉画像石、画像砖的视觉形式，探索汉代人的艺术追求，揭示中国艺术在汉代这一重要时期的观察特性与审美感觉，从而认识其美术史意义与艺术精神，将成为艺术研究的重要途径。

艺术形式取悦于视觉感官，1983 年吴冠中在南阳考察汉画像石时，曾向笔者谈到了中国有两个地方的艺术曾使他流出过眼泪，一是西安霍去病墓石刻，二是南阳汉画像石。吴先生学贯中西，以形式美的睿眼注目汉代雕刻的代表作——浪漫恢弘的霍去病墓石刻与南阳汉画像石，产生了强烈的共鸣，他当时的热切之情溢于言表，多年来留存清晰的印象，激发笔者在艺术研究中运用形式美的眼睛探视画像石、画像砖。1994 年完成了拙作《南阳汉画像砖石的视觉造型》[②]，从建筑、雕刻、形式、运动、肌理等方面初步分析了南阳汉画像石、画像砖的艺术特点。2003 年承担了全国艺术科学"十五"规划课题《汉画像石、画像砖艺术研究》。在课题研究中，首先重温了南阳汉画像石、画像砖的区域艺术特点。接着进行了南阳麒麟岗汉画像石墓[③]、海宁汉画像石墓[④]的个案研究，获得了较为深入的一手资料。然后确定以图像研究为切入点，并选择了西方图像学与中国传统艺术思维相结合的研究方法。内容展开为六章：艺术渊源，本土艺术特征与分区，平面形式，形象特征，图像传统，艺术影响。逐步展开对画像石、画像砖艺术特点的分析：汉画像石、画像砖以线性表现物象，由阴线刻到隐起刻完成空间表现，呈现平

① 皮道坚：《楚艺术史》，湖北教育出版社 1995 年版，第 17 页。
② 参见黄雅峰著《南阳汉画像砖的视觉造型》，河南美术出版社 1994 年版。
③ 参见黄雅峰著《南阳麒麟岗汉画像石墓》，三秦出版社 2008 年版。
④ 参见黄雅峰著《海宁汉画像石墓》，浙江大学出版 2008 年版。

面装饰形式，形成中国造型艺术的基本表现方法；汉画像石、画像砖形象栩栩如生，蕴涵着动物的生命力和汉代人的阴阳观念，以几何图案的简约概括、材质肌理的恰当选择、节奏明快的运动表现，形成了感人的情节；汉画像石、画像砖图像丰富，形式完美，具有典型的美术史意义。2009 年课题完成结项后，笔者增加了绪论，主要述及汉画像石、画像砖艺术研究历史及其艺术史学意义，并进一步修订结项成果，形成了书稿。

汉画像石、画像砖艺术研究相对薄弱，顾森认为："主要原因是没有一定数量从事艺术研究的专家和学者的投入，还有一个原因是今天的研究者对艺术研究的方法和观念不无完全清晰。"① 在不断深入的汉画像石、画像砖艺术研究中，会有更多的著述提出研究的方法和观念，在这条洒满锦华的五彩路上，本书也能起到路石的铺垫作用。

① 顾森：《谈汉画的艺术研究》，李国新《汉画像砖造型艺术》序，河南大学出版社 2010 年版。

目　录

绪　论

汉画像石、画像砖是古代艺术的璀璨明珠。作为建筑构件，汉画像石、画像砖完成了构造与装饰的功能，形成建筑、雕刻、绘画的综合艺术表现形式。

汉画像石、画像砖因其特殊的石、砖质地，与用于构筑地下墓室的用途得以流传至今。其分布地域之广阔、数量之众多，艺术表现力之丰富，迄今为止我们所见到的汉代的帛画、壁画、漆画等其他艺术形式所难以相提并论。可以说，汉画像石、画像砖是汉代艺术的主要表现形式，是汉代以前中国古典艺术发展的顶峰，对汉代以后的艺术产生了深远的影响。同时，汉代是民族文化的奠基期，汉画像石、画像砖凝聚着中华民族本土艺术精神，在中国艺术史上具有里程碑的作用。

汉画像石、画像砖，一方面具有充足的图像资料，另一方面学界对于图像进行了翔实的考证，形成了丰富的文献研究成果，建立了中国艺术史的宏大图像体系。长期以来，汉画像石、画像砖成为中国艺术史的重要考古研究对象，其图像形成了艺术研究的主要环节。

一　汉画像石、画像砖艺术的研究历史

汉画像石、画像砖深沉雄大，独有的文化传统形成了鲜明的艺术特征，其艺术研究的历史源远流长。

（一）汉代图像的民间交流

艺术的发展过程，是由简单到复杂缓慢前进的。张道一认为："画像石正好说明了事物发展是由笼统而具体，由综合而单一的规律。"[①] 汉画像石、画像砖是一种综合艺术，汉代人的思想境界与生死观决定了汉画像石、画像砖的综合表

---

① 张道一：《画像石鉴赏》，重庆大学出版社 2009 年版，第 4 页。

现形式，而丧葬的实用功能又形成了汉画像石、画像砖的艺术交流。

A 墓地祠堂等公共建筑的开放性传播

汉代的墓地祠堂是墓祭祖先的地方。祠堂有木结构与石结构两类，石结构祠堂在建筑构造石材表面雕刻图像，在墓祭与开放的过程中，进行艺术形式与文化思想的传播与影响。

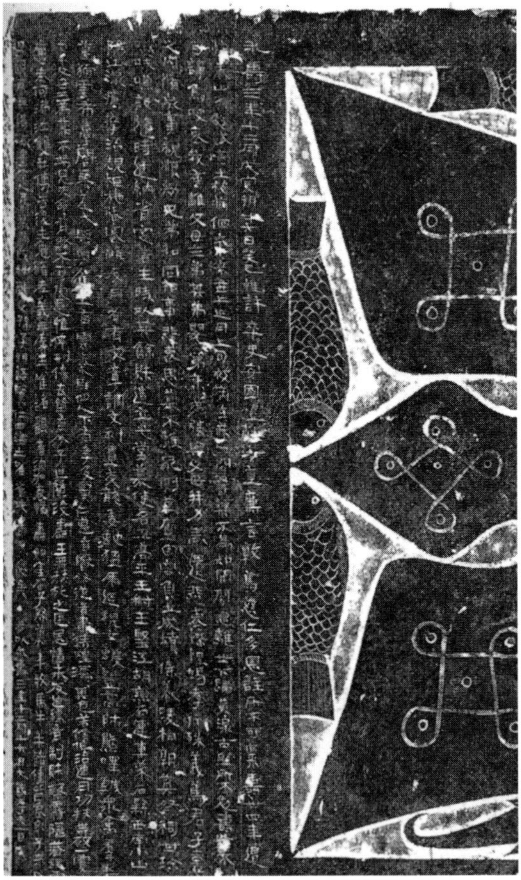

图1 山东嘉祥永寿三年安国祠堂画像石 （拓本 局部）

石祠堂建筑样式大小不一，均具有墓祭与开放的实用功能。现存的孝堂山石祠堂面阔4.14米，进深2.5米，通高2.64米，人可以进入祠堂内观看丰富的图像。郦道元在《水经注·洛水》记叙李刚墓祠堂“椽架高丈余，镂石作椽瓦屋，施平天造……雕刻为君臣、官属、龟龙、鳞凤之文、飞禽走兽之像，作制工丽，不甚毁伤”。从文中可以看到李刚墓祠堂室内空间大，壁面、天井等处皆雕刻有图像，人们可以自如观望。关于祠堂的开放功能，山东嘉祥宋山魏晋墓出土的永寿三年安国祠堂画像石（图1）的题记可以说明。全文有461字，题记最后记为：“唯诸观者，深加哀怜，寿如金石，子孙万年。牧马牛羊诸僮，皆良家子，来如堂宅，但观耳，无得琢画，令人寿；无为贼祸，乱及孙子。明语贤仁四海士，唯省此书，无忽矣。”[①] 这段文字形象

① 济宁地区文物组、嘉祥县文管所：《山东嘉祥宋山1980年出土的汉画像石》，《文物》1982年第5期。

地说明了祠堂具有广泛的开放性，为了防止图像受到人为损坏，以至于在图像旁刻出警句，要求“牧马牛羊诸僮”不能乱画，影响图像的教育作用。

题记中间的行文中，还生动描述了祠堂图像的艺术特色：“台阁参差，大兴舆驾。上有云气与仙人，下有孝友贤人。”[①] 说明众多的图像生动有序，形式多变，文字对图像画龙点睛，让观者释读图像的艺术特点。另一方面记叙了祠堂的建造经过与图像的雕刻过程：“以其余材，造立此堂，募使名工，高平王叔、王坚、江胡、栾石、连车，采石县西南小山阳山。琢砺磨治，规矩施张，褰帷反月，各有文章。”[②] 告知有一个以高平王叔为首的“名工”队伍在修造祠堂，雕刻画像石。可见图像的交流与传播有两个渠道，第一是图像与祠堂观者进行共鸣互动，产生影响；第二是工匠队伍把祠堂图像的艺术形式与表现手法带到其他地方的画像石制作中，进行艺术传播。

一些经典的石祠堂图像产生更大的影响。山东嘉祥武氏祠堂武梁祠图像经过了武梁本人的精心设计，屋顶上的祥瑞征兆，山墙上的仙人境界，墙壁上的人类历史，这些图像进行了系统分类。正如巫鸿所说：“武梁祠画像是中国艺术史上最精彩的一部‘图像历史’。”[③] 自汉代起，武梁祠就开始具有图像传播的艺术功能。

汉代的神庙阙和墓阙、石碑等公共建筑的画像石图像，与汉代石祠堂一样起到民间传播的作用。

B 汉画像石、画像砖的生产与交流

汉画像石、画像砖的制作队伍，安国祠堂画像石题记已清楚显示。另外在武氏祠堂当年立的“从事武梁碑”中也有相关记叙：“前设坛坦，后建祠堂。良匠卫改，雕文刻画，罗列成行”[④]，武梁祠是由“良匠卫改”带领的工匠队伍“雕文刻画”而精心修造的。同时碑文还有两层意思：第一是“前设坛坦，后建祠堂”。武梁祠是武梁统一设计的，“坛坦”与“祠堂”、地下墓室的方位形制与图像内容均体现武梁的思想追求。武梁祠即是一个大工地，地上与地下的建筑与雕刻在武梁设计思想的指导下，有“卫改”的良

---

① 济宁地区文物组、嘉祥县文管所：《山东嘉祥宋山 1980 年出土的汉画像石》，《文物》1982 年第 5 期。

② 同上。

③ ［美］巫鸿（柳扬、岑河译）：《武梁祠——中国古代画像艺术的思想性》，生活·读书·新知三联书店 2006 年版，第 230 页。

④ 洪适：《隶释》卷六《从事武梁碑》，中华书局 1985 年版，第 74—75 页。

匠队伍现场完成的。第二是“垂示后嗣，万世不亡”，武梁祠图像从雕刻之日起，通过其建造和竣工后的开放性特点产生影响，“良匠卫改”工匠队伍也把武梁祠的图像内容与风格在他地传播。

高平王叔的“名工”队伍、“良匠卫改”的工匠队伍活动在山东嘉祥一带，在河南南阳、浙江海宁等地均有一些雕刻画像石技术精湛的画师工匠队伍，在承担画像石建筑的设计与雕造任务。① 像武梁祠一样，画像石建筑的制作一般在现场进行。按照画像石需放平雕刻的特点，一般来说，画像石雕刻好后再进行建筑组装。河南密县打虎亭汉画像石墓：“是在墓室券砌之前，根据画像的布局与内容，在墓外进行雕刻预制的，然后再按部位砌在墓内各部位。”② 南阳麒麟岗汉画像石墓三个主室的盖顶石，各用大小不等的数块石材筑造，其丰富生动的黄帝暨日月神、伏羲女娲高禖图像，也需放平雕制才能完成。这些复杂的图像雕刻要用很多时间，来往观赏的人次会很多，艺术影响广泛。有些画像石建筑的工期很长，武氏祠由东汉桓帝末至灵帝初年，历时一百二十余年，产生的影响更大。另外，一个地区的画像石制作中，不同的画师工匠队伍会相互影响，同一个画师工匠队伍也会把制作方法带到他处，这样形成了一个地区的画像石统一题材与风格，山东嘉祥地区的武氏祠堂与宋山祠堂、河南南阳唐河地区的冯君孺人与针织厂等汉画像石墓、浙江北部地区的海宁与德清汉画像石墓均有这种特点。

汉代画像砖多用于地面大型建筑的铺地与地下墓室结构的不同部位。在地面建筑多使用装饰图案，地下墓室的图像则极为丰富。画像砖的模制方法可以使其事先定做，然后再进行墓室砌筑。襄县茨沟发掘的一座记有东汉纪年的墓葬，在墓室拱顶拐角两侧，上下均有刻着“左行”、“右行”字样的两行文字砖，显然是防止砌筑墓室时错位而专门生产的。③ 在汉代已有制砖瓦的手工业，官办的砖瓦作坊与民间的砖瓦作坊出现了，制砖工匠民间已经称为“甓师”④。画像砖在作坊生产，也接受定做，进行销售。黄明兰在对画像砖作坊考古发掘研究时指出：“在汉河南县城内南部：烧造陶器和空心

---

① 参见黄雅峰著《海宁汉画像石墓研究》，浙江大学出版社 2008 年版，第 88 页。

② 河南省文物研究所：《密县打虎亭汉墓》，文物出版社 1993 年版，第 336 页。

③ 参见河南省文化局文物工作队《河南省收集的古代花纹小砖和文字砖》，《文物》1965 年第 5 期。

④ 参见湛轩业、傅善忠、梁嘉琪主编《中华砖瓦史话》，中国建材工业出版社 2006 年版，第 180 页。

砖的作坊在洛阳东站南路中段西侧一带，我们在这里发掘了几十座窑址。画像空心砖则是作为一种专门的圹（墓）砖在洛阳畅销于市。"[①]作坊一方面生产画像砖，一方面成为画像砖图像艺术传播交流的场地。

在制作过程中，画像砖的首要工序是制模。制作木模时要精心设计图像，并将其反刻在木模上。因此首先要确定图像的题材与刻制方法，接着把图像雕刻在木模上。这个工序要对以往的图像借鉴使用，要在借鉴的基础上对图像进行创新，这是艺术交流的重要一步。在以后的翻制泥坯、入窑烧制过程中，图像也会产生一定的艺术影响。

段拭认为："为装饰坟陇而建造祠堂石阙，为装饰祠堂石阙而作画像雕刻；画像、雕刻特别盛行于东汉，这种双重的奢侈风气是其主要原因。"[②] 以厚葬的奢侈原因为诱导，汉代社会迅速发展了汉画像石、画像砖图像艺术。汉代当时的造纸技术虽经蔡伦改进，但纸张还没有广泛使用，画像石、画像砖及壁画的表现形式成为记录图像，进行图像交流的主要载体。"雕文刻画"，汉代人视为画像石、画像砖的图像为"刻画"，这种"刻画"形式在汉代广为流行，成为汉代的艺术表现主体。

C 图像与题榜的相互印证

汉画像石、画像砖的图像传播还借助于题榜的释读，图像由题榜而确定出主题与内容，并生发出深刻的思想意义。

武梁祠图像完整而系统，其画龙点睛的榜题更使图像蓬荜生辉。西壁第二层刻十一位古代帝王图像，其旁均有榜题，如伏羲、女娲图像左边隔栏榜题："伏戏（羲）仓精，初造王业，画卦结绳，以理海内"，[③] 祝融图像左边隔栏题字："祝诵（融）氏：无所造为，未有耆欲，刑罚未施"[④]，神农氏图像左边隔栏榜题："神农氏：因宜教田，辟土种谷，以振万民"[⑤]，黄帝像左边隔栏榜题："黄帝：多所改作，造兵井田，（垂）衣裳，立宫宅"[⑥]。这些榜题有两种模式，一种是说明帝王的姓名或号，另一种是表示帝王的主要贡献与德行。图像与榜题密切结合，伏羲女娲图像中伏羲女娲半人半蛇，手执

---

① 黄明兰：《洛阳汉画像砖》，河南美术出版社 1986 年版，第 5 页。

② 段拭：《汉画》，中国古典艺术出版社 1958 年版，第 10 页。

③ ［美］巫鸿（柳扬、岑河译）：《武梁祠——中国古代画像艺术的思想性》，生活·读书·新知三联书店 2006 年版，第 265 页。

④ 同上书，第 266 页。

⑤ 同上书，第 267 页。

⑥ 同上。

规尺、尾部相连，中间有小孩分别拉着他们，表现女娲伏羲阴阳相济、初始人类的场景。榜题“初造王业，画卦结绳，以理海内”点明了图像的主题。西壁第三层有曾子、闵子骞、莱子、丁兰四幅孝行图像，每幅也都有榜题，其中曾子图像左上方榜题：“曾子质孝，以通神明，贯（感）神祇，著号来方，后世凯式，（以正）抚纲”①，下方隔栏上榜题：“谗（言）三至，慈母投杼”②。闵子骞图像（图2）左上方榜题：“闵子骞：与假母居，爱有偏移，子骞衣寒，御（车）失棰”③，右上方榜题：“子骞后母弟，子骞文”④。在这幅图像中闵子骞跪在车后，与坐在马车转身朝后的父亲恳求不要休掉虐待自己的继母，其同父异母弟弟在前面驾驭着马车。图像的榜题一方面介绍了图像人物的身份，另一方面对图像内容进行了概述。

图2 山东嘉祥武梁祠闵子骞画像 （拓本）

南阳东关李相公庄建宁三年许阿瞿墓志画像（图3），图像分上下两组，上组为许阿瞿在观看孩童玩耍，下组为舞乐百戏表演。图像中许阿瞿右上方有榜题“许阿瞿”，说明主人身份，左侧有136字的题记：“惟汉建宁，号政三年，三月戊午，甲寅中旬。痛哉可哀，许阿瞿身。年甫五岁，去离世荣。

① ［美］巫鸿（柳扬、岑河译）：《武梁祠——中国古代画像艺术的思想性》，生活·读书·新知三联书店2006年版，第289页。

② 同上。

③ ［美］巫鸿（柳扬、岑河译）：《武梁祠—中国古代画像艺术的思想性》，第291页。

④ 同上。

图3　河南许阿瞿墓志画像　（拓本　局部）

遂就长夜，不见日星。神灵独处，下归窈冥。永与家绝，岂复望颜。谒见先祖，念子营营。三增仗火，皆往吊亲。瞿不识之，啼泣东西。久乃随逐（逝），当时复迁。父之与母，感□□□。父之与母，□王五月，不□晚甘。羸劣瘦□，投财连（联）篇（翩）。冀子长哉，□□□□。□□□此，□□土尘，立起□扫，以快住人。”① 题记说明许阿瞿的去世年月、年龄，表现了其父母对许阿瞿的爱怜，及儿子去阴间后的恐惧思想。因此把此文刻在图像旁边，题字与图像共同出现在许阿瞿的祠堂中，委托家族的祖先呵护关照许阿瞿的安全。图像与文字相互印证，增加了图像的艺术感染力。

南阳淅川老人仓出土的汉画像砖文字为“永初七年作冢长富贵”②（图4.1），南阳唐河井楼出土的汉画像砖文字为“千秋万岁”③（图4.2）。文字内容清楚明了，加强了墓室图像的艺术功能。

① 王建中、闪修山：《南阳两汉画像石》，文物出版社1990年版，图版282。

② 赵成甫：《南阳汉代画像砖》，文物出版社1990年版，图版406。

③ 同上书，图版410。

图 4.1 河南南阳淅川老人仓汉画像砖 (拓本)

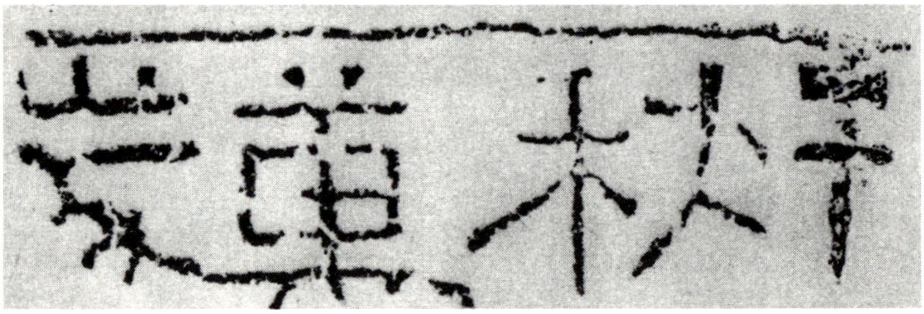

图 4.2 河南南阳唐河井楼汉画像砖 (拓本)

巫鸿认为汉代有两种视觉表达系统："一个系统以抽象的象征符号和图形图解宇宙，另一个系统则以具体的形象描画宇宙。"① 汉画像石、画像砖建筑本身以象征图形图解宇宙，汉画像石、画像砖的图像则形象性地描画宇宙。他们以强盛的生命力迅速传播，将汉代艺术推向了历史的高峰。另外，画像石、画像砖图像借助其建筑功能形式广泛进行艺术交流，逐步形成汉代气魄雄大的艺术风格。

金石学肇始于汉，朱剑心认为："金石之学，我国过去考古学之核心也。……三代之间，有金而无石；秦汉以后，石多而金少，而金亦无足甚重。故欲究三代之史莫如金，究秦汉以后之史莫如石。"② 汉画像石是汉代金石学的重要载体，其图像与题榜诠释出汉代的历史。朱剑心进一步分析："金石文字，自成专门独立之学，可不待言。而其裨于他学者，亦有三焉。一曰考订，统经史小学而言；一曰文章，重其原始体制；一曰艺术，兼赅书画雕刻。"③ 就艺术而言，朱剑心认为："金石之文，可以订史，

① ［美］巫鸿（郑岩、王睿编，郑岩等译）：《礼仪中的美术——巫鸿中国古代美术史文编》，生活·读书·新知三联书店 2005 年版，第 645 页。

② 朱剑心：《金石学》，商务印书馆 1930 年初版、1955 年重印，第 13 页。

③ 同上书，第 4 页。

可以補佚，"[1]"而其书体之美，变化之多，尤为特色"[2]，"又如汉代各种石刻画像，人物鸟兽，宫廷器具，无一不备，别有作风。"[3] 汉画像石、画像砖在汉代一方面完成了"订史"、"補佚"的社会功能，另一方面其图像与题榜完成了"书画雕刻"的艺术功能。汉画像石、画像砖是汉代金石研究的重要对象。

（二）晋至唐代画像石图像的记录与拓制

图像研究从地面上画像石建筑开始，因此对画像石的记录，早期出现在石祠等地面建筑上，《水经注》引晋人戴延之《西征记》云："……金乡山，山形峻峭，冢（前有石祠石庙，四壁皆）青石隐起。自书契以来，忠（臣、孝子、贞妇、孔子）及弟子七十二人形象，像边皆（刻石记之，文字分）明。"[4] 北魏郦道元在《水经注》中除对李刚墓图像描述外（见本书前文），还记录多个画像石建筑的画像。《水经注·洧水》（王国维校本）："洧水……东南流，迳汉弘农太守张伯雅墓。茔四周垒石为垣，隅阿相降，列于绥水之阴，庚门表二石阙，夹对石兽于阙下，冢前有石庙，列植三碑，碑云：德字伯雅，河内密人也。碑侧树两石人，有数石栓及诸石数矣。（宋本作诸石兽）旧引绥水南入茔城（疑作域）而为池沼，沼在丑地，皆蟾蜍吐水，石隍承溜。池水南，又建石楼，石庙前，又翼列诸兽。"[5] 描述汉弘东太守张德墓的画像石建筑群，入口处为双石兽与双阙，通过神道石祠堂前有三碑，碑侧有石人与诸石兽。后面的墓园引水作成池沼，石楼在其侧，又有喷水的石蟾蜍与诸石兽。整个墓区的环境典雅、布局合理、图像雕刻生动（图5）。《水经注·淯水》："水南道侧有二石楼，相去六七丈，双峙齐竦，高可丈七八，圆柱围二丈有余，石质青绿，光可以鉴，其上鎏栌承拱，雕檐四柱，穷巧绮刻，妙绝人工，题言蜀郡太守姓王，字子雅，南阳西鄂人，有三女无男，而家累千金，父没当葬，女自相谓曰，先君生我姊妹，无男兄弟，今当安神玄宅，翳灵后土，冥冥绝后，何以彰吾君之德，各出钱五百万，一女筑墓，二女建楼，以表孝思，铭云墓楼。"[6] 描绘蜀郡太守王子雅墓的二石

① 朱剑心：《金石学》，商务印书馆 1930 年初版、1955 年重印，第 11 页。
② 同上书，第 11 页。
③ 同上书，第 12 页。
④ 郦道元：《水经注》，陈桥驿注释，浙江古籍出版社 2001 年版，第 136 页。
⑤ 郦道元：《水经注》，商务印书馆，国学基本丛书本，卷二十二，第 276 页。
⑥ 郦道元：《水经注》，陈桥驿注释，浙江古籍出版社 2001 年版，第 439 页。

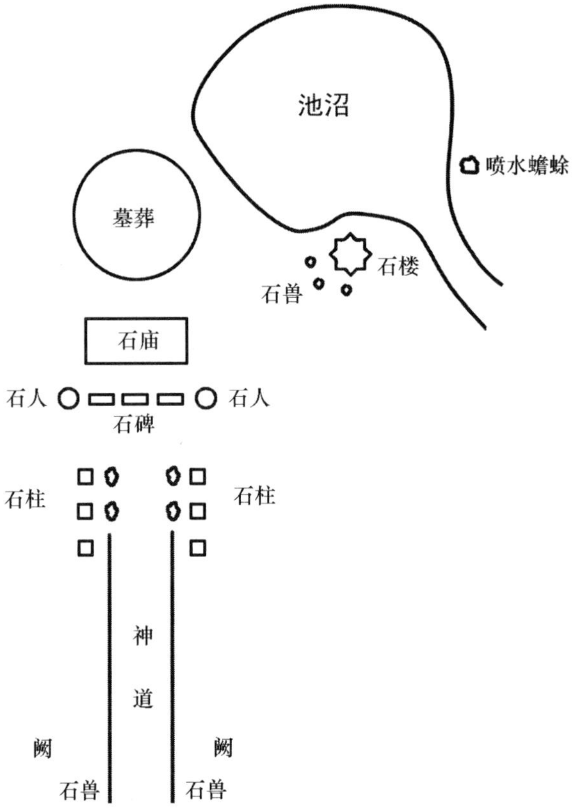

图5　汉弘东太守张德墓地复原平面图

楼“穷巧绮刻，妙绝人工”的画像石雕刻。同时记录王子雅三个女儿修造墓地及石楼的过程，把对图像的艺术表现方法与思想追求清晰地进行表述。《水经注》这部北魏的历史地理名著把诸水道流域的画像石建筑忠实记录，阐发了汉代画像石图像的形式与意义。

关于武梁祠画像石的唐拓本，王昶《金石萃编》称：“右汉从事武梁祠堂画像，传是唐人拓本，旧藏武进唐氏，前有提督江河淮海兵马章，后有襄文公顺之暨其子鹤徵私印。”① 而容庚在《汉武梁祠画像考释》“武梁祠画像旧拓本之流传”一节中认为：该拓本为武梁祠第一石上半石之“剪装本”。根据顺治九年（1652）嘉祥县志中“太子墓石享堂三座没土中，不尽者三

① 王昶：《金石萃编·卷二十·武氏祠堂画像题字·汉十六》，北京市中国书店1985影印本。

尺”，可以看出所谓的唐拓本是武梁祠漏出地面的部分所拓图像。容庚又据黄易提供的洪山石崖元人题字所云，在至正四年（1344），昏垫最甚，当时浊浪奔腾，石室尽损，积于盈丈。[①] 认为该拓本是明代所为。两种结论反映武梁祠图像的研究深入，若是唐拓本意义更为重大，说明唐代已对画像石的图像进行拓制研究，已经不再停留在晋人对画像石图像的文字记录上，而采取把图像模制下来进行专门的研究。图像成为一个专门的艺术形式进入了研究过程中。

（三）宋代金石学的图像整理

宋代金石学发展极盛，古物研究是社会的时尚，金石学家一方面收藏器物，一方面保存拓本，并进行著录。成书于1061年的欧阳修的《集古录》，著录了424件拓本[②]，也记录了武氏墓地的一些遗迹。汉画像石画像砖图像在宋代得到进一步整理。

沈括《梦溪笔谈》。沈括的《梦溪笔谈》成书于1086—1093年，其卷十九对朱鲔墓画像石记载：“济州金乡县发一古冢，乃汉大司徒朱鲔墓，石壁皆刻人物、祭器、乐架之类。人之衣冠多品，有如今之幞头者，中额皆方，悉如今制，但无脚耳。妇人亦有如今之者，如近年所服角冠，两翼包而下垂及肩，略无小翼。人情不相远，千余年前冠服已常如此。其祭器亦有类今之食器者。”沈括在对人物、祭器、乐架的图像分类描述后，然后说明人的“衣冠多品”、有多种形式，再以“幞头”的冠式，进行古今比较。最后得出“千余年冠服已常如此”的结论。这一记载反映宋代学者对汉画像石图像的比较研究已开始进行。

米芾《画史·唐画》。米芾《画史·唐画》一书云：“济州破朱浮墓，有石壁，上刻车服、人物、平生随品所乘，曰‘作府君令时’。车是曲辕，驾一马，车轮略离地，上一盖，坐一人，三梁冠，面与马尾平对，自执绥，马有裙遮其尾。一人御，又曰‘作京兆尹时’，四马，辕小曲，车差高盖下坐，仪卫多有曰‘鲜明队’……”此文为画家所撰，已注意了图像的形象细节。如“东是曲辕”、“车轮略离地”、“面与马尾平对”、“马有裙遮其尾”等的记叙。反映宋代对汉画像石图像细节的研究深入。另外此书与《梦溪笔

① 参见吴曾德、闪修山、萧涓燕《汉代画像石的发现与研究》，汉代画像石砖研究·93，中国南阳汉画像国际学术讨论会会议文集，中原文物1996增刊。

② 参见陈俊成《宋代金石学著述考》，自印本1976年版，第1—3页。

谈》成书时间接近，加之所记录两画像石墓同在济宁，有学者把“朱浮”墓疑为朱鲔墓[①]。假如此结论能成立，说明了宋代对同一汉画像石墓图像，不同学者已运用了比较研究与艺术研究的多种方法。

赵明诚《金石录》。赵明诚的《金石录》成书于1119—1125年，其卷十九“武氏石室画像”条下跋尾文：“右汉武氏石室画像五卷。武氏有数墓，皆在今济州任城，墓前有石室，四壁刻古贤画像，小字八分书题记名，往往为赞其上，文辞古雅，字画遒劲可喜，故尽录之，以资博览。”赵明诚首次将武氏祠图像公布于世，文中所赞誉的“文辞古雅，字画遒劲可喜”，是宋代对画像石图像的高度艺术评价。

洪适《隶释》、《隶续》。洪适《隶释》成书于1166年，集录和考释了汉魏石刻文字（图6）。《隶续》成书稍后于《隶释》，收录和摹写了石祠、碑、阙上的图像。武梁祠是《隶释》、《隶续》的重要研究对象，《隶释》卷十六对其图像内容进行了描述与考证：“所画者古帝王、忠臣义士、孝子贤妇，各以小字识其旁，有为之赞文者。其事则史记、两汉史、烈女传诸书，合百六十有二人，有标题者八十七人，其十一人磨消不可辨，又有鸟兽、草木、车盖、器皿、屋宇之属甚众。”同时确定了武梁祠图像的定名：“似是谓此画也，故予以‘武梁祠堂画像’名之。”对于“画像石”与“画像”的命名，应该由此开始形成。在《隶续》中洪适认为：“右武梁祠堂画记，自伏羲至于夏桀，齐公至于秦王，管仲至于李善。及莱子母、秋胡妻、长妇儿、后母子、义浆羊公之类，合七十六人。其名氏磨灭与初题识者，又八十六人。……范史《赵岐传》云岐为寿藏图，季札、子产、晏婴、叔向四像居宾位，自画其像居主位，皆为称颂。以献帝建安六年卒，冢在荆州古郢城中。汉水图画于墟墓间，见之史册者如此。《水经》所载则有鲁恭、李刚碑碣，所传则有朱浮、武梁。此卷虽具体而微，可使家至而人皆见之。画绘之事，莫古于此也。”[②] 巫鸿认为这一评论揭示出宋代学者研究汉画像石艺术的重要观点：其一通过释读伴随画像的榜题来确定画像的主题；其二研究了传世文献了解画像石建筑的礼仪功能；其三把具体的时刻与著录于史书中的其他例子相联系，进行考证式的比较研究。[③] 宋代洪适对画像石的图像整理，对其

① 参见信立祥著《汉代画像石综合研究》，文物出版社2000年版，第5页。

② 洪适：《隶续》，袁维春《秦汉碑述》，北京工艺美术出版社1990年版，第640页。

③ ［美］巫鸿（柳扬、岑河译）：《武梁祠——中国古代画像艺术的思想性》，生活·读书·新知三联书店2006年版，第52页。

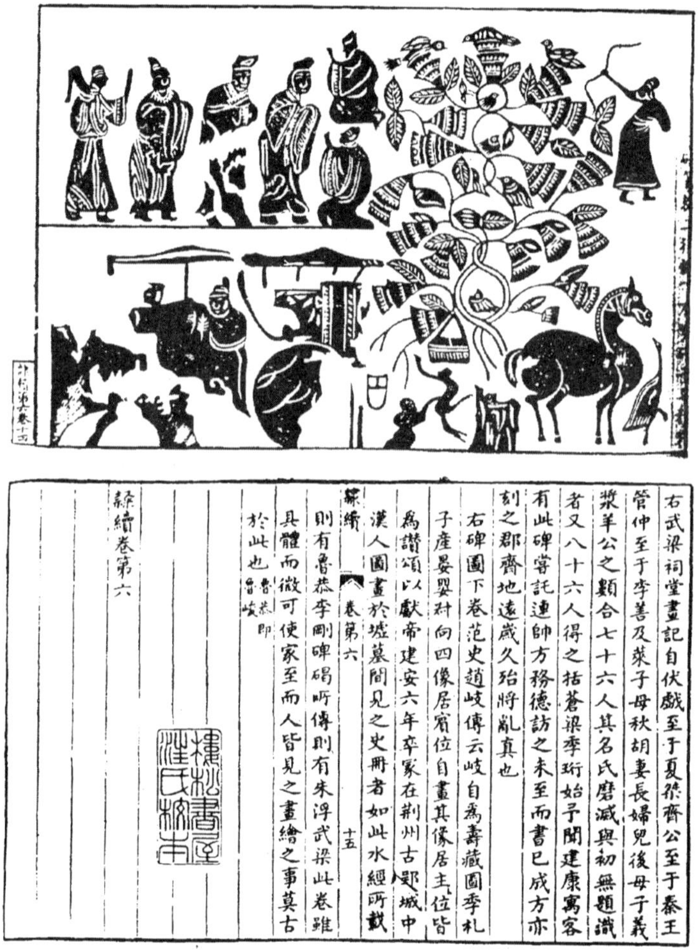

右武梁祠堂畫記自伏羲至于夏桀齊公至于秦王
管仲至于李善及萊子母秋胡妻長婦兒後母子義
漿羊公之類合七十六人其名氏磨滅與初無題識
者又八十六人得之栝蒼梁季珩始予聞建康寓客
有此碑嘗託連帥方務德訪之未至而書已成方亦
刻之郡齋地遠歲久殆將亂真也
右碑圖下卷范史趙岐傳云岐自爲壽藏圖季札
子產晏嬰對向四像居賓位自畫其像居主位皆
爲讚頌以獻帝建安六年卒冢在荊州古郢城中
漢人圖畫於壙墓間見之史冊者如此水經所載
隸續　卷第六　十五
則有魯恭李剛碑碣所傳則有朱浮武梁此卷雖
具體而微可使家至而人皆見之畫繪之事莫古
於此也 魯恭即魯峻
隸續卷第六

图 6　宋洪适《隶释》卷六中的两页

意义的研究已经深入进行。

（四）清代金石学与其他学科的图像研究

清代金石学复兴，著录武氏祠图像的书籍主要有嘉庆五年的黄易《小莲莱阁金石文字》卷五、嘉庆十年本的王昶《金石萃编》卷二十、二十一、道光五年本的瞿中溶《武梁祠画像考》等。从不同学科领域对图像进行探索研究。

黄易的考古探索。黄易任济宁运和同知，《修武氏祠堂记略》记载黄易："乾隆丙午（1786）秋八月，自豫还东，经嘉祥县署，见志载：县南三十里紫云山西，汉太子墓石亭堂三座，久没土中，不尽者三尺石壁，刻伏羲以来祥瑞及古忠孝人物，极纤巧；汉碑一通，文字不可辨。”[①] 后黄易对照拓片，碑为武斑碑。九月遂清除淤填，发掘出武氏祠 25 块画像石、一对石阙、一方武斑碑、一个刻有“武家林”三字的断石柱。黄易此举是从文献中找到线索后，然后再到实地调查并发掘，进行考古活动。首次发掘成功后，他又组织力量就地建立祠堂，继而又发掘与找回武氏祠的一些画像石与碑刻，把确认为武氏四个祠堂（武梁祠及前、后、左石室）的画像石编上号码，其中 25 块嵌入祠堂的墙壁。“题门额曰‘武氏祠堂’，隙地树以嘉木，责土人世守。”[②] 并“种植收息，主守祠碑，有谒祠拓碑者，司其启闭、拂拭、茶饮、顿宿之事”[③]。黄易运用考古方法尽力恢复武氏祠的原来面貌和功能，使图像产生艺术影响。同时还在《小蓬莱阁金石文字》中摹写神农、黄帝、伏羲、祝诵、颛顼、喾、尧、舜、禹、桀、曾母投杼、闵子骞、老莱子、丁兰 14 幅图像。黄易通过考古实践进行画像石的艺术图像传播。

王昶的艺术史分析。王昶在《金石萃编》按语中提到对武梁祠图像的处理方法：“此编虽仿洪氏之例而有不同者，洪氏仅取画缩为上下两列，三石牵连不甚分晰，其所摹人物粗具形迹，与碑参校全失其真。又题字另祥于《隶释》而于碑图但列人名二三字，是画与赞离而为二，观者不能了然，兹悉依碑画赞全摹而于后跋中不重复列。至每石五层，各层之上下界画处有山形水纹枣核等画，虽无关系，亦依样并摹以见古碑刻画之式，皆洪氏所无者。又第二石内有要离、王庆忌一幅，洪氏全佚，今拓所有亦可补前人之阙也。凡洪图分明而今拓已泐者，则阙之以存其真，见石本之逾久而有损也。”[④] 王昶对洪适武梁祠的图像表现提出了不足之处，如“三石牵连不甚分晰，其所摹人物粗具形迹”、“画与赞离而为二”、“上下界画处有山形水纹枣核等画”等误差，并且在自己的图像处理中进行了纠正。王昶在《金石萃编》中考察图像的原来面貌，及图像之间与环境的相互联系。王昶提出了“凡洪图分明而方拓已泐者，则阙之以存其真，见石本之逾久而有损也”观

① 黄易：《修武氏祠堂记略》，王昶《金石萃编卷二十·武氏祠堂画像题字·汉十六》，北京市中国书店 1985 影印本。

② 同上。

③ 同上。

④ 王昶：《金石萃编·卷二十·武氏祠堂画像题字·汉十六》，北京市中国书店 1985 年影印本。

点，已注重对画像石当前存在状态的考察，开始探索其不同时期图像研究的历史。

王昶在《金石萃编》中也对武梁祠图像研究进行系统的历史资料整理：以洪适的《隶释》、《隶续》对武梁祠及其图像进行考证的资料，说明洪适把武梁祠放在汉代文化环境中考察的观点；以洪适《隶续》对图像艺术功能进行考证的资料，说明洪适解读画像石的方法；《金石萃编》收录了《黄易修武梁祠堂记略》及《翁方钢重立武氏祠石记》，两篇文章记录了黄易的考古探索过程；《金石萃编》收录的《山左金石志》，通过对武梁祠图像的解读，提出图像与史料结合、图像的时空表达方式之观点；《金石萃编》收录的《史绳祖学斋》和《曝书亭集》说明了武梁祠拓本的流传过程，显示了不同时期武梁祠画像石的破损情况。

王昶的《金石萃编》运用金石学与考古研究的方法，进行了中国艺术史的图像研究传统探索，在中国艺术史学史中占有重要的位置。

瞿中溶的图像考证。瞿中溶的《武梁祠画像考》，共7卷，1—6卷为武梁祠画像考，第7卷为附图。瞿中溶对武梁祠的图像首先进行形象描绘，后阐述图像的历史与意义。他根据图像把黄帝形象描写为："图像向右立，首回顾，左戴冕，前后各有二旒，皆短如牙。右手平置胸前执巾，左手外出向上指。上衣下裳，衣长三寸，裳长二寸许，衣之下裳之上，当两膝上，各有韍长寸许，裳之下露出两足，似有袜履。"[①] 把黄帝的形象用文字再现，"左手外出向上指"，指明了前进的方向。"首回顾"，意指后面的四帝跟上来。黄帝"上衣下裳"以及"似有袜履"的细节描述丰满了黄帝的形象。在形象描绘的文句之后则是对黄帝历史与作用的长文叙述。瞿中溶对武梁祠的图像进行了认真的形象描绘与历史叙述。最后附以图像的摹本。瞿中溶的《汉武梁祠画像考》完成于1826年，这个时期是西方图像志的发展阶段，图像志着重探索图像和观念两者之间的关系、从而加强对艺术作品的各种因素的理解。瞿中溶从传统金石学研究入手，考证武梁祠艺术图像的图形外在形式与内涵的历史文化意义，形成了中国清代艺术图像的研究方法。

汉画像砖的图像流传。清光绪三年四川新繁出土24字的篆文砖，文为"富贵昌、宜宫堂、意气阳、宜弟兄、长相思、毋相忘、爵禄尊、寿万年"。

---

① 瞿中溶：《汉武梁祠画像考》，北京图书馆出版社2004年版，第83页。

文字内容吉祥，画像砖在世间流传。[①] 光绪末年四川广汉五里巷出土《桑园》画像砖，古董商在砖侧加刻年号，以欺世出售。[②] 说明刻有生产生活内容图像的《桑园》汉画像砖获得清代社会的青睐，有特殊的收藏价值。在清光绪年间，汉画像砖图像在四川地区已有生命力，在世面上进行传播。

（五）19 世纪末以来的艺术研究

金石学在清代的昌盛，使汉画像石、画像砖图像研究有所进展，随着 19 世纪末各学科的研究介入，汉画像石、画像砖的艺术研究也开始进行一个新的阶段。

A 艺术考古学研究

19 世纪中期至 20 世纪中期，考古学发展成熟，古代艺术品逐步成为研究人类意识形态的重要对象。

法国学者沙畹 1891 年考察了山东画像遗存，1893 年与 1913 年分别出版了《中国两汉石刻》、《中国北方考古记》。日本学者关野贞 1907 年考察了武氏祠等地，1916 年出版了《中国山东省汉代坟墓的表饰》。法国学者色伽南 1914 年调查了四川的汉代崖墓、石阙，出版了《在中国的考古调查》。这些著作以画像石的主题、画像与建筑结构关系的分组为着眼点，注重研究图像的内容，巫鸿称之为“综合著录式”[③] 研究。著作的图录全面系统，且图像采取照相制版术直接复制拓本，比当时国内常用的木板或石印图录精美准确。这样汉画像石作为艺术考古载体、整体完美地介绍到国外。同时也带动了国内对画像石的艺术考古学研究。

夏鼐认为：“美术考古学是从历史学科的立场出发，把各种美术品作为实物标本，研究的目标在于复原古代的社会文化。”[④] 艺术考古学借助于汉画像石、画像砖研究汉代的文化艺术。1933 年原中央研究院历史语言研究所考古专家主持发掘山东滕县画像石墓——传曹王墓。[⑤] 1945 年曾昭燏主持发掘山东沂南北寨村汉画像石墓。1956 年曾昭燏等出版《沂南古画像石墓发掘报告》，发掘报告的资料翔实，列出专门章节进行艺术价值研究，并附以照

---

① 参见魏学峰主编《中国画像砖全集·四川汉画像砖》，四川出版集团、四川美术出版社 2006 年版，论文第 44 页。

② 同上。

③ 巫鸿：《国外百年汉画像研究之回顾》，《中原文物》1994 年第 1 期。

④ 《中国大百科全书·考古学》，中国大百科全书出版社 1986 年版，第 17 页。

⑤ 董作宾：《山东滕县曹王墓汉画像石》，大陆杂志 1960 年第 12 期。

片、建筑图、摹本与完整精美的拓本。发掘报告的结束语对沂南汉画像石墓艺术进行了概括总结："沂南墓的建筑，以气魄雄伟、结构严谨见长，但在雄伟之中见精丽，在严谨之中见生趣，表现出建筑艺术达到了相当高的水准。沂南墓画像内容的丰富，可比武氏祠，但雕刻技法比起武氏祠有显著地发展。全部画幅是有机地联系着的，排列在适当的位置上……它们代表着当时绘画和雕刻艺术极高的成就，也代表着我国造型艺术发展的一个重要阶段，即古代优秀传统到此而集大成，并且进一步有了新的创造性风格。"① 沂南汉画像石墓的考古学探索，最后形成重要的艺术研究成果。考古学家曾昭燏率先运用艺术考古学研究汉画像石，极大地推动了汉画像石研究中的艺术考古学方法的应用。在著作中，土居淑子的《古代中国的画像石》②、蒋英炬、吴文琪的《汉代武氏墓群石刻研究》③、信立祥的《汉画像石综合研究》④、王建中的《汉代画像石通论》⑤ 从不同方面对汉画像石的艺术功能进行探讨。黄明兰的《洛阳汉画像砖》⑥、赵成甫的《南阳汉画像砖》⑦ 对汉画像砖的艺术形式和风格进行研究。这个时期汉画像石、画像砖的发掘报告和考古研究论文也注意到了艺术考古学研究的着眼点。

B 艺术史研究

汉画像石、画像砖的艺术考古学探索为其艺术史学提供了真实具体的研究对象。温克尔曼指出："一部合理的艺术史的目的应该是重新回到艺术起源，跟随着艺术的发展和变化到达艺术的完美阶段并且记录其衰落直至它们的消亡。"⑧ 汉画像石、画像砖的艺术史研究建立在艺术考古学的基础上，随着艺术考古的研究深入，汉画像石、画像砖的艺术史研究逐步展开。

---

① 曾昭橘、蒋宝庚、黎忠义：《沂南古画像石墓发掘报告》，文化部文物管理局出版 1958 年版，第 68 页。

② ［日］土居淑子：《古代中国的画像石》，同朋舍 1986 年版。

③ 蒋英炬、吴文琪：《汉代武氏墓群石刻研究》，山东美术出版社 1995 年版。

④ 信立祥：《汉代画像石综合研究》，文物出版社 2000 年版。

⑤ 王建中：《汉代画像石通论》，紫禁城出版社 2001 年版。

⑥ 黄明兰：《洛阳汉画像砖》，河南美术出版社 1986 年版。

⑦ 赵成甫：《南阳汉画像砖》，文物出版社 1990 年版。

⑧ 参见［德］汉斯·贝尔廷等著（常宁生编译）《艺术史终结了吗？当代西方艺术史哲学文选》，湖南美术出版社 1999 年版，第 102 页。

1915 年沃尔夫林对艺术史研究提出了艺术形式相互转化的一些概念①，其弟子柏克豪夫根据这些概念的关系，以“二维与三维的再现”观点来研究中国的古代艺术②。在这些观点的影响下研究汉画像石艺术，罗利和索珀在 20 世纪 40 年代不免使用了一个固定的模式，但他们逐渐走出了模式的束缚，罗利认为汉代艺术的视觉形式是理念化的③。索珀则把武氏祠与朱鲔祠雕刻风格进行比较：“武氏祠画像乃是由受雇的工匠所刻，其所运用的表现方法沿袭当时广为流行的模式；其工艺技巧是公式化的而非个人的。与之相反，朱鲔祠（图 7）的画像石由某个卓越的艺术家为特殊的纪念目的所刻，两者由此形成了鲜明的对照。”④ 1942 年费慰梅在一篇论文中认为朱鲔祠堂石刻

图 7 山东金乡朱鲔石祠后壁画像 （摹本）

① 瑞士学者沃尔夫林以文艺复兴和巴洛克艺术为主要研究对象，归纳出艺术形式的五对概念：线描与图绘、平面与纵深、封闭的形式和开放的形式、多样性的统一与同一性的统一、清晰性和模糊性。参见［瑞士］H. 沃尔夫林《艺术风格学》（潘耀昌译），辽宁人民出版社 1987 年版。

② L. Bachhofer（柏克豪夫），“Die Raumdarstellung in derchinesischen Malerei des ersten Jahrtausends n. Chr. ” in Muchner Jahrbuch der Bildenden Kunst. vol. 3. Trans. H. Joachim into English. MS in the Rubel Art Library. Harvard University. 1931：p. 1.

③ 同上书，pp. 24—28.

④ A. Soper，“Life—motion and the Sense of Space in Early Chinese landscape painting. art.” Art Bulletin30. 1948. No. 3：p. 175.（索珀在此之前就已提出这个观点．见：A. Soper：“Early Chinese Landscape Painting” Art Bulletin 23. 1941. No. 2：n11.）

的特点在于运用透视技巧，引入三维空间，刻画出人物个性。武氏祠与孝堂山祠石刻表现了二维平面、空间感缺乏，造型较为程式化。① 1961 年时学颜在论文中讨论动感的表现、线的品质以及雕刻技法等因素，指出汉画像石“竭力在二维的平面上创造出令人信服的现实中的形象”。② 2005 年巫鸿在《武梁祠——中国古代画像艺术的思想性》一书中则指出：“形式主义研究者从武氏祠画像本身入手，他们的目标是要阐释出这些画像的思想内容。他们坚信艺术形式具有自己的生命，其发展轨迹总是由简单到复杂，从线性到立体，从二维到三维，从散点透视到焦点透视，从装饰到表现——即从古风到写实。这个模式使得这些学者能够把汉代画像系统而有序的组织起来。不过，这种方法论的最大危险在于它预设了一种‘普遍进化模式’的存在，并由此将中国艺术史转变成西方艺术史的同等物。”③ 巫鸿重新探讨了武梁祠石刻的图像内容、图像的设计程序及其思想内涵。并试图复原武梁祠的画像程序，而且希望确定画像设计者的身份，以及在画像中融入思考和意图，寻求武梁祠所反映的中国艺术杰作的理念和形式。④ 费慰梅认为该书是巫鸿“融合中国传统学术和西方艺术史方法论的一种尝试”⑤。

中国传统艺术的画像石、画像砖研究，鲁迅在 20 世纪 20 年代已经瞩目（图 8）。鲁迅总结出汉画像石“粗犷豪迈、浑朴古拙”⑥ 的艺术风格，并提倡应用于当代的木刻制作。1934 年 6 月 9 日致台静农的信中他写道：“尚有二小野心。一、拟印德国版画集，此事不难，只要有印费即可。二、则印汉至唐画像，但唯取其可见当时风俗者，如游猎、卤薄、宴饮之类，而着手则大不易。”⑦ 鲁迅通过汉画像与德国版画比较，在探求其中国艺术特征。1936 年宗白华在《论中西画法的渊源与基础》论文中指出：“商周的钟鼎彝器及盘鉴上的图案花纹进展而为汉代壁画，人物、禽兽已渐从图案的包围中解

---

① W. Fairbank. “A Structural Key to Han Mural Art.” Harvard Journal of Asiatic Studies 7. No. 1. p. 53.（又见：W. Fairbank, Adventures in Retrieval, p. 90.）

② H. Y. Shih, Early Chinese Pictorial Style: From the later Han to the Six Dynasties, p. 102.

③ ［美］巫鸿（郑岩、王睿编，郑岩等译）：《礼仪中的美术——巫鸿中国古代美术史文编》，生活·读书·新知三联书店 2005 年版，第 680 页。

④ 参见［美］巫鸿（郑岩、王睿编，郑岩等译）《礼仪中的美术——巫鸿中国古代美术史文编》，生活·读书·新知三联书店 2005 年版，第 82 页。

⑤ 同上书，第 3 页。

⑥ 《鲁迅全集·第十三卷》，人民文学出版社 1981 年版，第 207 页。

⑦ 同上。

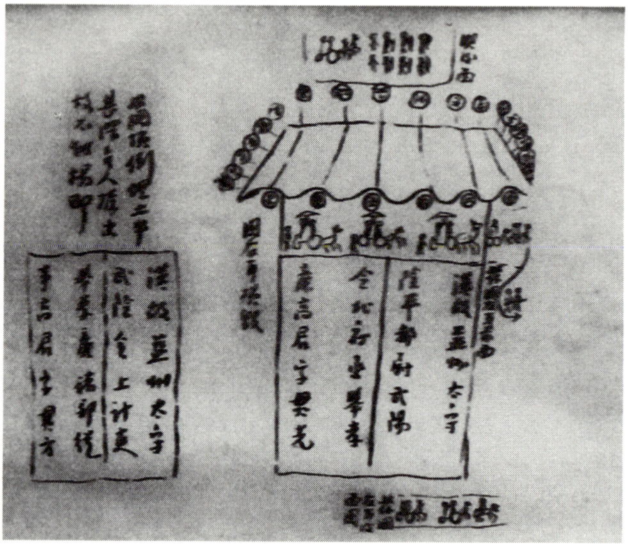

图 8　鲁迅绘制的汉代石阙图

放，然在汉画中还可看到花纹遗迹起伏于人兽飞动的姿态中间，以联系呼应全幅的节奏，顾恺之的画全从汉画脱胎。”① 宗白华对汉画进行前后时代表现形式的艺术史分析。1937 年滕固的论文《南阳汉画像石刻之历史的及风格的考察》，对南阳汉画像石的年代、石室构造与画像、野兽与乐舞图像进行了分析，最后对石刻画像进行艺术定位。滕固认为“中国的石刻画像，也想大别为两种，其一是拟浮雕的，南阳石刻属于这一类；其二是拟绘画的，孝堂山武梁祠的产品是属于这一类”②，这个雕刻技法分类至今为学界使用。1932 年至 1942 年梁思成、刘敦桢对汉代石阙、石祠堂的建筑形制与图像分布进行调查研究。1942 年陈明达的论文《崖墓建筑（上）——彭山发掘报告之一》、《崖墓建筑（下）——彭山发掘报告之二》分析了墓葬个案的布局构造、画像装饰的建筑艺术特征。③ 这个时期的汉画像石、画像砖艺术史研究在不同领域开始涉及。

① 宗白华：《美学散步》，上海人民出版社 1981 年版，第 103 页。

② 滕固：《南阳汉画像石刻之历史的及风格的考察》，沈宁编《滕固艺术文集》，上海人民美术出版社 2003 年版，第 292 页。

③ 参见杨明达《崖墓建筑（上）——彭山发掘报告之一》，《建筑史论文集》第 17 辑，清华大学出版社 2003 年版；参见扬伯达《崖墓建筑（下）——彭山发掘报告之二》，《建筑史》2003 年第 1 辑，机械工业出版社 2003 年版。

1951年常任侠的论文《从认识古典美术发扬爱国主义》认为汉画“在构图方面，如武梁祠画像中的海上诸神战斗、空际诸神战斗的场面，云奔海立，幻怪恣肆；变化纷聚，不可端倪。又如荆轲刺秦、豫让吞炭、程婴救孤、专诸进馔等故事画，人物显出强力而紧张，反映出封建社会旺盛期的雄劲气概”[①]。对汉画像石、画像砖的艺术史研究进行了探索。之后，汉画像石、画像砖的艺术研究逐步进行。在艺术形式与意义方面，王伯敏的论文《汉代的画像石刻》[②]、李发林的论文《略论汉画像石的雕刻技法极其分期》[③]、林树中的论文《常州画像砖墓的年代与画像砖艺术》[④]、顾森、刘兴珍的论文《论汉画像砖与画像石的表现性》[⑤]、汤池的论文《孔望山造像的汉画风格》[⑥]、杨伯达的论文《试论山东画像石的刻法》[⑦]、董旭的论文《汉代画像形式初探》[⑧]、黄雅峰的著作《南阳汉画像砖石的视觉造型》[⑨]、李凇的著作《论汉代艺术中的西王母图像》[⑩]、陈江风的论文《南阳天文画像石考释》[⑪]、朱存明的著作《汉画像的象征世界》[⑫]等论著从不同角度进行了探讨。在建筑艺术领域，刘敦桢的论文《山东平邑县汉阙》[⑬]、《川康之汉阙》[⑭]、罗哲文的论文《孝堂山郭氏墓石祠》[⑮]、陈明达的论文《汉代的石阙》[⑯]、蒋英炬、吴文琪的论文《武氏词画像配置考》[⑰]等论著在不同方面进行了研究。2009年张道一的著作《画像石鉴赏》对汉画像石艺术进行了解

---

① 常任侠：《东方艺术丛谈》，新文艺出版社1956年版，第25页。

② 王伯敏：《汉代的画像石刻》，《版画》1957年第4期。

③ 李发林：《论汉画像石的雕刻技法》，《考古》1965年第4期。

④ 林树中：《常州画像砖墓的年代与画像砖艺术》，《文物》1979年第3期。

⑤ 顾森、刘兴珍：《论汉画像砖与画像石的表现性》，南阳汉代画像石学术讨论会办公室编《汉画像石研究》，文物出版社1986年版。

⑥ 汤池：《孔望山造像的汉画风格》，《考古》1987年第1期。

⑦ 杨伯达：《试论山东画像石头的刻法》，《故宫博物院院刊》1987年第4期。

⑧ 董旭：《汉代画像形式初探》，《河南大学学报》（哲社版）1987年第2期。

⑨ 黄雅峰：《南阳汉画像砖石的视觉造型》，河南美术出版社1994年版。

⑩ 李凇：《论汉代艺术中的西王母图像》，湖南教育出版社2000年版。

⑪ 陈江风：《南阳天文画像石考释》，南阳汉代画像石学术讨论会办公室编《汉画像石研究》，文物出版社1986年版。

⑫ 朱存明：《汉画像的象征世界》，人民文学出版社2005年版。

⑬ 刘敦桢：《山东平邑汉阙》，《文物考古资料》1954年第5期。

⑭ 刘敦桢：《川康之汉阙·刘郭桢文集·第三卷》，中国建筑工业出版社1997年版。

⑮ 罗哲文：《孝堂山郭氏墓石祠》，《文物》1961年第12期。

⑯ 陈明达：《汉代石阙》，《文物》1961年第12期。

⑰ 蒋英炬、吴文琪：《武氏词画像配置考》，《考古学报》1981年第2期。

读："如果说唐代文化以富丽壮美著称，那么，正是汉代深沉雄大而质朴无华，奠定了深厚的基础。因此，就艺术方面看，不论是对其艺术成就进行分析还是对其历史的研究，特别是有关艺术的原理，它是怎样形成的，又是怎样发展的，探讨一些规律性的问题，显得十分必要。其中，画像石和画像砖就是很突出的一项。人们在当时的物质条件下，选取了石头和砖头作为艺术的载体，注入以生命，使坚硬冰冷的东西带来温暖，产生情感，创造了艺术的辉煌，将造型艺术推向一个历史的高峰。"[①] 汉画像石、画像砖的艺术研究绵延流长，在中国艺术史上占有特殊的位置。

二　汉画像石、画像砖艺术研究的史学意义

目前，西方的艺术史学已成熟，经过众多艺术史家的努力，已经建立起形式分析、图像学、心理学等研究体系，而中国的艺术史学尚处在发展阶段。艺术史研究是形成艺术史学的基础，20 世纪以来中国的艺术史研究主要集中在三个层次：一是由梁启超所提出的作为中国历史一部分的美术史，梁启超认为要"以纵断的特种对象为界域"[②]，形成历史框架下的美术专史，其已有具体的实践运用；二是以画家所撰写的由中国画论演变所形成的美术史，其亦在实践中产生；三是借鉴西方艺术史学而形成的中国艺术史，在中国已有广泛的影响，滕固是引进西方艺术史学的代表人物。[③] 三种不同的艺术史研究均从一个侧面进入状态，不能反映艺术史研究的总体精神，这种情况延至今天，形成了中国艺术史学尚未独立成熟、缺乏传统体系的研究现状。

在中国艺术史的研究传统中，汉画像石、画像砖图像研究历史积淀丰厚，从汉代至今，一直在绵延发展中。

（一）中国的图像艺术史

汉画像石、画像砖墓有丰富的图像，表现了天上神灵、仙界境象、人间生活、冥间鬼域的大千世界。构成墓葬建筑的汉画像石、画像砖制作时，在作坊生产和墓地安装会有一个过程，对于图像的思想内容与表现形式起到了传播的作用，地上石祠堂的墓祭与开放功能形成了图像的广泛交流。在汉

---

① 张道一：《画像石鉴赏》，重庆大学出版社 2009 年版，第 3 页。

② 梁启超：《清代学者整理旧学之总成绩》，商务印书馆 1999 年版，第 134 页。

③ 参见郭伟其著《"金石萃编" 卷二十所见中国艺术史方法论》，曹意强等著《艺术史的视野·图像研究的理论、方法、意义》，中国美术学院出版社 2007 年版，第 616 页。

代，艺术以综合性特点出现，汉画像石、画像砖的图像是汉代艺术的重要表现形式，反映着汉代艺术的深沉雄大风格。

晋戴延之《西征记》与北魏郦道元《水经注》对汉画像石图像进行记录，唐代开始已有武梁祠图像拓本。汉画像石图像在不同时代都产生了影响。

金石学之始，之于铸器刻石与铭题的结合，东晋王嘉《拾遗记》载："黄帝以神金铸器，皆有铭题。"据此，金石学致力于"考订"、"文章"、"艺术"诸方面研究。其运用于"考订"，"考订始于两汉，发达于宋，极盛于清。"[①] 考订"综其功用，可以证经典之同异，正诸史之谬误，補载籍之缺佚，考文字之变迁。金文证史之功，过于石刻"[②]。汉画像石、画像砖石刻图像对于证史的考订有重要的作用，巫鸿指出："更有力的证据来自武梁祠画像的独创性：……它独特的画像题材包括屋顶上的祥瑞图像，对古代史的系统表现，详尽的榜题和画赞，以及对绘画主题的精心挑选和系统分类。"[③] 画像石、画像砖在汉代已经以图像对社会与历史进行金石学的记录与考订。其运用于"文章"，金石之文，精严雅絜，有律有度，亦有传世寿世之分，与文章发展，关系甚巨。对于释读汉画像石、画像砖的图像意义有重要作用。金石学应用于艺术，"自汉、魏以来，文臣学士，研习岁滋，摹拓日广，亦早成专门之学。……又如汉代各种石刻画像，人物鸟兽，宫室器具，无一不备，别有作风。……此金石有裨于艺术之大较也。"[④] 汉画像石、画像砖既有生动的图像，又有各种字体的榜题与题记，在汉代已成为金石学的研究对象。宋代是金石学的发达期，这时欧阳修的《集古录》，曾巩的《金石录》，洪适的《隶释》、《隶续》等书均辑入了汉画像石图像，《隶释》一书今尚存，这些均为金石学的汉画像石图像研究奠定了基础。清代金石学昌盛，翁方纲的《两汉金石记》、黄易的《小蓬莱阁金石文字》、阮元与毕沅的《山左金石记》、王昶的《金石萃编》、冯云鹏与冯云鹓的《金石索》、瞿中溶的《汉武梁祠画像考》、王懿荣的《汉石存目》等书对汉画像石图像进行了研究，一些金石学家使用了考古与艺术史研究方法，推进了汉画像石图像研究

① 朱剑心：《金石学》，商务印书馆 1930 年版，第 4 页。

② 同上。

③ ［美］巫鸿（柳扬、岑河译）：《武梁祠——中国古代画像艺术的思想性》，生活·读书·新知三联书店 2006 年版，第 230 页。

④ 朱剑心：《金石学》，商务印书馆 1930 年版，第 11—12 页。

的发展。金石学在研究图像的同时，进行了汉画像石图像考证与题跋的文献研究，达到了图像与文献同步进行的研究状态。

19 世纪末期以来，西方考古学与艺术史学应用于汉画像石、画像砖图像研究，不断增强汉画像石、画像砖图像与文献的研究深度。

具有悠久传统的汉画像石、画像砖图像是“汉代社会的一面镜子……生动地画出了当时社会的诸形态”[①]，是中国汉代以前的图像艺术史。

（二）建立中国艺术史的史学传统

现代考古学对于欧洲古典艺术品的搜集与研究，逐步形成了西方的艺术史学科。在中国的艺术史研究中，无疑对汉画像石、画像砖图像的整理与探索，所形成的丰富图像与文献研究成果，是艺术史研究的组成部分，对于形成中国艺术史学科具有重要的作用。

人类的艺术开始均具有综合性，汉画像石、画像砖的综合性特点，代表着汉代人对社会的朴素认识。与汉代的其他艺术相比较，画像石数量众多，内容丰富，创新运用了各种表现方法。画像石具有建筑、雕刻、装饰等功能，是丧葬习俗的一部分。它的用途和艺术手法有综合因素，这种综合性在艺术史上有明确的意义。[②] 中国的原始艺术具有综合性，老子“万物负阴而抱阳，冲气以为和”[③]阴阳学说，对中国艺术的综合性发展起到重要作用。汉代在画像石、画像砖的艺术表现中，无论其建筑构造，或是装饰雕刻，均呈现一种综合的整体之美。这种整体之美反映了中国艺术史发展初始阶段的外在风貌。

汉画像石、画像砖的综合性特点影响于后世，北魏郦道元《水经注》所记叙的画像石建筑环境，从一个侧面反映了其流传影响情况。魏晋南北朝的石窟造像建筑雕刻艺术、唐宋富丽壮美的建筑装饰艺术均受到其深沉雄大风格的影响。张道一认为：“气魄深沉雄大，不仅是汉画像石的灵魂所在，也是中国传统的趣旨，它不仅表现了中国人的气质，也是数千年所追求的一种精神。”[④]汉画像石、画像砖形成了一种中华民族的本土艺术精神，为中国的造型艺术竖起了一个历史的制高点，决定与影响着中国艺术的发展方向，奏响了中国艺术史的重要乐章。

---

① 常任侠：《东方艺术丛谈》，新文艺出版社 1956 年版，第 24—25 页。

② 参见张道一著《画像石鉴赏》，重庆大学出版社 2009 年版，第 5 页。

③ 《老子·四十二章》，任继愈《老子新译》，上海古籍出版社 1978 年版，第 81 页。

④ 张道一：《画像石鉴赏》，重庆大学出版社 2009 年版，第 7 页。

汉画像石的金石学研究历史，一方面形成了图像研究的艺术史学传统，在研究汉画像石时不少金石学家在收录前人的著录时进行精辟的图像解读，纠正图像和考证图像文字的误差，形成了汉画像石图像的史学研究传统。另一方面金石学把汉代画像石与后代艺术图像比较研究，寻找其发展脉络，探索艺术史图像演变特点。朱剑心在《金石学》中认为汉画像石图像“循流而下，以至魏齐造像，种类繁多，雕刻精绝。由此可知五世纪时中国雕刻美术之成绩，及其印度、希腊之关系。更下如唐昭陵石马，宋灵岩罗汉，明碧云刻桷，圆明雕柱等，比较研究，不啻一部美术变迁史矣”。[①] 汉画像石图像肇始了这部“美术变迁史”。汉画像石的金石学研究中，金石学家的考古与艺术史研究成为中国艺术史学的亮点。黄易对武梁祠实地考察、发掘，制定保护措施，精拓拓片，出版书籍是中国艺术史上金石学家考古发掘的伟大实践。王昶在《金石萃编》中对武梁祠图像进行艺术史方法的分析，注重保存当前考察对象的存在状况，以见其历史变迁的痕迹，用图像架设起了金石学与艺术史之间的桥梁。丰厚的汉画像石、画像砖图像研究积淀，形成了中国艺术史的史学研究传统。

三　汉画像石、画像砖艺术研究的切入点

汉画像石、画像砖汉代人赋予生命意识，产生了深切的情感，创造了辉煌的艺术。对于生动丰富的画像石、画像砖表现形式，应把握其表现特点，进行艺术的深入研究。

（一）平面装饰形式

汉画像石、画像砖应用于建筑构件，完成了建筑的装饰功能。根据建筑的构造需要，这些构件显示外在的平面性，因此决定了汉画像石、画像砖的平面装饰形式。汉代人对事物的认识是整体把握的，汉画像石、画像砖为了表现物象的视觉外貌整体，选择了平面装饰形式。平面装饰形式源远流长，但借助于汉画像石、画像砖的建筑构件表面雕刻，平面装饰形式得到了集中的发展，并呈现丰富多样的表现样式。由于汉画像石、画像砖墓具有综合艺术的特质，艺术表现的思想与形式相一致，这样进一步固化了审美理想与表现方法的结合，使汉画像石、画像砖的平面装饰形式得到了完美的呈现。

---

① 朱剑心：《金石学》，商务印书馆 1930 年版，第 12 页。

从另一个层面看，中国造型艺术开始是以线性艺术表现的，其中的书法、雕刻、绘画等表现形式进行了长期的线形艺术实践。汉代人把线性艺术表现到了极致，在书法上运用了“如腾蛇赴穴”[①] 动物躯体的生动线条，在建筑上形成了“反宇向阳”的屋顶坡面凹曲线，在雕刻上创造了霍去病墓线性动势的循物造型石雕，在汉画像石、画像砖中则把物象视成了线形构图的组成部分，进行平面装饰表现。

汉画像石、画像砖在发展中，由阴线刻到隐起刻，逐步在追求体积表现。但其始终把握线性表现的平面装饰特点，造就了画像石、画像砖平面装饰的完美视觉形式。从此，确定了中国造型艺术的基本表现方法。

（二）图像

对汉代石刻，《后汉书》已有“图画其像”[②] 的表述，《水经注》也有汉画像石“雕刻为君臣、官属、龟龙、麟凤之文，飞禽走兽之像”[③] 的记叙。在汉代以“图像”这个意思表现生动的图形相貌，对于图像表现，汉代人在画像石刻出“交龙委蛇，猛虎延视，玄猿登高，师熊嗥戏，众禽群聚，石兽云布。台阁参差，大兴舆驾”[④] 的生动图像，对汉代社会进行刻意表现。汉画像石的图像，其题材内容可分为神话世界、自然风采、社会生活等方面，思想内容又可分为天上世界、仙人世界、人间现实世界、地下鬼魂世界几个部分。巫鸿分析武梁祠图像时认为：“祠堂顶上的祥瑞图像表现天的意志；两山墙为西王母及其他仙人占据；三面墙壁上的图像则描绘从人类诞生以来的历史。”[⑤] 汉画像石、画像砖的动物、祥瑞、西王母、树木射鸟等丰富图像，表现了汉代人对宇宙的宏观认识。而社会生活、历史故事中众多的图像，则显示出汉代人对乐观进取、崇高礼仪的情操品行。翦伯赞认为：“这些石刻画像假如把它们有系统的搜辑起来，几乎可以成为一部绣像的汉代史。”[⑥]

① 崔瑗：《草书势》，李泽厚、刘纲纪《中国美学史》第一卷，中国社会科学出版社 1984 年版，第 587 页。

② 范晔：《后汉书·南蛮西南夷·邛都夷》，岳麓书社 1994 年版，第 1255 页。

③ 郦道元：《水经注》，陈桥驿校证《水经注·卷八·济水》，中华书局 2007 年版，第 216 页。

④ 济宁地区文物组、嘉祥县文管所：《山东嘉祥宋山 1980 年出土的汉画像石》，《文物》1982 年第 5 期。

⑤ ［美］巫鸿（郑岩、王睿编，郑岩等译）：《礼仪中的美术——巫鸿中国古代美术史文编》，生活·读书·新知三联书店 2005 年版，第 654 页。

⑥ 翦伯赞：《秦汉史》，北京大学出版社 1983 年版，第 5 页。

图像之于艺术史，可以显示出艺术的视觉本质特点。汉画像石、画像砖图像反映出来的观念和意义，以生动的形象载入了艺术史发展的过程中，并得到了艺术研究的永恒。

（三）形象

汉画像石、画像砖的形象栩栩如生，可以源于动物的形象表现。L. 比尼恩认为："中国人似乎把他们早期与动物世界的友善关系从最遥远的上古一直带了文明的时代。"[①] 汉画像石、画像砖把动物的生命之力运用到人物与自然景物的表现上，把汉代人的天人合一思想与阴阳观念注入到艺术描绘中。以几何形与图案式的简约概括、材质肌理的恰当选择、节奏明快的运动表现，敷色装饰的神秘结合，创造出完美生动的艺术形象。

汉画像石、画像砖的艺术形象产生了情节，进入了艺术表现的自由天地。汉画像石的嫦娥奔月、虎吃女魃、天帝出行等画像以生动的情节表现了主题；汉画像石、画像砖中的泗水捞鼎、荆轲刺秦王、高祖斩蛇等历史故事，在不同地域的画像中表现出相异的情节，呈现丰富多彩的艺术形象。如山东嘉祥汉代宋山祠堂题记"尊者俨然，从者肃待"[②]，表现出生动感人的艺术情节。

汉画像石、画像砖形象的情节表现，形成与阴阳二气化生万物、万物皆禀天地之气以生的汉代认识论，其与西方的情节表现大相径庭。宗白华在比较希腊庞贝古城的壁画时认为："以这种画与中国古代花纹或汉代南阳及四川壁画相对照，其动静之殊令人惊异。一为飞动的线纹，一为沉重的雕像。"[③]汉画像石、画像砖的情节表现对后代雕刻与绘画产生重要影响，对绘画艺术的真正独立起到了促进的作用。如同《鲁灵光殿赋》所曰："千变万化，事各缪形。随色象类，曲得其情。……恶以戒世，善以示后。"[④] 汉画像石、画像砖开创了中国艺术史形象与情节表现的生动篇章，对后代艺术产生了重要作用。

---

① ［英］L. 比尼恩（孙乃修译）：《亚洲艺术中人的精神》，沈阳人民出版社 1988 年版，第 12 页。

② 济宁地区文物组、嘉祥县文管所：《山东嘉祥宋山 1980 年出土的汉画像石》，《文物》1982 年版，第 5 页。

③ 宗白华：《美学散步》，上海人民出版社 1981 年版，第 105—106 页。

④ 萧统编，李善注：《文选》卷十一，上海古籍出版社 1986 年版，第 515—516 页。

第一章

艺术渊源

汉画像石、画像砖是汉代建筑使用的构件，主要服务于丧葬礼仪，具有建筑构造与装饰的双重功能。汉人借助于画像石、画像砖表现了异常丰富的思想，造就了前所未有的“气魄深沉雄大”① 的艺术形式。汉代产生的这种形式来源于审美意识的变化，汉画像石、画像砖艺术有其艺术的渊源。

第一节　工艺设计文化的影响

一　设计传统

汉画像石、画像砖具有厚重的设计传统，表现了艺术的真谛。在史前阶段，艺术几乎与人类的起源同步产生。人类早期的劳动实践，工具制造具有物质与精神的双重含义，可以说是艺术发生的根源。邓福星认为，“在他们幼年的一个相当长的时间里，除了为生存或繁衍所从事的功利活动，几乎不再有其他所谓纯粹的精神活动了。这种功利活动虽主要表现为物质活动，但也包含着精神活动的成分。”② 人类早期使用的石器，从简陋到精细，造型与装饰达到了物质与精神意义的统一。

旧石器晚期，北京周口店山顶洞人制作的“石器已有一定的类型与初步的分工，工具的类型有刮削器、尖状器、砍斫器、雕刻器、石锤和石砧（图9）”。③ 洞穴是山顶洞人的住处，其洞穴遗存有洞口、上室、下室、地窖四部分组成，展现出人类早期简陋的居住与生活环境。在史前时期，人类对客观世界的认识较为模糊，对自身认识也较为含混，朦胧混沌是其审美特点。

---

① 《鲁迅全集·第十三卷》，人民文学出版社 1981 年版，第 207 页。

② 邓福星：《艺术前的艺术》，山东文艺出版社 1986 年版，第 9 页。

③ 侯仁之：《黄河文化》，华艺出版社 1994 年版，第 67— 68 页。

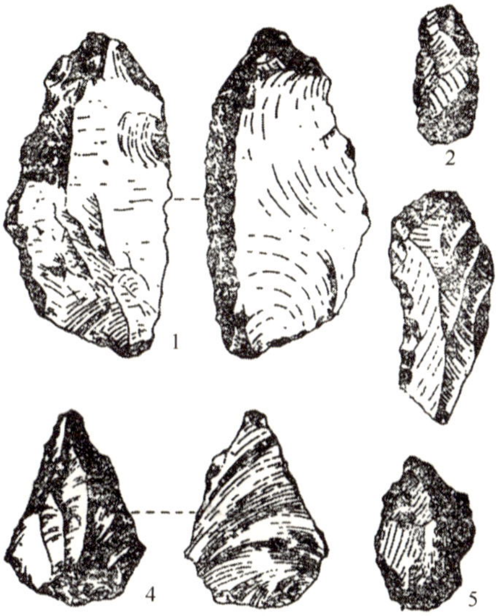

1.修理把手的刮削器　2.双刃刮削器
3.复刃刮削器　4.正尖尖状器
5.角尖尖器

图 9　北京周口店山顶洞人制作的石器示意图

鲁道夫·阿恩海姆指出："人类意识在其发展的早期阶段上，总爱把心理现象当成真实的物理事物或事件。"① 山顶洞人遗址的细小石器，均以方便实用的造型呈现。洞穴内的空间划分，反映了山顶洞人丰富的精神世界与朴素的审美思维。在史前艺术中，创造主体的物质与精神意义是一致的，既满足了物质的使用目的，又实现了精神上的创造愉悦，这就是工艺设计文化的原始状态。在当时，工艺与设计是不可分割的表现方法，石器、居住洞穴的装饰与建筑空间使用，乃至骨器、陶器等器具制造，岩画岩刻等绘制雕凿，朦朦胧胧都带有工艺与设计的意图。精神与物质、实用与审美内在的有机统一，形式所反映的意识形态是工艺设计文化原始状态的成因，是一切艺术产生的根源。

工艺设计文化原始状态的综合性决定了其单纯质朴、率真平淡的和谐特点，它的工艺设计过程与效果是密不可分的。就史前艺术而言，不能按照现

① ［美］鲁道夫·阿恩海姆（滕守尧、朱疆源译）：《视觉思维》，光明日报出版社 1986 年版，第 45 页。

在的划分标准把石器、骨器单纯确定为雕刻制品，把岩画岩刻单纯确定为绘画作品，把洞穴建筑单纯确定为空间造型作品，而忽视了它们的实用功能性。恰恰相反，正是在满足实用功能的过程中，产生了具有综合性的和谐工艺设计文化形式，凸显了它们的绘画、雕刻、建筑综合特质。对它们的分类应该是整体综合的，而不是局部片面的。

随着社会的发展，工艺设计文化的综合性原始状态逐渐发生了变化。由于物质生活与精神生活逐渐分离，工艺设计文化有满足物质生活需要的，有满足精神生活需要的，也有二者兼具的。“凡攻木之工七，攻金之工六，攻皮之工五，设色之工五，刮摩之工五，搏埴之工二”，[①]《考工记》记录了春秋末期工艺设计的用工类别。在这些类别中，也有变化着的情况。青铜器原本是实用的器物，后来注重精神层面的表现，成为审美的观赏器物，如青铜鼎逐渐成为礼乐文化的典型代表。在工艺设计文化满足精神生活需要方面，玉器也成为象征身份与品位的典型装饰器物。这些工艺设计文化形式一旦按照自己的属性逐渐定位后，就形成了自己的传统模式向前发展，显示出工艺设计文化的多元性。

但工艺设计文化的原始状态仍有极强的生命力，它保存着物质与精神交融的综合性特点，充满生机地向前发展，在历史的进程中留下了不同形式的亮点。因为审美与实用总是难舍难分的。在探讨史前美术分类时，邓福星将其分为四类：石骨系统器物；陶制品；史前岩画；史前建筑。[②] 在四个类别划分中，石材应用占了三个：石洞穴是人类早期使用的建筑形式；石块是人类早期使用的工具材料，石器在人类生活中占据着重要的位置。“当石器工具逐渐为金属工具所代替时，玉器工艺渐渐成为独立的工艺种类发展起来”[③]，而玉器也是石器的派生物。在史前时期，人们生存依赖于自然界，具有了山石崇拜，与自然的山石形成了密切的关系。人类打制石器，把石块加工成工具，利用山洞合理安排居住空间，并在岩壁上绘制生动的岩画，来满足生活或心理的需要。这些构成了远古人石器文化最突出的一个标志，写就了人类的历史，形成了工艺设计文化的主体。由此看来，石是工艺设计文化原始状态形成的最早最具规模的使用材料，工艺设计文化的形成与石器的使

---

① 郑玄注，贾公彦疏、黄侃经文句读：《周礼注疏·卷三十九·冬官考工记》，上海古籍出版社1990年版，第595页。

② 邓福星：《艺术前的艺术》，山东文艺出版社1986年版，第9页。

③ 田自秉：《中国工艺美术史》，东方出版中心1996年版，第8页。

用、石洞穴建筑的利用修造是分不开的，石与工艺设计文化关系甚为密切。在工艺设计文化原始状态的发展过程中，石的使用有突出的特点。

位于河南南召县的小空山旧石器晚期遗址，其石器若与周口店山顶洞人遗址相比较，砍砸器、刮削器、雕刻器等石器的种类有相似性，但总的文化面貌与位于湖北的大冶石龙头旧石器中期遗址有较大的一致性，“小空山遗址除了和湖北大冶石龙头文化有渊源关系外，还吸收了北方旧石器的因素，形成了一种独特的文化”[①]。从地理位置看，南召小空山与大冶石龙头都位于长江水系，小空山遗址文化虽然受北方影响，而渊源是长江水系的文化。[②]张晓凌认为“原始宗教、巫术的发生期和人类形象创造活动的频繁和兴盛期大约同时。”[③] 在小空山遗址北邻的鲁山县也已发现多处史前岩画，说明周围山地有岩画表现传统。岩画使用绘制的方法，也使用雕凿的方法，岩画周围也有祭祀场地。连云港锦屏山将军崖岩画是用石器磨刻的，以阴刻线表现了人面像与太阳神形象（图 10）等岩画，刻制岩画的岩石中央处呈穹隆型，没刻岩画，中间有三个巨石柱，石上有圆形凹窝，窝径 3—7 厘米，充满神秘感，可以视为祭坛。由此看来，鲁山岩画与将军崖岩画有相近的工艺设计

图 10　江苏连云港锦屏山将军崖岩画　（照片）

---

① 周军、卓亚：《论小空山遗址的旧石器文化》，《南阳市博物馆建馆三十年纪念文选》，中州古籍出版社 1991 年版，第 88 页。

② 南召地区基本属于长江流域的汉水水系。

③ 张晓凌：《中国原始艺术精神》，重庆出版社 2005 年版，第 57 页。

手法，也有相同的祈求神灵与祖先保佑的实用功能。

良渚文化的祭坛极具代表性。浙江余杭安溪的瑶山祭坛面积约400平方米，外围边长20米，祭坛下面有12座良渚文化大墓。瑶山祭坛在石勘上建三重土台：最外面的一重是黄土台，由黄褐色斑木筑成；第二重是灰色土围沟；第三重是红土台。三重土台构成了祭坛三层层台的空间形态变化。[①] 同在余杭安溪，良渚文化墓葬1990年出土了一件玉璧刻符（图11），上面刻有三层台，层面呈长方梯形，与瑶山祭坛的三层层台有相似性。玉璧刻符中间图案为展翅的鸟，胸腹部位圆形应象征太阳，日中有火，火为赤色，是图腾符号，三层层台可以升天，有天的象征意义。从玉璧刻符的象征意义可以认识到瑶山祭坛的建筑空间形态含义。祭坛的第三层土台是红土台，它居于中间最高的位置，离天距离最近，赤是天日的象征，使灵魂能够顺利升天。祭坛是良渚文化的一种建筑形式。祭坛土台下面的石勘“是以大小不等的人工开采的石块垒筑而成”[②]，墓葬的土坑“直接打在基岩和红色的基岩风化砂土上”[③]。由此可见祭坛及其墓葬基础是以石为材料而构筑的。通常祭坛与墓葬堆成“山”或“墩”状，实质上它是以石构筑营造、石的磨制雕作为内在根本、土为表层装饰而形成的建筑样式。

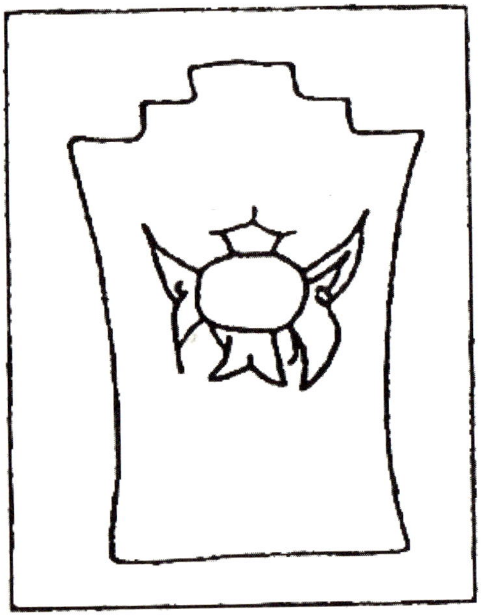

图11 浙江余杭安溪出土玉璧刻符 （摹本）

在新石器时期的辽宁省牛河梁红山文化遗址发现有祭坛与积石冢，在祭

① 参见浙江省文物考古研究所《余杭瑶山良渚文化祭坛遗址发掘简报》，《文物》1988年第1期。

② 浙江省文物考古研究所、余杭市文管会：《浙江余杭汇观山良渚文化祭坛与墓地发掘报告》，《浙江省文物考古研究所学刊》，长征出版社1997年版，第77页。

③ 同上书，第79页。

坛周围墓葬的竖穴塘内四壁整齐铺围石板，应为石棺的雏形。[①] 河南临汝阎村出土新石器时期绘有“鹳鱼石斧图”的陶器，它具有瓮棺的功能。瓮棺葬在仰韶文化的墓葬中大量出现 [②]（图版一）。

在史前艺术中，图腾遗址与岩画、祭坛与墓葬组成了有一定规模的石构建筑形式，内涵着丰富的建筑、雕刻、绘画的综合艺术特质。这种具有实用功能的建筑形式，寄托着史前人升天的理想。鲁山岩画、将军崖岩画、瑶山祭坛同是工艺设计文化原始状态在新石器时期长江流域发展阶段的具体形象显示。在工艺设计文化原始状态的发展中，红山文化遗址石棺显现东夷文化中一个区域的特点，瓮棺葬则是黄河文化中的另一材质的墓葬现象。

以石为墓、堆土筑墩成祭坛与墓地的模式也在不断发展变化，至商周时期，浙江出现了土墩墓。同时在浙江东南部的沿海山地，出现了众多的石棚与大石盖墓。瑞安岱石山上“有 31 座石棚（图 12）和 3 座大石盖墓，除一座大石盖墓分布在向北伸展的小山脊上外，其余 33 座分布在总长近 500 米的东西走向的两面山脊与山顶上”[③]。石棚用多块石头围立成三面壁体，上置

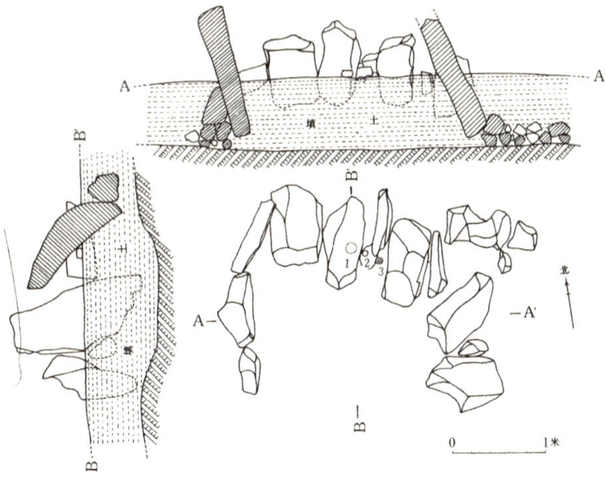

图 12　浙江瑞安岱石山石棚平、剖面图

① 参见辽宁省文物考古研究所《辽宁牛河梁第五地点一号冢中心大墓（M1）发掘简报》，《文物》1997 年第 8 期。

② 参见中国社会科学院考古研究所《新中国的考古发现与研究》，文物出版社 1984 年版，第 63 页。

③ 浙江省文物考古研究所：《瑞安岱石山“石棚”和大石盖墓发掘报告》，《浙江省文物考古研究所学刊》，长征出版社 1997 年版，第 155 页。

一整块盖石，大石盖墓向地面下挖浅土坑，上面置放盖石。根据考古分析，石棚与大石盖墓同属于墓葬建筑，出现的时期也比较接近。[①] 石棚平面大小通常为长 2 米、宽 1 米以上，大部分高度不足 1 米，最高在 1.2 米左右。在我国的山东、辽宁、吉林等地，也发现了许多石棚。在山东济南淄博之间的长白山区，石棚“多见于海拔 200 米以下的小山上或山间台地上，一般是由几块大小不等的石块（三块为多），支撑起一巨大石块（石板），其面积 2 平方米或更大些”[②]。山东半岛的容城县崖头集也有许多石棚群。[③] 辽宁海城的析木城石棚由六块花岗岩组成，一块铺地，一块盖顶，四块支架，整体高 28 米，盖石长 6 米、宽 5.1 米，石板经过了打磨，另外在盖石、东西两壁有加工的凹槽，南壁上端有加工的小圆窝。吉林市西郊骚达沟山顶大棺“四壁各用一块大石板搭成，长 2.3 米、宽 1.1 米、深 1.1 米，形状相当大，在北、东、西面的石板顶山排列着一层小石头，棺顶内盖石是一块长 2.7 米、宽 2.3 米的巨大自然石块”[④]。与析木城石棚的比较，骚达沟山顶大棺没有下面的铺地石板。但它们的功能是一样的，是墓葬变化中呈现的两种形式。浙江的石棚与大石盖墓，东北的石棚与石棺墓均应有内在的联系。红山文化遗址墓葬的铺围石板应是石棺墓与石棚的早期形式。地面石构墓葬既完成物质的墓葬建筑空间，也满足精神的祭祀意识追求，它的建筑尺度与构造、空间造型与装饰、节点处置与把握均恰到好处，以它那神秘完美的空灵形象在天地山顶与太空对话，成为工艺设计文化原始状态在商周时期的发展亮点。

一般来说，中国墓葬直到战国末期，一直以竖穴土坑墓为主要形式。在其发展过程中，秦墓中有竖穴地下墓和地上洞墓出现[⑤]，而且也有用小砖造墓的方法[⑥]。其棺椁均为木制，且长埋于地下，世人是见不到的。石棚则以石为构，质材耐久，建于山体之上，供世人祭祀之用，有极强的生命力。关于石棚的年代，有学者考证：辽东半岛的石棚上限约在公元前 1200 年，下

---

① 参见浙江省文物考古研究所《瑞安岱石山“石棚”和大石盖墓发掘报告》，《浙江省文物考古研究所学刊》，长征出版社 1997 年版，第 247—248 页。

② 郭济生：《齐地长白山区巨石文化考察》，山东理工大学学报 1994 年第 3 期。

③ 王献唐：《山东的历史与文物》，文物参考资料 1957 年第 2 期。

④ ［日］三宅俊彦：《对吉林省骚达沟山顶大棺的认识——兼论支石墓的产生》，考古学文化论集 1997 年版，第 49 页。

⑤ 参见吴镇峰、尚志儒《陕西凤翔高庄秦墓发掘简报》，《考古与文物》1981 年第 1 期。

⑥ 参见陕西省考古研究所等《陕西临潼刘庄战国墓地调查清理简报》，《考古与文物》1989 年第 5 期。

限约在公元前500年①；浙江境内则有石棚墓与土墩墓两种，“石棚墓与土墩墓是浙江境内商周时期分布于不同地区的两种墓葬”②。土墩墓的特点是平地造墓、堆土成坟。有些用石块砌出长条形墓室。吴越伐楚，越伐齐，吴越葬俗可能会对楚、齐等地产生影响。“在春秋以前，楚墓地面上均无封土，而到战国时期，墓坑上普遍出现了封土堆”③，并非偶然。江陵地区八岭山、川光店、纪山等楚墓群都有大量的版筑封土堆，这种现象首先是在偏离黄河流域周政权政治中心的长江中游一带发生。既然土墩墓的封土堆能够影响楚墓的形制，那么土墩墓的石砌长条形石室与土墩墓相同时期的石棚与大石盖墓会不会从海路对齐地产生影响？越曾在齐建都，它们都出现在周政权思想与文化制约相对薄弱的地区。这些问题应该进一步探讨。我们从红山文化、良渚文化等新石器时期的墓葬的围合石板、祭坛与石器玉器，到商周出现的石棺墓、土墩墓的石砌长条石室、石棚与大石盖墓，可以梳理出石构墓葬的发展轨迹。

在这个发展过程中，制作墓葬的建筑、雕刻、绘画三种表现形式是相融合的。新石器时期祭坛与墓葬的围合石板把建筑结构放在首位，继之表现雕刻与表层的装饰功能。瓮棺是墓葬艺术的过渡形式，临汝阎村陶器的鹳鱼石斧是早期墓葬绘画的生动图饰。商周至战国土墩墓各种形式的石砌墓室与石棺墓、石棚、大石盖墓，其整体造型与节点细部的样式与工艺，既是墓葬石作建筑的传统表现，同时也是工艺设计文化原始状态不断发展变化的一个个显现形式。

在工艺设计文化原始状态向前发展的过程中，石作建筑成为主要表现形式。石器时代不同的区域有不同的文化现象。前文指出的红山文化遗址墓葬的铺围石板、良渚文化的祭坛、连云港将军崖岩画，均处于我国的东部沿海地带，傅斯年称之为东夷文化圈。商周时期这一地区出现了石棺墓、石棚墓、大石盖墓、土墩墓，具有石作建筑的传统。河南南召小空山遗址的石器、湖北大冶的石龙头遗址的石器呈现出长江文化特点。东夷文化与长江某些地域重合，文化的交流机会较多，石作建筑的传统得以发展，墓葬建筑成

① 参见北京大学考古文博学院编《考古学研究（五）下册》，科学出版社2003年版，第564页。

② 浙江省文物考古研究所：《瑞安岱石山“石棚”和大石盖墓发掘报告》，《浙江省文物考古研究所学刊》，长征出版社1997年版，第250页。

③ 刘和惠：《楚文化的东渐》，湖北教育出版社1995年版，第74页。

为重要的传播方式，汉画像石、画像砖主要产生于这两个文化地带，是有其历史渊源的。

汉代的画像石最早出现在石椁墓中，画像砖则在西汉早期的空心砖墓与砖室墓中出现。王建中认为：“西汉早期，当王朝大部分地区继续流行土坑竖穴木椁墓的时候，关中、中原和徐州地区的空心砖墓、砖室墓开始兴起或得到进一步发展。与此同时，石椁墓和画像石椁墓在崖墓流行的地区开始滥觞。”① 空心砖墓是以空心砖代替木椁的空心砖椁墓，砖室墓实际是砖椁墓，土洞墓则为洞室墓。② 它们的墓制产生可追溯到战国晚期“以洛阳烧沟为代表的横穴式土洞墓和以郑州杜岗为代表的木盖板空心砖墓，另外到河北平山出现的中山王石椁墓”③。王建中认为的崖墓被信立祥称之为隧道式石室墓：“早在汉武帝时期，分封到各地的诸侯王就开始穿山为陵，建造起耗资巨大、隧道式的石室墓。”④ 崖墓实际是一种大型的石室墓，与土洞墓基本墓制有相同的地方。而土洞墓与空心砖墓、砖石墓是由战国晚期的横穴或土洞墓、木盖板空心砖墓、石椁墓演变而来，如果再向上溯源，战国晚期的这三种墓制当与前文指出商周的石棺墓、石砌长条石室的土墩墓、石棚与大石盖墓有某种联系。商周墓葬石作建筑的传统形式尽管与流行的竖穴土坑墓相比较不占主流，但所呈现的鲜明地域特点使其具有无限的生命力。战国晚期的横穴或土洞墓、木盖板空心砖墓、石椁墓，其实都改变了竖穴土坑墓的纵向深入墓制，呈朝横向空间发展的不同形式，在商周墓葬石作建筑中均有成熟的先例。在西汉时期，江苏徐州的楚王陵（图 13）、河南芒砀山的梁王陵、河北满城中山靖王刘胜夫妇墓，均为汉代墓葬大型石作建筑的成功尝试。王建中指出：“文帝以及分封于楚、梁的诸侯王用洞穴代替传统的木椁，在墓葬发展史上具有划时代的意义，是画像石墓产生之前的一个重要过渡阶段。如果一个刘氏贵族具有开凿一架山的技术和能力，那么一个中小地主建造一个石椁墓，或者建造一座画像石椁墓就可以成为现实”⑤，因而西汉早期画像石椁墓的出现也就很自然了，信立祥进一步分析道：“为了让这种石椁墓也具有木椁墓的装饰效果，人们模仿西汉早期木椁墓中流行的漆棺画、特别是帛画

① 王建中：《汉代画像石通论》，紫禁城出版社 2001 年版，第 72 页。

② 参见王建中著《汉代画像石通论》，紫禁城出版社 2001 年版，第 66— 67 页。

③ 王建中：《汉代画像石通论》，紫禁城出版社 2001 年版，第 63— 64 页。

④ 信立祥：《汉代画像石综合研究》，文物出版社 2000 年版，第 18 页。

⑤ 王建中：《汉代画像石通论》，紫禁城出版社 2001 年版，第 72 页。

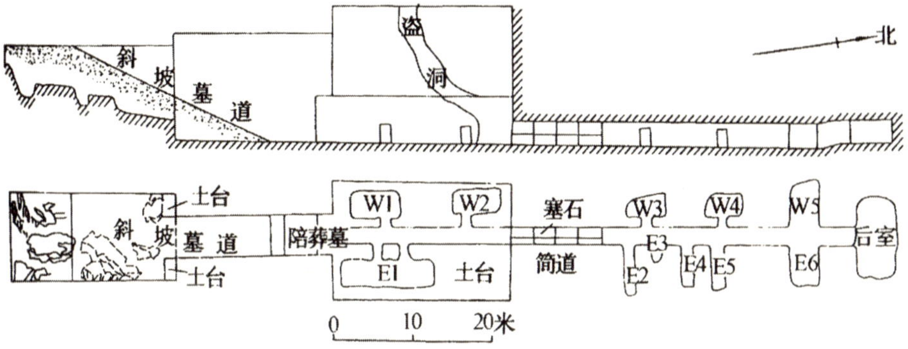

图13 江苏徐州楚王陵平、剖面图

的表现形式，将其画像的题材内容转刻到石椁内部。其后不久，作为与地下墓室对应的墓上建筑，画像石祠堂和画像石墓阙也出现了。汉画像石就这样被西汉时期的厚葬狂潮带到了人间。"[①] 空心砖墓、砖室墓与石椁墓在西汉早期相继出现，画像空心砖墓，砖室墓分别以空心砖、实心砖砌成砖椁，砖面上模印图形，其实质与画像石椁墓相同。画像石椁墓对画像石的产生与发展起着举足轻重的作用，然而画像石椁墓的形成源于大型石室墓的出现。在梁王陵的柿园汉墓盖井石板已刻饰画像[②]，狮子山楚王陵封堵耳室的空心砖已模印图案[③]。崖墓、石椁墓与画像石椁墓出现在豫东与苏北、楚王陵与梁王陵周边枣庄、临沂、微山一带，这个区域均属于东夷文化圈，我们可以寻找到石棚墓至石椁墓的某种联系。在南方文化的影响区域南阳，西汉早期出现画像砖墓，西汉中期出现画像石墓，[④] 除了本身文化传统影响之外，画像石椁墓的兴盛与发展也是不可忽视的因素。

关于东夷文化圈的区域，傅斯年认为"凡在殷商西周以前，或与殷商西周同时，所有今山东全省境中，及河南省之东部，江苏之北部，安徽之东北角，或兼及河北省之渤海岸，并跨海而包括辽东朝鲜的两岸"[⑤]，均在此范围。南方文化以长江文化为代表，长江文化的范畴，张正明认为"是从长江

① 信立祥：《汉代画像石综合研究》，文物出版社2000年版，第19页。

② 参见王建中著《汉代画像石通论》，紫禁城出版社2001年版，第88页。

③ 同上书，第66页。

④ 同上书，第96页。

⑤ 《庆祝蔡元培先生六十五岁论文集》，中央研究院历史语言研究所1935年版，第1093—1134页。

的上游经中游至下游，先秦的蜀文化、巴文化、楚文化、吴文化和越文化，其腹地被北纬30°线串联无遗”[①]。而北纬30°线是“上古原生态文明地带的中轴线，西起埃及吉萨的三大金字塔，东至中国浙江的河姆渡遗址”[②]。东夷文化与长江文化在某些地域具有融合交流的发展历史。在中华文明的形成过程中，东夷文化与长江文化作出过突出的贡献。汉画像石、画像砖产生于两种文化系统中，并处在工艺设计文化发展的过程中。

汉画像石的工艺设计文化综合性功能运用，来源于人类山石崇拜的传统影响，《淮南子·修务篇》云“禹生于石”，民间也有其子启生于石和启母化石的传说。东夷文化圈的红山文化墓葬的铺围石板，商周时期东北的石棺墓。南方长江文化石器时代河南南召小空山遗址石器、湖北大冶石龙头遗址石器。两个文化区域共同出现的良渚文化祭坛、商周时期的石棚墓、大石盖墓、土墩墓，均为人类对山石崇拜的工艺设计文化艺术实践，为汉画像石的产生起到了重要的作用。

汉画像砖的工艺设计文化综合性特点，与石器时期的瓮棺使用有必然的联系。顾森指出：“原始社会的棺椁中，并未出现画刻，但是在瓮棺底部钻小孔，在木棺椁内置朱砂，以及在墓葬中间放专做的明器，这些现象，已经说明原始社会对死者的安排，已具有后世汉画像的基本含义。”[③]用泥土烧成陶器，制作瓦棺、瓦椁，以及建筑用的砖材，画像砖在此基础上产生。

在发展过程中，石棺、石椁形成了画像石墓和画像石椁墓，瓦棺、瓦椁形成了画像砖墓，汉画像石、画像砖应运而生。墓葬艺术是汉画像石、画像砖的重要表现载体，汉画像石、画像砖的形成与发展，与墓葬建筑紧密相连，显现出工艺设计文化原始状态特点，具有建筑、雕刻、绘画的综合特质。

二 技法传承

在工艺设计文化的发展过程中，工艺设计制作方法逐渐成熟，并在不同的地域、不同的时代得以传承与发展。汉画像石、画像砖的营造与设计、图

① 张正明：《长江流域古代美术·史前至东汉·陶器与陶塑》，湖北教育出版社2002年版，第3页。

② 同上。

③ 顾森：《中国美术史·秦汉卷．济南》，齐鲁书社、明天出版社2000年版，第30页。

像与形式、画稿与雕刻、模制与敷彩均受到了前期与同期多种艺术形式的影响，形成了汉画像石、画像砖的综合艺术形式。

（一）建筑

中国建筑以木构为主，砖石居辅材位置。木构为中国建筑独立结构系统，历史悠久，砖石构作相对木构持滞后状态。但墓葬建筑的砖石构作，常仿木构式样，形成了石构建筑的构筑技艺，完善了汉画像石、画像砖的建筑构造与装饰功能。

（二）石刻

新石器时期的明显标志就是石器上已具有雕制意识表现，岩画开始出现创作设计意图。前文举例的锦屏山将军崖岩画环境的设计，岩画的构成布局与阴线刻制方法均已比较完美。为满足精神需要，玉雕从石雕中分离，从良渚文化的玉琮神人兽面像（图版二）到江西新干大洋洲出土的晚商玉神人兽面形饰（图 14），可以看到雕刻技法逐步成熟的过程。西汉中期的霍去病墓石雕（图 15）已具有意到笔不到的创意造型。这些石刻的简约形式和制作技法往往被汉画像石（图版三）、画像砖直接运用。

图 14　江西新干大洋洲出土玉神人兽面形饰　（照片）

图 15　陕西兴平霍去病墓前野猪石雕　（照片）

（三）砖刻

陕西咸阳窑店秦遗址出土的空心画像砖（图 16）已出现生动的画像，西汉早期的宫殿建筑铺地画像砖图案表现灵活多变。同时与画像砖材质、制作方法相同的瓦当画像在建筑中已开始出现，至秦汉技法更臻成熟，早期画像砖与瓦当画像雕刻技法在汉画像石、画像砖中亦被直接运用。

图 16　陕西咸阳窑店空心画像砖（拓本）

（四）青铜器

青铜时代成就了青铜器循物造型、工整装饰的特殊技法，同时青铜器的祭祀与实用功能给汉代人的政治与生活留下深刻的记忆。河南安阳殷墟出土的后母戊大方鼎规整威严、工细縟繁；河南淅川下寺楚墓的铜怪兽（图版四）神采飞扬、工巧灵动。汉代是中国历史上第一个长期统一的封建王朝，南北文化的交流，中原华夏族与周边各少数民族的交流，其力度与深度均前所未有。北方青铜器艺术的凝重与威严，南方青铜器艺术的灵动与飞扬，均使其区域范围内的汉画像石、画像砖受到影响，由此出现不同的雕刻技法，形成汉画像石、画像砖的不同风格。

（五）漆器

先秦漆器工艺中，楚地的漆器工艺尤为发达，秦汉漆器工艺普遍比较成熟。战国曾侯乙墓漆棺（图 17）、漆箱图案有序变化，图形连接有致。西汉早期的马王堆汉墓一号漆棺用了四个棺套置，每个棺的漆画工艺与表现方法

图 17　湖北随州曾侯乙墓内棺漆画　（照片）

均不相同。汉画像石、画像砖最早出现在石椁墓与砖椁墓形式中，漆棺的装饰部位与形式对其产生了重要的影响。众多漆器的装饰图形与色彩也被汉画像石、画像砖所充分借鉴。

（六）帛画

先秦与秦汉出土的帛画多数是盖在棺椁上的非衣，它以平面的形式进行装饰，在非衣上用笔和墨勾线，然后着色。长沙陈家大山楚墓做非衣使用的人物龙凤帛画（图 18）用线简洁流畅，画面构成疏朗。楚地的绘画传统与技法对长江流域的汉画像石、画像砖以极大的影响。淮海地区的临沂金雀山汉墓发掘的非衣帛画，显示出与楚文化的深层联系，并影响该区域的汉画像石艺术表现。

图18 湖南长沙陈家大山楚墓人物龙凤帛画 （照片）

（七）壁画

汉墓壁画出土量较多，西汉早期的洛阳卜千秋墓壁画生动，其骨法用笔、五彩设色视为同时期汉墓壁画的代表作品。有学者认为“汉画像石脱胎于汉墓壁画”①，汉画像石、画像砖和汉墓壁画的关系密切。西汉地面建筑的壁画十分丰富，虽现已荡然无存，但从当时的赋章中可以领悟其要。《鲁灵光殿赋》云，“忽缥缈以响像，若鬼神之仿佛。图画天地，品类群生，杂物奇怪，山神海灵。写载其状，托之丹青”②，形象地记录了鲁灵光殿壁画辉煌丰富的画面。鲁灵光殿壁画的教育功能在该赋最后也有记叙，“贤愚成败，靡不载叙。恶以诫世，善以示后”③。壁画装饰于殿中，具有开放性，在起到

① 吴曾德：《汉代画像石艺术探源》，汉画研究，创刊号。

② 萧统、李善注：《文选·卷第十一》，上海古籍出版社1996年版，第515—516页。

③ 同上。

教化作用的同时，其表现形式与方法也会被同期艺术汉画像石、画像砖所使用。

（八）铁工具制作技艺

1972年在河北藁城台西村商代遗址出土的嵌铸铁刃的铜钺[①]，说明中国用铁的历史在商代已经开始。西汉初年，铁器在生产和生活领域中被广泛应用，画像石墓的制作与雕刻自然也不例外。在全国设置的铁官49处中，画像石的主要产地山东12处、河南6处、江苏7处、四川3处，有些铁官所在地就是画像石墓流行区域。[②] 这时的冶铁经过渗碳后可以打制成钢质手工工具，根据墓葬凿造特点，有学者分析当时的铁工具有錾、镌、直銎斧、平刃圆裤凿、凹字形铁臿、凹字形锛、凹字形齿锃等类。[③] 优等质量与形状各异的铁工具使用保证了画像石墓的筑造与雕凿顺利进行，汉代的铁工具制作技术是画像石艺术表现的成功标志。

第二节　历史文化背景

人类文化是由一元向多元发展的，人们为满足生存需要和精神需要而进行的工艺设计制作，生动形象地表现了人们的内心世界。汉画像石、画像砖首先是作为建筑构件存在的，它们起到墓葬与祠堂祭祀建筑的结构作用；同时这些砖石又成为特殊的画面载体，昭示着人们对于阴阳与生死的思索。

一　汉代人的宇宙观

汉画像石、画像砖用图像对汉代世界进行表现，它们既是实用的，也是审美的，且主题鲜明，简洁凝练，以生动的形象淋漓尽致地体现了汉人囊括宇宙，并吞八荒的宏伟气概，生活气息浓厚，充分体现了汉代人对于生死问题朴素而深刻的思索。

汉代是一个进取和充满生机和活力的时代。任继愈指出："秦汉哲学基本上讲的是关于宇宙构成的认识之学。"[④] 金春峰也认为汉代哲学的主题和基

① 李众：《关于藁城商代铜钺铁刃的分析》，《考古学报》1976年第2期。

② 参见吕品《汉画像石的起源、雕刻方法与冶铁技术发展之关系》，河南省文物考古学会编《河南文物考古论集》，河南人民出版社1996年版，第401页。

③ 参见赫玉建著《中国汉代画像石与冶铁研究》，西北大学出版社2008年版，第279—280页。

④ 任继愈：《中国哲学发展史·秦汉卷》，人民出版社1985年版，第4页。

调“是人的强大有力和对天（神）的征服。在天人关系中，形式上是天支配、主宰人，实质上是人支配天”①。的确，秦汉时期的“天”是为人服务的，人们充分利用“天”这个能够无穷无尽挖掘发挥的资源为实现政治、社会生活所用。

汉代对宇宙的解释，一类比较抽象玄虚。如《淮南子·天文训》中，讲天地没有产生以前，混沌未开，后来“宇宙生气……清阳者，薄靡而为天；重浊者，凝滞而为地。清妙之合专易，重浊之凝竭难。故天先成而地后定。天地之袭精为阴阳，阴阳之专精为四时，四时之散精为万物”。汉代人对天的认识是模糊的，但已具有整体感的把握。

另一类解释则简洁明快。《淮南子·齐俗训》中有“古往今来谓之宙，四方上下谓之宇”，这是抽象、空泛意义上的“宇宙”。汉人高诱注《淮南子·览冥训》时曰：“宇，屋檐也；宙，栋梁也。”东汉学者许慎《说文解字》对“宇”的解释与此相同：“宇，屋边也。”说明这是社会上较流行的说法。汉代宫殿建筑中注重“反宇”即屋檐上挑以向阳采光，也是从这个意义上使用“宇”。这便是“具象”的，人们触手可及、能自由出没其中的“宇宙”。

在战国秦汉的流行观念中，还有天柱，天门，也是从住宅的空间形象去推论宇宙结构。

如天柱，人们认为天体由柱子撑起。《楚辞·天问》中有对“天极”、“八柱”的一连串的发问：“天极焉加？八柱何当？东南何亏？”说明战国后期楚人的思想中，对于八柱、天极，已有较为深入的思考。《淮南子·览冥训》回顾“往古之时，四极废，九州裂，天不兼覆，地不周载……女娲炼五色石以补苍天，断鳌足以立四极”② 的传说，提出“天地之间，九州八柱”之说。《初学记》则明确：“昆仑山为天柱，气上通天，昆仑者地之中也。”昆仑山应是大地之中的天柱，正如住室中的顶梁柱。

天门是人们想象中的天宫之门。《楚辞·九怀》有“天门兮地户”的说法③，天门与地户相对。《楚辞·九歌》中又有“广开兮天门”④。《淮南子·原道训》：“是故达于道者，反于清静。究于物者，终于无为。以恬养

① 金春峰：《汉代思想史》，中国社会科学出版社 1997 年版，第 3 页。

② 刘安等：《淮南子·第六卷·览冥训》，上海古籍出版社 1989 年版，第 65 页。

③ 洪兴祖：《楚辞补注》，中华书局 1983 年版，第 270 页。

④ 同上书，第 68 页。

性，以漠处神，则入于天门。”清心寡欲的人才能得道入天。“天门”在汉画像石中往往以双阙的形象出现，有的在双阙中明确刻以“天门”二字。四川石棺以及铜牌中屡有此类画像。它们绝大多数刻于石棺前端。天门完整的配置即标准形式是天门前面有人、天门顶上有鸟，简略形式则是仅有双阙，或双阙前或中间有人（图 19），或双阙上有鸟。最常见的是双阙。①

图 19　四川郫县汉代一号石棺双阙画像　（拓本）

中国古代观察自然现象是粗疏的、直观的、感性的，不可能真正认识天体的本质。汉代人仰观天象，俯察人文，只能用“具象”的事物来表现抽象的概念和万物，而用眼前的住宅来比附宇宙，便清楚明了。宇宙的抽象与“具象”，天地的生成与演变，尽在跟前。

“宇宙”既然是可以把握的，那么在现实社会中便可以去表现它，驾驭

① 参见罗二虎著《汉代画像石棺》，巴蜀书社 2002 年版，第 189 页。

它。秦汉都城、宫室建筑居所的象天，便是在这样的背景下产生的。一般民居没有资格像天，但民众也希望得天地之恩泽，企盼富贵，长寿，升仙，常见于屋檐瓦当上如“长生无极”、“长生未央”、“延寿长久”等吉祥用语，生活起居中用具如铜镜上的吉祥文字等，说明这种思想观念在社会上具有非常广泛的影响。

二 “事死如事生”的丧葬观念

在汉代的世俗生活中，生死问题往往与家族、宗族的延续联系起来，从血缘亲情、人性和礼仪规范等诸多因素考虑，人们非常重视丧葬的过程。

人们对亲人离去后的亲情难以割舍，总是有痛彻肝肠的感受。《吕氏春秋·节丧》：“孝子之重其亲也，慈亲之爱其子也，痛于肌骨，性也。所重所爱，死而弃之沟壑，人之情不忍为也，故有葬死之义。葬也者，藏也，慈亲孝子之所慎也。”死者已去，生人冀尸骨入土，魂灵有所依托。坟墓要高大，墓室要幽深，希望亲人灵魂不受干扰。山东东阿县发现一块东汉桓帝时期所建石祠堂的门柱石（图20），为四角形，正面刻题记，其他三面刻画像，正面上部题额“东郡厥县东阿西乡常吉里芗他君石祠堂”，这是芗氏两兄弟为死去的父母所立的祠堂。郡、县、乡、里，清楚地标示出死者的籍贯。题记的前半部分记述芗他君夫妇及其已故的长子芗伯南的经历，后半部分写祠堂的建造过程。其中曰“克念父母之恩，思念忉怛悲楚之情，兄弟暴露在冢，不辟晨昏，负土成墓，列种松柏，起立石祠堂，冀二亲魂零（灵），有所依止”[1]，真切地表达了芗氏兄弟对父母的眷恋之情。

汉代人认为人间生机勃勃，冥界阴森恐怖，仙境因虚无缥缈而令人神往。将人间的生活图景与人们想象中金碧辉煌的宫殿，祥云缭绕、瑞兽毕集的仙境融为一体，在墓室中予以尽情的展示，冥界的阴森感在一定程度上可以被消融化解。画像石、画像砖墓便应运而生。

汉代人对于阴宅的选址与建造较之阳宅似乎更为重要。在人们的意识中，它担负着荫庇后代，子孙昌盛，家族兴旺的重任。汉墓中镌刻的“富贵宜子孙”便直白地表达了这种心愿。博学睿智如张衡者，也在《冢赋》中描绘了对自己墓地的设想：“高岗冠其南，平原承其北。列石限其坛，罗竹

① 山东东阿芗他君祠堂门柱石题记。罗福颐：《芗他君石祠堂题字解释》，故宫博物院刊1960年版（总二号）。

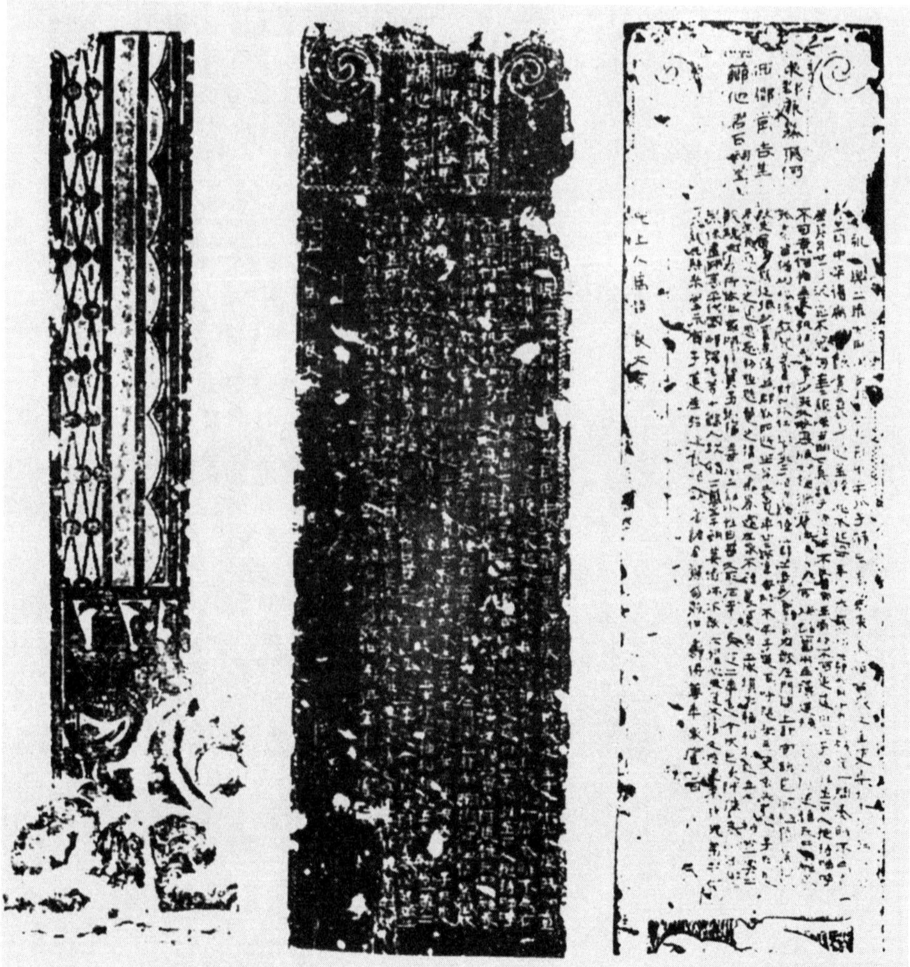

1　　2　　3

图 20　山东东阿芗他君祠堂石柱　（拓本）

藩其城。柔以修隧，治以沟渎。曲折相连，迤靡相属。”张衡此赋描写的墓地地理环境优越，墓园宽敞，翠竹环绕，祭坛居中。子孙后代祭祀不绝，象征着家族兴旺，后继有人。这是普遍存在的社会心理。

人们选择墓地一般要选高敞之地。《吕氏春秋·节哀》载：“凡葬必于高陵之上”，《安死篇》又说：“葬不可不藏也，藏浅则狐狸掘之，深则及于水泉，故凡葬必于高陵之上，以避狐狸之患，水泉之湿。”这是一种朴素的愿望。韩信为布衣百姓时，母死，贫无以葬，却“行营高敞地，令其傍可置

图 21 河南唐河冯君孺人汉画像石墓文字画像（拓本）

万家”①，访求高敞之地葬母，设想将来有万家守陵之人，表现的是韩信高远的志向和充分的自信，同时也带有一些神秘的意味。成帝建昌陵，墓址地势低，需“取土东山”，引起群臣反对，谓“昌陵因卑为高，积土为山，度便房犹在平地上，客土之中不得不保幽冥之灵，浅外不固”，不如原来选定的陵址“因天性，据真土，处势高敞”，昌陵因此而废。② 洛阳北邙岭上众多汉墓的分布，正是在这种思想下形成的。可见无论帝王还是庶民，墓地“行营高敞地”是共同的追求。

中国古代推崇金石之固，汉代的地上石祠与地下的画像石墓，以石为材，精心雕刻，有其深厚的寓意。人们追求金石之固，希望石祠永存，香火不绝，它寄托着家族的希望。

汉代的墓室建筑呈现立体化，第宅化的特点，盛行夫妻合葬墓，均体现出“事死如事生”的观念。帝王墓园充分体现其尊贵的地位和威仪。墓地的地面建筑有象征宫殿围墙的陵垣，有供墓主灵魂饮食起居的寝以及四时供奉祭享的便殿。墓前有供天子、贵族灵魂出行的神道，有石像生，有高耸的双阙。高大的封土堆下边，横向墓取代了此前的竖穴墓。民间没有这样的威势，但人们也要在墓域地面上营建祠堂，在地下墓室中营构第宅化墓室，随葬“诸养生之具”，这种趋势西汉后期已经出现，东汉中后期非常普遍。南阳唐河发现的王莽时期郁平大尹冯君孺人画像石墓，是一座夫妇合葬墓。该墓在不同的门柱、门楣、门上等处清楚地刻出“车库”、“西方内门”、“南方”、“北方”、“东方”等字，（图 21）夫妇安寝于此。有学者指出，洛阳烧沟汉墓极为清楚地反映了中小型砖石墓的第宅化过程，“西汉早期流行平顶空心砖墓，至西汉中期，由于夫妇合葬墓的出现，刺激了墓石构筑的立体化

① 司马迁：《史记·淮阴侯列传》，中华书局 2005 年版，第 2038 页。

② 班固：《汉书·卷七十》，上海古籍出版社 2003 年版，第 2142 页。

发展。正是因为合葬的需要，刺激了墓室构筑的立体化发展，于是两面坡式的屋顶状墓室取代以往的平顶墓，以至于更像夫妇生前共处一室的景象”①。

汉画像石、画像砖产生于汉代的宇宙观与丧葬观念，在追求这些观念的同时，汉画像石、画像砖表现出永恒的艺术形式。

① 韩国河：《秦汉魏晋丧葬制度研究》，陕西人民出版社1999年版，第269页。

第二章

本土艺术特征与分区

第一节　本土艺术特征

汉画像石、画像砖代表着中国工艺设计文化过程中一个重要的发展阶段，具有浓郁的传统艺术特色。从民族丧葬艺术的比较角度，我们能够较为准确地把握汉画像石、画像砖的本土艺术特征。

一　民族文化积淀

汉画像石和画像砖反映的是未受佛教根本影响之前的中华文化，是原汁原味的汉民族初期的艺术文化。

汉代中国幅员空前辽阔。西汉极盛时的范围，东至乐浪郡（今朝鲜平壤一带），南到九真郡（今越南河内之南），西面开通河西四郡，北至大漠。两汉之际，匈奴趁中原内乱，一度控制西域，并进至汉朝北部边境。东汉前期，汉王朝多次出击匈奴，迫使匈奴远徙西方。东汉辖境“东乐浪，西敦煌，南日南，北雁门，西南永昌。四履之盛，几于前汉”①。表现出前所未有的阔大疆域和豪迈开放的时代精神。

两汉四百年是汉民族形成的重要历史时期，在中国历史上具有继往开来的地位。在汉民族共同心理素质形成的过程中，汉代是第一个重要的里程碑。这是一个开拓进取、生机勃勃的时代。《西京杂记》卷二记司马相如论赋说汉代的“赋家之心，包括宇宙，总览万物”，“包括宇宙，总览万物”体现了文人对天地自然之道的体悟，更体现了大一统王朝巩固初期昂扬进取的时代精神。张衡《东京赋》中谓东汉洛阳宫殿

---

① 顾祖禹：《读史方舆纪要卷1》，中华书局2005年版，第80页。

“复庙重屋，八达九房，规天矩地”。汉代皇宫阔大的建筑正是时代精神的特写，大一统王朝的气势尽彰于此。它反映的是从宫廷到民间崇高、崇大的普遍认识。

统治阶级的思想在社会上无疑居于主导地位。盛极一时的神仙说尤与汉武帝的痴迷仙术有关，武帝“作明堂于泰山下”。[①] 上有好者，下必甚焉。从汉墓中出土的陶楼及画像中众多的楼房形象，可知民间造楼之风的盛行。且楼台之上往往有西王母与玉兔的形象，它真切地反映出人们向往仙境的心态。

在盛行的天人合一、天人感应思潮的影响下，汉代社会各阶层普遍向往、追求仙境。汉画像石、画像砖展示的是祥云缭绕、龙飞凤舞、生机盎然的天地。第宅化的立体空间，前堂后室，门户俨然；满壁飞动的石刻画，囊括宇宙，包举万物，其浩大的阵势、行云流水般的飘逸风采，给人以强烈的震撼。其图像横空出世的气势，深沉雄大的风格，植根于那个特有的时代。

汉画像石、画像砖产生于民间，反映了汉代社会的民风与民情。汉画像石、画像砖是汉代中下层人士的遗存，有学者认为：“在迄今发现的用画像石做建筑材料的汉代地上、地下建筑中，设有一座建筑主人的身份在列侯或两千石以上。”[②] 相对于汉画像石墓、汉画像砖墓的形制较小，墓主人的身份低于画像石墓。因此汉画像石、画像砖墓反映汉代民间的社会风尚与艺术追求。汉画像石、画像砖是汉代民间艺术的杰出代表，它出自民间画师、工匠之手，可以说是当时的通俗文本，反映的是普通民众的思想与观念。当然，画像石的画面设计应当有文人的参与，比如武梁祠就显现了武梁的思想追求。东汉时期是汉画发展的鼎盛时期，程式化的趋势很明显，专业的画师和工匠所画所刻的内容已经是他们烂熟于心的东西，即在民间广泛流传的神话与仙话，更重要的还是他们耳熟能详的现实生活场景。

在汉代祠堂的建造过程中，画师工匠有着自由身份，掌握一定技术，也有一定的地位。他们组成的这个群体，从选取石材到祠堂设计，从图像立意画稿到雕刻砌屋，自始至终，他们是责任者，劳动者，也是艺术家。当艺术创作进入到良好的境界时，手下刻出的画倾注了他们的创作激情。山东苍山

---

① 《汉书·武帝纪》，上海古籍出版社 2003 年版，第 132 页。

② 周保平：《对汉画像石研究的几点看法》，《东南文化》2001 年第 5 期。

汉画像石墓题记中“立廓毕成，以送贵亲，魂灵有知，柃（怜）哀子孙”[①]的话推测题记应是修墓工匠所为，是工匠在墓室修造完毕后激情抒发的记录。他们将建筑、雕刻、绘画融于一体，作为一种鲜活的民间艺术形式，它融进了画师与工匠的大胆想象。

石阙与石祠具有开放性。我国目前现存石阙有庙阙与墓阙。信立祥认为：“庙阙与墓阙都是为祭祀鬼神所设的‘神道阙’”[②]。登封三处庙阙在中岳嵩山的三座神庙前，太室庙前的太室阙西阙保存相对完好，阙上画像表现了太室神庙的祭祀与庙会场面，也刻画了仙禽神兽与祥瑞形象，并刻有铭文：“惟中岳泰室嵩高神君，处兹中夏，伐业最纯。春生万物，肤寸起云。润施源流，鸿濛沛宣。竝天四海，莫不蒙恩。圣朝肃敬、众庶所尊。斋戒奉祀，战栗尽勤。以颂功德，刻石纪文。重显述异，以传后贤。元初五年四月，阳城县长，左冯翊万年吕常始造此石阙，时监之。”[③] 画像与铭文忠实地表现与记录了庙阙的祭祀功能特点，显示了庙阙的开放性。墓阙与墓上祠堂是汉代墓葬地面之上的建筑，在汉代人的观念中，墓主从地下墓室到墓地，墓阙是到达祠堂的必经之路。因此，墓阙上的画像在不同高度的位置上表现不同宇宙层次的内容。祠堂是墓主的最后到达之地。祠堂画像表现了天上、仙人、人间现实世界的丰富形象，人们可以进入祭祀与观看，具有开放性的教育功能。山东微山两城恒弄祠堂题记：“俱归黄泉，何时复会，慎勿相忘，传后世子孙，令知之。”[④] 说明祠堂的图像内容要“传后世子孙”。武梁祠画像根据东汉的宇宙观设计，巫鸿认为：“武梁祠墙壁画像的最后一幅场景出现在东壁左下角表现了一个‘县功曹’正在向牛车中的一位‘处士’致敬。大多数学者认为这位处士就是武梁本人（图22）。”[⑤] 笔者认可这种判断，武梁在石祠中精心表现祥瑞与历史图卷画像，彰显自己的政治主张与理想，并让观看者受到教育。这是由石祠的开放性而形成的表现效果。地下墓室是汉代墓葬的地下建筑，它与墓阙与祠堂有实质性的联系。在墓制上地下墓室模仿人间居室建造，画像表现了墓

① 山东省博物馆、苍山县文化馆：《山东苍山元嘉元年画像石墓》，《考古》1975 年第 2 期。

② 信立祥：《汉代画像石综合研究》，文物出版社 2000 年版，第 294 页。

③ 同上书，第 319 页。

④ 杨爱国：《幽明两界·纪年汉画像石研究》，陕西人民美术出版社 2006 年版，第 51 页。

⑤ ［美］巫鸿（柳扬，岑河译）：《武梁祠——中国古代画像艺术的思想性》，生活·读书·新知三联书店 2006 年版，第 227 页。

图 22　山东嘉祥武梁祠县功曹向处士致敬画像　（拓本）

主生前的生活与死后的理想。汉画像石墓墓主棺柩放入后墓室即为封闭，但与墓阙、祠堂一样，在一定程度上也具有开放性的特点。延家岔汉画像石墓“应是家族合葬墓。……很可能是二次葬，或把棺木暂存起来，集中到一定时期一块埋入的”[①]。这样墓建好后，人可以观看，以后需要时再安葬封闭。[②] 这样的墓葬情况可能还有很多，汉代墓葬的墓阙、石祠、地下墓室具有地上与地下墓葬形式的联系。在修建之前，画像石上的画像要进行设计，每一地域有专门的工匠队伍，而且也有分工。山东东阿芗他君祠堂建造过程中，“使师操义，山阳瑕丘荣保，画师高平代盛、邵强生等十多人”[③]，在这些“师”（石工）、“画师”各自工作时，有自己的队伍与工作场地，形象的视觉直观性必然使画像产生广泛的影响，在民间的文化交流中，画像石、画像砖的作用不可低估。

汉画像砖采取模印的方法，可以在画像砖作坊里成批生产，制作的过程中许多人的参与和观看，流通的渠道中许多人的搬运与欣赏，都使画像在民间得以广泛传播。

汉代有关的史书文献多是记载皇家宗室与上层人士的活动，而画像石、画像砖则出自民间，通过这些中下层人士墓葬的画像及随葬品，可以了解他们的生活现状与思想追求，形成对汉代社会的整体认识。四川邛崃画像砖的舂米画像（图 23），画面中刻有仓房，有三人在舂米，旁边还有一只鸡，民间生活场景活灵活现，具有浓郁的民俗气息。浙江杭嘉湖地区的画像砖富有

① 戴应新、李仲煊：《陕西绥德县延家岔东汉画像石墓》，《考古》1983 年第 3 期。

② 同上。

③ 山东东阿芗他君祠堂门柱石题记。参见罗福顺《芗他君石祠堂题字解释》，《故宫博物院院刊总二号》，1960 年版。

图23 四川邛崃汉画像砖舂米画像 （拓本）

江南特色，以水纹和鱼纹出现较多，体现出水乡的文化内涵。不同区域的民间生活与艺术特点在画像石、画像砖中都有直观的表现。

汉代的皇陵至今未得发掘，但可从诸侯王墓的发现知其宏大的规模。如徐州的龟山汉墓、楚王陵，均为凿崖为墓，凿制了大块的石面，却没有画像石。结合汉画像石、画像砖墓在早期的简陋情况，到东汉盛期的榜题所示，大型汉画像石的主人基本上是中下级官吏或地方上的豪强或富商，一般的画像石墓或画像砖墓则可能是当时的殷实之家。

汉代是统一王朝的开创阶段，制度比较疏阔。统一的王朝，专制的政治体制，要求等级有序，上下有别，但经济发展的活力不可遏制。随着社会经济的发展，崇利求富，炫耀富贵，及时享乐成为汉代社会风尚。“田池射猎之乐，拟于人君”①。拥有“良田广宅”是富有的主要标志，它理所当然地成为人们的追求目标。董仲舒曾指出当时的新贵“因乘富贵之资力……广其

① 司马迁：《史记·货殖列传》，中华书局2005年版，第2478页。

田宅，博其产业，畜其积委”[①]。民间富豪的居室有“连栋数百”者，更有“穷极技巧”者。汉代地面建筑遗迹很难保留，但其墓葬建筑的形制以及画像石、画像砖上大量的建筑图像，陶楼，陶仓房等，反映出了当时民众对于良田广宅的渴求。世俗生活中从各种劳作场面到饮酒宴享，舞乐百戏，驱鬼辟邪，无一不有。这样的画面寄托的是普通民众的期盼。贵族墓葬中有宽敞的车马库等多个房间，有豪华的享堂和玉棺，有各种各样的随葬品，如徐州楚王陵凿出的面积可观的厨房、水井、饮马池、马厩等，而普通民众只有将这些内容表现于画面，供亡灵使用了。

二　民族艺术精华

不同的文化观念决定不同艺术形式的产生，简单的比附容易掩盖艺术的个性化内容。美国艺术史家罗利认为：“中国绘画的发展证明中国文明的确是与时俱进的，其进化可以和希腊艺术的演进相比较，包括古风、古典和希腊化这三个阶段。对于使用文明作为尺度的艺术史家来说，这三个阶段以三种不同的表现方法来揭示其自身：线性平面、立体结构和图画的表现。”[②] 根据这个结论，罗利重新审视了山东嘉祥武氏祠石刻，认为该石刻应为线性平面形式。[③] 的确，线性平面是中国民族艺术的主要表现方法，在汉画像石、画像砖中线性平面是其主要特征，并有多种表现形式。武氏祠画像风格只是汉画像石、画像砖线性平面表现的一种形式，是在追求“立体结构”表现中汉画像石一个地域中画师工匠的处理方法，它呈现出鲜明的地域图像风格，即武氏祠画像风格。我们认为不同地域的汉画像石、画像砖均通过追求“立体结构”的线性平面表现过程，而呈现出相异的画像风格。汉画像石、画像砖其综合的艺术特点统一了不同地域的画像风格，呈现出“深沉雄大”的视觉共性。罗利根据武氏祠石刻所归纳的线性平面、立体结构和图画表现的中国绘画发展阶段似乎不够全面。汉画像石、画像砖艺术不但呈现出像武氏祠风格的那种线性平面特点，而且整体表现了线性平面、立体结构和图画表现的统一演化过程，它们之间没有先后的顺序，且与希腊艺术的古风、古典、

① 班固：《汉书·董仲舒传》，上海古籍出版社 2003 年版，第 1776 页。

② G. Rowley（罗利）. Principles of Chinese Painting. yev. ed. Princetan. J.：Princetan University Press. 1974：“Preface” and p. 3.

③ 参见［美］巫鸿著（柳杨、岑河译）《武梁祠——中国古代画像艺术的思想性》，生活·读书·新知三联书店 2006 年版，第 63 页。

希腊化三个分开递进的演变过程有质的不同。汉画像石、画像砖以线性平面表现立体结构的图形，产生出生动的情节与丰富的形象。

情节的表现，先秦已开先河。长沙子弹库楚墓出土的《人物御龙帛画》，画面上有人物、龙、鱼、鹤、云等形象，其人物头戴高冠、长袍广袖、腰佩长剑、手挽缰绳，神采奕奕地立于蛟龙之上。为了形成情节，蛟龙昂首翘尾，鹤立于龙尾，扬首朝相反方向，鱼与蛟龙奋力向前。承继传统，汉画像石、画像砖上的情节更为生动，在不同的地域具有各种类型的变化。前文在分析汉画像石、画像砖的技法传承时，认为青铜时代殷墟后母戊大方鼎与河南淅川下寺徐家岭九号楚墓铜怪兽（图版四）分别对汉画像石、画像砖两大风格变化产生艺术影响。一般来说情节是形成风格的主要因素。武氏祠画像与司母戊大方鼎、南阳汉画像石画像与下寺楚墓铜怪兽风格分别接近的原因，是由于武氏祠与南阳汉画像石的情节表现不同。南阳王庄出土的汉画像

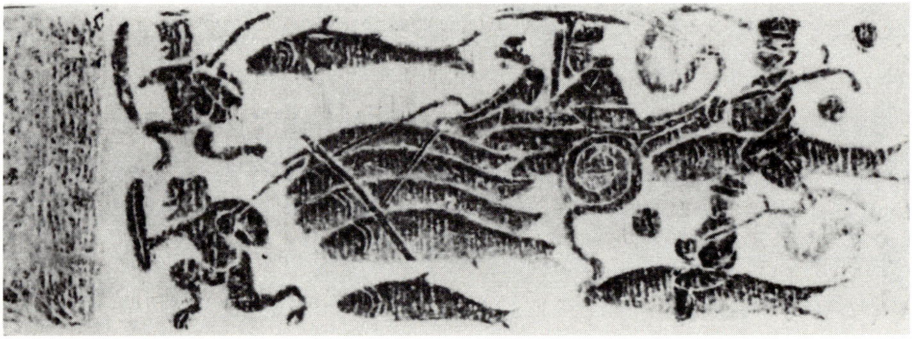

图24 南阳王庄汉画像石墓风伯神人画像 （拓本）

石风伯神人画像（图24），画面上三神人拉一五星车迅速行进，右刻风伯，张口吹风，风伯与神人节奏变化微妙。在画面中间，流云缭绕，左上方斜对四星，形成有关联的情节变化。下寺楚墓铜怪兽是完整的青铜雕刻，它的情节是通过怪兽本身各部分的体量变化与装饰形式逐步展现的。人物御龙帛画中，情节是在以人物为主要表现对象的环境中形成的，而天帝出行画像那节奏微妙的情节联系显然使画面更为生动。武梁祠县功曹向处士致敬画像（图22），表现安静状态下由心理活动导致的一种情节变化，画面上处士坐在牛车上，县功曹面向处士拜请，县功曹后面有马车，上面有一神兽走向处士。前文指出处士代表武梁本人，画像表现武梁不愿接受做官邀请的场面。画像

端庄安详，上面神兽的出现，象征武梁清高神往的思想境界，表现了画面严肃祥和的情节气氛，这种艺术感觉在后母戊大方鼎上似乎可以寻觅。由此看来，汉画像石、画像砖对于情节表现生动细腻，特点鲜明，在形式合度与内容关联方面显然有自己的独特探索。

汉画像石、画像砖众多的生动形象令人激动。天上的诸神、远古的仙灵、传说的故事、现实的人物，千姿百态，丰富多彩。汉画像石、画像砖的依附载体有石祠、石阙与地下墓室，如此丰富的建筑形式，足以表现汉代天人合一的丧葬观念。汉代人认为地下墓室象征着地下鬼魂世界，地上的墓阙与祠堂代表现实人间世界，墓主从地下墓室到地上的墓阙与祠堂接受家人的祭祀路途比较漫长，因此“汉代的大型画像石墓都有两个‘堂’。一个‘堂’是地下墓室中紧靠后室、位于后室之前的中室或前室；另一个‘堂’是墓地祠堂。这两个‘堂’，对于地下世界的墓主来说，都是进行燕居生活以外各种活动不可缺少的场所（图 25）”①。可以装饰的墓葬空间非常开阔，

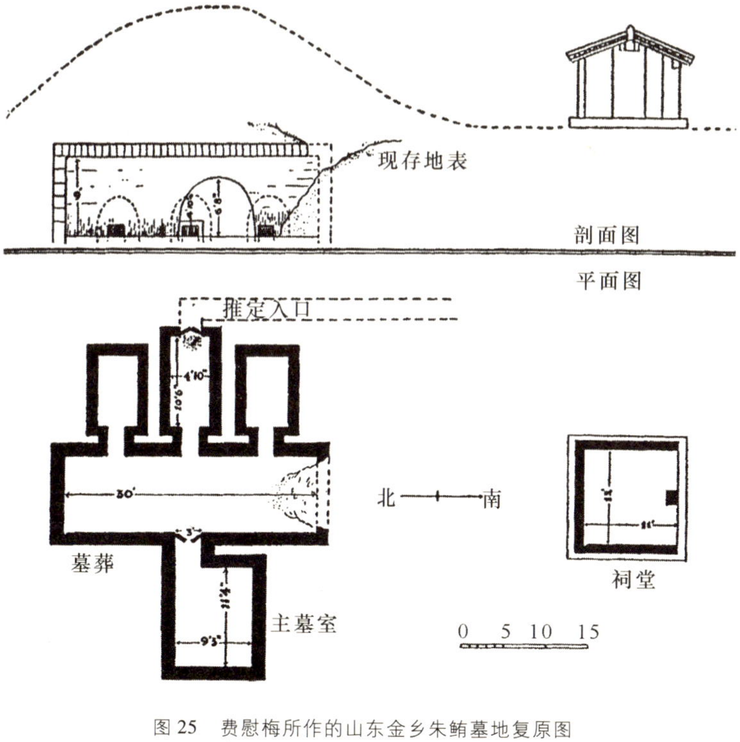

图 25　费慰梅所作的山东金乡朱鲔墓地复原图

① 信立祥：《汉代画像石综合研究》，文物出版社 2000 年版，第 323 页。

有充分的展示余地，墓主生前的荣耀和地位，未能了却的夙愿，以及对未来的希望都可以通过画像实现，使墓葬成为天人合一愿望的表现场所。墓葬中众多生动的形象便应运而生。比较典型的南阳麒麟岗汉画像石墓，出土了110块画像石150余幅画像，其仙人题材极其生动：东王公、西王母、伏羲、女娲、神荼、郁垒成组成对出现，还有古代媒神高禖、风神飞廉等形象，他们栩栩如生、呼风唤雨。神兽画像更为丰富，有强良、穷奇、玄狐、虬龙、白虎、神龟等20余类。尤其是麒麟、凤凰画像：麒麟鹿首鹿身，头上有独角，肩生毛羽，形象温顺，凤凰画像取孔雀开屏的正面形象。天文画像也十分精彩，前室墓顶的黄帝暨日月神图像，黄帝戴山形冠，正襟危坐，朱雀、玄武分居上下，青龙白虎列于左右，左方还有羲和捧月与北斗七星，右方也有常羲捧月与南斗六星。人物画像精雕细刻，墓男女主人、隶属仆从、男优女伎均生动传神。形象是视觉艺术的本体，艺术研究是从视觉形象开始而把握本质的。汉画像石、画像砖的动物、祥瑞、三足乌、蟾蜍及人事故事形象均具有个性研究的价值，显现出奇异的艺术风貌。

三　地域特点

中国文化传统广博深厚，南、北文化与东夷文化有不同的发展里程与特点。南、北文化地处长江与黄河流域的广大区域，一直是研究者较为关注的课题。如青铜文化狞厉而神秘，其核心是强调等级制。它植根于黄河流域中游。商周长期对异族的战争，将华夏文明的种子播撒到整个北中国。中国艺术的原始精神中逐渐渗入了礼制思想。长江流域的南面中国则为南蛮之地，蛮夷中最强悍的代表——楚人艰苦创业，筚路蓝缕，受北方的影响较少，一直保持着中国艺术的原始精神，并不断发展放荡不羁、自由自在的艺术思想。老子提出了“天长地久”[①]及“无名，天地之始；有名，万物之母”[②]的万物演变论，集混沌世界的神韵和灵气，建立了一个整体的虚灵空间。“老子开其端，庄子、屈原附其后，将长江文化的浪漫思潮推向极致”[③]。东夷文化也具有自己的特点，此后逐渐融入黄河与长江文化，黄河文化与长江文化发展成为中国的主要地域文化。尽管秦汉的大一统帝国统一了南北文

---

① 任继愈：《老子新译》，上海古籍出版社1978年版，第34页。

② 同上书，第26页。

③ 黄雅峰：《南阳汉画像砖石的视觉造型》，河南美术出版社1994年版，第131页。

化，但是作为地域文化的影响依旧存在，况且汉依秦制、秦依楚风，长江流域的楚文化在汉代社会有巨大的影响，东夷文化也有一定的影响作用。南北地域文化渗透于汉代丧葬的思想与制度中，出现了不同的艺术表现形式。刘晓路在讨论汉代绘画时认为："帛画基本属于长江流域的文化，壁画基本属于黄河流域的文化。"① 而深受帛画与壁画影响的汉画像石、画像砖艺术，黄河流域与长江流域之间的风格差异十分明显。

第二节　汉画像石、画像砖的分区

信立祥对汉画像石的分期和分区研究，长期为学界所沿用。俞伟超在《中国画像石全集》的概论中，基本依照信立祥的分区法，将全国的画像石分为四大区域：山东至苏北、皖北及相邻的豫冀交界区；豫南至鄂北区；陕北与晋西北区；四川与滇北区。近年来，学者们有一些新的着眼点，比如2004年张从军出版的《黄河下游的汉画像石艺术》，其所言黄河下游的范围不外乎山东至苏北、皖北及相邻的豫冀交界区，但由此可以受到一些启示：汉画像石、画像砖的分区，能否从自然地理和人文地理相结合的角度，简化一下，分为黄河流域和长江流域呢？西汉中期的司马迁在《史记·货殖列传》中谈到各地物产时，将全国划分为"山西"、"山东"、"江南"、"龙门、碣石以北"四个基本经济区域，当时的所谓"山西"、"山东"大致以崤山或华山为界，是笼统的概念，此后行政区划又经常变化，而水系是不变的。季羡林在《长江文化研究文库》总序中认为，"在中国，古代文化的差异是南北问题，南方以长江文化为代表，北方则以黄河文化为代表。"② 从黄河流域和长江流域的不同分区来关注汉画像石、画像砖（图26），也许眉目更清晰一些，有助于理解汉代艺术起源与发展的规律。

在全国各地的画像石、画像砖中，祭祀与升仙的画面是最多的，这是最明显的共性。它与丧葬艺术的主旨相和。秦始皇、汉武帝、王莽等人的大规模求仙活动，对神仙思想的传播起到了巨大的推动作用。昆仑山、海中三神山、西王母，成为人们耳熟能详的名词，"昆仑山开始成为全社会崇敬的、人人渴望到达的、最具吸引力的幸福仙境。就这样，一个新的宇宙构成部

---

① 刘晓路：《焱焱炎炎，扬光飞文——秦汉绘画概论》，《南都学坛》2001年第1期。

② 季羡林：《长江文化研究文库·序》，湖北教育出版社2009年版。

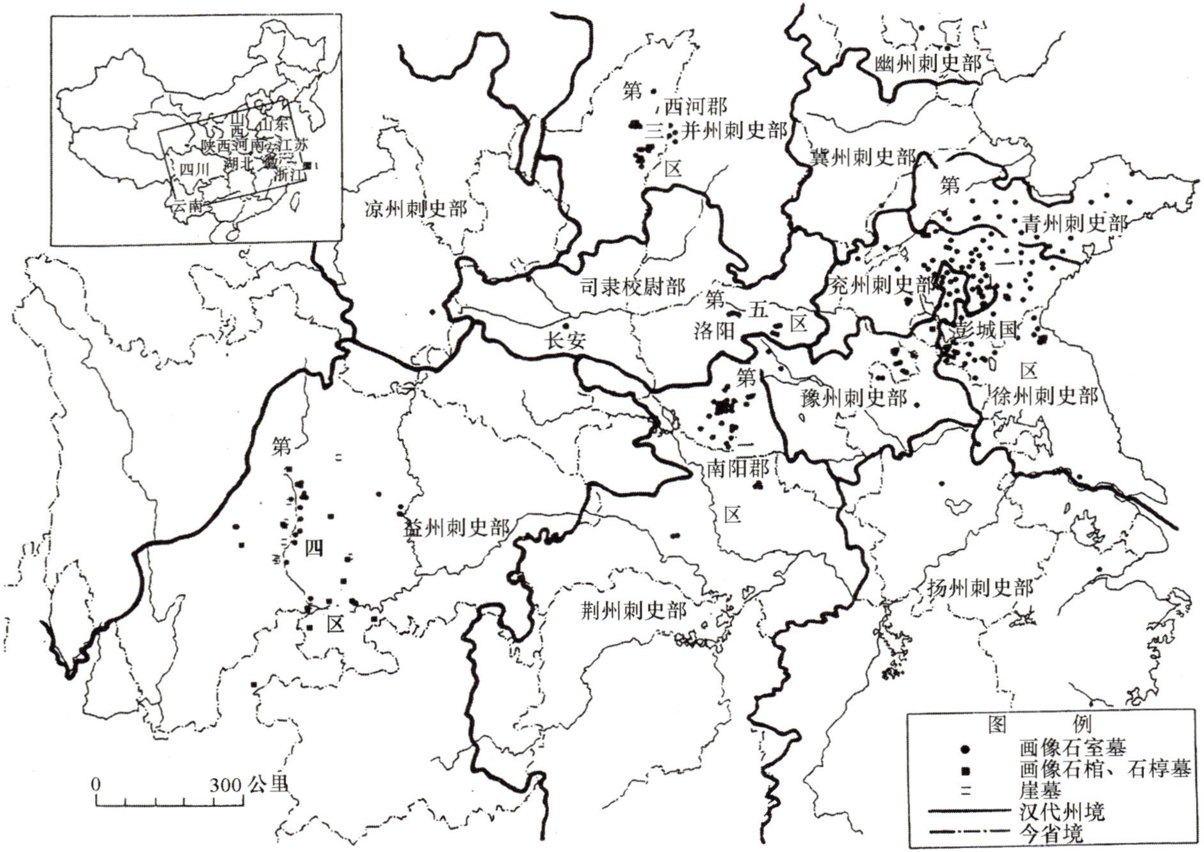
幽州刺史部
冀州刺史部
青州刺史部
兖州刺史部
徐州刺史部
豫州刺史部
扬州刺史部
荆州刺史部
益州刺史部
凉州刺史部
并州刺史部
司隶校尉部
西河郡
南阳郡
彭城国
长安
洛阳
第一区
第二区
第三区
第四区
第五区
0
300公里
图例
画像石室墓
画像石棺、石椁墓
崖墓
汉代州境
今省境
山西
山东
陕西
河南
江苏
四川
湖北
浙江
云南

图26　汉画像石分区图

分——仙人世界终于被人创造出来了”①。仙人世界不同于天上世界，汉人认为天上世界森严神秘，可望而不可即，仙人世界似乎触手可及，人插上翅膀似乎便有可能飞升而入，仙人世界主宰仙药的西王母似乎是和蔼可亲的。与此相关，汉画像石、画像砖中延续生命，追求不朽的观念非常鲜明。同时，各地有不同的文化传统与民俗风情，画像石、画像砖的画面也有不同的倾向和风格。比如黄河下游画像石的类型齐全，有石墓、石椁、石祠、石阙，儒家礼仪教化的内容多，历史故事多。黄河中上游两岸山峡境内的画像全部出自墓葬，陕北画像石墓的狩猎画面形象再现北部边塞风情。长江中游的南阳区画像石、画像砖相映生辉，画面巫风浓郁，气势雄伟。长江上游的巴蜀之地，石阙、崖墓、石棺，极具特色，富于生活情趣，等等。

一 黄河流域

（一）山东、苏北、皖北、豫东区

黄河下游向来是文化发达之地，其思想文化资源特别丰厚，决定了它画像内容的异常丰富。

关于汉画像石的产生，一般认为，西汉早中期河南永城芒砀山柿园汉墓内水井室水井正方形石盖上的叶状树与鸟形的图像②，可以作为一个标志。而这个时期的梁国正是一个文风浓厚的地区。

梁地在春秋战国时为宋国地盘，宋国的文化根基比较深厚，商文化在此较完整地保留下来。战国时期，宋被楚、齐、魏三分其国，永城一带归楚，受楚文化影响。西汉时以此地为梁国，梁国国力雄厚、经济发达。梁国“府库金钱且百巨万，珠玉宝器多于京师”③。梁国的经学也比较兴盛。梁与邹鲁相邻，颇受儒风浸润。

梁国的冶铁技术比较先进，永城芒山镇发现的汉代冶铁遗址，说明这里具备修筑汉画像石墓的技术条件。永城芒砀山为青灰石质，宜于雕琢，使画像石墓的修筑成为可能。梁地（今河南商丘一带）已发掘汉画像石墓 20 多座，是豫东汉画像石的集中出土地。

汉画像石墓主要出于芒砀山一带的永城、夏邑两县。代表性墓葬为西汉

① 信立祥：《汉代画像石综合研究》，文物出版社 2000 年版，第 62 页。
② 参见阎道衡著《永城芒山柿园发现梁国国王壁画墓》，《中原文物》1990 年第 1 期。
③ 司马迁：《史记·梁孝王世家》，中华书局 2005 年版，第 1658 页。

早中期的柿园汉墓，西汉中晚期的夏邑桑堌乡的画像石椁墓、永城蒋乡固堆集汉画像石墓，东汉早期有永城固上村汉画像石墓、永城僖山汉画像石墓，东汉中后期有永城酂城画像石墓和永城太丘一号画像石墓。

位于黄河下游的山东，文化积淀丰厚，是儒家思想的发祥地。儒家重仕途、举孝廉的伦理思想与厚葬尚饰、崇尚功名的风习，是产生汉画像石的社会基础。同时，山东临近黄、渤海，是燕齐方士神仙活动的舞台。战国后期，楚占领了鲁南地区，受到了楚文化的影响，形成了不同的汉画像石艺术风格。山东鲁南与鲁中广泛分布低山丘陵，石灰岩石料易于雕刻。山东冶铁业发达，为画像石墓营建雕刻提供了理想工具。山东汉画像石主要集中于鲁南与鲁中一带，由墓室、石椁、祠堂、阙、碑等画像石组成。

山东汉画像石墓由画像石椁墓向画像石室墓演变，从西汉早期的枣庄小山 M3 石椁墓的出现，到西汉晚期至东汉早期画像石室墓形成，发展的轨迹清晰。东汉晚期的安丘画像石墓（图 27）、沂南画像石墓是山东兴盛时期的代表作品。山东的莒南孙氏阙、平邑皇圣卿阙（图 28）与功曹阙、嘉祥武氏阙保存较为完整，而且阙上都有纪年铭刻，画像石艺术特点明确。

图 27　山东安丘汉画像石墓后室中间圆柱　（照片）

图 28　山东平邑皇圣卿西阙　（照片）

山东发现祠堂画像石最多，东汉早期的长清孝堂山郭氏石祠，是我国地面上保存至今最早的坡屋顶建筑。嘉祥武氏祠是东汉晚期武氏家族墓地的石刻建筑群，表现出汉画像石的一个明显与重要的艺术风格。由于祠堂是地面上的建筑，有显明的教化作用。自宋代起，赵明诚的《金石录》、洪适的《隶释》、《隶续》对孝堂山石祠、武梁祠画像与榜题进行著录，清代黄易的《小蓬莱阁金石文字》摹刻武梁祠局部画像 14 幅，并进行简单考释。瞿中溶的《汉武梁祠画像考》对武梁祠堂画像进行考证。自上世纪初至今，国内外学者对武梁祠及武氏祠堂的研究方兴未艾，如同巫鸿所说："通过几个世纪以来的连续著录和讨论，武梁祠的意义已经远远超越了这个小小祠堂本身所限定的范围。可以说，对它的研究已使它变成各种相互补充或对立的理论及方法论的竞技场。"[①] 武氏祠的研究成果支撑起汉画像石研究的基本理论与方法框架。

江苏徐州、连云港，安徽淮北、荣县等徐淮地区，受东夷文化与宋、楚之俗的影响。这个地区西汉为沛郡，东汉为沛国，为刘邦故里，是汉代的发迹之地。因此这一带经济富庶，东夷文化与南北文化结合后的思想极为活跃。徐州至连云港的苏鲁山区为画像石雕刻提供了理想的石灰岩与砂岩石料，由石棺、祠堂、墓室、摩崖造像组成了画像石的丰富表现形式。

西汉晚期至东汉早期徐州檀山画像石椁墓、连云港锦屏山画像石椁墓、沛县栖山画像石椁墓是徐州汉画像石的早期形式。东汉晚期画像石室墓兴盛，元嘉元年（151）的邳县燕子埠画像石墓（图 29）、睢宁九女墩汉画像石墓、熹平四年（175）铜山茅村画像石墓、建宁四年（171）安徽宿县诸兰画像石墓（图 30）以各种雕刻方法，制作生动的墓室画像。祠堂画像石徐州地区比较丰富，东汉早期元和三年（86）铜山汉王乡小祠堂与东汉晚期的铜山洪楼祠堂（图 31），为不同时期的代表作品。东汉晚期连云港孔望山东海庙中雕刻是我国最早的佛、道教内容摩崖造像。

总之，黄河下游的山东、苏北、皖北、豫东一带，是汉画像石的产生与发展的主要区域，它有出现时间早、延续时间长、表现类型齐全的特点，同时它的题材内容丰富、配置方法讲究。庞薰琹认为："象山东嘉祥的武氏祠，山东沂南的石墓，都注意到总体设计，画像石上描写什么题材内容，用什么表现方法都有所规定。由于控制得比较严，所以构图比较严谨，对技术也比较重视，作风则比较保守。江苏的画像石，比较注意生活，技术也相当熟

① ［美］巫鸿（柳扬、岑河译）：《武梁祠——中国古代画像艺术的思想性》，生活·读书·新知三联书店 2006 年版，第 5 页。

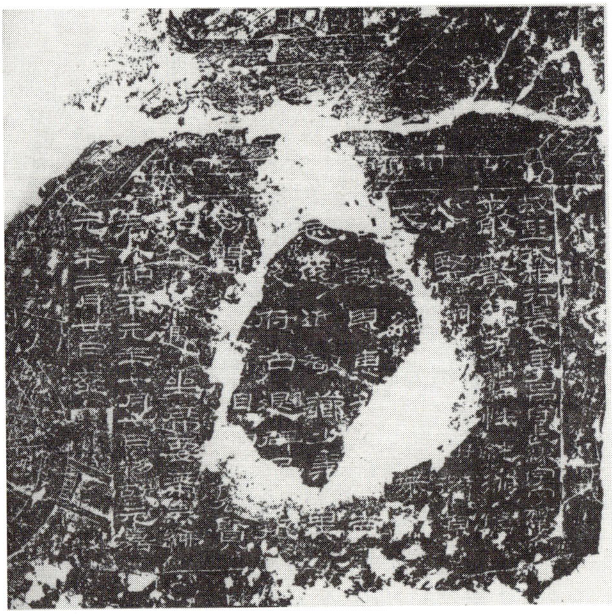

图 29　江苏徐州邳县燕子埠汉画像石墓墓志　（拓本）

图 30　安徽宿县诸兰汉画像石墓前室东壁画像　（拓本）

图 31　江苏徐州铜山洪楼祠堂　（拓本）

练，作风比较写实，表现出一定的创造性。”① 这个区域的画像表现形式，来自于贯穿西汉时期石椁墓椁壁画像的分格处理方法。东汉早期的石阙、石祠画像继承其方法，至东汉晚期武氏祠形成画像密集的传统表现形式，并在这一地区产生了广泛影响。庞薰琹所指的“江苏画像石”，笔者认为是该区受楚文化与其他因素影响而形成的画像构图疏朗形式。在苏北、皖北、豫东、山东东南部等地画像表现中，生活气息浓厚、题材内容增多，形成了该区域与武氏祠风格不同的另一种画像类型。

阴线刻是该区西汉画像石早期常用的一种形式，豫东汉画像石中永城芒砀山柿园墓、夏邑吴庄的三个汉画像石墓都运用了阴线刻饰。柿园墓主室顶部的大型壁画，以红、白、绿、黑四种颜色绘制，用线来进行表现，该墓水井室的井盖石亦以阴线刻制图像，两种表现手法异曲同工。

西汉中晚期，商丘汉画像石已开始运用隐起刻加阴线方法。它先将石面修制平整，然后剔地雕出物象，使之成为浮雕，在物象细部再施以阴线。由于底面平整光洁，浮雕高高凸起，给人以强烈的震撼。如伏羲擎日、女娲捧月图像是汉画像石墓中的重点题材，夫妇合葬墓中一般都会出现这样的题材，而商丘汉画像石中伏羲、女娲怀中之日、月形象，在石面上突起很高，“真有皓月当空、如日中天之感”。② 相比较而言，鲁南画像的隐起面一般比

① 庞薰琹：《中国历代装饰画研究》，上海人民美术出版社 1982 年版，第 18 页。
② 顾森：《中国美术史・秦汉卷》，齐鲁书社、明天出版社 2002 年版，第 52 页。

较平整，用线较少，有规严感。苏北、皖北画像的隐起面一般不太平整，用线亦不多，有粗犷感。商丘画像石在整体形象的活泼中，又具有细部刻画的深入表现，形成了豫东汉画像石的特点。但是它们的不同特点又统一在与武氏祠密集风格明显有别的疏朗风格中。

武氏祠画像采用在平整的凸面施阴线的雕刻方法，其构图密集，余白较少，描绘内容复杂的事物，多采用分层分格的方法，画面细致绵密、均衡而富有装饰性。孝堂山郭氏祠堂画像则用凹面阴线刻的方法刻制，形成密集型风格的另一种装饰效果。

（二）洛阳、郑州区

洛阳、郑州区居于黄河中游，为河南腹地，有中原文化的深厚积淀。洛阳是西汉河南郡洛阳县、河南县治所，是东汉的都城，为全国的政治、文化中心，地理位置重要，出土有西汉中期的画像砖。郑州为中枢之地，商都之后为郑国故都（新郑市），地理位置重要，它东临洛阳、西近大梁、南通荆楚、北达幽燕，汉属河南郡。这个区域内出土有西汉早期至晚期的画像砖，也出土有一定数量的汉画像石。

洛阳、郑州区画像石受其他地区的影响较多，没有自己的明显特色。但从另一个角度讲，没有特色正是它的特色，它融合了四方的文化。

密县打虎亭1号、2号汉画像石墓，是两座东汉晚期砖石混合结构的大型多室墓。其时代约在东汉的桓灵时期。题材内容异常广泛，表现人间生活习俗的有家庭马厩的画像与庖厨、酿酒、粮食加工的画像。也有拜谒、赴宴、乐舞、杂技的画像。表现升天图景的有仙人及异禽怪兽的各种姿态。打虎亭汉画像石与武氏祠一样在平整的凸面施阴线的制作方法。

登封太室阙、少室阙与启母阙是迄今尚存的中岳汉代神庙前的神道石阙。以图像表现祭祀活动中神与人之间的关系，画像采用隐起刻方法，与南阳区表现风格接近。

洛阳、郑州汉画像砖有空心砖与实心砖两种，砖形较大．内容题材比较丰富，表现手法比较自由，在不同地域有明显的风格差异，时间贯穿西汉至东汉的各个时期，出土数量以万计，有鲜明的艺术特点。

洛阳出土的画像砖墓主要在洛阳北邙与临近的延津、偃师、宜阳等地。在郑州及其附近新密、新郑、巩义等地出现了大量的汉代空心砖墓。

西汉早期郑州画像砖的表现题材主要有官吏、射猎等场景，虎、豹、鹿、鹰、鹤等动物形象。西汉中期，洛阳画像砖的表现题材有人物、鸟兽、扶桑树、图案等画像，郑州的画像砖中开始出现庭院、楼阁等主题画。西汉后期至东汉前期，郑州画像砖呈现出浓郁的生活气息，内容也趋于丰富，出现了历史故事、神话传说、升仙辟邪、舞乐等丰富的画面。

洛阳、郑州区汉画像砖有大量的现实生活题材，门阙、庭院、家禽、植物，生机盎然。人物形象极为丰富，或在楼上悠然眺望，或在楼中开怀畅饮，仆从散落在院子的不同位置上，恭手侍立，似随时待命，表情与姿态极为生动。歌舞的情景柔和缠绵、婀娜多姿，出外活动的场面则壮观威风。历史故事的画面时有出现。在画像上还出现了“门亭长”、“西千石”、“六百石中谒者”等榜题，表现了平民的精神追求。

洛阳汉画像砖的一个画面往往由多个主题模合成。如翟泉出土的携犬拜谒、骏马、鸿雁画像砖，武士、拜谒者、人、马、鸿雁等各为单独印模。如果是连续性的，就一模多用。画像的边缘图案也是用一条印模连续印制而形成。由于画面只有一个模向排列，所以印模比较大。

图 32　河南郑州出土汉画像砖　（照片）

郑州汉画像砖采用小印模画像，一模一主题。由这些小印模印制而成的内容丰富的画面，常以不同的排列方式出现。第一，横列。单独画像横向排列，展开画面。第二，交错。单独画像不在一个横列，上下交错，出现远近层次。第三，随意。单独画像布满画面，有时具有规律，有时打破规律，画面具有整体气势（图 32）。

洛阳、郑州的汉画像砖画面均有极强的装饰性。它们虽然单独印模，排列带有随意性，然而，自成主题的单独印模画像本身即有鲜明的形象特点，连续排列，又形成了新的视觉序列，没有重复呆板之感。画像砖不像画像石的画面构成，画像铺天盖地满幅而来，而是以突出主题为目的，单体画像以简为要，在空白处补充云气，显得明晰爽快。

（三）陕北、晋西区

陕北、晋西偏于黄河中上游，其陕北的汉画像石以榆林地区的绥德、米脂、神木为多，晋西的汉画像石以吕梁地区的三川河流域的离石、柳林为多。陕北晋西的汉画像石墓可谓隔河相望。黄河两岸，西边的无定河流域，东边的三川河流域，画像石墓较为密集。这一地区秦汉时属于上郡和西河郡，东汉中期以前一直是北方屯兵重镇，北方与西方的贸易通道。社会经济发展，当地盛产砂岩质的页岩，是画像石产生的社会与物质条件。

迄今为止陕北和晋西的汉画像石全部出自墓葬。升仙的画面表现是各地的共性，画像石的风格直接受关中文化的影响，同时也带有浓郁的黄土高原气息。这里表现民情风俗的有射猎、放牧、播种、积肥、收割等画面。据出土画像的榜题纪年，该区最早是东汉永元八年（96）的绥德杨孟元墓画像，其他有纪年的墓尚有3座，时间距杨孟元墓错后几年。陕北晋西区汉画像石把图像用“分格”的方法处理，图案边缘设计较为新颖，有强烈的装饰感，尤其墓门表现了图案装饰的完美形象，从中可以看到商周至战国青铜器规范图案的影响。该区画像石以浓郁的生活情调，大多采用在平整凸面施阴线、或用墨线勾勒的雕刻方法制作，形成的风格古朴凝重。

神木大保当出土有14座汉画像石墓，它们不同程度地保留了汉画像石的表面敷色情况。根据对色彩元素组成的定性分析，大保当汉画像石使用了土红、朱砂、石青、石绿、铅白等矿物质颜料①，由于矿物质颜料与砂岩质结合紧密，至今发掘的一些画像石色彩尚为绚丽。M11墓门柱的苟芒画像，色彩和谐。其中三足乌图像运用渲染平涂技法，色彩渐变自然，色调对比调和。苟芒图像的面部表现，色彩与所勾的墨线结合自然，生动传神。

二　长江流域

（一）南阳区

南阳区居长江中游，包括豫中、豫西南与鄂西北等地，与秦汉的南阳郡

---

①　参见陕西省考古研究所、榆林市文物管理办公室编《神木大保当——汉代城址与墓葬考古报告》，科学出版社2001年版，第162页。

范畴接近。

南阳郡处汉水之阳，是荆州刺史部所辖七郡中最北边的一个郡，是楚文化、汉文化乃至南北文化的重要交会地。

南阳郡，治所宛（今河南南阳市城区）。南阳在春秋战国时期先后为楚、韩、秦地盘，而属楚时间最长。楚大约于楚文王三年到六年（前687—前684年）灭申国（今南阳市区北），楚文王二年（前688年）灭吕国（今南阳市区西），此后申、吕便成为楚北上与中原抗衡的重要军事据点。到战国中后期，公元前300年左右，韩曾一度拥有南阳，但时间不长。公元前291年，秦拔宛，公元前272年置南阳郡。

南阳区的大部分属楚地，楚地的风俗自然而然在南阳体现出来。但南阳受北方文化的影响也很明显，南阳离洛阳比较近，东汉时受洛阳的影响很大。东汉时，南阳为“帝乡”，奢靡之风屡禁不止。南阳冶铁业发达，周围山地的石灰岩、砂岩是产生汉画像石的基本条件。

画像石室墓是南阳区的特点，南阳已发掘的较完整汉画像石墓已有30多座，它的时代序列清晰。有明确纪年的新朝天凤五年（18）唐河冯君孺人画像石墓是迄今为止发现的全国最早有明确纪年的汉画像石墓。学者们根据该墓的画像资料，参考同时期其他形制的墓葬以及随葬品，确定了南阳一批无纪年画像石墓的相对年限。这些有代表性的墓葬，西汉中期的有唐河湖阳镇汉画像石墓、赵寨砖瓦厂画像石墓2座。西汉晚期的有杨官寺画像石墓、石灰窑村画像石墓、冯君孺人画像石墓、唐河电厂画像石墓、唐河针织厂画像石墓等5座。东汉早、中期的有石桥画像石墓、王寨画像石墓、七里园画像石墓、军帐营画像石墓、方城东关画像石墓、邓县长冢店画像石墓、麒麟汉画像石墓、草店画像石墓等18座。东汉晚期的有新野前高庙画像石墓、桐柏安棚画像石墓、襄城茨沟画像石墓等7座。①

南阳汉画像石，延续时间较长，在两汉画像石墓的发展过程中，每一时期都有比较典型的墓葬，承接关系清晰，自成序列。其鼎盛时期是在新莽至东汉早、中期。东汉晚期画像石墓较多，但画像减少。而全国范围内的汉画像石墓，盛行于东汉中、晚期。且南阳汉画像石墓的规模在画像石墓繁荣的东汉时期是由大到小，山东境内则是由小到大，南阳郡的独特地位与影响由此可见一斑。南阳汉画像石对周边地区有广泛的影响。

---

① 参见韩玉祥、李陈广著《南阳汉画像石墓》，河南美术出版社1998年版，第12—16页。

南阳汉画像石具有异常浓郁的楚文化风格。南阳赵寨汉画像石墓的8扇门扉上均饰相同的画像：中间为楼阁，上有冠三羽的凤鸟，下有衔环的铺首。铺首形象长喙环眼，似鸟之相，它与上部冠三羽的凤鸟当有某种联系。"凤鸟冠羽，多作三羽，古称'三毛'、'三苗'。"[①] 这种冠三羽的凤鸟，应为楚原始部落的图像遗存。有学者认为，"饕餮原本不过是对三苗族的一个形容词性的称谓，后来附会以半人半兽的形象，才成为具有贪婪凶残本性的怪物"[②]。饕餮形象作为墓门的铺首存在，以其威慑力封门闭锁、镇鬼慑凶。南阳汉画像石墓的众多墓门都有铺首画像，那威严的双眼、凹削的鼻脊、弯曲的头角、张大的嘴巴使我们感受到楚文化的原始魅力。南阳汉画像石中扑食女魃的猛虎、人首蛇身的伏羲女娲、怒目圆睁的方相氏、虎头熊腰的凶兽强良，都显示出楚地原始的野性与神秘性。

南阳汉画像石经常出现循环流动的天体与云气画像，在画面上阳乌、星座、云气，循环往复。如《老子》所言："万物负阴而抱阳，冲气以为和。"[③] 正是天体、云气的流动、变化，孕育了不竭的生命，这似乎是南阳汉画像石一种自如的表达方式。

南阳汉画像石中常有三足乌、九尾狐、翼虎、天马、天狗、天鹿（图33），还有穷奇、飞廉、天禄、辟邪、桃拔等千姿百态的神兽形象。以广阔太空为家，来去自由的"龙"的形象，在南阳汉画像石中更是随心所欲地进行表现，姿态极其生动。

南阳汉画像石的动物图像及其生动，对于动物形象的刻意表现，是存在于原始人类中的一种普遍现象。原始的质朴与浪漫，在古希腊逐渐为理性所取代，在华夏族中却得以长期保留，"中国人似乎把他们早期与动物世界的友善关系从最远的上古一直带到了文明时代"[④]。而中国的南北文化自先秦时期已经有着明显的差异。当北方艺术由稚朴转向青铜饕餮的狞厉，建立起礼乐制度时，楚族尚保留着原始时代的天真与质朴，保留着与动物的亲切关系。它着眼于人生的原始、自然与朴素，艺术主体的把握直接由人性中流出。它以虚静之心体悟人生，表现出一种充满生命激情、踔厉风发的民族气

---

① 王大有：《龙凤文化源流》，北京工艺美术出版社1996年版，第13页。

② 黄专：《饕餮与楚族》，《新美术》1989年第1期。

③ 任继愈：《老子新译》，上海古籍出版社1978年版，第81页。

④ ［英］L. 比尼恩（孙乃修译）：《亚洲艺术中人的精神》，辽宁人民出版社1988年版，第11页。

图 33　河南南阳十里铺汉画像石墓中室南盖顶石画像　（拓本）

质与艺术精神。楚艺术影响下的南阳汉画像石，以浪漫主义情怀表现了丰富的动物世界。

南阳与楚地域相近，文化传统相通。南阳汉画像石植根于人类的远古传统，有一种人神若即若离、扑朔迷离的情调。但南阳汉画像石与典型楚文化的漆画风格又有不同。南阳是南北文化交流地，南方文化的灵秀精美与北方文化的粗犷大气在南阳汉画像中得到完美的统一，表现的形象在秀美中显现出大气风格。但在隽灵处又刻意追求楚风，南阳汉画像石表现的侍女从皆细腰，即使男吏也有细腰趋向，在人物形象的表现上明显继承了楚艺术的传统。

鲁迅对南阳汉画像石的关切重视，曾托王冶秋、杨廷宾、王正翔等人得到南阳汉画像石拓片 231 张，① 进行研究。鲁迅总结的“粗犷豪迈、浑朴古拙”② 的艺术风格，南阳汉画像石最为显明，如同庞薰琹对南阳汉画像石的分析：“作风奔放、表现有力”③。的确，南阳汉画像石的风格独特、画面布局空灵疏朗，其雕刻方法在西汉中期已显示出阴线刻、凹面刻施阴线、隐起

① 参见《鲁迅全集·第 13 卷》，人民文学出版社 1981 年版，第 259、280、292、307 页。

② 同上书，第 207 页。

③ 庞薰琹：《中国历代装饰画研究》，上海人民美术出版社 1982 年版，第 18 页。

图34 河南南阳新野樊集 M40 汉画像砖墓耳室东门柱画像（照片）

刻三种方法，前两种方法应用在赵寨砖瓦厂画像石墓，第三种方法应用在唐河湖阳镇画像石墓。这些雕刻方法应用逐步形成南阳汉画像石的独特雕刻方法，而得到鲁迅的重视。

作为汉画像石的姊妹艺术，南阳汉画像砖的艺术风格与画像石相同，画面布局疏朗大方。画像砖的制作与画像石雕刻有近似的地方，阴线刻是相同的，画像砖在砖坯面上刻，画像石在石面上刻。另外画像砖横印法的制模过程，等同于画像石的凹面线刻与隐起刻的雕凿过程，只是材料差异在木模上进行雕刻。南阳汉画像砖与汉画像石有相同的艺术风格与实质相近的雕刻方法，但汉画像砖西汉早期已开始出现，并与西汉中期出现的画像石共同迅速发展，形成南阳区画像石与画像砖两汉期间交相辉映发展的地域特点。

南阳汉画像砖主要出土于新野、唐河、邓州、淅川、社旗、方城、镇平等县，西汉早期的画像砖以新野县为集中，西汉中晚期分布于南阳各地，主要为大型长方实心画像砖；王莽时期至东汉初期主要分布于淅川县，为方形或近方形画像砖。其中以西汉中晚期发现的画像砖最多，约占南阳汉画像砖总数的70%。

大型长方实心画像砖为南阳区所仅见，砖的构筑位置一般在墓室门楣与两侧的门柱，类似于画像石的地位和作用。其中以新野樊集汉画像砖（图34）最为集中。在以樊集吊窑为中心的南北长约200米、东西宽约120米的范围内发现了37座汉画像砖墓，出土了117块汉画像砖，均用做墓门的门楣和门柱。其图像丰富多彩，有阙、门吏、射鸟、拜谒、舞乐百戏，车骑出行、西王母、铺首衔环、女娲、平索戏车、泗水捞鼎等画像，画像砖的长、宽约在 120—130 厘米、20—30 厘米之间。如吊窑 23 号墓，墓门南柱的实心砖高 113 厘米、宽 20 厘米、厚 4.5 厘米。24 号墓的三块门楣、四块主柱均为实心画像砖。三块门楣画像模印相同，为车骑出行、鼓舞、泗水捞鼎画像，四块立柱画像砖模印画像也相同，为凤与阙、双人执戟、白虎、铺首衔环、女娲画像。它是用与画像砖幅面大小相同的大印模印制而成。由于幅面大，各种线连贯成为整体，便具有了线的气势与韵律。因许多阳线均建立在高浮雕平面的基础上，更显示出各种线条的生动姿态，南阳汉画像砖可以说高扬了线条之美。如果说，南阳汉画像石由于在石面上刻制图像，往往追求线条的贯通气势，不太注重细线刻画，体现的是大气磅礴的阳刚之美的话，那么南阳汉画像砖则在细节刻画方面尽显其秀丽阴柔之美。两者珠联璧合，相得益彰，共同创造了中国绘画线性表现的早期历史。

在内容上，南阳汉画像砖的刻画细腻入微。高门纳驷的宅第中，主人雄踞中心，一边是奴婢执勺煎炒，端盘庖厨，一边是男优女伎表演百戏，极尽人间之乐。也有衣食无着的乞丐手提口袋，恳求施舍。百戏中的戏车画像最为惊险。斜索、平索、双索是三种不同的戏车形式。在画像中，戏车用奔马牵引，车上之树、车与车之间以平索或斜索互联，表现了伎人走索、倒挂、倒提等一系列高难度动作。

（二）四川区

四川区居长江中上游，位于巴蜀之地，商代三星堆青铜艺术辉煌灿烂，巴蜀文化土著特色鲜明，同时也受到多种文化因素的影响。秦统一前后强制大批移民到这个地方，西汉一些罪废的诸侯王流徙于此，两汉中原战乱，不少士庶也避难于此，中原文化得以传入。李冰治理岷江，《华阳国志·蜀志》称："又灌溉三郡，开稻田，于是蜀沃野千里，号为陆海，汉则引水浸润，雨则杜塞水门，故记曰：'水旱从人，不知饥馑。'时无荒年，天下谓之'天府'也"[①]。四川社会稳定、经济富庶，冶炼手工业发达。巴蜀河流沿岸山地的石灰岩与砂岩丰富，画像石雕刻便利。因此形成的四川汉画像石种类众多，有崖墓、石棺、画像石墓、石阙、石函等。

东汉中期四川画像崖墓出现，在东汉晚期发展至鼎盛。东汉晚期画像崖墓中放置的画像石棺目前发现已有 30 具，崖墓和石棺共同完成了画像的装

① 常璩：《华阳国志·卷三·蜀志》，岳麓书社 2010 年版，第 20 页。

饰功能。四川崖墓画像早为世人瞩目，1939 年，中国营造学社入川调查（图 35），陈明达当时记叙说："嘉定、宜宾诸崖墓画像，虽不若武梁、郭巨之精神，然有其豪放之趣，及此特殊之墓制亦有探究之必要。"① 他在考察后进行深入分析："雕刻多在墓之门部，少数系在堂中。虽皆具祥瑞、厌胜之意，亦兼装饰之用。……彭山所见浮雕较少，大多为剁地起突雕，立体雕仅 45 号墓一羊、169 号墓一蹲兽。所有雕刻皆极粗率豪放，但不因此损及汉代一贯之作风。"② 陈明达此考察分析的论文完成于 1942 年底，在建筑与雕刻的整体观察的基础上，考证分析了四川崖墓建筑雕饰的艺术特征与文化内涵。在 20 世纪 30 年代，山东孝堂山石祠、武氏祠规整工细的雕刻风格为学者认同，然而四川崖墓画像的"豪放之趣"、"粗率"之风、"剁地起突雕"的形式人们比较生疏。陈明达当年已敏锐地指出了四川崖墓画像石的艺术风格，时至今日仍为精辟之见。四川画像石棺最具地方特色。《华阳国志·蜀志》曰："周失纲记，蜀先称王。由蜀侯蚕丛，其目纵，始称王。死做石棺石椁，国人从之，故俗以石棺石纪为纵目人冢。"③ 这是晋人的技术，晋代离汉代不远，这种说法应当有一定的依据。在我国现存的近百座石棺中，四川汉代画像石棺占百分之九十以上，石棺艺术具有丰富的内容，表现杂耍、游乐的画面很普遍，尤其是男女接吻图，非常生动。在四川彭山第五百五十号汉代崖墓的一男一女裸体像中，男女并坐、接吻，两手相握。四川石棺中往往在石棺的前面刻出双阙，阙上往往还刻有"天门"二字，"天门"亦即通往天堂之门，传神地表达了期望墓主人升仙的

图 35 四川彭山 460 号墓外景
陈明达摄于 1941 年 （照片）

① 陈明达：《崖墓建筑（上）——彭山发掘报告之一》，张复合主编《建筑史论文集》第 17 辑，清华大学出版社 2003 年版，第 61 页。

② 陈明达：《崖墓建筑（下）——彭山发掘报告之一》，张复合主编《建筑史》第 1 辑，机械工业出版社 2003 年版，第 128 页。

③ 常璩：《华阳国志·卷三．四部丛刊景明钞本》，第 18 页。

意愿。

东汉晚期，四川区画像石墓，主要分布于成都与重庆两地。主要有成都曾家包1号汉画像石墓、成都曾家包2号汉画像石墓。

中国迄今尚存约30个汉阙，四川占20多个，四川汉阙最早年代是东汉元兴元年（105）新都的王稚子阙。还有东汉延光元年（122）渠县的冯焕阙、建安十年（205）芦山的樊敏阙、建安十四年（209）雅安的高颐阙。此外四川的石函画像内容丰富。四川画像石以隐起刻与起突刻见长，四川区的画像风格受南阳区画像影响较大。

四川与河南是汉代画像砖的主要出土地。四川画像砖主要出土于成都平原的中心及边缘地带，多为40厘米的方形实心砖，表现形式为凸面浅浮雕，风格趋向写实，时间多为东汉至东汉晚期，出土数量众多。

四川区汉画像砖主要分布于成都与彭山等地。成都画像砖有方形与长方形两种类型，画像题材丰富，一个砖面往往表现出完整的内容，西王母、宴饮、百戏、乐舞、观赏、弋射、盐井、播种、收获（图36）、采莲、舂米、渔猎、庖厨、酿酒等画像极为生动。彭山画像砖略成长方形，画面分格处

图36　四川成都收获弋射汉画像砖　（拓本）

理，每个格内有各种内容表现。四川区出土有东汉中期的新都梓潼郫画像砖残墓和广汉罗家包三号画像砖墓，东汉晚期画像砖墓增多、发展鼎盛，是四川区画像砖的成熟期，三国至六朝时期还有延续。彭山的汉画像砖一部分出自崖墓，与画像石画像共同进行墓室装饰。四川区画像砖与画像石艺术风格与发展时期基本相同，二者有密切的关系，这和南阳画像砖与画像石相依存在与发展的特点是一样的。

四川汉画像砖的价值早被世人认识。现藏于国家博物馆的两块画像砖，一块是光绪末年广汉五里巷出土的“桑园”汉画像砖，一块是1930年广汉出土的“东市”汉画像砖，砖面上刻有“东市门”、“市楼”铭文。[①] 抗日战争时期，四川由于文化人士的云集，画像砖得到了收藏与研究，引起社会的广泛关注。

（三）苏南、浙北区

长江下游苏南浙北的太湖地区与钱塘江以北地区，出土了新石器时期良渚文化的精美雕刻玉器。春秋战国时期，吴越分别称雄列国。青铜铸造有驰名的吴戈越剑，《国殇》文：“操吴戈兮被犀甲，车错毂兮短兵接”[②]，《越绝书》载：“越王勾践有宝剑五，闻于天下”，同时原始瓷开始出现，吴越有发达的雕刻与制作技术。铜镜雕刻，从东汉早期开始，绍兴逐渐成为全国的一个制镜中心，以画像镜的生动细腻表现著称。苏南浙北区的汉画像石、画像砖墓出现在东汉晚期，继承传统表现方法，其画像雕刻特征鲜明。

浙北出土有四座汉画像石墓，分别为海宁汉画像石墓、德清凤凰山的两座汉画像石墓，德清秋山汉画像石墓（图37）。海宁汉画像石墓为其代表。

海宁汉画像石墓，为砖石构筑多室墓。画像石共有66块，刻以51幅画像。

墓门被认为是生死相隔之地，是重点装饰部位之一。海宁汉画像石墓的个性之一，是隽秀巧丽。墓门与北方以及南阳常见的墓门不同，没有铺首衔环，正对着墓道的门楣外侧，有1块长1.37米，高0.31米的画像石，刻有生动的画像。

---

① 参见《中国画像砖全集》编辑委员会编《中国画像砖全集·四川画像砖》，四川出版集团、四川美术出版社2006年版，论文第14页。

② 陆侃如等选注《楚辞选》，中华书局1962年版，第20页。

图 37　浙江德清凤凰山汉画像石墓画像　（拓本）

汉代较大规格墓葬的营造，一般仿照当时的住宅形式，构筑前堂后室，左右耳室，或者多室。大门的使用价值是保证住宅安全，“门之设张，为宅表会，纳善闭恶，击邪防害”[①]，墓葬中的墓门更应起到震慑鬼怪的作用，使亡灵安然无恙，所以在汉画像石墓中，墓室正门是重点装饰部位之一。墓门的两扇门扉往往是对称的图案，常刻以神荼、郁垒图像，或是硕大的铺首衔环，执笏门吏，或者是奴婢。而海宁汉画像石墓的门扉门柱均为素面，仅在门楣上方镶嵌一块画像石，画面简洁，自西向东为凤凰、蓮莆、麒麟、桃祓，由此反而烘托出了这组图案的淡雅与清丽。墓门关闭后，这便是墓道中唯一的画像，它显示出的是祥和的气氛。

前室四壁门楣以下充满画像石画像，画像有的一石一画，有的几块画像

① 李昉：《太平御览》，中华书局 1960 年版，第 891 页。

石组成一个画面，或几块画像石组成一个整体，按画像幅面需要形成大小不同的几个画像。

在前室南壁门柱门道两侧，东、北、西壁的门柱正面表现有八个龟形础、蟠龙柱、一斗三升拱的形象。蛇与龟身相缠，相互交尾媾和，表示了极为亲近的关系。在中国神话中传说龙曾力助于黄帝，龟背壳很大，是大地的支柱。大禹治水时龙在前引导，龟随后，在治水的十三年岁月中，龙与龟成为亲密的伙伴。[①] 龙是以鳄、蛇、龟各种水族形象为主体而形成的，在海宁汉画像石墓中又以龟为柱础，龙又缠绕柱身，且龙的形象头部又似蛇形，实际是表现蛇与龟的亲密关系，蟠龙柱在蛇与龟的连接图形中形成，具有明确的象征意义。龟的形象在吴越地出现较早。《越绝书》卷二《越绝外传帝记吴地传》记载吴王的射堂，“柱础皆是伏龟”。还记载：吴大城平面布局类似龟，所以又叫龟城。吴国还有龟山。现在浙江一带还有龟镇水的说法。同时，龙与龟又在四神之中，在蟠龙柱的顶部是一斗三升斗拱，有升腾之意。墓室主人借助龟形础图像的玄武神与蟠龙柱图像的青龙神，而往上升腾。至墓室门楣后羽化成仙到达仙境。

墓道、前室壁面上部与顶部以及后室墙面均为画像砖砌筑。画像砖上有文字砖纹样与几何形，卷云纹样，按照不同的排列组合，形成连续的整体图案。文字砖字样为“天”字，它对称分布在文字砖的两端，中间为钱纹。画像砖画像有两类，一为几何形纹，二为中间卷云纹、两端几何纹，分布在墓室壁部与顶部。卷云纹与几何形纹表现的是天穹流动的气，抽象的点线构成了虚无缥缈的美。在文字与图案画像砖饰的表面有以朱色涂层，表现丰富多彩的天上世界。

海宁汉画像石墓规模不大，但它的题材内容却是丰富的，具有自己的个性。从汉代常见的绘画题材，以及南阳区的画像石内容的比较，可以清楚地看出这一点。

在江苏镇江、南京、常州出土有东汉画像砖墓，画像有人物、动物与几何形图案。镇江高淳县固城汉画像砖墓画像丰富，有羽人、轺车出行、执剑、习武讲学、升仙、二桃杀三士（图 38）、方相氏等画像。二桃杀三士画像人物动感强烈，组成了画面情节。画像砖的雕刻风格对南朝南京地区画像砖产生影响，出现了拼镶画像砖“竹林七贤及荣启期”的优秀作品。

---

① 李铁：《汉画文学故事集》，中国青年出版社 1989 年版，第 124 页。

图 38　江苏高淳固城汉画像砖墓二桃杀三士画像　（拓本）

黄河、长江两个流域的文化耦合组成了华夏文化的主体，并由多种地域文化形成了华夏文化的多元状态。黄河流域王权与礼制的森严法度，长江流域巫风与民俗的活泼气氛，再加入其他地域的相异风格，呈现了迥然不同的中国艺术丰富样式。汉画像石、画像砖也凸显出黄河、长江流域的不同艺术风貌：黄河流域的三个区域中，下游的山东、苏北、皖北、豫东区，汉画像石形成于西汉的早、中期，发展于两汉的整个时期，且形式多，规模大，对中游的洛阳、郑州区，中上游的陕北、晋西区产生影响。洛阳、郑州区的汉画像砖形成发展于两汉时期，画像一般呈现形象密集、画面分格处理的艺术特点；长江流域的三个区域中，中游的南阳区汉画像砖和汉画像石分别形成于西汉早期与中期，发展于两汉时期，墓葬众多，画像形式生动，对中上游的四川区、下游的苏南、浙北区产生影响。其画像多疏朗大方，每一画面具有单独内容，注重情节表现。两个流域的画像特点也有交流和渗入。如南阳区与洛阳、郑州区，同属于中州的地域；山东、苏北、皖北、豫东区与苏南、浙北区，均受东夷文化传统影响。它们有些特点相接近，局部会受些影响。但总体来看，黄河、长江两个流域的汉画像石，画像砖分别呈现经典规范和浪漫生动的不同艺术风格。

第三章

平面形式

第一节　平面形式的产生与发展

汉画像石、画像砖是汉代建筑的组成构件，它们出土于汉代的墓室、墓阙、墓碑、祠堂、石棺、庙阙、石垣，汉代宫殿的铺地也常有花纹画像砖，给人以满地锦绣之感。

人类最早是巢居和穴居，这时“石块建筑和某些环境中以树枝或兽皮等构造的所谓‘风篱’已经存在”①，水土合成的人工材料日晒砖也逐渐出现。② 生活劳动实践产生了古代建筑，而因材料使用的差异形成了建筑的不同构造形式。原始时期采用简单的土木混合构筑方法，以木构架空屋顶面。在发展过程中，“世界它系建筑，多渐采用石料以代替其原始木构，故仅于石面浮雕木质构材之形，以为装饰，其主要造法则依石料垒砌之法，产生其形制”③。埃及的石室坟墓使用石材，其实开始不是为了结构目的，是为了做成壁面刻制图像，因为石的耐久性可使图像长期得到保存。在建筑过程中，西方的石结构技术得到发展，其石面上的雕刻艺术也逐步成熟。

中国早期古代建筑，石材、砖材、木材是主要的建筑材料。

石材是人类比较熟悉的建筑材料，从山洞穴居的选择，到图腾遗址与墓葬环境的空间建构，都离不开石材的使用，这逐渐形成了中国传统建筑的石结构形式。石构建筑的外部形状方圆规矩，所刻画像呈平面形状，如连云港锦屏山将军人面像与太阳神形象岩画是平面展开的，海城的析木城石棚盖石

---

① 邓福星：《艺术前的艺术》，山东文艺出版社 1986 年版，第 69 页。

② 同上。

③ 梁思成：《中国建筑史》，百花文艺出版社 2006 年版，第 4 页。

东西两壁加工的凹槽、南壁上端加工的小圆窝分别在不同的平面。汉画像石是建筑的组成构件，按照石构建筑特点砌造，外表的平面性显现出来，在上面可以进行雕饰。

砖材的使用有悠久的历史，“在距今五千年左右的良渚文化时期，我国就出现了有现代形体概念的烧结砖”①。在陕西岐山县蒲村乡西同遗址断崖发现了西周时期的一件空心砖，砖面有拍印的细绳纹，“这是迄今为止我国发现的时代最早的烧结空心砖之一”②。以后画像砖、文字砖逐渐使用。陕西秦

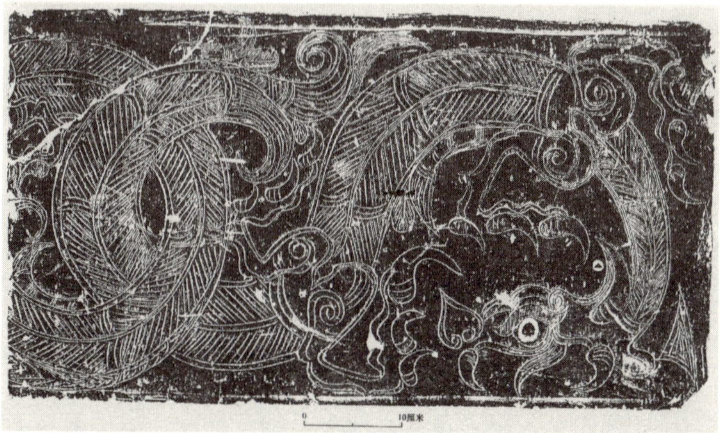

图 39　陕西秦都咸阳第二号宫殿出土的双龙交尾纹空心画像砖　（拓本）

都咸阳宫殿遗址出土的双龙交尾纹空心画像砖（图 39）刻饰了龙和璧的生动画像。这些空心画像砖的制作工序是：“预制正、背、侧、端（端面只有一面，且中间留有约径 10 厘米的圆孔，有的则在大条面上留这种小孔，另一端不封，为敞开口）的 5 片泥片坯，坯体表面均横压几何形回纹图案”③。这样预制的泥片坯是平面形状的，在平面上再模压画像。

木材的使用是中国古代建筑的主要特点。一方面远古图腾对石的崇拜远远高于对木的崇拜，因此在建筑中木材多于石材。同时受社会思想影响，人类满足于随遇而安的自然生存方式，木材轻便易建造，且木材性能好，宜居住，木材成为首选材料。当西方石构技术逐步发展时，中国始终以木材为主

① 湛轩业、傅善忠、梁嘉琪：《中国砖瓦史话》，中国建筑工业出版社 2006 年版，第 38 页。
② 同上书，第 75 页。
③ 同上书，第 155 页。

要建筑材料，因此木构的建筑方法积累了丰富的经验，成为独立的结构系统。

而在坟墓与其他一些建筑工程中，为求其坚固永存，采用了砖石结构，按照砖石的砌筑方法建造，出现了一些砖石构造建筑形式。如画像石墓、画像砖墓、祠堂、石阙等的壁面建造。由于对砖石力学与之间垫灰问题缺乏了解，中国的石构技术远不及西方成熟。但这些建筑壁面的平面性与西方是相同的，表面的平整使画像得以很好地展开。

在这些砖石建筑的修造过程中，由于砖石构造技术远没有木构熟悉，因此在关键构造部位多采用仿木构建筑形式。而更多的砖石建筑是仿木构件技术建造。

画像石作为主要建筑构件，根据木构件的承重需要，模仿木构件的形式外貌，常出现在画像石墓、石祠、石阙的础、柱、栌、斗拱、梁、椽、门、楣、窗等不同部位上，石棺在棺壁的四周与盖板，石垣则在垣基、垣壁、垣顶上，其形状与体量一般是按照木构件的需要而凿制的。在这些建筑中，砌筑的壁面和组合的顶部一般凿石为卯榫形状，使其如木之构合，组成壁面、顶部的一些画像石也是作为仿木的构件在使用。画像石被视为木构建筑的一个个构件，它们的组合是通过卯榫实现的。技术的限制决定了汉画像石的材料与尺度，必须选择适合于卯榫组合的石材，尺度要在能够组装的范围内。梁思成指出："建筑之始，产生于实际需要，受限于自然物理，非着意创制形式，更无所谓派别。其结构之系统，及形式之派别，乃其材料环境所形成。"① 石材的主要功能是建筑构件，在形式上必然符合该构件在建筑中所需要的外在形态。构件一般为方形或长方形，如柱、梁、椽、门、楣、壁部、顶部。也有些不规则的形状，如栌、斗拱、窗、础等，它们为方形、三角形、圆形。这些构件形体的外表呈现平面状，它决定了画像的存在形式。

浙江海宁汉画像石墓，墓的前室与后室之间的隔墙，用 10 块不等的石材砌成（图 40），它构成了前室北壁。它的门楣由两块石材组成，其断接在西门柱中间，门柱居中，左右对称。与东门柱对应，东部边缘 1 块竖石，中间 2 块方石；与西门柱对应西部边缘 1 块竖石，中间 2 块方石。仿照木结构的承重特点，两门柱与两竖石门为柱，支撑着上面横着的门楣。门柱两边的方石，上部均为直棂窗，东部直棂窗下是一圆形与三角形结合的透突雕刻图

① 梁思成：《中国建筑史》，百花文艺出版社 2006 年版，第 3 页。

形空间，西部是一柱斗连接的一斗三升的起突雕刻。门楣横长平面刻制上下两列图像，表现人物、神兽及祥瑞图形，门柱正面刻制两蟠龙柱，相对侧面刻制人物画像。边缘两竖石，东部刻云气纹路，西部刻人物图像。为了显示其平面的延伸性，一块石头刻制了几个画像内容：门柱内侧分别刻制上下两组图像，边缘西竖石刻了三组图像；门楣画像则贯通两个石面，成为一个连续的图形。根据建筑功能需要，两个直棂窗下的两块石材表面均为平面，为适应其特点，在东部圆形、三角形透突雕刻上部及左、右部刻制平面图案，在西部把柱斗连接形体的斗拱平面化表现，再在上面刻制阴线图案。一般来说，汉画像石仿木建筑构件建筑功能需要其进行平面表现，以满足墓葬需要。

山东沂南汉画像石墓前、中、后三主室的中间分隔，是靠石柱与石斗拱（图41）完成的。前主室石柱有础、柱、栌斗三部分：础上圆下方、伏盆形状；柱上下柱径不同，形成柱的收分；栌斗有栌、斗拱、蜀柱几部分。在柱、栌、斗拱的外表平面都雕饰有画像。中主室柱的斗拱式样有所变化，两散斗的距离缩短，而在棋两旁增加透突雕刻的龙首龙身，在柱、栌斗的外表平面也装饰有画像。后主室斗拱式样装饰效果与中主室相同，但下面没有柱与础，以反转的栌斗承重。前、中、后三主室的石柱与石斗拱完全模仿木结构造形，在外表平面进行各种雕刻的制作。

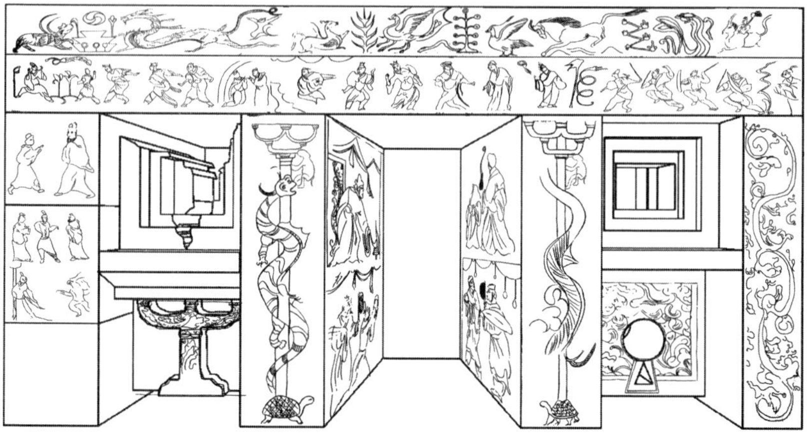

图40　浙江海宁汉画像石墓前室北壁画像　（摹本）

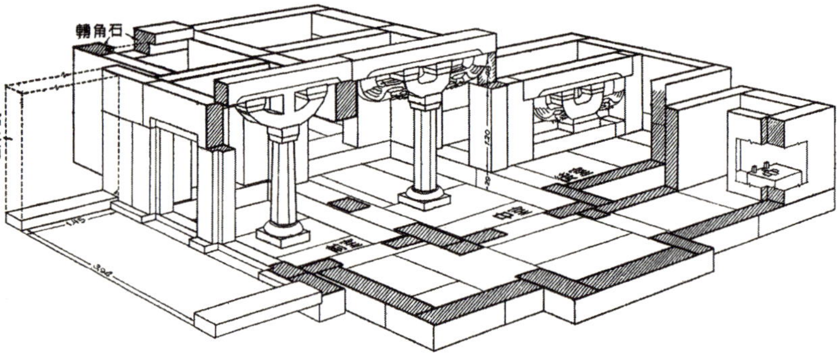

图41 山东沂南汉画像石墓前、中、后三主室的石柱、石斗拱示意图

石阙一般分为阙身、基坐与屋顶三部分。四川雅安的高颐阙（图42）完全模拟木结构的样式建造，其阙身到屋檐以五层石块挑出。下面的第一层石块，雕以栌斗与相叠的三层枋子，第二层石块雕以一斗二升斗拱与承托的枋子，第五层石块亦雕以枋子，五层石块的平面均饰刻画像。五层石块上面是石作的重檐屋顶。下面的基座雕矮柱方斗，显现木结构建筑基座特点。

图42 四川雅安高颐阙立面图

石祠是地上建筑，汉代的祠堂有木结构与石结构两种形式，石结构祠堂一般模拟木结构祠堂做法。山东长清孝堂山石祠（图43）前檐用三根八面石柱承重，中间一根直径最大，上面做成大斗，承重巨大的三角石樑与挑檐石。单檐实山卷棚石板屋顶上雕凿出瓦陇、勾头、连檐的形状，呈现木结构建筑外貌。

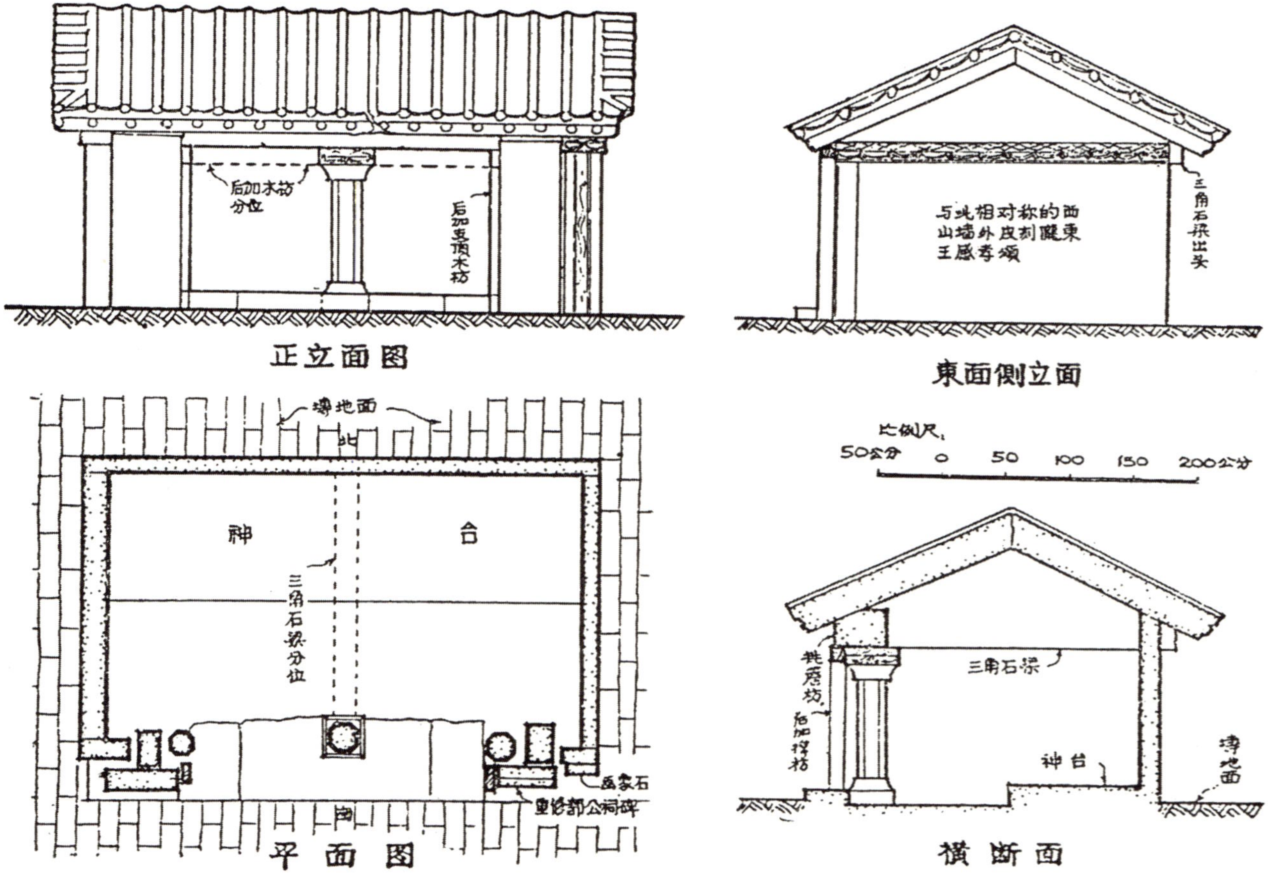

图43　山东长清孝堂山石祠平、立、剖面图

图 44 河南南阳新野樊集 M38 汉画像砖墓 （照片）

画像砖墓模拟木构建筑的屋顶坡面与柱梁构造。南阳新野樊集 M38 画像砖墓（图 44）的三个室的门柱、门楣，均仿木结构的柱梁构建。洛阳烧沟 61 号西汉壁画墓（图版五），隔梁以柱支撑，上面有雕花窗，墓顶做成梯形，用模印花纹空心砖与透突刻砖仿木结构建筑。

以砖石材料仿木构建筑，体现的是一种天地和谐的理念。它利用斗拱铺置、梁架层叠与“举折”之法，创造出屋顶的舒展外形。“上反宇以盖戴、激日景而纳光”①，是汉代人的说法，从遗存至今的汉代墓阙、祠、庙阙可以看到屋顶坡面的反宇现象。汉代思想家王充说：“夫天复于上，地偃于下，下气蒸上，上气降下，万物自生其中间矣。”② 在汉代人的目光里，天是圆的，地与天相对应，天地相互感应，世间万物顺应其中。在天地之间，建筑须要舍弃自身的质感重量，以一种与天地吻合的形式呈现。因此把建筑坡面做成凹曲弧线，从屋顶坡面的屋脊至屋檐，角举檐伸、如翼斯飞，形成的反宇弧线与天之圆的弧线交融切合，显示了中国木构建筑的谐和翔舞之美，形成屋顶坡面“反宇向阳”的特点。具有空间深度的屋顶坡面被视为天地间的一个平面形体，平面伸展形成了广阔的视阈，呈现屋顶坡面的整体空间形

① 班固《西都赋》、范晔《后汉书》（李贤等编），中华书局 2005 年版，第 902 页。

② 王充：《论衡·自然篇》，上海古籍出版社 1990 年版，第 178 页。

状。汉代木结构建筑有叠梁式和穿斗式两种主要木构框架，可以根据需要为建筑布置空间、组织空间、创造空间。但因木材本身长度有限，向高处发展受一定限制，因此往往形成横向展开的空间序列，人们可以观看到丰富的序列场景。同时，木结构建筑不用黏合与钉装材料，采用卯榫结构，不同适度的材料叠合重加，呈现出榫合的木质结构美感，为通透的序列空间形成审美单元。这样呈现两个层面的视角，一是空间序列层面的建筑组合，一是具体建筑的单元印象。第一个层面是通透达观的，它要舍弃组合建筑的单元形象，而形成宏观广阔的横向感觉，它是平面性展开的。第二个层面是要清楚建立构造的整体概念，看不到的地方也要清晰感知，从而形成某一建筑构造的总体形象。为达到这个效果，需要把相关构造从转折的侧面里拉出来，然后把整体构造平面铺开。换言之，中国木构建筑的审美追求是整体宏观的，具体视角是平面展开的。画像石、画像砖所构成的汉代建筑虽为砖石砌筑，但它仿木构形式建造，与木构建筑的审美追求是一致的。

中国木构建筑是民族文化的结晶，汉代的建筑反映出当时的社会思想与文化特色。汉代艺术的主流继承的是楚地的浪漫主义风格。老子“道生一，一生二，二生三，三生万物”[①] 及“天下万物生于有，有生于无”[②] 的万物演变论，建立了一个虚灵空间的认识法则。庄子倡导绝对的精神自由：“翼若垂天之云，抟扶摇羊角而上者九万里”[③]，屈原以澎湃的激情展开丰富的形象联想：“驾青虬兮骖白螭，吾与重华游兮瑶之圃。登昆仑兮食玉英，吾与天地兮比寿，与日月兮齐光。”[④] 汉代人汲取楚文化的精华，把“远古传统的原始活动和野性充分的保存和延续下来，”[⑤] 以雄大的气魄与古拙的情趣认识自然与环境，极力开拓进取。《淮南子》以老子的自然观念为基础，形成了以阴阳、四时、五行为主要内容的宇宙图式：“天地未形，冯冯翼翼，洞洞漏漏，故曰太昭。……地之袭精为阴阳，阴阳之专精为四时，四时之散精为万物。”[⑥] 认为天地之间由虚霩的灵气形成天地、阴阳、四时、万物。王充对事物也有独到的认知方法：“凡圣人见祸福也，亦揆端推类，原始见终，

① 任继愈：《老子新译》，上海古籍出版社 1978 年版，第 81 页。

② 同上。

③ 孙通海译注：《庄子》，中华书局 2007 年版，第 8 页。

④ 屈原：《楚辞·涉江》，姚鼐纂集，胡士明、李祚唐标校《古文辞类纂》，上海古籍出版社 1998 年版，第 672 页。

⑤ 李泽厚：《美的历程》，文物出版社 1981 年版，第 71 页。

⑥ 刘安等编著：《淮南子·第三卷·天文训》，上海古籍出版社 1989 年版，第 26—27 页。

从闾巷论朝堂，由昭昭察冥冥。”[①] 他认为观察事物要进行现象的分析与合理的推论，然后排除虚象，把握事物的本质与规律。中国人由远古到汉代，对天地生命充满了同情，努力寻找人类本身与自然之间的和谐，而不是出于对科学的好奇心，探讨物象的自然属性与在空间占据的体积与重量。汉代人认知物象的目光是全方位的，思维是整体的，对自然的认识是按空间的平面序列展开的。庞薰琹指出：“在我国装饰画的传统表现方法中，所以要从各个不同的角度去观察一件东西，目的是要把这件东西表现得更‘全面’一些。”[②] 汉代对事物的认识方法形成了中国装饰画的平面装饰特征，它刻意追求类似音乐、舞蹈、书法的时空造型，跃入人们眼帘的是平面的空间序列形象。

中国装饰艺术素来重视形式。试以龙这一典型形象言之。首先，形式来自传统观念。龙是有悠久历史传统的图腾形象。关于龙的造型，《山海经》中描写烛龙为“人面蛇身而赤”[③]。想象中的烛龙形状，应为人面、蛇身、赤色，这里是以文字描写对龙的形象感觉。汉画像石中集中出现了龙的形象，“蛟龙”、“应龙”、“黄龙”、“夔龙”，是人们根据龙的不同形象特征查诸文献资料后赋予的名称。它们的造型与姿势有异，但有一点是共同的：均以蛇身为主体，不同程度地“接受了兽类的四脚，马的毛，鬣的尾，鹿的脚，狗的爪，鱼的鳞和须”[④]，以象征手法表现其形象。象征是人类思维发展的主要标志之一。“艺术品的直觉式样并不是任意的，它并不是一种由形状和色彩组成的纯形式，而是某一观念的准确解释者。”[⑤] 只有在视觉艺术中隐含着某种观念，且观念存在于艺术品的视觉式样中，才能形成抽象的审美主体。汉画像石中的龙是象征形主体，它包含各种动物的神话肢体，是一个能够展开充分联想的空间形象，有无限的内容可供展开。其次，以运动的形式出现。汉代人认为万事万物均处于运动之中，宇宙本身就是运动中的阴阳二气之和。汉画像所表现的水乳交融的虚灵空间表现的是生命的流程。“中国人对运动这一观念的热烈爱好是如此之强，以至于世间的所有的生灵都不能

---

① 王充：《论衡·第二十六卷·实知篇》，上海古籍出版社 1990 年版，第 249 页。

② 庞薰琹：《中国历代装饰画研究》，上海人民美术出版社 1982 年版，第 28 页。

③ 袁珂校注：《山海经全译》，上海古籍出版社 1980 年版，第 231 页。

④ 闻一多：《伏羲考》，上海古籍出版社 2006 年版，第 26 页。

⑤ ［美］鲁道夫·阿恩海姆（滕守尧、朱疆源译）：《艺术与视知觉》，中国社会科学出版社 1984 年版，第 282 页。

使他满足，必须发明一个像云、水那样行动敏捷、形体弯曲的生灵，一个以无限广阔的空间为家，永远运动不息的生灵”①，于是龙的形象出现了。为表现它登天入地、随心所欲、生生不息的运动形态，其形体简约概括，夸张变形，舍局部以求整体，减体量以求轻灵，修长舒展、充满曲线张力的龙应运而生了。它的形象来源于丰富的神话世界，传统观念创造了龙的平面形象。

同样，在中国传统艺术中的建筑、雕刻、绘画的具体形象中，都有这种平面造型的特点。形式来自社会实践，生活与劳动过程中不断产生新的艺术形式，它们按照平面装饰的原则向前发展。中国传统雕刻注重平面装饰的形式美，动物是其表现的主题。先民环境恶劣，与动物为伴，既为生存去追捕动物，但同时赞赏其美和力，极力表现其生动的形象。原始社会的陶制动物，商代的玉雕动物，春秋战国的青铜动物，它们均呈现平面装饰的特点，其表现不是精确真实地刻画动物外形，而是分析动物的特性，选择其个性特征加以变形，把雕刻固有的韵律和形体统一在一起，在平面装饰中表现动物的本质特点。河南安阳出土的商代玉蟠龙，玉曲颈鹤，按照玉佩的功能，形体简化为圆或近似圆的形状，并减弱侧面的体积，形成适于装饰的平面形体，然后构思蟠龙、曲颈鹤的轮廓特点，接着用精到的阴线在形体轮廓内表现细部。这种动物表现方法是中国平面装饰形式的具体反映，并产生广泛的影响。同时代、同地点出土的玉长尾虎，其厚度大于玉蟠龙、玉曲颈鹤，较为接近空间整体形象，但采用的是同样方法表现正面与侧面，也呈现出平面装饰特点。

画像石、画像砖用石与砖之质，以木构件的样式出现在汉代建筑中，其外部状态的平面性自然显示出来。画像石、画像砖墓仿木构件而筑，又形成了横向序列展开与清晰显露结构的平面视角。另外底蕴深厚的中华民族文化具有深远开阔的视野与横向序列、平行展开的思维方法。观念意识、审美方法与实际需要结合在一起，逐步形成了汉画像石、画像砖的平面装饰形式。

第二节　画面

画面的运用是汉画像石、画像砖平面装饰形式的首选方法。它们具有明

① ［英］L. 比尼恩（孙乃修译）：《亚洲艺术中人的精神》，辽宁人民出版社 1988 年版，第 11 页。

晰的发展过程及形成特点。

画面的本来意义是绘图透视学中视者与物体之间假设的一个透明平面，物体的图形透视在上面，是假想的一种艺术形式。后来画面这个词汇在艺术表现中广为使用。造型艺术中的画面，广而言之，带有无限空间的寓意；狭义而言，是指一定范围且具有平面意义的画幅。学者们经常把这个词汇应用于艺术评论与分析中。如果从建筑艺术领域中的窗口来理解，画面这种狭义的视觉样式“是在墙壁上开的洞口——一种位于一大片墙面上的具有简单的边界线的小洞口。这种窗口给视觉造成的是某种自相矛盾的经验——一个位于一大片基底面上方的封闭区域应该被看成‘图形’”①。深入分析这种图形，应该有三个特点：第一，由窗的小洞口组成一个封闭区域，里面包含着一定的图形；第二，所表现的图形是一种错觉，具有艺术性；第三，由窗的小洞口组成了图形的边界线。三个特点形成了画面的图形样式，它与绘画透视学的假设透视面图形是相同的，因此具有艺术与科学的双重运用价值，成为现代艺术研究中的重要专业术语。在绘画透视学中没有这个画面，透视图形就失去了观察的场所，透视研究将无法进行。在造型艺术中如果不建立画面的概念、进行画面的空间设计，艺术创作就不能有效深入。从另一个层面讲，使用画面是艺术创作成功的关键一步，一般来说，画面对所表现的艺术主题、空间范围进行构成处理，具有平面表现的程式感，这是艺术表现的首要方法。

按照这个思路来观察中国的传统艺术遗存，可以看到汉代以前对画面的认识实在是模糊的，画面的使用经历了一个漫长的过程。史前岩画的图像在起伏不平的石壁上没有限制地展开。新石器时期的彩陶纹样，三代青铜器的装饰图案均为循物造型。楚汉的帛画目前出土共有 24 幅，其中 11 幅为非衣，非衣虽然“性质和意义不在于生前穿着，而在于死后助丧”②，但是非衣“具有与衣服相仿的资料（丝织品），与衣服相似的形状（T 型），与衣服相近的作用（覆盖）”③。因此，非衣帛画应是衣服上的装饰图案，图形样式比较规范、变化不大。其余的帛画图形样式也较为统一，它们均未形成画面的丰富形式。汉代壁画场面宏大，精心表现主题，形成生动的图像。但汉

① ［美］鲁道夫·阿恩海姆（滕守尧、朱疆源译）：《艺术与视知觉》，中国社会科学出版社 1984 年版，第 320 页。

② 刘晓路：《中国帛画》，中国书店 1994 年版，第 48 页。

③ 同上。

代壁画的表面形式还是不可分割的图像整体，它依据墓室壁画与顶面的形状存在，缺乏画面灵活多变的基本形式。通过以上分析，可以看到岩画、彩陶、青铜器、帛画、壁画这些中国主要的艺术遗存还没有解决画面的表现问题。

中国传统艺术理论对于画面的认识开始也不清晰，“大音希声，大象无形”[①]、“保合太和，乃利贞”[②] 分别表现了先人混沌空寥的宇宙观，因此在艺术表现上是无拘无束的。至汉代对于自然的认识已由宏观达到了微观，相传建州蒲城县有叫骇神的豕身人首兽，出入水边石上，画家张衡画之，兽不出，张衡曰：“此兽畏人画，故不出也，可去纸笔。”[③] 后兽出，张衡默画之。《后汉书》记叙了当时已用纸笔、以纸形成了画面、笔在纸上作画的过程。可见汉代开始了对画面的表现。

一般认为汉画像石脱胎于壁画艺术，汉墓壁画是汉代壁画的组成部分，汉画像石与汉墓壁画具有接近的主题内容，且有汉墓壁画年代早于汉画像石而形成的推论。但这里指的汉画像石，是地下石室墓与地上石祠、石阙的用石，没考虑到石椁墓汉画像石的早期年代[④]，同时忽略了壁画与画像石同出一个墓葬的特殊现象。河南永城芒山柿园西汉墓水井室水井正方形石盖上出现阴线刻鸟形图像，同时在该墓主室顶部也出现有绘有青龙、白虎、朱雀的彩色壁画[⑤]，它们分别为西汉早、中期发现的汉画像石和汉墓壁画。作为个案研究，汉画像石和汉墓壁画是同时期出现的，它们各有自己的造型表现形式。画像石是建筑构件，材料决定其画面样式。另外画像砖秦已使用，至汉制作技术更为成熟，画面形成有自己的规律。由此看来汉画像石、画像砖的画面显然不同于汉墓壁画，它特点鲜明，发展线索清晰。

汉画像石、画像砖根据墓室建筑构件石材、砖材表面的体量多变特点，形成众多富于变化的画面，生动地表现了主题内容，其画面的产生过程是由简单到复杂，逐步形成的。

---

① 任继愈：《老子新译》，上海古籍出版社 1978 年版，第 80 页。

② 朱熹：《周易·卷一·上经》，上海古籍出版社 1987 年版，第 2 页。

③ 朱杰勤：《秦汉美术史》，商务印书馆 1957 年版，第 167 页。

④ 参见枣庄市文物管理委员会办公室、枣庄市博物馆编《山东枣庄小山西汉画像石墓》，《文物》1997 年第 12 期。

⑤ 参见阎道衡《永城芒山柿园发现梁国国王壁画墓》，《中原文物》1990 年第 1 期。

一　画面的产生

画像石中的画面形成开始较为简单。根据目前的出土情况，画像石椁墓早于画像石墓，画面在石椁墓中率先出现。

山东枣庄小山的石椁墓群发掘了三个墓，该发掘报告将其命名为M1、M2、M3石椁墓，[①] M3为西汉早期，M1为西汉中期，M2在西汉晚期偏早阶段。三个墓葬呈三角形分布，相隔各为15米左右，墓室均为长方形竖穴石圹并穴合墓葬。M3为双墓室，北室为木棺墓，南室为石椁墓。石椁墓现存3块画像石，均为横竖线凿纹边框装饰椁壁，其中东挡板纵0.72米、横0.75米，南侧板残存纵0.72米、横1.9米，北侧板纵0.72米、宽2.23米，边框中雕饰鸟、树、同心圆及三角形、菱形图案。M1有三个石椁墓、8块画像石：中椁室4块，南、北侧板相等，纵0.7米，横2.3米。东西挡板亦相等，纵0.68米、横0.74米，均凿边框装饰；北椁室4块，东、西挡板相等，纵0.69米、横0.69米，南、北侧板亦相等，纵0.69米、横2.7米，内饰鸟、树及圆形图案。M2有两个石椁墓，4块画像石集中在北椁室中，南、北侧板相等，纵0.88米、横2.53米，西挡板纵0.86米、横0.88米，地板宽1.2米、长2.53米，均用凿纹组成边框，内饰鸟、鱼、龙、马、建筑、图案及人物画像。

M3石椁墓（图45）可以看到画面的呈现形式，3块画像石中东挡板1个画面，北侧板1个大的画面分格组成了3个小的画面，南侧板1个，画面没有分格。这些画面无论大小均以横、竖线纹构成边框，每一个画面都有完整的形式内容，图案限于三角形与菱形，画像有同心圆、鸟与树，虽然图案与画像简单，但已显示出画面的形式意义。北侧板分为三格，中间格大，两旁格小。中间格上右上角有二鸟，它们大小不同，作对视状，下面空白，未饰任何画像，画面形式独特。北侧板旁边两格的画像与东挡板、南侧板的同心圆画像基本图形相同：图形中心刻一璧，用对角线与竖线穿璧，在对角线与竖线上饰绶带。每个同心圆璧的环形线与对角线、竖线穿插与组合，形成的分割面有不同的变化，对角线、竖线上的绶带图形均有差异。因此，这些同心圆画像无论出现在石椁墓的哪个壁面，都有独特的审美意义。南侧板上

---

① 参见枣庄市文物管理委员会办公室、枣庄市博物馆编《山东枣庄小山西汉画像石墓》，《文物》1997年第12期。

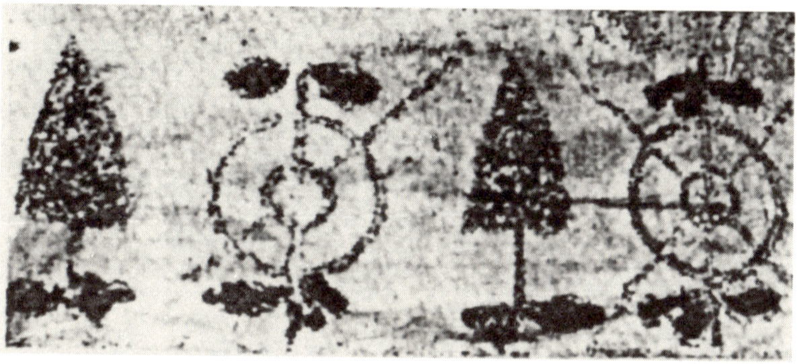

图 45 山东枣庄小山 M3 石椁墓画像 （拓本）

是同心圆与树的连续画像，同心圆图形有变化，树的图形也不尽相同。因此它不再是二方连续图案，而呈现出富于变化的画面形式。通过分析可以看出，M3 石椁墓的画面组合：南挡板 1 个画面、东挡板 1 个画面、北侧板一大三小有 4 个画面，共同组成了 6 个画面。6 个画面各自的特点鲜明，均有独立的造型样式。

小山 M3 墓的发掘报告把该墓的年代定在西汉早期的依据之一，是该墓出土的陶钫与长沙马王堆 1 号汉墓出土的陶钫相似。[①] 依据此结论，小山 M3 墓与长沙 1 号汉墓同样属于西汉早期的墓葬。马王堆 1 号汉墓出土有木棺，M3 墓具有木棺墓与石椁墓的双室，其木棺已朽无法作相应分析，但马王堆 1 号墓的木棺保存完好，上面有彩绘漆画。我们分析第三重木棺的漆画（图 46）：盖板没有饰框，表现了对称均衡的两组龙虎相戏图像。头部与足部挡板、左侧与右侧壁板均饰框，所以图案相同，里面图像有所变化。由于木棺漆画的饰框比较整齐统一，云气又整体地贯穿于棺木盖板、挡板、壁板上，而且每个装饰单元的图像均对称均衡，因此形成的视觉印象是整体统一的。这种印象与马王堆 1 号汉墓出土的奁（图 47）等漆器装饰是一样的。宗白华在比较谢灵运的诗和颜延之的诗时说：“谢诗如‘初发芙蓉，自然可爱’，颜诗则是‘铺锦列绣，亦雕缋满眼’。……这可以说是代表了中国美学史上两种不同的美感或美的理想。”[②] 两种审美感觉产生了不同的表现形式，“初

① 参见枣庄市文物管理委员会办公室、枣庄市博物馆编《山东枣庄小山西汉画像石墓》，《文物》1997 年第 12 期。

② 宗白华：《美学散步》，上海人民出版社 1981 年版，第 28—29 页。

1

2

3

4

5

图 46　湖南长沙马王堆 1 号墓第三重木棺漆画　（摹本）

图 47　湖南长沙马王堆 1 号墓漆奁（照片）

发芙蓉，自然可爱”的形式建立在“铺锦列绣，雕缋满眼”的形式基础之上。“以三代铜器那种整齐严肃、整齐细密的图案，我们可以推知先秦诸子时处的艺术环境是一个‘错彩镂金，雕缋满眼’的世界。”[①] 在青铜器上的装饰图案上也可以看到一个‘错彩镂金，雕缋满眼’的视觉样式，呈现出图像细密、富贵华丽的艺术效果，这是中国古代工艺美学发展的一个形式。它反映在青铜器制作中重视材料美感的艺术特点。《考工记·攻金之工》曰“六分其金而锡居一，滑之钟鼎之齐”，在钟鼎制作时考虑到了铜与锡的合金比例。作为艺术形式的传播，青铜器的“错彩镂金，雕缋满眼”表现方法会影响到漆器的表面装饰。马王堆 1 号汉墓的漆棺等漆器呈现了这种装饰形式，第三重木棺黑地彩绘，以流云繁密装饰，有些图案甚至冲破边框的限制，显现“雕缋满眼”的图形。由此可见，马王堆 1 号汉墓的漆棺装饰尚未脱离钟鼎彝器的循环造型装饰，没有形成独立的画面形式。鲁道夫·阿恩海姆认为：“在中国的风景画中，这无限的空间是在画面之内表现的，它是视线瞄准的目标，但眼睛却看不到它。……从画中的任何一个物体中，都可以看出一种向着这个极限运动的倾向，而这个极限看上去也就好像正处在这个可见

① 宗白华：《美学散步》，上海人民出版社 1981 年版，第 28—29 页。

的有限空间中心。”[①] 鲁道夫·阿恩海姆在这里所指的中国风景画，应是中国传统的画幅样式，对无限空间的表现是在一定距离尺度的画面内。同时画面有一个假想的中心，是用有限空间表现极限运动的中心所在，这个中心点眼睛是看不到的。马王堆1号汉墓漆棺装饰虽然在漆棺壁面也饰作了边框，但流云图案是漆棺装饰的主要手法，边框内的流云图案与边框外的流云图案有相接的动势，形成了漆棺的整体装饰，边框似乎不起作用，另外盖顶、挡板、壁板的每一个装饰单元均有一个中心点，由此展示了对称均衡的图像表现。M3石椁墓6个画面所形成的6个装饰单元，每一个单元都相对独立，单元中均无可以对称均衡的中心点，这样每一个单元都有独特的视觉样式。所形成的6个装饰单元中，有5个装饰单元使用了同心圆图形，这些图形各不相同，对角线、竖线上的绶带又各有姿势，形成了视觉的不同变幻印象。没用同心圆图形的另一个装饰单元，即北侧板的中格图形，由两个相对之鸟的悠闲姿态引起视觉审美的特殊印象。画像石雕刻是一种间接艺术，是用石面的雕凿痕印来表现实际的形象，这是一个艺术转化的过程。阿道夫·希尔德勃兰特在讨论浮雕表现形式时说：“人像的自然实体缩减与其中的平面，组成了一个有明确形式的想象空间——一个或深或浅的矩形。”[②] 汉代人死后对生的追求与向往，要通过这“或深或浅的矩形”石面进行表现。对于相同的“自然实体”，在“缩减其中的平面”，组成“有明确形式的想象空间”过程中，自觉或不自觉追求矩形石面的表现特点，出现了与马王堆1号汉墓漆棺漆奁“铺锦列绣，雕缋满眼”不同的艺术形式。如果用“初发芙蓉，自然可爱”的美来进行比较，可以看到M3石椁墓画像已具有这种因素，展开注重视觉样式的表现性，于是画面形式也就应运而生了。

在发展过程中，小山M1石椁墓进一步注重画面的形式感表现，该墓中椁室东挡板与西挡板尺寸相同。但同挡板刻饰的框小一些，呈横长形状，使其内的树形矮小敦实。西挡板刻饰的框大一些，呈方形，里面的树形也高峻挺拔，形成了两种不同的画面样式。与M1石椁墓同一时期的临沂庆云山二号石椁墓，椁由东、西侧板与南、北挡板组成四壁，形成四个画面，每个画面都雕饰有框，东、西画面分别有三组图形，南、北画面分别有一组图形。

---

① ［美］鲁道夫·阿恩海姆（滕守尧、朱疆源译）：《艺术与视知觉》，中国社会科学出版社1984年版，第403页。

② ［德］阿道夫·希尔德勃兰特（潘耀昌等译）：《造型艺术的形式问题》，中国人民大学出版社2004年版，第59页。

东、西画面与南、北画面分别相同，尺寸各为纵 0.7 米、横 2.20 米与纵 0.7 米、横 1.08 米。东、西画面图像各为三格，中间格刻饰屋宇、人物、飞鸟、树，两边分别刻饰壁环。南、北画面图像分别刻饰人物与壁环，每个画面的框均为阴线刻凿的直线纹、菱形纹、三角纹进行装饰①（图 48）。庆云山二号石椁墓的画面比较规范与整齐：东、西侧板两壁是两个大的横长画面，每个壁面分成三格，又形成了 3 个画面，两个壁面共形成了 6 个小的画面。

图 48　山东临沂庆云山二号石棺　（拓本）

南、北挡板两壁亦由外框组成 2 个竖高画面，其中被挡板画面中间有 1 个近于方形的小画面，计算起来该石椁墓形成既统一又有变化的 11 个画面。在图像中建筑与人物开始出现，题材与内容开始增加，画面形式有所发展。

西汉晚期的小山 M2 石椁墓形成的画面明显增多，由于图像题材与内容的进一步加大，画面开始生动丰富起来，已对建筑与人物主题进行画面形式的表现。在分为三格的南侧板左格画面，中间上部刻一壁环，壁环左部立下 2 人，分别执戟与拉弓射箭，画面中壁环与 3 人组成了聚合的画面空间。相接的中格画面，建筑庄重而立，一对飞鸟居于建筑的屋顶，4 个人物以生动的姿态穿插其中，开始对情节进行表现，画面已出现了组合关系（图 49）。M2 石椁墓的底板同样用框饰作，形成大的画面，里面分成三格，左格刻壁环，中格刻博局图，右格刻壁环与 4 鱼，所形成的画面大小不一，底板是墓主人的躺身之处，所选用的画面形式规整，与侧板、挡板的画面艺术处理不同。

西汉中期的画像石室墓目前发现有南阳唐河湖阳镇汉画像石墓与南阳砖

① 参见临沂市博物馆《临沂的西汉瓮棺、砖棺、石棺墓》，《文物》1988 年第 10 期。

图 49 山东枣庄小山 M2 石椁墓画像 （拓本）

瓦厂汉画像石墓。两座墓均只在墓门上进行装饰，唐河县湖阳镇汉画像石墓墓门由 3 个门楣、4 个门柱、6 个门扉组成了 11 个画面，门楣刻饰二方连续的弧纹图案，门柱门扉刻饰四方连续的菱形纹图案，组合在一起形成了墓门神秘规整的画面。这是墓门画面的初始形式，由横宽与竖高不同尺寸的小画面组成，横宽的门楣小画面以三块石头组成，其横宽长达 5 米之多，墓门开始的画面是以连续的几何图案形成的。① 南阳市砖瓦厂汉画像石墓（图 50）由 5 个门柱、8 扇门扉组成了 13 个画面，门柱画面形式内容分别相同，刻门阙与菱形图案，门扉亦然，中间刻楼阁建筑与铺首衔环、上面刻凤鸟、下面刻四方连续菱形穿壁图案。门柱与门扉每个画面呈长方形，尺寸有纵 1.70 米、横 0.28 米与纵 1.70 米、横 0.45 米之分。② 西汉中期画像石室墓画面已呈现纵高挺立的形式感。

南阳唐河冯君孺人墓室内中柱刻有“天凤五年十月”等字，是已知的纪

① 参见南阳地区文物工作队、唐河县文化馆《唐河县湖阳镇汉画像石墓清理简报》，《中原文物》1985 年第 3 期。

② 参见南阳市博物馆《南阳县赵寨砖瓦厂汉画像石墓》，《中原文物》1982 年第 1 期。

年最早的大型画像石墓。[1] 该墓的墓大门由南、北两门柱、一门楣与两扇门扉组成，其画像分布为：门楣二龙穿壁，门柱执笏门吏，门扉白虎铺首衔环与朱雀铺首衔环。画像的表现形式，门楣二龙以尾相缠穿壁，龙首躬身相望，门柱两执笏门吏均侧身向墓室中部，门扉白虎与朱雀翔空侧身与两个铺首上。门楣、二门柱、二门扉分别组成了5个画面，因为画像的关联，5个画面组成了整体的墓门画面；门楣横宽，画像居中，门柱、门扉竖高，画像相对，形成标准的墓门画面样式（图51）。将其与前文记叙的西汉中期的石室墓进行比较，唐河湖阳镇汉画像石墓虽然门楣、门柱、门扉都有画像，但还停在图案表现阶段，墓门画面形式缺少生动性；南阳市砖瓦厂汉画像石墓开始用画像与图案结合表现，但门楣没有画像，墓门画面形式缺少完整性。随着艺术表现水平的提高，在冯君孺人画像石墓，墓门全部用画像形式表现，门柱的执笏门吏、门扉的白虎与朱雀形象生动，两个铺首也各有个性。尤其是门楣二龙穿壁的表现，逐步脱离了图案形式，不再选用二方连续图形，而是选择其一组图案单元，集中对龙进行个性表现。在图形中两条龙的大的动势是一样的，而各部分的细节是不同的，因此呈现的外在样式有所差异，使墓门画像形式开始生动起来。随着画面表现的进一步需要，画像的装饰部位从墓门逐渐到墓室的壁面，冯君孺人汉画像石墓已有此尝试。与冯君孺人汉画像石墓时期接近的唐河针织厂汉画像石墓除了在墓

图50　南阳市砖瓦厂汉画像石墓画像　（拓本）

① 参见南阳地区文物队、南阳市博物馆《唐河汉郁平大尹冯君孺人画像石墓》，考古学报1980年第2期。

图 51　南阳唐河冯君孺人汉画像石墓墓大门立面图

门、墓室壁面装饰外，在墓室顶部也进行了装饰，该墓有画像 74 幅，分布于墓门、前室、南北二主室等处。西汉晚期的南阳汉画像石已比较丰富，每一幅画像均注重形式的追求，表现一个完整的意义。因此 74 幅画像形成了 74 个画面，画面的幅宽或横长或竖高，在各种尺度的长方形中均有变化，形成了 74 个完美的视觉样式。该墓的有些地方，根据建筑的构件关系，许多画面又形成了整体的画面（图 52）。如前室的顶部用 9 块刻石组成，每个刻石均为二方连续套环图案，9 块石刻组成了气魄宏大的连续图案画面。南北主室顶部用 12 块刻石组成。南主室顶部 6 块刻石，其中 5 块为星宿四方连续图案，1 块中间刻月轮蟾蜍，两旁刻北斗七星与星宿图案。北主顶室 6 块刻石，分别刻连续图案、白虎与三足乌、四方连续穿环图案、河伯出行、四神、龙首长虹画像。南主室顶部的 6 幅画像与北主室顶部的 6 幅画像分别组成了天象与图案画面，南北二主室的 12 幅画像又组成了完整的天象图（图 53）。该墓前室南壁饰框，框内上面画像为楼阁人物，下面画像为田猎，分别组成了二个画面，但用框装饰在一起，又变成了一个大的画面，似乎展开了人物活动内在的某种联系。南主室南壁有鲁义妇、虎吃女魃、斗兽、舞乐宴飨画像，分别饰小框组成了四个画面，每个画面呈现独立的形式感。虎吃女魃与斗兽画面张扬着勇武精神，鲁义归与舞乐宴飨画面洋溢着祥和气氛。

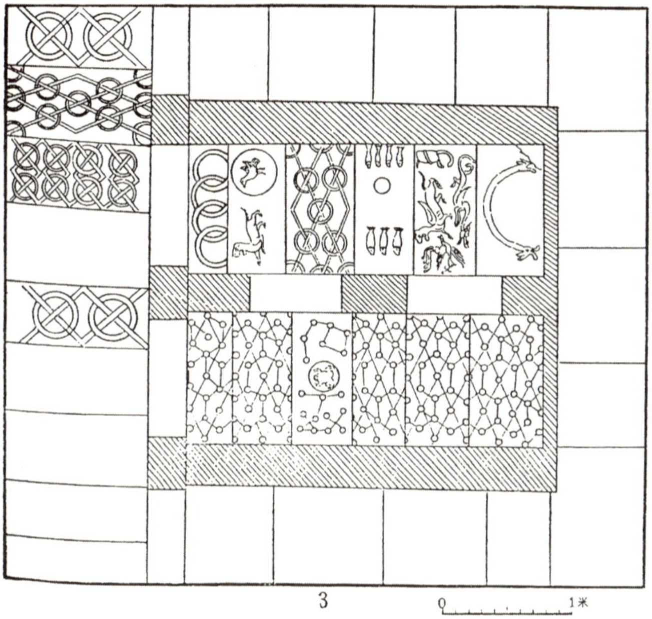

图 53　南阳唐河针织厂汉画像石墓墓顶仰视图　（摹本）

边缘以粗框组成的大画面则把两种不同的艺术追求进行了统一，其内的四个小画面切合互让，又形成了大画面的完整形式（图 54）。

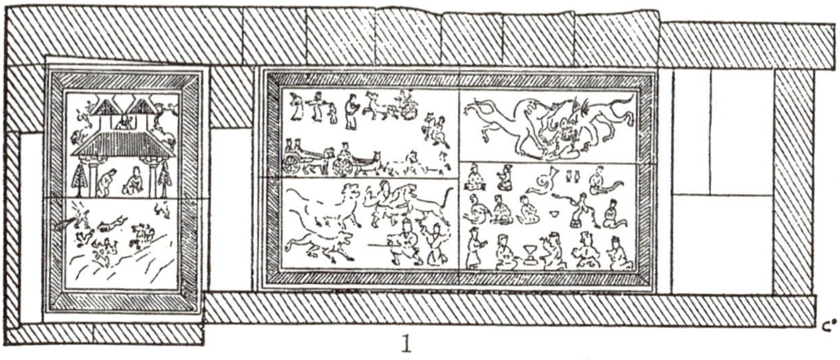

图 54　南阳唐河针织厂汉画像石墓前室、南主室、后室剖面图

画像石在西汉时开始使用，石椁墓与石室墓画像集中显现出了画面的产生与发展过程。与画像石相比，画像砖的出现较早，西汉以前画像砖已

经使用，秦都咸阳第三号宫殿遗址出土的双龙绕凤壁空心砖（图55），周边有框，画像以双龙缠绕三个壁环，里面分别站立三只凤，已具有画面的初始萌芽。汉画像砖在此基础上发展，有空心砖与实心砖两种类型：空心

图55　秦都咸阳第三号宫殿遗址出土双龙绕凤璧纹空心砖　（拓本）

画像砖西汉流行，多用拍印法制作；实心画像砖东汉较盛，采用模印法制作。画像砖在地面建筑铺修街沿与踏步，在地下砌筑墓室，其构件功能决定其装配式特点，它常常集中使用，有时十几块，有时一百余块，砖的形状可分为长方形、方形、柱形等样式。画像砖的造型与装饰特点形成了丰富的画面形式。

画像砖在西汉早期的宫殿建筑中已采用，南越国宫署遗址中发现有砖石走道，以大方形砖铺就，每块砖四周有框纹，里面以四方菱形连续图案形成完整的画面（图56）。这个时期的河南南阳新野潦口自然村南墓，墓制为平顶单棺式，用几何形纹空心砖砌筑，“砌壁用砖长127厘米、宽42厘米、厚1厘米”①。周围以直线框饰，里面用米字纹菱形四方连续图案形成画面（图57）。西汉中期稍晚的洛阳卜千秋壁画墓为斜撑板梁结构双棺墓制，墓室的壁面与斜撑顶面用空心画像砖建造。同时由于斜撑顶构造出现了屋脊山墙，山墙上部有两个三角形砖与一块方形砖组成。这些长方形与三角形空心砖向着墓室的壁面用几何与花纹砖图案刻饰，组成了长方形与三角形的画面，它们和壁面一起完成墓室的装饰功能。② 西汉晚期的洛阳烧沟61号壁画墓墓制

① 赵成甫：《南阳汉代画像砖》，文物出版社1990年版，第4页。
② 参见黄明兰、郭引强著《洛阳汉墓壁画》，文物出版社1986年版，第61页。

图 56　南越国宫署遗址铺地砖　（照片）

图 57　河南新野潦口自然村墓墓壁画面　（照片）

与卜千秋壁画墓相同，山墙上部不再是三角形与长方形空心砖砌造，而是用三角形与长方形透突刻大砖筑合。在该墓前后室隔梁上用了两个三角形砖与一个长方形砖，以透突雕刻造成通透效果，在其上敷彩，完成的大傩图色彩绚丽，形象生动，构成了新颖的画面形式（图版六）。郑州二里冈空心砖墓是西汉偏早时期的墓葬，墓中出现的画像砖竖长幅面，以边纹饰框。画像分上下两部分，下部方套圆形的四方连续图案，上部分七组表现了生动的画像，形成了画像与图案结合的竖方画面。在大画面中有丰富的小画面形式，上部的七组画像每一组都单独组成画面。由于每一组画像都是用模印办法重复而成，每一个模印画像均可以形成单独画面，这样在画面中有许多小画面的丰富变化，呈现画像砖独特的画面形式。① 现藏于河南省博物院的西汉中期洛阳画像空心砖，有横长方形与竖长方形两块，它们均饰框，框内刻制人物，竖长方形横置两个人物，分别形成了较为标准的横宽与竖长两个不同的画面（图58）。现藏于山东济宁博物馆的西汉画像砖，在横长方形的砖面上，几何纹饰与建筑纹饰形成均衡的底面，而在纹饰的空白处饰以有情节性

图58　河南洛阳汉画像砖　（拓本）

① 参见河南省文化局文物工作队《郑州二里冈汉画像空心砖墓》，考古1963年第11期。

图 59　山东金乡鸡黍镇徐庙村汉画像砖　（拓本）

的人物与动物活动，画像使画面呈现生动形式（图 59）。同南阳唐河湖阳镇汉画像石墓与南阳砖瓦厂汉画像石墓一样，西汉中期的南阳新野樊集吊窑 M23 汉画像砖墓仅在墓门进行画像装饰，该墓门由南、北门柱与门楣组成，门楣空心砖，门柱实心砖。在门楣的横宽画面上饰二龙穿壁、虎、牛、雉鸟画像，门柱的两个竖高画面上分别饰朱雀、门吏与虎、犬画像。形式与内容密切结合，组成了画像砖墓门的整体画面（图 60），墓门的门楣二龙穿壁画像对称均衡、稳定居中，南、北门柱画像分立两个朱雀、虎与犬、两个门吏有相向的关联性，形成了墓门画面门楣与门柱的完整形式。该墓“上限当不会早于武帝时，其下限应不晚于王莽时期”①。在前面讨论画像石的墓门画面形成过程中，认为西汉中期的唐河湖阳镇汉画像石墓产生了图案表现的墓门画面形式，西汉王莽时期的唐河冯君孺人汉画像石墓出现了画像表现的墓门画面形式。如果新野樊集 M23 画像砖墓确定在武帝至王莽时期，应该看到画像石墓与画像砖墓画面形成与发展的互为影响作用。新野樊集的 M24 画像砖墓与 M23 画像砖墓时期相同，但是已有从简单到复杂的变化。该墓有三个墓室，在画像砖装饰的墓门位置已扩大到四个门柱、三个门楣。门柱画像为凤

① 赵成甫：《南阳汉代画像砖》，文物出版社 1990 年版，第 30 页。

阙、门吏、白虎铺首衔环、女娲，四个门柱画像相同。门楣画像为车马出行、建鼓、泗水方鼎，三个门楣画像亦相同（图 61）。门柱与门楣分别以七个横宽或竖高的小画面组成了画像砖墓门较为复杂的画面。

图 60　河南新野樊集吊窑 M23 汉画像砖墓墓门立面图

图 61　河南新野樊集吊窑 M24 汉画像砖墓墓门立面图

二　画面的分类

汉画像石，画像砖的画面丰富，可分为规则形画面、不规则形画面、组合画面、装饰画面等类型。

（一）规则形画面

汉画像石、画像砖的表面多是规矩有序的图形，这些图形的外部形式不同，形成了各种规则性画面。

横宽画面。这是汉画像石、画像砖中出现最多的画面。石和砖构筑画像石、画像砖建筑，在门楣的安放、壁面的砌合、顶面的铺设均采用横置的手法，因此形成了尺度不一、样式丰富的横宽画面形式。以南阳麒麟岗汉画像石墓门楣为例，可以看到横宽画面的变化情况。11 个门楣的幅度各不相同，组成了 11 个尺寸不同的画面，其中三个主室门楣的舞乐百戏画面纵宽尺度为 0.34 米、2.66 米，前室西壁南端门楣白虎画面纵宽尺寸为 0.35 米、0.97 米，它们分别为该墓门楣画面中最大与最小幅面的尺度。

竖高画面。这是汉画像石、画像砖出现较多的画面。它多出现在画像石、画像砖建筑的门柱、门扉、壁画、顶面等不同的位置上，并常和横宽画面交合使用，形成画面形式的对比。南阳麒麟岗汉画像石墓三个主室门楣下面门柱形成了竖高画面，与门楣横宽画面相比，其南立柱正面与北侧面画像分别为执笏门吏与执吾门吏，画面竖宽尺寸分别有 0.96 米、0.29 米与 0.96 米、0.23 米的变化，形成了两个幅度不同的画面。而该墓墓大门南立柱的正面与北侧面的执钺门吏与执盾门吏画像，画面竖宽尺寸分别为 1.17 米、0.32 米与 1.17 米、0.30 米，两个幅度也有差别。墓大门与大门立柱比较，画面幅度有一定的差别，即使每个立柱的本身，正面与侧面也有变化，因此形成了变化的画面形式。如果整个墓葬的竖高画面进行比较，画面的变化形式则更加明显。

方形画面。指接近正方形画面的形式。它在西汉早期石椁墓画像中开始出现，横宽的椁壁画面中分格的小画面常接近方形，而形成的尺度不一，画幅大小有变。在画像石、画像砖的画像表现中，方形小画面是重要的使用方法。画像石中在西汉早期的枣庄小山石椁 M3 墓已出现分格的小画面，山东诸城前凉台汉画像石墓墓门横额的画像分格处理成几个方形小画面。画像砖中使用模印法，方形小画面的使用更为广泛。

半圆形画面。以半圆画像组成半圆形画面，出现在墓室的门额等处。在半圆形中，有时是以对称的一组图案组成画像，如临沂白庄汉画像石墓的透雕半圆形门额，画面上二鸟对称均衡。同样在临沂沂水韩家曲出土的半圆形画像石，上下分成了两格，上格分内外两层画像，形式适合半圆形图案要求。下格横向展开各种人物的活动。两格图像构成了半圆形画面的复杂形式。

三角形画面。画像石在特殊位置所组成的画面，如祠堂东西两壁山墙顶部画像，外部形态呈三角形，里面是不同形式、不同内容的画像。山东曲阜旧县出土的翼龙画像，周边用三角形饰框，内有回首翼龙，身姿变化适合三角形框内的要求。武梁祠东壁与西壁上部画像，西王母居中，周边各神灵图像构成三角形的空间形态。

梯形画面。在一些画像石墓的墓室顶部出现了梯形画面的形式。山东安丘汉画像石墓墓室的前室、中室、后室东间室顶部均呈伏斗式，斗壁为上窄下宽的梯形石，这些梯形石上的画像装饰形成了一个个的梯形画面。

方圆结合形画面。由于画像石在建筑中的不同位置，门楣的画面也有呈圆方结合的形式，山东临沂出土有下圆上方的圆方结合形画面。在白庄还出土了比较复杂的圆方结合形画面，它的上面是方形，而下面由墓门的拱状而呈现两个并列的圆形（图 62）。

图 62　汉画像石的规则形画面 山东临沂白庄汉画像石画像　（拓本）

（二）不规则画面

汉画像石、画像砖的不规则画面相对于规则画面，在一些建筑构件的特殊部位，地上石祠、地下墓室中如柱、栌、斗等处，石阙的斗拱、额、枋、檐等处，其外部形状是不规范的。但在这些不规范的平面上进行雕刻装饰，形成了不同的画面样式后，感觉恰到好处。山东沂南汉画像石墓前室八角柱的柱、栌与斗拱四周均装饰画像，形成了不规则的复杂画面形式。以八角柱上东面栌斗画像石为例观察其画面变化情况（图 63）：栌的上部横宽长方形，栌的下部为不规则的形状；斗拱的拱身为不规则的形状；斗拱的拱眼上部是横宽长方形，下部为不规则形状；斗拱中间向上的连接柱状为竖高长方形。整个斗拱画像由若干个规则与不规则的画面组成，为了达到整体形式的统一，栌的下部、斗拱的拱身、拱眼的下部、斗拱连接柱状的上部用阴刻，而在栌的上部、拱眼的上部、斗拱连接柱状的下部用阳刻，使不规则的画面

图 63　汉画像石的不规则形画面 山东沂南汉画像石墓前室八角柱斗拱画像　（拓本）

形式具有统一的整体的视觉效果。在沂南汉画像石墓后室北侧隔墙、南侧隔墙的东面与西面画像均不规则，组成了四个不规则的画面。在画面周边饰不规则的框，里面分层饰以画像。不同类型的不规则画面形式在其他画像石中也有出现，这是由一些建筑构件的不规则性而形成的。

（三）组合画面

根据艺术表现的需要，汉画像石、画像砖的许多画面是组合的。以多个小画面组成一个大的画面。在表现过程中，有些画面是多个小画面纵接的，有些画面是多个小画面横连的，也有些画面是多个小画面纵横连续排列的。小画面的组合多少没有一定的规律，完全是依据画面的主题内容而确定。这种画面有时是在一块画像石、画像砖上表现，有时则在多块画像石、画像砖上表现，因此产生了极为丰富的画面形式。

纵接画面。画面呈竖高幅，山东平邑皇圣卿东阙西面画像纵 1.53 米、横 0.57 米，在竖高的画面上纵接 5 个不同形象内容的小画面，上面 2 个小画面榜题分别为“信夫”、“孺子”，第 3 个小画面榜题漫漶不清，第 4 个小画面建鼓舞，第 5 个小画面刻树及下面的人与马。上面 3 幅的榜题内容是整个画面的表现中心，因此把 5 个小画面纵连成一个完整画面，进行艺术表现（图 64.1）。河南新野樊集出土的射鸟、西王母、驷马安车画像砖纵 1.12 米、宽 0.25 米，画像由射鸟、西王母、驷马安车、骆驼 5 个小画面组成。每个小画面靠具体形象组合，小画面之间没有明显的界限，是依小画面形象的动势而联系，形成的整体画面表现了汉代人所关心的主题（图 64.2）。

图 64.1　汉画像石的组合画面

山东平邑皇圣卿东阙西面画像　（拓本）

图 64.2　汉画像砖的组合画面

河南新野樊集 M37 汉画像砖墓画像　（拓本）

横连画面。画面呈横宽幅，浙江海宁画像石墓前室南壁第一层的马厩画像，画面纵 0.26 米、横 3.10 米，由 3 块画像石组成，画面中出现人物、车舆、马匹共 11 个小画面，以画像的不同外在样式组合成马厩画面（图 64.3）。武梁祠西壁是 1 块完整的画像石，形成了纵 1.84 米、横 1.40 米的

图 64.3　汉画像石的组合画面　浙江海宁汉画像石墓前室南壁画像　（拓本）

较大画面，画面分层形成了若干个横连小画面。在第二层的小画面中，横向分为 10 格，每格有榜题与人物，形成刻有伏羲与女娲、祝融、神农、黄帝至夏禹、夏桀榜题与画像的 11 个更小的画面，11 个小画面横向连接起来表现了中国远古帝王谱系，形成了武梁祠西壁第二层画面的特殊意义（图 64.4）。

纵横连续画面。画面没有一定的规律，由纵横连续的小画面组成。浙江海宁汉画像石墓西壁南侧下面画像，画面由 2 块画像石的 4 个小画面组成，周边都有框饰，小画面的画像内容为人物表演与宴饮。4 个小画面周边的框饰及表现的内容将其视觉印象固定在一个完整的画面中（图 64.5）。

墓门画面。墓门的特殊位置使画面形式规范统一，墓门画面伴随着画像石墓的产生而出现，其形式在发展的过程中不断得到充实与完善。陕西神木大保当 M17 汉画像石墓墓门有门楣、门柱、门扉 5 块画像石，门楣纵 0.33 米、横 1.70 米，2 个门柱均纵 1.18 米、横 0.33 米，2 个门扉左门扉纵 0.55 米、横 0.49 米，右门扉纵 1.13 米、横 0.50 米。画像以人物、动物、植物、

铺首衔环各组成1个画面。由于门楣与门柱的穿玉璧纹图案是相连的，而门楣、门柱、门扉所形成的小画面分隔又是靠整体连贯的直线刻饰的，因此墓门画面成为了不可分割的有机整体（图64.6），小画面服从了墓门画面的整体需要。

图64.4　汉画像石的组合画面　山东嘉祥武梁祠西壁画像　（拓本）

图64.5　汉画像石的组合画面　浙江海宁汉画像石墓前室西壁画像　（拓本）

图 64.6　汉画像石的组合画面　陕西神木大保当 M17 汉画像石墓墓门画像　（拓本）

（四）装饰画面

在对画面的表现过程中，汉代画师工匠逐步增加了对画面的审美认识，利用雕刻与艺术处理手法追求画面的装饰效果，呈现出生动的装饰画面形式。

边框装饰画面。在汉画像石中以边框装饰画面由来已久，在西汉的石椁墓画面，边框的首要功能是界定画面，同时也对画面进行了装饰。随着对画面表现的理解与深入，边框的使用更为广泛。山东安丘汉画像石墓后室东间室顶南坡画像，画面中间是人物与动物形象，周边是复杂的九层图案装饰边框。第一层为直线框，第二层为三角形纹框，第三层为直线框，第四层为垂帐纹框，第五层为直线框，第六层为弧形纹框，第七层为直线框，第八层为斜线框，第九层为直线框。不同形状的纹饰与直线纹饰相交进行，既富于变化又工整统一，把画像装饰得神秘规整、富丽堂皇，是以对称方法进行边框装饰画面的代表作品（图 65.1）。同时许多边框装饰画面边框是不对称的，也取得了极好的装饰效果。在同墓后室东间北壁画像，画面中间亦为人物与动物的画像，边框用 12 层的装饰图案，12 层中里面的 11 层图案是对称的，已取得了与上述画面的同样装饰效果。在第 12 层装饰中，不再用图案装饰，

图 65.1 汉画像石的装饰画面 山东安丘汉画像石墓后室东间室顶南坡画像 （拓本）

而改用人物与动物的连续图案，这些人物与动物的形象不采用图案形式表现，而保持其生动性，使画面的最外一层形象生动起来，给画面带来了生命的活力（图 65.2）。在画像石中还有许多边框装饰画面，边框是不对称的，

图 65.2 汉画像石的装饰画面 山东安丘汉画像石墓后室东间北壁画像 （拓本）

这些边框用图案与画像两种方法装饰。画像砖中的边框装饰西汉时期是比较规矩的，洛阳出土的四骏图画像砖，以两重菱形图案对称进行边框装饰，显现汉画像砖的边框装饰画面的早期形式（图65.3）。而在南阳汉画像砖中，装饰画面的边框图案变得丰富起来，已使用了几何纹图案、几何纹和人物动

图65.3　汉画像砖的装饰画面　河南洛阳汉画像砖画像　（拓本）

物植物结合的图案、人物动物图案、物象图案等类，仅在几何纹中就使用了三角纹、菱形纹、菱形回字纹、方格纹、弧形纹、十字穿环纹、对弧三角纹等图案表现，形成了生动的画面。

肌理装饰画面。肌理具有超越物质的抽象性与象征性，使视觉作品产生独特的艺术魅力，在造型艺术中，物质材料本身的表现肌理可以直接构成形象的感性形式。山东金乡城东香城堌堆出土的石椁画像石，该石画面以周边的纹饰组成一个横宽长方形的框。里面有3个画像内容为出行、牛耕的小画面，由于小画面的画像比较密集，视觉上也形成了横宽长方形的框。比较而言，3个小画面的框与大画面的框比例是合适的，小画面有大画面的框饰，形式感凸显了。但为了进一步表现3个小画面的主题内容，就在大小画面的框饰间雕刻了菱形四方连续图案纹样，形成了图案纹路的肌理效果。以肌理的模糊感觉与小画面中的清晰画面形成对比，映衬图像的内容及意义（图65.4）。南阳唐河针织厂汉画像石墓主室墓顶12块画像石，南、北主室各6块，画面粗糙，北主室画像象征阳，南主室画像象征阴，为表现阴、阳上天的苍劲，用不加修饰的粗糙画面石纹肌理进行画面装饰，求取肌理装饰画面的苍茫之美。南阳方城城关镇汉画像石墓画像石，均在画像的底面用凿线排列，做成不同方向三角形的密集肌理图案，把画面中的画像与肌理图案交错

图 65.4 汉画像石的装饰画面 山东金乡出土石椁画像 （拓本）

图 65.5 汉画像石的装饰画面 河南南阳方城城关镇汉画像石墓画像 （拓木）

在一起，使肌理成为画面装饰的一个重要表现方法（图 65.5）。对肌理装饰画面的认识，汉画像石也有从初期简单阶段到高级复杂阶段的变化过程。在开始时，可以借用天工，自然地使之统一。但在发展中，也可以用人工的办法，创造画面的肌理效果。

文字装饰画面。在汉代石刻上用文字装饰画面，从西汉前期已开始。山东曲阜鲁灵光殿遗址出土有“鲁北陛石题字”，“此石是鲁恭王刘馀造豪华壮观的宫殿的北面阶石，上面刻双璧图浮雕。一侧刻‘鲁六年九月所造北陛’9字”。[①] 该题字为隶书，并用直线饰框，为西汉景帝中元元年（前149）所作，是汉代文字装饰画面的雏形。至西汉晚期，山东东平石马出土居摄三年（8）立柱画像，下面一戴冠拱手而立之人，上面隶书题记，用四行撑满画幅上部，题字为：“元始二年五月中母不幸，元始三年五月中父不幸，居摄二年二月二日中治，三年四月中□服。”[②] 题字与画像共同成为画面的主要组成部分，形成了图文并茂的装饰画面（图65.6）。东汉晚期的南阳许阿瞿汉画像石是极其生动的文字装饰画面形式。画面中画像分上下两格，文字以竖行刻于画像左侧，画像表现为许阿瞿戏耍娱乐与乐舞场面，左侧文字以汉代赞体风格写成：“惟汉建宁，号政三年，三月戊午，甲寅中旬。痛哉可哀，许阿瞿身。年甫五岁，去离世荣……”文字写明了画像石的年代为建宁三年（170），画像石所祭祀的墓主人许阿瞿五岁去世。画面中有136字，整个篇幅字体方正，有波势挑法，接近于楷书，显示出汉隶到汉楷的变化，其书势一气呵成，书体活泼生动，富于生命活力。在此幅画面中，文字内容、书法形式与画像表现水乳交融，文字装饰画面形式完美（图65.7）。画像砖在西汉中期时用于建筑墙壁贴面，以文字装饰画面的形式

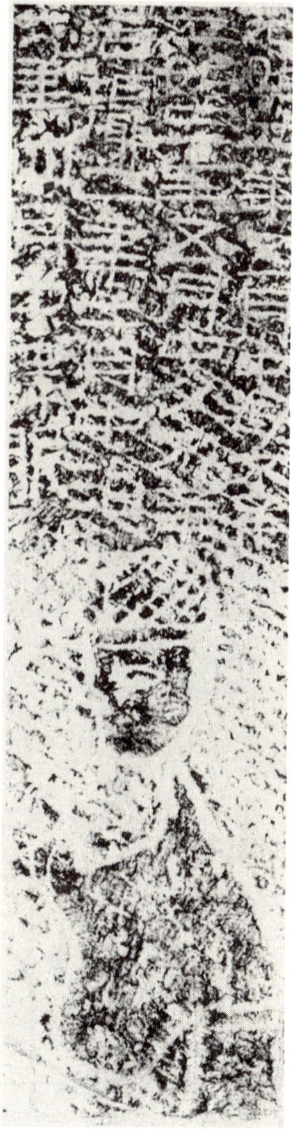

图65.6　汉画像石的装饰画面
山东东平居摄三年立柱画像
（拓本）

① 华人德：《中国书法史·两汉卷》，江苏教育出版社1999年版，第102页。
② 杨爱国：《幽明两界——纪年汉代画像石研究》，陕西人民出版社2006年版，第36页。

也已出现。内蒙古准格尔旗十二连城古城遗址出土的“长乐未央”砖，周边以乳钉框装饰，中间以乳钉呼应，以十字线分格，格内书写笔画曲绕变体的篆书“长乐未央”四字，画面中文字与图案自然结合，达到文字装饰画面的效果（图 65.8）。

图 65.7 汉画像石的装饰画面 河南南阳建宁三年许阿瞿汉画像石画像 （拓本）

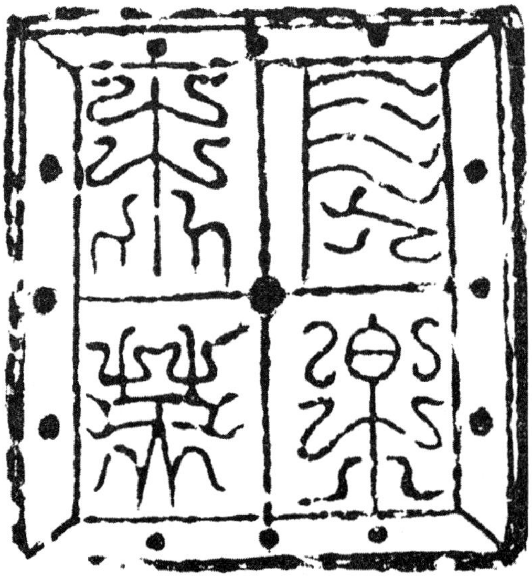

图 65.8 汉文字砖的装饰画面 内蒙古准格尔旗出土文字砖图像 （拓本）

三　画面的特点

汉画像石、画像砖有其设计构思过程，画像砖是批量生产的，有很多重复的画面，画像石则是一石一刻，每个画面均有鲜明的特点。

（一）幅面确定

汉画像石、画像砖根据石材、砖材的大小宽窄决定幅度。有时也将一较大的石材、砖材分割成若干小的画面，一石一砖一画或一石一砖多画，或多石多砖一画，每画的画幅即成一个完整的画面。并置的画面往往具有内容与形式的关联性，形成连环画的场景。南阳麒麟岗汉画像石墓共有110块画像石，画幅155幅，以多变的长宽尺度形成了丰富的画面形式。前室墓顶有九块条石刻饰生动完整的四神画像，组成的大画面纵3.27米、宽1.64米，形成墓室顶部平面展开的巨大画幅。门柱均为一块石材刻一个完整的画像内容，构成单独的画面。如最小的门柱画面纵0.60米、宽0.29米，最大门柱画面纵1.60米，宽0.36米。门楣画面长度最大为2.66米，最小为1.03米。这些不同的幅面比率使画像石在空间中呈现不同的画面变化。

（二）图面完整

汉画像石、画像砖的图面比较完整，每个画面有明确的主题内容与相应的情节关联，表现的内容情节比较统一，长宽比率注意数据变化，比例符合审美要求，画面的图面构成感完整。目前全国已出土数以万计的汉画像石，由于建筑构件部位不同，画像石的形状多变，呈现的画面形式极其丰富。其画面形式有三角形、圆形、半圆形、不规则形、方形、长方形等，在长方形画面中长宽比率尺度又多有变化，形成了汉画像石画面的极大丰富性。不同形状的画像石要表现汉代琳琅满目的生活场景与精神艺术世界，首先要采取不同的方法表现视觉图面的完整性。汉画像石、画像砖有极其生动的图面效果，标志着汉代已经把握了中国艺术图形的基本形式。南阳麒麟岗汉画像石墓画像丰富、情节生动，前室墓顶的四神画像，画面上青龙、白虎、朱雀、玄武分居四方，中间以云气相连，主题、情节、形式统一，图面极为完整，有极强的画面感觉，是画像石图面完整表现的典范。

（三）空间把握

刻制过程中为满足建筑功能需要，汉画像石、画像砖画面注重物象的空间把握，在表现外在物象的空间立体形状时，采用统一的构成方法。如对三角形、方形、长方形物象表现时，把握组成的边界直线；对圆形、半圆物象形表现时，把握组成的边界弧线。同时利用边界线对纵深物象进行平面表现。人的视觉在观看物象时，开始还不曾涉及空间纵深侧面，一般来说首先观察到了物象的边界线，对边界线围合的空间把握形成了汉画像石、画像砖的平面表现方法，边界线的形状与边界线围合后产生的画面极为重要，它呈现平面的装饰形式。南阳麒麟岗汉画像石墓画像前室墓顶的四神画像表现了极其广阔的空间，对于神灵、星宿、云气把握其空间边界线形象，进行平面装饰处理，形成气势磅礴的画面。

第三节　画面处理与雕刻方法

一　图绘整体

汉画像石、画像砖是建筑的组成部分，所表现的画面是建筑的表面装饰，它反映建筑的思想，具有建筑的审美观念。在建筑表现中，把握构造与装饰的整体同一十分必要。整体性要在把审美主体提高到理性认识的过程中，表现大千世界的具体审美对象，综合性地考察按特定目的组成的形体，研究它的成分、结构、功能与意义，认识其物质材料载体特性，对其进行艺术表现。

汉代艺术充满审美整体的经验，汉代艺术表现往往是凭直觉创作，而直觉往往能把握本质。对形象特征本质的把握在两汉有其传统。西汉初期盛行黄老思想，老子认为“有物混成，先天地生”[①] 认同的是大道而非细枝末节。《淮南子》曾写道“青葱苓茏，萑蔰炫煌，蠉飞蠕动，蚑行哙息”[②]。西汉艺术大气、深沉，强调对形象整体把握的能力。东汉初期广泛关注人的生命本身，个性表现得到张扬。艺术表现从屈服自然与神秘莫测的迷雾中走出，逐渐具有鲜明的个性特点。东汉晚期注重艺术气质，形似与神似的表现方法得到了应用。东汉思想家王充说，“故人者，其天地之德，阴阳之交，鬼神之会，五行之秀气也”[③]，提出了天地之间人为贵，人乃天地阴阳五行之气精华

① 任继愈：《老子新译》，上海古籍出版社 1978 年版，第 57 页。

② 刘安等：《淮南子·第二卷·俶真训》，上海古籍出版社 1989 年版，第 17 页。

③ 王充：《论衡·礼记礼运》，桂馥撰《说文解字义证》，中华书局 1987 年版，第 679 页。

凝聚的观点。东汉书法家蔡邕指明篆书的神韵："体有六篆，要妙入神。或像龟文，或比龙鳞，纡体效尾，长翅短身。"① 从篆书的外在势样上阐明了把握具体形象的必要性。

汉画像石、画像砖继承了两汉的形体特征认识传统。一方面运用整体表现手法，另一方面运用表现物象轮廓的手法。使用物象轮廓线在中国艺术中有历史传统，史前岩画、良渚文化玉器、仰韶文化彩陶均有实践，这种观察和认识是早期艺术表现所特有的能力，这种原始的制作方法，其长处在于区分物象与周围的联系，其不足可能会形成对物象形成简单化表现。中国早期的艺术由于对轮廓线的重视，导致把物象整体的各个层面重合于一个平面，缺少纵深的空间形式表现。史前岩画绘在洞壁与石壁的表面，物象与石面保持同一平面，还未考虑物象整体的深度表现。汉画像石、画像砖在继承传统的基础上，注意力放在了两种表现方法的结合点，建立物象的整体认识观。把物象整体表现与轮廓线表现糅合在一起，使用纵深和平面表现的综合方法，恰当地选用物象轮廓线，从而在整体平面上散布着局部空间的体积感，在空间深度中存在着整体平面的束缚力，形成了汉画像石，画像砖的图绘整体表现形式。

这种形式贯穿于两汉画像石、画像砖墓的实践过程中，西汉早期的画像石、画像砖还停留在使用物象轮廓线的阶段，在发展过程中不断渗入了整体表现意识，逐步显现出完美的形式。

西汉晚期的南阳冯君孺人汉画像石墓画像丰富，有舞乐百戏、击鼓拜谒、像人神兽、铺首衔环等画像，每幅画像所表现的细节不多，有完美的图绘整体形式感觉。其中拜谒画像，两个戴冠着深衣之吏相向作拜，轮廓线糅合进了人物的整体活动姿势中，同时用阴刻排线增加人物形体的空间表现，使画像呈现图绘整体效果（图 66）。对于图绘整体的表现方法探讨，有实践的基础与条件，同时楚地的传统影响也有一定作用。南阳汉画像石、画像砖所表现的形象均清晰地脱离出石面、砖面，呈现完美的整体感觉。且深入地表现细部，并使细部统一于整体形象之中。

① 蔡邕：《篆势》，李泽厚、刘刚纪主编《中国美学史》第一卷，中国社会科学出版社 1984 年版，第 597 页。

图 66　河南南阳冯君孺人汉画像石墓拜谒画像　（拓本）

二　汉画像石石面处理与雕刻方法

（一）石面处理

为了达到整体艺术效果，汉画像石首先进行石材表面的处理。

《隶释》卷六《从事武梁碑》碑文曾记录武氏祠选石时是“竭家所有，选择名石，南山之阳，擢取妙好，色无斑黄”。在汉画像石选石与加工过程中应有一定的步骤。有学者通过分析认为其前期雕凿工序大批可分为三步：“第一步，按照设计要求，在出产石灰石或其他石料的山上，首先开采出‘毛石’；第二步，按照设计要求，对开采的毛石进行粗加工，使其成为成形‘粗石’，以利于搬迁和运输。……第三步按照设计要求，将运至墓地的‘粗石’进行细加工，使其成为‘细石’（图 67），以易于起稿、雕刻及彩绘。”① 浙江海宁汉画像墓据发掘时在现场的海宁中学退休历史教师蔡看老先生回忆：海宁汉画像石墓东、西、北各距 23 米处有三个小墓。西边小墓发现所堆放的石块与海宁汉画像墓石质相同，据此推断，海宁汉画像石墓可能是原地加工后，碎石放进了西面小墓。如果按照这个工序，在进入海宁汉画像石墓地之前，已经经过了‘毛石’与‘粗石’阶段，然后将“粗石”在

① 王建中：《汉代画像石通论》，紫禁城出版社 2001 年版，第 466 页。

图 67　汉画像石加工后的“细石”

墓地加工为“细石”。同样，在距南阳唐河冯君孺人汉画像石墓一米高的填土中，有与墓室画像石石质相同的一层厚 10—15 厘米的碎石。[①]说明也是在墓地完成的“粗石”到“细石”的加工阶段。

在山东嘉祥宋山出土的东汉安国祠堂左刻题记中叙述这道工序要：“琢砺磨治，规矩施张”[②]，石面要进行很好的打磨，要使用一定的工具。笔者在考察孝堂山郭氏石祠时，当地工匠认为郭氏石祠石面是石头与石头相互磨制的，“细石”阶段是最重要的工序。在完成“细石”这道工序时制作更为严格：首先使石材石面平整，然后磨得光滑洁净；其次平整石材的其余几个面，使石材组合后石缝对应整齐、平稳妥帖。汉画像石墓在修建制作之前，要预先进行设计，已有学者认为汉画像石墓室与祠堂的制作开始于设计。“首先由丧主或死者家属雇请‘名工’或‘良匠’，让他们承担画像石建筑如墓室、祠堂的设计和建造任务。”[③]

南阳冯君孺人汉画像石墓出土有“东方”、“西方”、“南方”、“北方”的榜题文字，南阳杨官寺汉画像石墓有“○”、“①”、“②”、“③”、“⊕”等石刻符号，它们显然是预先设计时在凿制石材上留下的安装位置和符号。沂南汉画像石墓“在施工过程中，基本上采用了预制配件然后安装的施工方法，其法是先将石材分别做成地面石、入口石、方面石、墙壁石、横额、枋、转角石、抹角石、叠涩石、盖石、过梁、散斗、棋、栌斗、柱、础、地栿等各个部分，然后把这些部分按照一定的地位安装起来，便构成这座墓”[④]。该墓画像石 73 块，分布于墓门、前室、中室、后室 4 个部分，主题

① 参见南阳地区文物队、南阳市博物馆《唐河郁平大尹冯君孺人画像石墓》，《考古学报》1980 年第 2 期。

② 济宁地区文物组、嘉祥县文管所：《山东嘉祥宋山 1980 年出土的汉画像石》，《文物》1982 年第 5 期。

③ 信立祥：《汉代画像石综合研究》，文物出版社 2000 年版，第 24 页。

④ 曾昭燏、蒋宝庚、魏忠义：《沂南古画像石墓发掘报告》，文化部文物管理局出版社 1956 年版，第 10 页。

内容分别为攻战、祭祀、出行宴享、乐舞百戏，画像生动浪漫。“当时有大批建筑、绘画、雕刻的工匠集中在此地，并且费了相当长的时间才把墓建造起来。”① 沂南汉画像石墓没有留下预先设计的记叙文字，但从上面的分析中可以看到该墓是在设计有序的计划下进行的。画像石制作过程只是整个建筑设计的一道具体工序。

画像的选择是在建筑设计时就已经确定的，然后对于画像在石面上的具体定位，是要用墨与笔进行定稿，确定物象的位置与轮廓的。在南阳杨官寺汉画像石墓画像中有“人像的头部没有雕出，而隐约可见帽顶；在发掘时发现人头是用墨画的”②，山东平阴新屯汉画像石墓主室隔墙正面的人，面部有“额、脸框及眉须有墨勾涂的痕迹”③，这些考古发现说明墨线是画像石定稿的一个过程。画像的轮廓线确定后，进行刻制时，汉画像石追求形象的整体外貌表现，注重形象与外在空间的联系，把形象作为无限空间的一个客体来进行视觉样式的分析，最后获取整体的视觉艺术形式。汉画像石的石面平整，基本形成了一个平面的装饰形式，在平面中形象与背景如何分离，是必须面对的问题。鲁道夫·阿恩海姆指出：“在人类发展的早期，其所拥有的一切意象都是借助于图于底之间的简单分离造成的。代表事物的‘图’看上去明确，有特定的结构，而且从一个没有边际、没有特定形状、均匀同质，看上去不太重要或常常被忽视的‘底’中分离或突出出来。”④ 汉画像石对于表现的主要物象，往往通过一些周围有明显边界线的形状进行。即把物象设计成统一的式样，把次要的形状作为其间的缓冲或装饰，来形成图形与背景的关系。在图形构思后进行制作的过程中，为了与图形的底分开，首先勾画图形轮廓线的位置。紧接着又否定轮廓线，因为要表现形象的整体外貌，使轮廓内的形象构成一个整体图像。在表现过程中，只是依照物象轮廓线的具体位置，而充分利用凿刀的工具性能，放刀直刻进行再创造，运用雕刻的特殊语言进行画像表现。

汉画像石对于形象的具体把握从两方面入手。首先注意形象的外在整体

---

① 曾昭燏、蒋宝庚、魏忠义：《沂南古画像石墓发掘报告》，文化部文物管理局出版社 1956 年版，第 60 页。

② 河南省文化局文物工作队：《河南南阳杨官寺汉代画像石墓发掘报告》，《考古学报》1963 年第 11 期。

③ 济南文化局文物处、平阴博物馆筹建处：《山东平阴新屯汉画像石墓》，《考古》1988 年第 11 期。

④ ［美］鲁道夫·阿恩海姆（滕守尧译）：《视觉思维》，光明日报出版社 1986 年版，第 409 页。

风貌，使之摆脱真实相貌的束缚。汉画像石的形象表现一般是写实的，尽管早期画像有某种变形的感觉，但基本表现方法还是忠实于对象，只不过由于采用不同的雕刻技法而呈现出了相异的风格。嘉祥许安国祠堂盖顶石的题记中有“高平王叔、王坚、江胡、栾石、连车、采石县南小山阳山”[①] 的记载。武氏祠与安国祠堂均在阳山的周边，“高平”应是地名[②]，高平这个地方的“王叔、王坚”等画师工匠运用一种审美表现方法进行制作，当与武氏祠画像风格有某种联系。武氏祠画像看似变形，但应该是高平画工石匠的写实手法的表现风格所致。南阳杨官寺汉画像石墓是西汉晚期画像石墓[③]，该墓是迄今为止最早见到的刻有制作者名字的汉画像石墓，在前室顶东第八石，南侧室顶第3石，南侧室顶第4石均有宋文甲题字；南侧室顶东起第5室，北主室顶东起第4室，北侧室北壁西端中石均刻有宋威甲（图68）题字。“由此推断，配置于墓门门楣的壁纹、套环纹、菱形纹图案，配置于墓门中柱的凤鸟、门阙、厅堂、人物、伯乐相马、兽斗、狩猎图案14幅画像的起稿，雕刻及制绘可能出于宋威甲、宋文甲等人之手。”[④] 两位宋氏工匠与其他人完成了该墓画像石的雕绘，他们应代表当时南阳的一个工匠队伍。从某种意义上讲高平与杨官寺雕刻方法基本形成了山东与南阳的两大风格。它们石面处理的方法不同，高平石面打磨精细，杨官寺相对粗糙；高平较忠实于对象的表现，杨官寺较注意对象的神似。其间风格的差异是由于两地画工石匠的艺术个性而形成的。浙江德清与海宁相距不远，德清凤凰山汉画像石风格与海宁比较接近，说明该地也有一批画工石匠队伍，他们已经能够较好地把握物象的真实相貌。海宁汉画像石的人物故事画像，对人物的比例与造型能

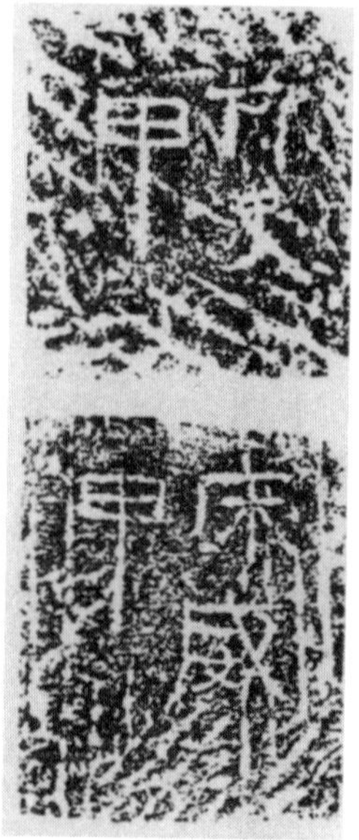

图68　河南南阳杨官寺汉画像石墓“宋文甲”、“宋威甲”题记（拓本）

① 济宁地区文物组、嘉祥县文管所：《山东嘉祥宋山1980年出土的汉画像石》，《文物》1982年第5期。

② 参见梁允麟著《三国地理志》，广东人民出版社2004年版，第118页。“高平”，今山东邹县西南，前汉为橐，后汉章帝更名，北齐废。

③ 参见南阳汉画像石编辑委员会《南阳汉画像石》，文物出版社1985年版，第8页。

④ 王建中：《汉代画像石通论》，紫禁城出版社2001年版，第481—482页。

够驾熟就轻地掌握。但往往放弃对真实相貌的摹写，抓住人物的外在运动姿势特点，生动地表现主题内容。对于物象的空间范围界限，首先在石面上确定要表现物象的轮廓线，并注意轮廓线内外的图底关系。然后模糊轮廓线的概念，在轮廓线里对物象进行刻意的艺术表现。由于时期与地域不同，杨官寺、高平、海宁（图 69）对石面的处理和画像认识与表现方法存在一定的差异，风格不同的画面形成了汉画像石的视觉样式的丰富性。

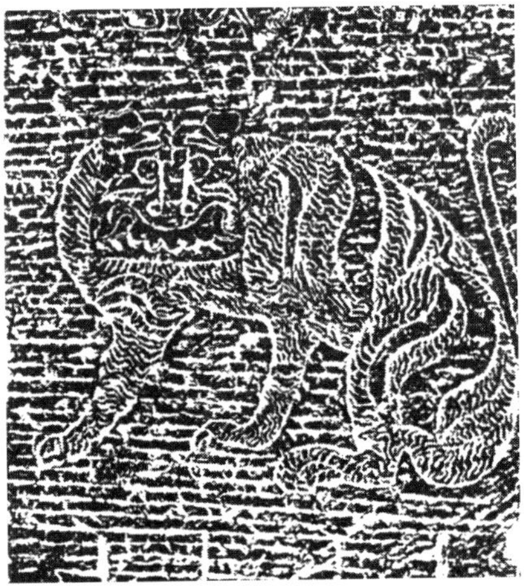

图 69.1　杨官寺汉画像石白虎画像　（拓本）

图 69.2　武梁祠屋顶白虎画像复原图

图 69.3　海宁汉画像石墓白虎画像　（拓本）

（二）雕刻方法

汉画像石的雕刻方法显然受中国传统雕刻艺术的影响。良渚文化的玉琮，江西新干大洋洲出土的晚商玉神人兽面形饰，战国的镂空青玉龙凤纹佩，可视为中国装饰石刻艺术的渊源。西汉早期陕西兴平霍去病墓石刻是中国石刻中优秀的遗存，它以洗练平整、概括生动的造型手法凸显出中国石刻特点。安徽巢湖放王岗西汉墓出土的凤鸟纹玉璧是在平面上进行阴线刻饰的成功作品。（图版七）汉画像石继承了中国石刻艺术的传统，通过长期实践，逐渐形成了中国石刻艺术的平面雕刻方法，呈现出鲜明的艺术风格。在嘉祥安国祠堂的题记中可以看出工匠雕刻的过程是“雕文刻画”。[①] 嘉祥《从事武梁碑》也记叙“良匠卫改，雕文刻画”。其步骤为先进行构思，然后进行“刻画”，“刻画”是具体运用的制作方法。王苻在《潜夫论·浮移篇》也谈到“工匠雕刻，连累日月”，使用了“雕刻”一词。后来汉画像石研究过程中使用“镌”[②] 的术语是恰如其分的，在对汉代传统石刻的认识过程中，“刻画”的方法用于这类石刻是合适的。另一种雕刻风格，晋人戴延之《西征记》有“青石隐起”、北魏郦道元《水经注·济水》也有“四壁隐起”的描述，指出对金乡山冢前石祠、李刚墓祠堂的画像都是用“隐起”刻的方法制作的。由此我们看到古人对汉画像石已经有“刻画”与“隐起”两类不同的方法的分类。这里指出的“刻画”和“隐起”，与滕固指出并被学界认可的“拟绘画的”与“拟浮雕的”方法[③]内涵是不同的，“刻画”和“隐起”是对画像石建筑构件表现方法的称谓区别，显现出雕刻效果的具体差异，它们同属于画像石的传统建筑装饰体系。而“拟绘画的”与“拟浮雕的”方法是把具有中国传统特点的画像石分成了平面的“绘画”与有体积感的“浮雕”，“绘画”与“浮雕”都是由西方传来的词语，各自都有具体的含义与分类。如果按此细分，画像石推理会存在误差，不能准确地表达画像石的中国传统建筑装饰特点。因此，对汉画像石以“刻画”与“隐起”两种大的雕刻分类进行深入研究是有效的方法。宋李诫《营造法式》对中国石刻的雕镌方法进行了具体的总结，该书认为“雕镌制作有四等，一曰剔地起突，二曰压地隐起华，三曰减地平鈒，四曰素平”。《营造法式》是中国

---

① 济宁地区文物组、嘉祥县文管所：《山东嘉祥宋山1980年出土的汉画像石》，《文物》1982年第5期。

② 赵明诚：《金石录校证》（金文明校证），广西师范大学出版社2005年版，第360页。

③ 参见沈宁编《滕固艺术文集》，上海人民出版社2003年版，第292页。

木构建筑最早的理论书籍，是研究中国传统石刻技法分类与定名的重要依据，其雕镌制度分类总结了中国传统石刻的基本特点，汉代建筑构件的画像雕刻方式应该包括在内。《营造法式》的四项石作雕镌制度，前三项有“剔地”、“压地”、“减地”的提法。“地”是石材的表面，是平面的。“平钑”、“素平”的刻法，是指雕镌后的画面是平面的，拟应属于“刻画”系统。“起突”与“隐起华”也是相对于石材平面而言的，是建立在平面基础上的“起突”与“隐起”，拟应属于“隐起”系统。“隐起华”中“华”的意思可以理解为“装饰”，隐起部分要进行必要的艺术处理，使其保持平面装饰特点。由此看来，中国传统石刻艺术在雕镌过程中要制造平面装饰图像，同时，雕镌分类是基于“刻画”与“隐起”两种类型的。以“刻画”与“隐起”两个表现系统为线索，汉画像石的雕刻方法主要可以分为四个方面。（图 70）

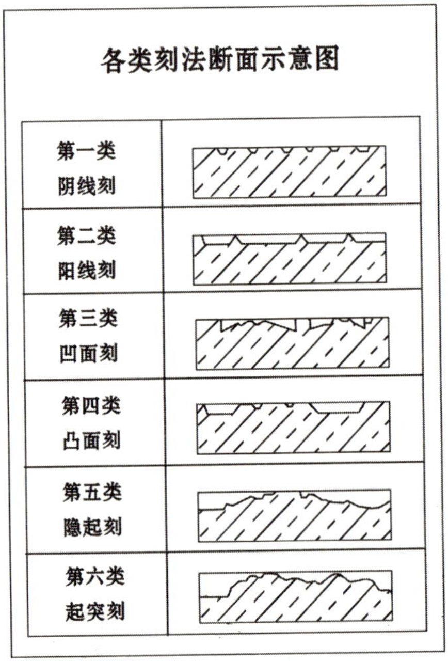

图 70　汉画像石各类刻法剖面示意图

A. 线刻

早期的汉画像石用阴线刻制，如前文指出的枣庄小山石椁墓“雕刻技法以阴线刻为主，少数图像用凹下雕（只见于 M2）”[①]，其 M3 石椁墓为西汉早期，是阴线刻。西汉早中期永城柿园汉墓叶状树与鸟形图像也是用阴线刻制的。“西汉中晚期……河南南阳赵寨出土的羽人升仙图即为这一时期成熟的阴线刻制品。”[②] 阴线刻在发展过程中与其他雕刻方法有所结合，同时成为一种独立的表现方法。以有纪年的汉画像石为例，可以看到东汉早期阴线刻的使用变化。江苏铜山汉王乡东沿村出土的永平四年（61）画像石在一般的石面上进行阴线刻[③]，山东肥城桃源区西里

① 枣庄市文物管理办公室、枣庄市博物馆：《山东枣庄小山西汉画像石墓》，《文物》1997 年第 2 期。

② 王建中：《汉代画像石通论》，紫禁城出版社 2001 年版，第 492 页。

③ 参见王黎琳、李银德《徐州发现东汉画像石》，《文物》1996 年第 4 期。

村永平十六年（73）祠堂后壁（图 71），[1] 山东肥城栾镇建初八年（83）祠堂

图 71　山东肥城桃源区西里村永平十六年祠堂后壁画像　（拓本）

后壁[2]已在磨平的石面上进行阴线刻。阴线刻保持了石材原有的平面感，与《营造法式》所载石作雕镌制度的“素平”刻法较为一致，石面朴素平整，物象统一在石面的整体感觉上，是汉画像石最基本的平面装饰类型。阴线刻也是中国石刻艺术的主要表现手段，它所表现的形象镌刻进石质的内部，保持着石材表层的平面形状。良渚文化的神人像山形冠玉器、龙山文化的兽面纹石锛、殷墟的龙纹石磬都有生动的表现，汉画像石为中国石刻艺术的阴线雕刻提供了用武之地，画像石的建筑构件功能需要表面平整造型，比较适应阴线刻表现。因此，最早的汉画像石是以阴线刻出现的，而且呈现不同的阴线刻饰方法。在汉画像石的发展过程中，逐渐出现了物象的凸凹面变化、隐起与起突的造型变化。为了保持画像石的平面装饰性能，在物象的凸凹面上刻以阴线，隐起与起突的形状上刻以阴线，一方面深入表现了物象的个性特征，另一方面加强了物象的体积表现。同时，纯粹阴线刻的方法仍在使用，四川江津沙河乡水浒村长沟延熹二年（159）2 号崖墓阴线刻楼阁与阙（图 72），山东临淄光和六年

① 参见肥城县文化馆《山东肥城发现“永平”纪年画像石》，《文物》1990 年第 2 期。
② 参见王思理《山东肥城汉画像石墓调查》，《文物参考资料》1958 年第 4 期。

（183）王阿命祠用阴线刻制画像[1]。汉画像石中线刻的另一种形式是阳线刻，出现数量较少。山东平邑县楼阁画像石楼阁用阳线[2]，也显示出平面装饰特点。

图72 四川江津沙河乡水浒村延熹二年2号崖墓画像 （拓本）

B. 凸凹面刻

凸凹面刻包括凸面与凹面两种刻法：凸面刻把石面磨平，物象之外减地，物象平整凸显，凸显平面以线刻饰细部；凹面刻在石面上减压物象使物象低于石面，成稍有弧度的凹像面，凹像面以线刻饰细部。相对于石面而言，两种刻法有不同之处，前者物象是凸显平面，后者物象为凹入平面。相同点为两者无论凸显面或凹入面，都是平面或近似平面，它们与平整的石面具有相同的平面特性。凹面刻的形成时间较早，前文指出的枣庄小山M2石椁墓的“凹下雕”，说明西汉中期凹面刻已经使用。这一时期的临沂庆云山二号石椁墓、南阳砖瓦厂汉画像石墓，及西汉晚期的南阳杨官寺汉画像石墓、东平石马居摄三年（8）石柱、汶上天凤三年（16）路公食堂画像石均采取了凹面刻方法[3]。凹面刻在凹面上施阴线，凹面刻是在阴线刻的基础上发展起来，至东汉中期山东长清孝堂山郭氏祠堂时，“画像系以光滑平面以

① 参见郭晓川《苏鲁豫皖区汉画像视觉形式演变的分期研究》，《考古学报》1997年第2期。

② 参见杨伯达《试论山东画像石的刻法》，《故宫博物院院刊》1987年第4期。

③ 参见杨爱国著《幽明两界——纪年汉代画像石研究》，陕西人民美术出版社2006年版，第37页。

阴线为主，并兼用部分凹入的平面，使画面增加变化”①，成为汉代画像独树一帜的风格（图73）。阴线刻刻下一条线，凹面刻刻下一个面，这个面也可以说是阴线刻阴线的扩大面，它保留着阴线刻的传统，与阴线刻密切结合。这种结合一是在凹下面上施阴线，二是画像中有些用凹面刻，有些用阴线

图73　山东长清孝堂山郭氏祠画像　（照片）

刻，形成复杂的视觉形式，孝堂山郭氏祠堂应是其成熟作品。凸面刻在东汉中期有纪年的陕西绥德黄家塔永元二年（90）② 辽东太守墓（图74）、四十里铺永元四年（92）田鲂墓③等七个画像石墓出现，黄家塔寺墓在凸起的面上画像石保持平面的完整性，而四十里铺等墓在凸起面上施阴线来表现细节。山东泰州西户口延光元年（122）祠堂纪年画像石则是山东地区凸面刻的东汉中期作品④。至东汉晚期，凸面刻进一步得到发展，陕西的榆林地区，山西的离石地区，山东的济宁，临沂地区，江苏的徐州地区，安徽的定远，

① 罗哲文：《孝堂山郭氏墓石祠》，文物1961年第4期。

② 参见绥德县汉画像石展览馆《绥德汉画像石》，陕西人民美术出版社2001年版，第34—42页。

③ 参见榆林地区文管会、绥德县博物馆《陕西绥德县四十里铺画像石调查简报》，《考古与文物》2002年第3期。

④ 参见山东省博物馆、山东省文物考古研究所《山东汉画像石选集》，济南齐鲁书社1982年版。

河南的密县等地的画像石使用了凸面刻。

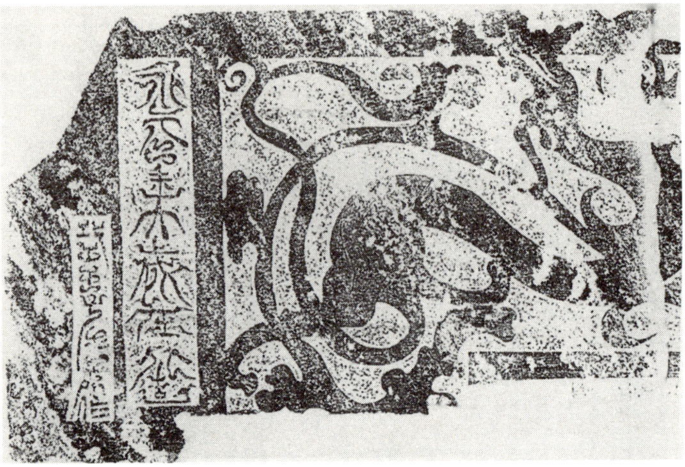

图 74 陕西绥德黄家塔永元二年辽东太守墓画像（拓本 局部）

由于地域不同，凸面刻的形式也存在差异。根据许安国祠堂左刻题记“造立此堂，募使名工”组成施工队伍的情况，山东嘉祥武梁祠石刻（图 75）可以认为是由“良匠卫改”带领工匠队伍制作完成的。在制作过程中，首先磨光石面，然后确定物象轮廓，轮廓外刻细密直线纹，以行减地，最后以极细阴线刻画物象细部，形成武梁祠的凸面刻画像特点，显示严密整合的图像程序，逐渐呈现武氏祠图像的艺术风格。作为武氏家族的墓地，“墓群石刻主要建造于桓、灵时期（147—189）”[①] 时间长达四十余年。汉代祠堂的艺术传播必然把武氏祠雕刻风格向周边传播，山东、江苏、安徽、河南等地都会受到武氏祠的影响。山东嘉祥宋山小石祠的出土地距武氏祠只有十多公里，画像内容与雕刻技法与武氏祠极为相似。[②] 山东沂南汉画像石墓使用凸面刻，在磨光的石面上物象轮廓外减地，留下来加磨改的铲凿痕，以细劲有力的阴线刻饰物象细部。由于减地很浅，物象与减地的铲凿痕印不像武氏祠那样截然分开，画像显得生动一些（图 76）。河南密县打虎亭汉画像石墓先把石面磨光，对物象轮廓外石面减地，再以细线深入表现物象细部。由于石面减地较为规整，与武氏祠有相近的凸面形式，但是人物形象表现有异，因此也呈现与武氏祠不同的凸面刻形

① 蒋英炬、吴文祺：《汉代武氏墓群石刻研究》，山东美术出版社 1995 年版，第 5 页。

② 参见嘉祥县武氏祠文管所《山东嘉祥宋山发现汉画像石》，《文物》1979 年第 9 期。

图 75　山东嘉祥武梁祠画像　（拓本 局部）

式（图 77）。凸面刻与阴线刻有内在的联系，按照视觉印象，阳线刻是凸起的线，凸面刻是凸起的面，面可以视为线的扩大。

图 76　山东沂南汉画像石墓画像（拓本 局部）

图 77　河南密县打虎亭汉画像石墓画像（摹本 局部）

在凸面刻中，陕西北部、山西西北部呈现出了有地域特点的形式，其余地方，武氏祠是最集中与典型的作品。进行比较分析，山东嘉祥武氏祠与长清孝堂山郭巨祠分别是凸凹面两种刻法的代表。它们所刻画的形象都是以凸起或凹入的平面表现的，比较直观反映平面在汉画像造型中的重要作用。在这类画像石中，各种形象的平面连续成为一个大的画像平面，统一简洁的剪影式效果表现出严密工整的平面装饰特点。

C. 隐起刻

隐起刻是在汉画像石发展过程中逐渐形成的一种刻法。其方法为将石面平整后，在物象外剔地，有些石面在剔地时留有凿纹图案，物象内用阴阳线刻饰细部。西汉中期隐起刻开始出现，西汉晚期与东汉时期隐起刻广泛使用，盛行于河南、四川、山东、苏北、皖北等地。西汉中期南阳唐河湖阳镇汉画像石墓开始使用隐起刻方法。该墓的门楣画像为连弧纹[①]，用隐起刻雕凿。至西汉晚期，南阳唐河针织厂、唐河电厂、唐河冯君孺人等 5 个汉画像石墓均使用了隐起刻方法，反映了隐起刻在一个地区集中发展的过程。唐河冯君孺人汉画像石是在雕凿后的石面上对物象轮廓外的部分减地，并处理物象轮廓与石面的关系，使物象呈凸起状，然后用阴线表现物象细部（图 78）。这种雕凿方法在东汉时期得到发展并普及于南阳的汉画像石墓，同时也形成了各种变化的表现方法，如在石面物象轮廓外或内的石面上雕凿出横纹、竖纹与随意纹路，形成丰富的画面形式。山东、苏北、皖北、豫东地区

图 78 河南唐河冯君孺人画像石墓画像 （照片 局部）

① 参见南阳地区文物工作队、唐河县文化馆《唐河县湖阳镇汉画像石墓清理简报》，《中原文物》1985 年第 3 期。

隐起刻方法东汉的中、晚期是发展的盛期，成为这一地区的主要刻法。苏北铜山汉王乡汉画像石墓出土的元和三年（86）画像石①，在砂岩上用隐起刻雕制，该石先在石面的物象轮廓外剔地，并使轮廓内物象形成弧面，再以阴线表现细部，形成粗放的风格（图79）。

图79　江苏铜山汉王乡元和三年画像石　（照片）

东汉中期以后，四川的崖墓与石棺开始使用隐起刻，此外四川、山东、河南的石阙也用隐起刻雕凿画像，剔地与隐起雕刻的程序大致相同。但在雕制的材料及雕刻方法上又各有特点，形成了隐起刻的众多表现风格。但是它们共同具有平面表现特点，物象的隐起限制在一定的高度，物象隐起层面是缓缓弧度的平面造型，其细节用阴阳刻线来表现的，运用的是平面装饰手法。

---

① 参见徐州博物馆《徐州发现东汉元和三年画像石》，《文物》1990年第9期。

D、起突刻

为满足建筑构件功能需要，有些汉画像石用材比较厚，或在崖墓中石面刻凿比较深，便在石面物象外剔地到一定深度，使物象凸起弧面增高，再用减压及阴阳线刻表现内部的起伏变化，形成起突刻。

起突刻的使用比较早。西汉晚期的山东平阴新屯画像石墓前室门扉铺首，凸起石面 1.5 厘米，主室隔墙的人面像的鼻子高出脸面 2 厘米。[①] 东汉晚期在山东安丘汉画像石墓、四川芦山王晖石棺都可以看到起突刻的形式。在安丘汉画像石墓的“门额和墓室的三根柱子上雕刻精致，刻得最深的地方达 11 厘米多”[②]，呈现较强的体积感。门额的仙人骑鹿画像呈半圆形，浑然突起在石面上，画像的每一细部均进行概括处理，然后适度地凸起，尽管仙人与鹿形象距石面表现了一定的深度，但画像整体保持尚与石面一致的平面感觉（图 80）。王晖石棺画像上面为铺首衔环、下面为启门的女子半身像，其“物象起突可高达 5 厘米以上”[③]。以简练明了的阴线刻饰细节，较好表现了转折的形体。形象的处理采用象征性手法，启门女子的面部及身体各部

图 80　山东安丘汉画像石墓门楣画像　（照片）

① 参见济南文化局文物处、平阴博物馆筹建处《山东平阴新屯汉画像石墓》，《考古》1988 年第11 期。

② 山东省博物馆编：《山东安丘汉画像石墓发掘简报》，《文物》1964 年第 4 期。

③ 罗二虎：《汉代画像石棺》，巴蜀书社 2002 年版，第 234 页。

只相对的表现隆起高度，依靠人体的外轮廓造型界定该女子的基本形象部位，造成视觉的空间感，达到了平面装饰效果（图 81）。

图 81　四川芦山王晖石棺画像　（拓本）

起突刻根据起突高度与特点呈现多种变化形式。四川内江市红缨崖墓出土的东汉石棺，物象的大部分部位凸起，高度可达 10—20 厘米，但有一部分部位与背景连接在一起。① 这种较高突起面的起突刻在山东与苏北画像石墓的墓室门楣上也有出现。起突刻的部分起突形象如果镂空处理，物象具有立体雕刻特点，形成了起突刻的其他变化形式。南阳麒麟岗汉画像石墓三主室的龙首画像石立体雕刻，某些部位透空处理，龙身保持石材的方正块状。沂南汉画像石墓的中室、后室的过梁下的半身龙画像石头与身部立体雕刻，身与梁之间作透空处理（图 82）。在起突刻的这两种形式中，无论起突高度增加多少，或是立体雕刻与透空处理的变化形式，物象的表明均具有相对的平面性，上面要在可视的平面上刻饰阴线，进行画面表现。

前面分析的四种雕刻技法中，前两种是属于刻画类，后两种属于隐起类。刻画类是先有阴线刻，又在阴线刻基础上形成凹面刻，然后又发展了凸面刻。隐起类相对于刻画类的凸凹面刻，是根据物象的凸起高度而形成的，

① 参见济南文物局文化处、平阴博物馆筹建处《山东平阴新屯汉画像石墓》，《考古》1988 年第 1 期。

图 82　山东沂南汉画像石墓中室八角擎天柱半身龙画像石　（照片）

因此它的隐起刻凸起度高于凸凹刻，而起突刻又高于隐起刻。在大的划分范畴中，刻画类与隐起类技法是形成汉画像石的建筑装饰的两种外在形式，但在具体刻法的使用中，两者是交互存在的，线刻中阴线刻在西汉早期与早中期的山东的石棺墓、河南的永城柿园墓开始出现；西汉中期在阴线刻使用的过程中，南阳画像石墓出现了凹面刻与隐起刻，山东画像石椁墓出现了凹面刻。西汉晚期南阳画像石室墓的凹面刻也有出现，但隐起刻普遍使用，形成了一定的规模，山东、苏北、豫东、皖北的隐起刻也开始出现，凹面刻得以发展，起突刻也有所表现。东汉时期，南阳画像石墓隐起刻形成了固定的模式，加上图面的构成效果，形成了南阳的隐起刻风格。山东的凹面刻从东汉中期出现，一直到东汉晚期，成为有代表性的山东风格，隐起刻也贯穿在东汉时期的发展过程中。与山东隐起刻一样，苏北、豫东、豫中、皖北的雕刻方法以隐起刻为主，同时也有凸面刻的不断出现。陕北、晋西北以凸面刻作为风格统一的发展方向。四川则以隐起刻作为一致的使用方法，也出现了起突刻方法的运用。

在分析了不同地区的刻画方法后，再将刻画类与隐起类两种雕刻类别比较，发现刻画类较早于隐起类出现，刻画类中的线刻是产生各种刻法的基础。线刻中阴线刻最早出现，凹面刻与阴起刻同一时期出现，凹面刻实际是阴线刻的一种变化形式，由线而扩大到面。就局部来讲，线与面有量的区别，但就整体而言，面是扩大了的线。在视觉表现的宏观视野下，阴线与凹面都是凹下的物象形体概念，因此凹面刻来源于阴线刻。隐起刻与凹面刻之所以同期出现，大概与汉人的阴阳论有关。顾颉刚指出："汉代人的思想的骨干是阴阳五行。无论在宗教上，在政治上，在学术上，没有不用这套方式的。……他们用的演绎法，先定了一种公式而支配一切个别的事物。其结果，有阴阳之说以统天地、昼夜、男女等自然现象，以及尊卑、动静、刚柔等抽象观念。"① 有阴必有阳，万物负阴而抱阳，隐起刻实际是一种阳刻，是阴刻线扩大为凹面刻形式后由阴到阳相反方向变化的一种形式。在画像石的形成期，由线刻产生了凹面刻与隐起刻，由此奠定了画像石刻制方法的基础。凸面刻一方面由凹面刻的阴阳变化所至，一方面是与隐起刻有相同的凸出特点，前期青铜器等凸出雕刻形式会对此产生影响，逐渐形成了凸面刻。起突刻只是隐起刻的一种变化形式，如同老子所说"天下有始，以为天下母"② 的道理，起突刻在隐起刻的基础上由隐起度增高而产生。画像石的雕刻技法由线刻到凹面刻与隐起刻，再由凹面刻与隐起刻与线刻结合，在不同的地区创造出不同风格的雕刻方法。

丰富多样的雕刻方法组成了琳琅满目的汉画像石外在形式，但在视觉式样上汉画像石又有相对完整统一的相貌，使我们能轻松辨别其形式特点，这是由汉画像石建筑构件的平面装饰功能而形成的，平面装饰手法对汉画像石的多变形式进行了概括处理。

三　汉画像砖砖面处理与制作方法

汉画像砖主要分布南阳区、洛阳、郑州区与四川区，可分为空心砖与实心砖两种类型。西汉时期，画像砖墓在南阳区与洛阳、郑州区迅速发展，并影响到周边其他地区。洛阳、郑州区画像砖墓使用空心砖，南阳区空心砖与实心砖同时使用，东汉时期南阳画像砖在墓葬中得到更为广泛使用，范围扩大到四川，画像砖为实心砖。

空心砖与实心砖的砖面处理与制作方法是密切相连的，砖面处理是受制作方法制约，制作方法决定砖面的表现形式。

空心砖的制造，一般要经过选择原料、制泥拉坯、花纹印制的过程，砖面的细腻程度取决于泥土的选择与加工过程。在制作中将土晒干打碎，入池搅拌淘洗，使杂质沉淀，泥取出后反复摔打揉捏，垛成泥墙。接着使用木模

① 顾颉刚：《汉代学术史略》，东方出版社 2005 年版，第 1 页。
② 任继愈：《老子新译》，上海古籍出版社 1978 年版，第 92 页。

沙袋，根据墓室结构需要的尺度预制木模，长方形砖预制凹槽形木模，用铜丝或绳为弦做成的弓形括泥器在泥墙上括下泥饼，用木棍卷起铺于木模凹槽底部。四壁用相同方法贴好泥饼，合缝处用手糅合。此后中间置放沙袋作为内胎，沙袋上再覆盖一层同样的泥饼。最后将带坯的木模翻倒在另一块底板上。在坯体半干后脱模，在砖坯两端挖一洞或多洞，将沙袋之沙流出。用手伸入洞口将砖坯内四角处再次捏合，这样制成了素面空心砖的砖坯。[1] 砖面的质地与平整均与泥土质地和制作工艺有关，最后在细腻平整的砖面上以木制的物象图案印模连续印制，组成画像（图 83），这是郑州、洛阳、南阳汉画像砖的常用方法。在南阳汉画像砖还使用了翻倒脱模法与直接刻阴线法（图 84），翻倒脱模法即木模上刻有图形，翻倒脱模，画像在制作泥坯的过程中同步产生。刻阴线法用阴线在泥坯上直接刻出图形。[2]

图 83 陕西西安
汉画像空心砖 （照片）

实心砖制作时先将泥拍打成厚片制成泥坯，再把泥坯放入刻有画像的木模内，经拍打抹平后倒出，入窑烧制成砖。[3]

空心砖与实心砖入圹砌装于墓室后，有的还涂有色彩，海宁汉画像石墓墓壁与墓顶砌筑的画像砖有颜色层，出土时尚显鲜艳的朱色。[4]

在画像砖砖面的形成制作过程中泥土的选择加工是主要的环节。但在刻制画像时，木模的画像制板尤为重要。根据前文分析，木模有大小两种，小木模是拍印用的，大木模根据砖面需要确定大小尺寸，是翻倒脱模用的。木模在制作时先用墨线在木板上勾画物象轮廓，然后认真进行物象雕刻，由于在木板上雕刻极易进行阴线刻与凹面刻，因此模印后在砖面上呈现出阳线刻与隐起刻。在砖坯上的直接刻印法还产生出阴线刻。可以认为汉画像砖的雕

① 参见黄明兰著《洛阳汉画像砖》，河南美术出版社 1986 年版，第 6 页。

② 参见赵成甫著《南阳汉画像砖》，文物出版社 1990 年版，第 35 页。

③ 参见张文军著《中国画像砖全集·河南画像砖》，四川出版集团、四川美术出版社 2006 年版，第 24—25 页。

④ 参见黄雅峰著《海宁汉画像石墓研究》，浙江大学出版社 2008 年版，第 19 页。

图84 河南南阳新野樊集 M37 墓汉画像砖 （照片）

刻方法基本由线刻与隐起刻组成。（图版八）由于汉画像砖受制作工艺所限，木模本身的平面性是形成了画像砖的平面装饰的一个基本因素。

四 线性特征

线性特征是中国古代艺术的主要形式特征。李泽厚指出："线条和色彩是造型艺术中的两大因素。比起来，色彩是更原始的审美形式，这是由于对色彩的感受有动物性的自然反映作为直接基础。线条则不然，对它的感受、领会、掌握要间接和困难得多，它需要更多的观念、想象和理解的成分和能力。"① 这里说明了造型艺术中线条与色彩的两个问题，第一是线条与色彩的差异，第二是线条的特点。汉画像石或画像砖表面部分都有赤色涂层，色彩与线条同时存在，但是随着墓室的发掘，色彩已消退殆尽。而线条刻入石面内，长久地保存下来了，线条注入了思想观念与艺术感受，有极强的生命力。在线条的表现过程中，人类认识自然从形到线，逐渐在劳动与生活中形成。"线条不只是诉诸感觉，不只是对比较固定的客观事物的直观再现，而是常常可以象征主观情感的运动形式。"② 线条在原始艺术中已经开始表现，原始人对描绘的物象采取直线性秩序的形式排列，形成简洁而鲜明的物象轮廓线。江苏连云港锦屏山将军崖新石器时期岩画，在山坡西侧的第一组岩画（图版一）阴刻人面像 11 个，形象大致相同，以轮廓线表现，呈横向排列。列维－斯特劳斯认为原始人有"热衷于对事物之间的各种关系与联系进行详尽观察和系统编目的习惯"③，他们对自然界的物象进行归纳分类与组合排

① 李泽厚：《美的里程》，文物出版社 1981 年版，第 27 页。

② 同上书，第 28 页。

③ ［法］列维·斯特劳斯（李幼蒸译）：《野性的思维》，商务印书馆 1987 年版，第 15 页。

列，用一种线性的思维方法。在具体形象表现中，原始人“仅用一些轮廓线鲜明的几何图形准确地表示出这些器官的种类、作用、重要性及它们之间的相互关系”①。将军崖岩画的11个人面像，用线性思维呈横向排列，用线性表现呈轮廓线形式组合。同时，原始人在石刻岩画中有磨刻、敲凿、划刻三种方法，磨刻是岩画刻制的最初阶段，敲凿法是岩画的主要方法，划刻法一般在晚期。② 这三种方法均为间接制作，即借助于石或金属特制的工具，在石面上刻凿，从材料来说表现物象轮廓线条较容易把握，从理念上来说线性思维的排列方法也需要抽取物象的轮廓线条进行表现。将军崖岩画原始艺术线性表现在先秦的重要典籍《易经》中得到总结。《周易·上经》“贲第十二”中说：“白贲，无咎。”贲表示要装饰，要用线条去勾勒形象。白贲，不要用绚烂的色彩，而要表现素净的美。线条之美在彩陶、青铜纹饰、汉字与书法中充分体现。

汉画像石、画像砖继承中国传统的刻饰方法，产生了极其丰富的线条。线条是表现的手段，是造型艺术中的外在形式。这种形式所揭示的内涵，所反映的观念与思想，则形成了线性特征的表达。线性特征在中国艺术中源远流长，蕴涵着厚重的文化传统。原始艺术表现在发展过程中，其原始精神与生命活力会受到不同时期不同地域的文化影响。西方艺术由物象的体积写实表现，逐渐代替了原始艺术的线性表现。中国艺术保留了这一传统，汉画像石、画像砖艺术是最好的证明。汉依秦制，秦依楚风，楚民在艰难的发展过程中保持的原始艺术创造精神对汉代产生巨大的影响，汉画像石、画像砖艺术正反映了汉民族追求生活，欣欣向上的生命活力，这种精神通过线条的力度表现得淋漓尽致。汉画像石、画像砖与将军崖为代表的原始岩画同属雕刻艺术，制作方法接近，逐渐传承了原始艺术的线性特征，并有极其生动的表现。在表现不同画像的实践过程中，画师工匠注意到线条的功能，针对画面与画像的需要运用不同的雕刻方法，由不同的雕刻方法产生多种性质多种形状的线条，或细劲，或粗放，或舒朗，或繁密，它们共同形成了刚扬凝重、虚实含蓄、流畅洒脱的线条，分别显示了线条的质地、数量、形状等艺术特性。充分表现出线条世界的艺术魅力。

---

① ［美］鲁道夫·阿恩海姆（滕守尧、朱疆源译）：《艺术与视知觉》，中国社会科学出版社1984年版，第179页。

② 盖山林：《中国岩画》，广东旅游出版社1996年版，第246页。

（一）阳刚的遒劲之线

汉画像石的阳刻与阴刻线均呈现出线条的质地感。宗白华指出：“商周的钟鼎彝器及盘鉴上的图案花纹进而成为汉代壁画，人物、禽兽已渐从花纹图案的包围中解放、然在汉画中还常看到花纹遗迹起伏于人兽飞动的姿态中间，以联系呼应全幅的节奏。”① 汉画像石上的线条是由历史传统的图案花纹变化而来的，但是已经不再是花纹图案，而是有生命力的人物与禽兽动态的具体映现，它要表现生气勃勃的自然界形象。中国绘画与书法有密切的联系，书法是线条的艺术，东汉晚期隶书进入成熟阶段，篆书在汉墓中也得到使用，民间也出现了习字范本《急就篇》，为学习章草起到普及作用。东汉书家蔡邕在《笔论》说：“体有六篆，要妙入神。或象龟纹，或比龙鳞。纡体效尾，长翅短身。”中国书法中的象形文字用线条表现动物的生命之势，表达物象的结构和生气勃勃的动作。汉画像石用线条作为造型的主要手段，出现了鲜明的个性特点。

图85　浙江海宁汉画像石墓蟠龙柱画像　（摹本）

汉画像石、画像砖用线条表现形象的内在结构与细节，但这些表现不是单纯的罗列，不是无意义的堆积，而是“有意味”的形式，它服从于汉画像石、画像砖的统一风格，要追求形似与神似的统一，线条要表现与深化画像的意境。浙江海宁汉画像石墓前室东、西、南、北四壁门柱雕刻8幅蟠龙柱画像，为表现蟠龙攀柱强劲而上的力度，蟠龙柱形体内部的阴刻线阳刚沉稳，富有弹性（图85）。该墓的众多人物画像动势生动，细节表现中注意线条的本身性能。前室至后室通道两个壁面的人物画像，身上线条刚劲有力，面部五官线条极为生动，特别是由眉间至鼻根、鼻翼所用的线凝重沉着，表现出面部的清秀之美。四川成都东汉阳子山一号墓出土的骑吹画像砖，表现了七人在马背山吹箫、击钹等乐器场面。其中人物、马匹、幢上羽饰的细部组成均用阳刻线表示，线顿挫有力、强劲挺拔，工细流畅，阳刚之气跃然于画面之上（图86）。

① 宗白华：《美学散步》，上海人民出版社1981年版，第103页。

图 86 四川成都东汉阳子山一号墓骑吹画像砖 （拓本）

汉画像石、画像砖根据画像题材内容，确定使用阴刻线条的多少。因此形成的画像线条有些比较密集，有些比较稀疏。画像石中对于一些动势较大的乐舞百戏与历史故事画像，使用线条密集的方法表现，在每个人物形象内部刻饰阴线都比较多。海宁汉画像石墓前室东壁的乐舞画像，画面两人作舞，以密集的阴刻线条表现舞姿的生动感觉。北壁西部老莱子娱亲画像，画面上的形象均以较多的线条表现二者的相互联系。山东沂南汉画像石墓中室东壁北侧画像分两层刻画了四个人物，画像用线比较密集。面部刻画精细，对五官的细部眉毛、眼珠、鼻翼、牙齿、耳孔一一刻出，线条细腻集中。人物身上的长衣、襦与下裙，在领、肩、肘、袖、腰、臀、膝、踝部分，尤用密集的线刻画以表现动势，在其余地方用线较少，形成线密集与稀疏的对比（图 87）。且

图 87 山东沂南汉画像石墓中室东壁北侧人物画像 （拓本）

用线极其精练，身上线条只在关键地方用力，在身体转折部分、骨骼的关键部分刻饰线条。其余部分的石面没有线条，以大面积的石面形式与精练的阴刻线条形成对比，增强了线条的艺术表现力。河南南阳新野樊集汉画像砖阙、门吏画像，下部已残，在其局部画像中，门吏与阙是两个密集的线表现对象，且门吏的线密集程度高于阙，形成对比。门吏用线深入细致，显示出门吏的人物精神面貌，阙用线相对精练，以使建筑高敞简明。门吏与阙之间有二鼠相连，中间又留有空白，使线条的聚散既有规律又富于变化（图 88）。线条的多与少形成了虚实变化，汉代人认为宇宙实际是虚与实的结合体，宇宙间的所有物象是虚实结合组成的，艺术表现只有虚实结合，才能准确地反映有生命的世界。孔子曰“绘事后素”[①]，在绘画过程中，要先安排各种欲表现的要素，然后留以适当的空白，绘画的整体需要化实为虚，化客观真实为主观表现，以完成艺术的创造过程。

图 88　河南南阳樊集汉画像砖阙、门吏画像（拓本　局部）

（二）粗放的韵律之线

汉画像石把形象化成流畅洒脱的线条，在画面上又着意于线条的流动。这样形成的线条并不是形象本身所固有的线条，而是画工匠人对意境的构思，所表现的一种有节奏的形体关系。李泽厚在分析汉代陶俑、汉墓壁画、汉画像石艺术时，认为这“是异常单纯简洁的整体形象。这是一种粗线条粗轮廓的图景形象，然而整个汉代艺术生命也就在这里，就在这不事细节修饰的夸张姿态和大型动作中，就在这种粗轮廓的整体形象的飞扬流动中，表现出力量、运动、速度以及由之而形成的‘气势’的美”[②]。汉代雕刻在表现艺术生命的过程中，极力追求飞扬流动的整体形象。陕西西安百家口出土的西汉陶舞女俑身体微屈，一臂前扬，一臂后伸，长袖曼拂，舞姿呈线形的流动状态（图版九）。汉画像石的凸凹面刻与隐起刻、画像砖的隐起刻制作方法均使用了轮廓粗放线条的表现方法。在表现过程中，把物象的“体”看成了“粗放

① 孙钦善：《论语本解》，生活·读书·新知三联书店 2009 年版，第 24 页。
② 李泽厚：《美的历程》，文物出版社 1981 年版，第 82 页。

的线”，刻意追求一种完满韵律的飞动之线，使画像的线条形体粗放、飞动韵味十足，恰到好处的表现了形象。

任何审美意识都来源于人类的社会活动，动物是人类的亲密伙伴。动物的形象、动物的活动姿态，对人类的审美意识都会产生重要影响。汉画像石、画像砖中有大量的动物表现，其中以南阳区最为丰富。南阳汉画像石、画像砖“包括自然界的动物，以动物原形变化了的动物，主观想象的动物三方面题材内容”[①]。汉代人特别注重自然界中动物的威力与运动姿态，汉画像石、画像砖中动物的原生形象与衍生形象不断出现，虎、豹、熊、狮等动物充满生气，麒麟、桃拔、天禄、辟邪等神兽灵动非凡。这些动物与神灵常在运动中呈现粗放的韵律之线。在众多神兽的创造基础上，汉代南阳画师工匠对龙这个以广阔太空为家，如行云流水般来去自由的神灵，赋予典型的韵律粗放之线表现。南阳汉画像石、画像砖带着楚文化的原始积淀，具有动物崇拜与自身崇拜的双重性，呈现着雄浑的气魄和宽厚的模式，所刻饰的人物画像与动物画像往往有相同的审美认识：伏羲、女娲、东王公、西王母人首蛇身，飘飘欲仙；乐舞百戏中的男优女伎长袖束腰，体姿优美；故事人事中人物细腰长身，形体简明。显现出粗放之线的形象韵律。在艺术实践中，从表现与人类生存密切相关的动物开始，到理想化的神兽、神灵、人物画像结束，人们从认识物象属性到精神属性的艺术认知与表现过程，在此过程中必然产生质的变化。即不在于具体的形象真实表达，而追求一种理念的象征形式，洋溢生命韵律的强劲之线便应运而生。南阳麒麟岗汉画像石墓大门门楣正面龙与东王公画像，龙的首、颈、身、腿总体形成了流畅的线状，其间粗细的变化极其圆润自然。为加强形成的线形主体，把龙首的上、下颌与角也拉成了线状，龙身的翅拉成与弯曲身体平行的长曲线，龙尾以更长的曲线形加强了身体的曲线长度，龙爪也以线形补充其间。右侧的羽人头、颈、身是粗放的线形，臂、手、手执的灵芝草以相对稍细的线形进行连接。东王公以端坐的体形线出现，其冠上的饰带、肩生的毛羽均为长线表现。在龙、羽人、东王公之间饰刻充满体形线的云气，加强了线性的韵律感觉（图89）。山东嘉祥武梁祠画像表现了儒家政治观念的核心思想[②]，画师工匠按照武梁

---

① 黄雅峰：《南阳汉画像砖石的视觉造型》，河南美术出版社1994年版，第19页。

② 参见［美］巫鸿（柳扬、岑河译）著：《武梁祠——中国古代画像艺术的思想性》，生活·读书·新知三联书店2006年版，第227页。

图 89　河南南阳麒麟岗汉画像石墓大门门楣画像　（拓本 局部）

的思想追求，刻画了厚重沉稳的体形之线。武梁祠前檐东立柱，上部刻二人，下部刻一龙，间饰云纹。无论人与龙，或饰间的云，形成的线体厚重，有儒家厚积薄发的视觉韵律感（图 90）。

粗放的线条可以呈现流畅洒脱的感觉，海宁汉画像石所塑造的形象都带有水性文化的清澈之感。前室西壁门楣的朱雀形体修长，以流畅的线条勾画出形象范围，对于翅和尾部则以洒脱的线条进行排列表现，朱雀呈现出飘飘欲飞的感觉。同为西壁门楣的灵芝草画像，灵芝草枝干、灵芝用线极其流畅，特别在枝相交处两个方向的线都没有顿挫，很柔和地连接在一起，枝上的灵芝用线特别洒脱，用流畅的枝干意到笔不到的相接，整个画像灵动、清新，显现灵芝草的旺盛生命力。前室南壁门楣画像表现上下两个图面，上部图面表现轺车、軿车、斧车、辎车、棚车及马夫、人物等画像，画面长达 3.10 米。为表现长幅画面的画像气氛，采用的线条是统一的，顺畅通达，没有停滞曲折之感。为了加强其流畅洒脱的艺术感染力，在下部图面的中段，尽管画面长只有 0.98 米，但是所使用的卷云间鸟兽纹图案用更为流畅的弧线连续表现，更好地烘托了门楣画像所要表达的升天思想（图 91）。海宁汉画像石墓的形象整体所采用的线条上基本保持一样，粗放的韵律之线为形成墓室的静谧环境起到积极的作用。

图 90　山东嘉祥武梁祠前檐东柱画像　（拓本）

（三）线性表现

运动创造了艺术，汉画像石、画像砖中无论人物、动物、自然现象常以运动的形态出现。

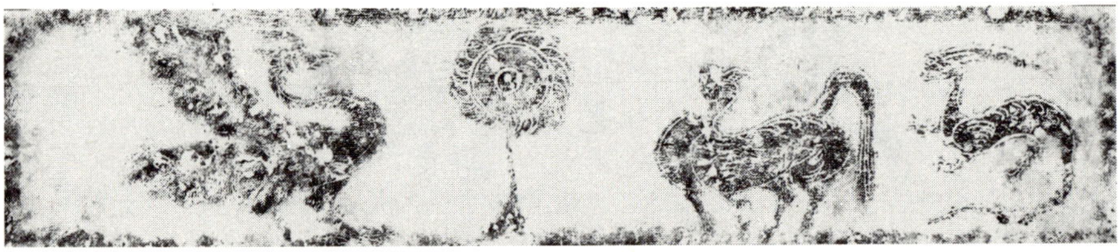

图91 浙江海宁汉画像石墓门楣画像 （拓本）

第一，行如流水的运动。画像石为了表现运动的力度，画像常改变立体静止的空间外貌，把它们的孤立形象置入流动的虚灵空间。这种运动有极高的速度，往往以飞动的图像与云气交融结合，表现的是生命与信念无拘无束地神游天人之间。如河南南阳英庄汉画像石墓的虎车雷公画像中三只翼虎，形体被高度概括、拉直，似三道闪电出现在空中。与三只翼虎运动形式相呼应，车为云车，以流畅线形的云气纹为车轮，以飞舞的羽葆为车盖，以肩生线形双翅的羽人为驭者，雷公乘坐车内。整个云车羽葆飞扬、云轮滚滚，仙

图92 河南南阳英庄汉画像石墓虎车雷公画像 （拓本）

人翔动，与三只翼虎共同组织了行如流水的运动形式（图92）。南阳市出土的狩猎画像，犬似利箭，马似海啸，它们正疾速追逐拼命逃窜的鹿。南阳前王庄出土的“羊”画像砖，羊在飞奔，与后面滚动的云气，似融为一体，流云吹拂小羊，飞逝而去。迅速运动使南阳汉画像石、画像砖的动物形象显得

栩栩如生。

在运动状态中，“速度的改变不仅能够使人们看清物体的表现特征，而且还会使这些物体发生性质上的变化”①，飞速的运动感使神话观念盛传不衰。空间所有生灵表现已不能满足汉人对宇宙运动的追求，所以要在前人创造的龙的形象上进行极致的表现，使龙状如贯天彩虹，行如飘动的浮云，以流线感觉出现在画面中。

第二，周而复始的运动。南阳天文画像石中对天体的运行轨迹有初步表现。画面上出现的阳乌、蟾蜍、星座、云气，都在朝一个方向运行（图93）。“天地之间，其犹橐籥乎，虚而不屈，动而愈出”②，天体、云气的流动、变化，孕育了不竭的生命。南阳汉画像石中经常出现循环流动的天体与云气，某些有象征作用的人或动物形象，也依天体运行轨迹方式表现。循环运动使天文画像石表现出流线感觉。

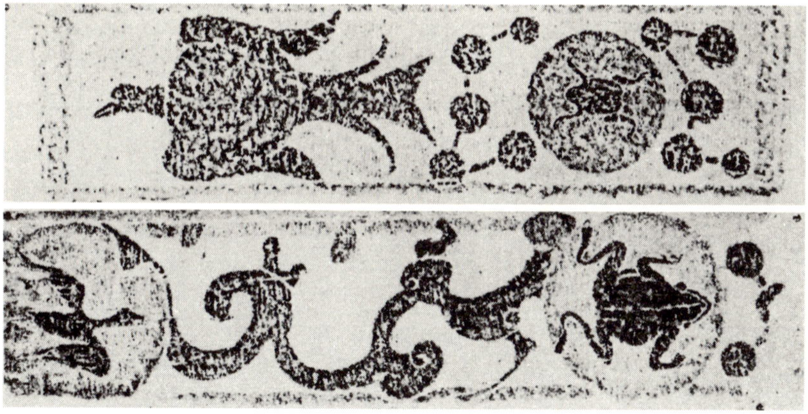

图93　河南南阳县出土日月同辉汉画像石画像　（拓本）

第三，节奏明快的运动。汉画像石、画像砖的人物形象都富于运动变化。且每一个地区都有不同的节奏表现形式。陕西绥德四十里铺出土的墓门门额画像，在人物活动层面表现了二优的节奏明快舞姿；右边之人长袖张合有致，头部、腰身、双腿舒展自如，舞姿生动；左边之人上身挺直，下身轻

① ［美］鲁道夫·阿恩海姆（滕守尧、朱疆源译）：《艺术与视知觉》，中国社会科学出版社1984年版，第534页。

② 任继愈：《老子新译》，上海古籍出版社1978年版，第57—58页。

迈舞步，姿态稳健。二人组合在一起，动静结合，节奏明快（图94）。南阳王庄出土的汉画像石舞乐百戏画像，左方3人，一人挥长袖起舞、一人作滑稽舞、一人作柔道之技。袖舞者体态苗条，戏舞者形体憨厚，柔技者体形柔和，三者形成刚与柔、直与曲的节奏变化。明快的节奏出现了和谐的运动形

图94 陕西绥德四十里铺出土汉画像石画像 （拓本 局部）

式。画像中3个人物的细节都被概括，腰被束细，身体被拉长，舞姿极其讲究流线之美。四川德阳柏隆出土的农作汉画像砖，画像中有农作的6个人物，前4人持刈钩，向后高举，姿态基本相同，形成了统一的节奏，只中间一人回首看刈钩，与其余3人向前看的面部不同，产生了节奏的变化。后2人持盂弯腰作播种状，与前4人组成了节奏。此外人物中穿插的树之弯转曲线与田陌之规矩直线加强了整体明快节奏的变化（图95）。

图95 四川德阳柏隆汉画像砖农作画像 （拓本）

第四，点、线、面构成的运动。汉代画师石匠在制作画像石、画像砖中，开始分析组合画像运动的基本形式。山东嘉祥宋山小石祠后壁画像在表现画面的点、线、面构成中，右上部分这样进行处理：下部是车、马、树的主干，左方是阙，中间是树主干伸出的支干，上部是树叶与树上栖居的鸟。从画面表现上不难看出马、树的主干、车、阙是面，树的支干是线，树叶是点。画面的运动形式是靠树枝干的环绕线状，连接生机勃勃的树叶点状与马、车、阙之体块面状而构成的（图 96）。在画像中点、线、面形成了动势，点附着了线，线推动了面，整体在流动，位置在变移。康定斯基指出：

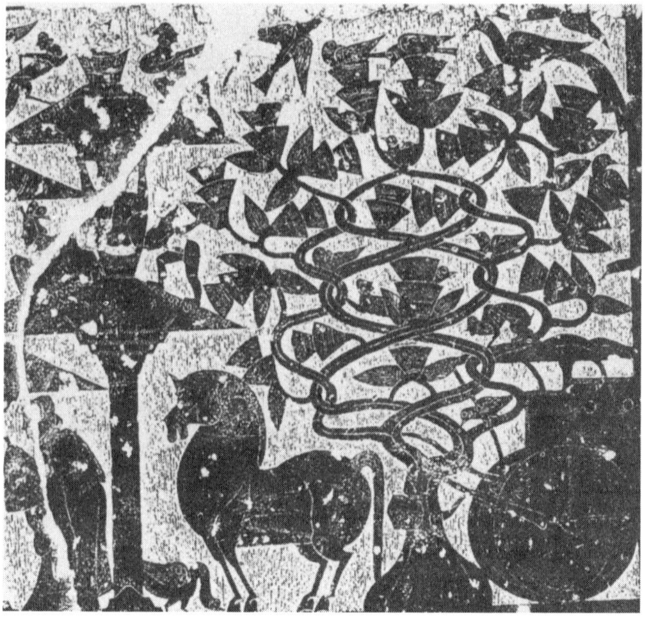

图 96　山东嘉祥宋山小石祠后壁画像　（拓本 局部）

“点是最简洁的形态……点楔入基础平面……线是点的运动轨迹。”① 点的汇集、点的运动与集合形成了线与面，面是构成视觉形象的最基本因素。汉画像石、画像砖的图案表现成功地运用了点、线、面构成规律，来表现运动状态。

① ［俄］康定斯基：《论艺术的精神》，人民美术出版社 1980 年版，第 110、128 页。

汉画像石、画像砖以运动为主要表现形式，产生出丰富的线条表现形式。这些线条来自汉代画师工匠的审美观念。在对于线条的认识过程中，已有学者进行了线性分析，认为线性不单纯是线条，它还具有线的意义和性质，它有一致的空间方向性，在空间上有其连续性。[①] 汉画像石、画像砖的线性表现有鲜明特点：首先，它摆脱三代器物装饰图案的传统束缚，形成有韵律的艺术形式；其次，它创造隐起造型的平面线形表现方法，形成汉画像艺术的独特形式；再次，它使用的线条表现形成墓室建筑与环境的时间空间，形成了线性表现的独立审美价值。

汉画像石、画像砖的线性表现来源于人们对生命运动的认识。内在生命力是其产生与发展的决定因素，线性的表现形式使形象昂扬激越、灵秀飞动、深沉雄大。形成了极其生动的线性韵律。

线性表现是汉画像石、画像砖的主要特色，在中国造型艺术中具有里程碑的作用。汉画像石、画像砖所显示的线条表现特性应该是中国艺术传统发展成熟期的标志，具有承上启下的作用。宗白华指出："东晋顾恺之的画全从汉代脱胎，以线纹流动之美（如春蚕吐丝）组织人物衣褶，构成全幅生动画面。"[②] 汉画像石、画像砖的线性表现既是汉代石刻的一个总结，同时也是两晋中国传统绘画与南北朝石棺椁、造像碑线条发展的一个源头。

（四）线性平面形式

线条是线性表现的视觉造型形式，由于线性表现具有空间延伸特性，因此决定"线条首先是视觉印象最简单的形式，简单地说，是因为它是单维延伸的最基本形式。多维延伸是作为面积和体积的印象呈现在眼前的"[③]，线性表现在空间中是多维延伸的，在造型艺术中是以面积与体积的形式出现。在原始艺术中，对物象的表现常以线性的结构来展示，从而获得延伸性的平面表现。史前岩画由于对简化功能与秩序感的认识，线性表现开始运用。岩壁的平面性决定了岩画的平面表现特点。在以后的发展过程中，西方对物象体积的表现逐渐增强，H. 沃尔夫林指出："如果我们要寻找分解平面的原始阶段的话，提到晚期的米开朗琪罗是适当的。在朱利叶斯的陵墓中，他使摩西像如此凸出以至我们不应当再把这个形象视为浮雕的形象，而应该看作可以

① 参见陈龙海著《线性艺术论》，华中师范大学出版社 2005 年版，第 5 页。

② 宗白华：《美学散步》，上海人民出版社 1981 年版，第 103 页。

③ ［奥］恩斯特·赫托（顾耀明译）：《旋律》，人民音乐出版社 1984 年版，第 10 页。

从许多侧面观看的独立式的形象，这些侧面不可能被包含在一个平面之中。”① 实际在米开朗琪罗时期，文艺复兴思潮追求人文精神的自然属性，崇尚人体的结构空间形态，已远离了原始艺术的线性表现。因此在雕刻中克服了平面表现方法，把摩西像塑造成一个真正的三度空间形象。中国雕刻保留和发展了原始艺术的线性表现平面特点，在面积与体积的表现中始终以线性表现为主导意识，以平面展开为使用方法。对于循物造型的器皿雕刻用线形平面展开，在立体形象的陶雕、玉雕、铜雕、石雕亦以线形平面表现。西汉霍去病墓石雕虽然占有一定的立体空间，但与西方的立体表现方法截然不同，以循石造像的整体线性雕刻技法表现了古朴凝重、浪漫写意的石刻形象。汉画像石、画像砖继承了中国石刻艺术的线性平面表现形式。无论线刻、凸凹面刻、隐起与起突刻，都凸显出线性平面特点，与西方同期石刻呈现不同的视觉相貌。以时期较为接近的山东莒县东莞孙熹阙石刻（图 97.2）与罗马马克·奥勒利乌斯凯旋柱的石刻（图 97.1）进行比较：约在 181 年的罗马马克·奥勒利乌斯凯旋柱浮雕用叙事性方法表现征战部落的胜利，浮雕中所表现的人物与场景都尽量追求写实，呈现体量的厚重感觉；山东莒县东莞 178 年孙熹阙石刻表现了祥瑞神灵、人事故事、生活状况的各种画像，

图 97.1　罗马马克·奥勒利乌斯凯旋柱浮雕　约 181 年（照片）

图 97.2　山东莒县东莞孙熹阙　178 年　（拓本）

① ［瑞士］H. 沃尔夫林（潘耀昌译）：《艺术风格学》，辽宁人民出版社 1987 年版，第 125 页。

展现汉代人对空间的线性把握。孙熹阙石刻不像罗马马克·奥勒利乌斯凯旋柱只表现具体场景，显现某一特定情感，而用线形平面表现了时空的线性认识，呈现与西方不同的东方审美形式。

第四节 图形构成与平面装饰

一 图形构成

形式是画像的外部表现，在画像中使用什么样的形式适合画像石、画像砖的平面装饰特点，是汉代画师工匠逐步考虑的问题。汉画像石开始是以阴线在平面上刻制，表现的物象是平面的，没有立体感。但在发展过程中随着对空间兴趣的增加，逐渐重视物象的空间关系，重视物像在画像石装饰平面里的表现方法。这个变化过程，在不同区域、不同时期的汉画像石中都提供了生动的画像图形。南阳汉画像石时代分明、数量较多，画像图形的演变脉络清晰，可以作为研究的典型。有学者把南阳画像石由平面到纵深发展分为五个时期：昭宣至西汉末期，画像主体装饰图案所占比重极大；新莽前后，部分纹样表现出纵深感觉的前后穿插关系，人物四分之三以侧面形象出现并不断完善，体现出初步的三维立体空间的视觉观念；东汉早期，出现击钹与侧立女舞者；东汉中期至中晚期之交，重叠画法表现了刻画对象纵深的前后关系，是三度立体空间视觉观念的进一步发展，表现对象纵深关系上的相互打破、穿插和遮挡；东汉晚期，出现了器具形透视图形。[①] 这五个时期显明了画像图形由平面到纵深表现的变化过程：第一期代表着早期风格，阴线刻加强了画面平面性的表现。第二期隐起刻开始运用，比较关心物象的凸起面，人物形象由正面转向四分之三侧面，显示纵深空间的平面表现。南阳唐河针织厂汉画像石高祖斩蛇画像（图98）人物的双目近大远小，以此来完成画面的平面装饰。第三期出现侧立的人物画像，南阳汉画像石早期的人物是以正面形象出现的，各部分形人物中四分之三的体比较直观地展现，侧面则需要考虑各部分的重叠，以表现空间感，重叠出现了远近关系。第四、五期南阳汉画像石表现画像体积的能力基本形成，进一步利用重叠排列引导观者作空间图形想象，使画面呈现长、宽、深的空间平面感觉，这个时期物象的形体、结构穿插生动、

① 参见郭晓川《南阳汉画像石视觉形式的演变的分期研究》，《美术研究》1994年第2期。

图 98　河南南阳唐河针织厂汉画像石墓高祖斩蛇画像　（拓本 局部）

协调。南阳邓县长冢店汉画像石墓牵犬画像（图 99），人物与犬的形体生动、结构明确，画像以前后形体穿插形成了深度。南阳汉画像石在完成画像的纵深空间表现时，依靠画像本身形体的远近大小、起伏重叠，以平面装饰的手法进行艺术处理，最后达到画像内容与装饰功能的完美统一。山东汉画像石分布广泛，对画像的空间表现运用了各种雕刻方法：长清孝堂山郭巨祠画像石，剔地物象的界限明确，剔地与物象细部都处理得平整，出现装饰趣味；嘉祥武氏祠画像雕出的物象表面浮出较高，形成图形的连贯形式，表现出画像石整体的空间平面感；邹城画像石剔地与物象部分界限模糊，剔地时把石面处理得平整光滑，物象部分相对保持粗糙，以石材肌理对比呈现凸起的平面感；安丘董家庄汉画像石把物象外轮廓刻制得清晰明了，物象轮廓内形象模糊，使物象呈现完整统一的平面空间团块。另外徐州睢宁九女墩汉画像石侍者画像，其中一侍者面部呈四分之三侧面、侧面两种可视形象。在构成表

图 99　河南南阳邓县长冢店汉画像石墓牵犬画像（拓本）

现时，不同视点可以对相同空间形象起到连续表现作用。这里侍者两个面部图形交错，似乎在表现侍者进食时面部微妙的变化过程，它是凸起的空间形象，但是形象的表述却是两个平面形状的错位（图 100）。画像砖的图形构成了与木模的阴刻制法关系密切，在小木模拍印的画像砖与汉代工匠的审美认识相关连。所出现的图形与画像砖一样有从简单到复杂的变化过程。在汉画像石、画像砖的发展过程中，图形使用与雕刻方法紧密结合，共同完成平面装饰造型。

图 100　江苏徐州睢宁九女墩汉画像石墓侍者画像　（拓本 局部）

二　二维表现

根据前文分析，江苏连云港将军崖岩画在岩石的平面上用阴线刻进行表现，其创造的形象具有二维性质。该图像“面部的网络状线或各种倾斜的直线有规律地方布在颊、头顶与眼角部，并有两个面部相叠合的形象”①。颊、头顶与眼角部的倾斜直线似乎要表示体积的转折与深度，面部

① 张晓凌：《中国原始艺术精神》，重庆出版社 2005 年版，第 233 页。

的重合意在表现三维的形象。将军崖岩画以二维表现有体积深度的三维图形，原始人创造了二维平面的表现方法，成为中国艺术的传统。L. 比尼恩认为中国艺术“缺乏科学的好奇心，它的思想倾向不喜欢对事物的性质作热切的探求……这种信念随着精妙绝伦的改造技术以及尽善尽美的社会智慧而发展得特别旺盛”①。中国传统艺术旨在发展空间序列的二维表现，汉画像石、画像砖反映汉代人思想观念，运用汉代具备的技术手段，沿用中国艺术的二维表现方法，刻意进行汉代的建筑装饰。庞薰琹指出：“在我国装饰画的传统表现方法中，所以要从各个不同的角度，去观察一件东西，目的是要把这件东西，表现得更‘全面’一些。”② 汉代人看见林林总总的物象，为把复杂的现象变为简单，采用演绎法，用阴阳思想分类自然现象，以五行学说解释道德观念。汉代人把目光移离开具体的物象，而聚焦在社会意识层面多方向表现的空间框架中，在这里二维性质图形是最好的选择。

汉画像石、画像砖作为建筑装饰的组成部分，须与所附着的汉代建筑形制保持一致的表现手法。汉代的石阙、石祠的坡屋顶，墓室的券顶、穹隆顶、叠涩顶，坟墓的墓丘均呈现与自然界和谐的整体形态，不同程度地体现了汉代建筑屋顶坡面“反宇向阳”、与天象互为连接的线性表现形式。在汉代的石阙、石祠及墓室的石面与砖面上进行装饰，首先进行统一的设计，按建筑形制的需要进行建筑装饰表现。庞薰琹认为：“装饰画与普通绘画不同，装饰画必须采用装饰性的必须手法。武氏祠的画像石是作为石室的一种装饰，所以它要求所有作品有共同的作风，它不是单从某一个画面来考虑采用什么装饰手法，而是从石室整体的装饰效果来考虑这个问题的。”③ 根据蒋英炬、吴文祺所完成的武梁祠建筑配置图，武梁祠的屋顶未起屋脊、坡面平实严正。黄易《祥瑞图跋》记载，“武梁石室右一石平露，残泐最甚，其旁又得残石三，刻人物鸟兽……背若瓦脊，是为石室之顶，其内题刻可以仰观也。”屋顶坡面刻整齐规矩的瓦脊，其内有石刻。屋顶坡面下有刻人物鸟兽的三块石组成东、西、后三壁。整个石祠谨严工细，画像犹如石祠的规整风格。石祠建筑的线性整体韵律与画像的线性凸面刻技法达到了完美统一。石

---

① ［英］L. 比尼恩（孙乃修译）：《亚洲艺术中人的精神》，辽宁人民出版社 1988 年版，第 13 页。

② 庞薰琹：《中国历代装饰画研究》，上海人民出版社 1982 年版，第 28 页。

③ 同上书，第 9 页。

祠建筑中屋顶坡面的屋脊与瓦脊均为安定的平直线性构造，其背面画像与三个壁面风格一致，我们从西壁画像可以看到曲线排列成直线，直线线性为主的构成特点。在具体刻制中，屋顶坡面的瓦脊是起突刻，石祠内是凸面刻。它们均为二维度展开，瓦脊在石面上象征性地刻出，整体还是石面的二维平面屋顶坡面瓦垅的材料组合，石祠内的凸面刻亦呈现二维表现的横向或竖向平面变化（图 101）。

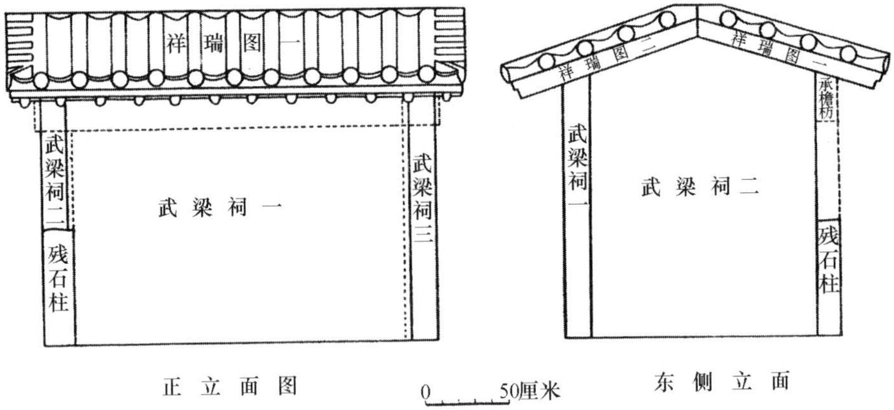

图 101　山东嘉祥武梁祠建筑立面图

不同地域的汉画像石、画像砖由于文化背景与雕刻技法、使用材料的差异，所显现的二维表现形式各有特点。但它们共同的二维表现特点形成了汉画像石、画像砖的统一风格，形成与其他时代石刻砖刻艺术区别的典型样式。

三　平面装饰

汉画像石、画像砖来自特殊的雕刻制作方法尝试，由此产生丰富的线性平面表现形式，最终完成二维表现的图形创造，这是平面装饰形式的实践过程。

艺术作品只有相对地表现物象的物质属性，才能创造出感人的艺术形式。汉画像石、画像砖的画面不是物象的再现，而是根据物象的精神属性进行平面装饰，表现其根本的艺术本质。

（一）整体形式

图底关系是造型表现必须重视的问题。在平面装饰的图式中，图与底如何分开，形象与背景怎么脱离，是极其重要的表现环节。一般来说，二元化的图式会融合成一个连续统一的形状，其中也会包括一些次要的形状，成为其间的缓冲或装饰，用来改变整个图形与背景的关系①。汉画像石、画像砖以形象整体外貌表现为艺术追求，注重形象与外在环境的联系，把其作为无限空间的一个客体来进行视觉样式的分析，从而取得整体的外貌形式。为了与底分开，汉画像石是重视轮廓线表现的。但是为了表现形象的整体外貌，在肯定后又否定轮廓线，以轮廓与内部形象构成一个整体图像，轮廓线内呈现出模糊的感觉。汉画像石、画像砖的刻制从整体外貌开始，无论表现凸出与凹入形象都先从整体入手，分开与周围环境的联系，然后在形象轮廓内用多种方法制作。材料质地肌理运用是汉画像石、画像砖整体形象表现的一个方法。汉画像石中汉代工匠利用石材之大小、石质的裂痕，运用多种凿制方法，以自然和人为的肌理效果表现了汉画像石的整体外貌形式。其运用肌理的方法较为灵活，以天然石纹形成画面肌理，以人工凿制形成画面肌理。两种肌理变化交替出现在形象与背景上，形成了图与底的复杂变化。南阳唐河针织厂汉画像石的肌理表现形成了该地画像石的整体形式感。荆轲刺秦王画像石，秦王、秦舞阳的外轮廓线和身体内部均施以或长或短、或深或浅的阴线，与石面粗糙的自然肌理浑然一体。形象之外的背景也保持粗糙的石面，图底关系统一，生动地表现了画面的主题。汉画像石中的整体形式表现使画面的对比强烈，形成了汉画像石平面装饰的视觉深度。汉画像砖的制作过程中，在模上阴刻，模板本身受平面限制，且模板大小有一定的限制。因此，在砖面上拍印与翻倒脱模的图形具有整体的平面装饰形式。

（二）图案装饰

图案一般是以图案单元上下左右竖向或横向展开的，平面装饰是其主要特点。汉画像石、画像砖要完成墓室的装饰功能，须以平面性展开画像表现，具有明显的图案装饰特点。有一类画像是由各种图案组成的，如几何纹图案，几何纹和人物、动物、植物相结合的图案，人物动物图案，物象图案等等。它们以二方连续或四方连续方式展开。另一类画像表现主题性情节，有人物、动物、具体场景。但因为采用图案的手法表现，它们也具有了图案

① 参见［美］鲁道夫·阿恩海姆（滕守尧、朱疆源译）：《视觉思维》，光明日报出版社1986年版，第412页。

图 102 河南南阳砖瓦厂汉画像石墓墓门画像 （拓本）

的特点。第一类无疑属于平面图案的范畴。中国传统图案的单独纹样与连续纹样均为平面展开的，在三代的钟鼎和玉器上可以看到图案横向竖向展开的具体式样，它们对物器的表面进行连续图案的平面装饰。汉画像石、画像砖是建筑构件，其表面自然借鉴前代循物造型的平面装饰方法。南阳的汉画像砖西汉早期已经使用。新野县潦口自然村南墓相对时代较早①，砖有米字纹、绳纹与重环纹图案。南阳冯君孺人汉画像石墓纪年时间是公元 18 年，其中二龙穿壁画像还保持适合纹样图案的特点。总体来说，汉画像石、画像砖开始是以图案装饰表现的，并一直延续于整个发展阶段。南阳砖瓦厂汉画像石墓的图案表现（图 102）尽管出现了一定的情节内容，如铺首衔环图像放置阁楼里面，两边又有柱栌与青松陪衬，但基本还是以连续图案的样式出现。冯君孺人汉画像石墓的二龙穿壁画像还保持适合纹样的图形，虽然在二龙的两边已出现羽人与坐吏的形象，开始出现主题情节。尽管有些变化，它们还是以图案的形式出现。该墓大量的画像表现有主题情节，如舞乐百戏、击鼓拜节等画像内容比较丰富，但基本构成都为图案形式。在不同地域、不同时期的汉画像石能够看到相一致的图案表现方法。在这个变化过程中，图案的平面装饰是一条不变的主线，贯穿在三代器物纹饰、汉画像砖、画像石的画像上。

（三）多点布局

汉画像石、画像砖充分表现出大自然的空灵与和谐。汉人的目光不固定

① 参见赵成甫著《南阳汉代画像砖》记载：“新野西关煤厂出土空心砖的纹饰又与烧沟汉墓的部分纹饰近似，所以，一型墓的时代，不排除有上溯到战国晚期，下延至武帝之后的可能。”文物出版社 1990 年版，第 30 页。

于一个局部，而是“流动着飘瞥上下四方，一目千里，把握全境的阴阳开阖、高下起伏的节奏”①，要从狭隘的视野与实景里解脱出来，创造一个永恒的灵动的空间。点、线、面是视觉艺术的表现手段，点的运动和结合形成了线和面，点是造型最基本的元素。汉画像石、画像砖的表现借助于对一个个点的观察，这些点有平视的，有俯视的，有仰视的，有透过物像而视的，也有以时空观念而视的。通过平视，可以观察到局部，把物象表现得清晰；通过俯视，可以观察得深远，表现物象的全貌；通过仰视，可以观察到高大，表现物象的精神。这三个点的观察状态，宋代画家郭熙《林泉高致·山川训》云，“高远之意突兀，深远之意重叠，平远之意冲融而缥缥缈缈”，平视能形成平远，俯视能形成深远，仰视能形成高远。三个点的可视物象十分清楚和明晰，淡化简约了物象本来具有的立体形式，如同物象前投入了三个不同方向的摄影灯，充足的光照减弱了物象体积的厚度，物象呈平面感觉，包含众多物象的画面出现了平面特点。至于汉画像石、画像砖中透过物像而视的点，是把被遮掩的物象表现出来；以时空观念而视的点，是把精神意识与观念表现出来。二者为汉画像石、画像砖形成物象的另外两个层面的内容。由此可见，汉画像石、画像砖在不同空间的多点观察状态下，不可能融入具体物象的体积深度表现，而是呈现出平面装饰的整体风貌。这种状态是多点构成的，它筛选了多点观察时能形成的最佳造型元素，整合为汉画像石、画像砖的平面装饰样式。山东微山西城镇出土的水榭、人物画像（图103），画面四周用卷曲纹图案做成边框，框内分成两层。上层四个仙人骑仙兽横向图案化排开，似表示天上仙景。下层是亭榭，捕鱼，观赏，诊病，陆博的人间生活状况。上、下两层显然是天上、人间两个世界，它是通过时空观念而视的。为了表示神与人的和谐存在，有人首鸟身神医为下层的人问诊，使两个时空观念统一在画面中。在下层的画像中，整个场景为平视，形成捕鱼、观赏、问诊、陆博的开阔画面，每个人物的动态都能表现清楚；水榭是仰视，使其显得高大雄伟，成为视觉的主要着眼点；画面中的所有人物是平视，使水榭下捕鱼的人物、水榭上的人物、问诊与陆博的人物、上层的仙人姿态与动势都能清晰表现。水中的鱼、鳖、蛇则运用透过物像而视的方法，它们不再在水下潜游而以生动的姿态出现在画面中。多种观察方法构成了多个观察点，观察点之于画面，以不同的处理方法形成构架，创造了人神

① 宗白华：《美学散步》，上海人民出版社1981年版，第68页。

图 103　山东微山两城水榭、人物画像　（拓本）

共处的和谐场景，形成了作品的平面装饰特点。

（四）韵律表现

和谐意识是汉画像石、画像砖的自觉表现和追求。万物万事皆秉气以生，一切物体处于一种美的状态，组成有节奏的生命存在，从而创造和谐境界下的生动韵律。然后把韵律赋予在形象表现中，找出形象中反映本质特点的细节进行概括处理，致使呈现出带有共性的形式，利用艺术规律对形式进行再创造。海宁汉画像石墓西壁第二层表现了一列人物画像，其中的一组画像刻画了三个人物（图 104），左边与右边的两个人顾盼相望，前面的一人与后面两人相对而立，三人以手势相互表达感情。左边的人两手举起，右边的人两手伸出，前面的人也伸出，组成的动作微妙协调。处于不同位置的三个人物，本身是相互分离的，由于感情的交流使三者成为一个连贯的整体，其中每一个人都处于两种不同的关联之中。如果剖析每一个人的构成因素，他们各自的三维空间形状是以二维图形表现的。作为艺术品，一种构成是注重深度的形式，另一种构成是平面展开的形式。在这里形式均服从于形象的韵律表现，三个人物选择投影的平面形象，采用平面展开的形式，完成了交

图 104　浙江海宁汉画像石墓前室西壁人物画像　（拓本 局部）

流感情的画面形式。汉画像石、画像砖的表现内容中，还有许多复杂的图像，在制作过程中，画师工匠们始终在寻找图像的本质特点，探讨平面与深度的相互作用，精心雕制汉画像石平面装饰形象，展现生动的艺术韵律。四川彭州义和出土的搏击画像砖，画面中两个搏击的人物动作协调微妙，形成了平面装饰图形的展开（图 105）。

图 105　四川彭州义和出土汉画像砖人物画像　（拓本）

总之，汉画像石、画像砖具有建筑、雕刻、绘画等综合艺术功能。它是建筑的构件，在建筑构件的石材表层组成画面。制作程序是先画后刻，然后敷彩，现在从一些汉画像石、画像砖上还可以看到当年留下的底稿墨线与表面彩绘痕迹。这种综合艺术特点决定了汉画像石艺术精神的宏大、内容构思的深入与雕刻手法的灵活。汉画像石、画像砖的艺术风采，形成汉代石刻艺术的平面装饰形式，对后代产生了深远的影响。南北朝、隋唐继承了汉画像石、画像砖的平面装饰形式。在石刻艺术中，石棺椁、造像碑刻画基本沿用汉画像石素面阴线刻的装饰手法。陕西、河南、陕西、河北等地的佛教造像基本使用了汉画像石隐起和起突刻加阴线刻的装饰方法。在中国传统绘画上，形成了中国卷轴画的构图章法以及用线造型的基本形式。在不断的发展过程中，平面装饰形式逐渐成为中国美术的主要特征。

第四章

形象特征

第一节　形象的结构

一　对形象的认识

形象性是艺术区别于其他任何学科的基本特征。形象是艺术反映人类社会生活与精神追求的特殊手段。

汉画像雕刻首先基于对形象的认识。先秦诸子百家中，对中国艺术影响至深的是道家学说。“有物混成，先天地生。寂兮寥兮，独立不改，周行而不殆，可以为天下母。”① 老子的这一提法成为经典式的语言，他认为世间形象从无到有浑然而成，而且处于循环运动状态。《淮南子》把老子的“道”与万物萌生的过程结合起来：“……天气始下，地气始上，阴阳错合，相与优游竞畅于宇宙之间，被德含和，缤纷珑苁……万物掺落，根茎枝叶，青葱苓茏，萑蔰炫煌，蠉飞蠕动，蚑行哙息……储与扈治，浩浩瀚瀚……”② 逐渐形成对于形象的具体认识与整体把握。汉赋描述有各种艺术形象，司马相如认为写赋应“苞括宇宙，总览人物”③，以表现宇宙万物的整体形象。霍去病墓石雕为表现霍去病征战匈奴的赫赫战功，则以概括的形体，生动的形象制作，使人物动物形象处于整体征服外部世界的和谐气氛中。整体形象的把握与认识，还集中出现在西汉中、后期画像石中。南阳砖瓦厂汉画像石墓仅在五个门柱、八扇门扉之上刻饰图像：门扉上刻饰楼阁图像，在门柱与门

---

① 任继愈：《老子新释》，上海古籍出版社 1978 年版，第 32 页。

② 刘安等：《淮南子·第二卷·俶真训》，上海古籍出版社 1989 年版，第 16—17 页。

③ 严可均辑，任雪芳审订：《全汉文》，商务印书馆 1999 年版。

扉的下半部分均刻饰图案，每个门柱与门扉的画像图案相同，形成墓门画像的整体统一感觉。该墓墓门的局部画像同样运用概括手法，如铺首形象外轮廓的剪影式效果与轮廓内的主要细部有机结合。汉代对于形象的认识建立在古拙气势与外向征服的精神基础之上。

东汉中期，人们对于生命本身关注，艺术形象个性表现突出。凸显的形象不再是征服自然与神秘的图形，而是具有人性化的祥和图像。这些形象表现相对深入，既有图像整体的外形，也有生动具体的细部。南阳麒麟岗汉画像石墓画像表现了神灵、人物、动物、山石、云气等各种形象，根据不同题材选取雕刻手法。三主室门楣的舞乐百戏画像，中间有横向排开的五个人物，或在奏乐，或在欣赏，他们顾盼有致，整体形象概括生动。为了进一步表现个性特点，每一细节都进行深入刻画：以不同的帽式显其身份，以生动的手势表现性格，以得体的服饰衣褶塑造人物形象。该墓北主室门北立柱的羽人画像，画面上羽人的躯体向后扭动。为加强整体形象表现，其一刻画羽人躯体骨点与肌腹的团块形状，显示出结奏美感。其二刻画羽人身躯的羽翼与脚趾细部，显示整体形象的丰富化。

东汉中期到晚期，人们注重精神气质的追求，崇尚生命的价值，由形似到神似的转变逐渐成为艺术的主题。对于形象的认识，王充发出这样的议论："人好观图画者，图上所画，古之列人也。见列人之画，孰与观其言行？置之空壁，形容具存，人不激劝者，不见言行也。古贤之文，竹帛之所弃载粲然，岂徒墙壁之画哉？"[①] 有学者评论，王充这是不懂得绘画艺术。[②] 笔者认为，王充此言是看到缺乏神似，仅有形似的相貌，与"古贤之遗文"的生动记载存在距离而发出的感慨。同时可以设想，疑问会产生变革，王充生活在东汉的中期，对艺术形象的形似神似结合表现，已经有所认识，人们会逐渐形成了自己的思想。在艺术门类中，与建筑、雕塑、绘画不同，东汉晚期书法已有系统的理论，蔡邕的《篆势》从理论上研究了篆书的神韵："体有云篆，要妙入神。或像龟文，或比龙鳞，纡体效尾，长翅短身。穨若黍稷之垂颖，蕴若虫蛇之棼缊。杨波振激，鹰跱鸟震，延颈协翼，势似凌云。"[③] 篆书的书写过程并非简单的笔画罗列，它要从自然形态模拟阶段进入到自然神

① 北京大学历史系《论衡》注释小组注释：《论衡注释》，中华书局 1979 年版，第 763 页。

② 李泽厚、刘纲纪：《中国美学史・第一卷》，中国社会科学出版社 1984 年版，第 542 页。

③ 嘉兴地区文管会、海宁县博物馆：《浙江海宁东汉画像石墓发掘报告》，《文物》1983 年第 5 期。

态表现阶段，要把动物的自然形象升华到艺术形象，然后形成抽象的神韵图形。汉画像石上的榜题，以汉隶居多。汉隶保持汉篆的精神内涵，结体生动自然，逐步改变蜷曲回环的篆书形态。汉画像石中，榜题与画像风格是和谐一致的。海宁汉画像石墓中前室、后室起券的画像砖上刻汉隶“天”字，画像砖组合排列，一直起券到墓顶，组成了“天”字的无限循环，应为代表“天界”的整体图像。在这里，画像砖汉隶“天”字与该墓出土的五铢钱文字图案，以挺劲的阳钱有机结合在一起，表现出象征性的内容。

海宁汉画像石墓在前室画像砖下之四壁布满画像石，对于画像石的形象认识，首先要保持整体性。这与画像砖表现一样，画像砖汉隶“天”字较为柔美与挺秀，五铢钱与砖的周边纹饰亦细丽整洁，呈现高于自然的谐和之美。画像石的整体性集中体现在这种谐和之美中，形与神得到较好的统一。其次要以象征符号表现形象，画像石墓所要显示的丰富内容选用典型符号图形，象征性进行表现。形象的形与神完美结合后，最后赋彩，使画像石、画像砖形象统一在墓的和谐色彩中，取得形、神、色的完美统一。

二　形象的组成

（一）动物形象

汉画像石、画像砖有丰富的动物世界。它包括自然界的动物、依动物原型加以变化的动物、主观想象的动物三方面题材内容。

自然界的动物保持原来的相貌，可分为两类：一类如马、犬、猪、鸡、鸭、羊、鹅、鼠、獐、鹄等；一类如虎、狮、豹、象、螺、蛇、龟、蟾蜍等。牛（图106）、鹿等动物兼有两类动物的属性。第一类动物与人类日常生活关系密切，人们对其自然属性也比较熟悉，着重表现动物和人的生存关

图106　河南南阳英庄出土画像石牵牛画像　（拓本）

系及性格特点。如马在车骑出行的行列中，犬在田猎中追逐獐和狐狸，鸡、鸭、羊、鹅、鼠在房舍。第二类表现动物的精神属性。虎、狮、熊、象等动物或与人斗或相互争斗，代表一种图腾意识。螺为巨螺与龙搏击，蛇和龟缠绕交体稳步向前，蟾蜍藏含在圆月中，均呈现某种巫术观念。在兼有两类属性的动物中，牛的自然形象为田猎则驯服善良，为角抵则凶猛顽强，被汉人视为精怪，阉牛意示驱魔逐疫。鹿的形象，或在田猎中为逐捕之物，或拉着云气簇拥的方舆与羽人，飞腾在云雾之中，表现了汉代人与动物的亲密关系及理想。

汉画像石往往借助自然动物的形态，将其形态变化。乌类为三足乌，稳步立于神空，象征太阳。又为五头鸟，居墓门镇墓辟邪。凤为展翅的朱雀，虎为有翼的白虎，马为飞翔的天马，狗为“如貍而白首”的天狗[①]。它们被刻画成神兽，寄寓着人们呈祥御凶。此外，由狐变化的九尾狐，由兔变化的玉兔，共同簇拥在西王母面前，祝寿作乐。形象怪异的人面虎身画像为马腹，“蔓渠之山……有兽焉，其名曰马腹，其状人面虎身，其音如婴儿，是食人”[②]，立于铺首。还有虎身生四个带冠人面的画像，表现以虎代吏守墓的祯祥意愿。

主观想象的动物寄托着汉人的希望，被大胆随意地创造。汉画像石出现了穷奇、飞廉、天禄、辟邪、麒麟、桃拔、矔疏、兕（图 107）等神兽。它们来自神话传说与记载。穷奇为十二神兽之一，“穷奇状如虎、有翼”[③]。“乌弋地……有桃拔。”[④] 孟康注：“桃拔一名符拔，似鹿、长尾、一角者为天

图 107　河南南阳县出土画像石兕画像　（拓本）

① 《山海经·西山经》，李镜池《周易探源》，中华书局 1978 年版，第 395 页。
② 《山海经·中山经》，袁珂校注《山海经校译》，上海古籍出版社 1985 年版，第 114 页。
③ 同上书，第 235 页。
④ 王太岳等纂集：《四库全书考证》，中华书局 1985 年版，第 2310 页。

鹿，两角者为辟邪。”关于矔疏，《山海经·北山经》：“有兽焉，其状如马，一角有错，其名矔疏。”在众神兽的创造基础上，幻想出一个以广阔太空为家，像云、水那样行动敏捷体型弯曲的神灵——“龙”。据载：“有鳞曰蛟龙，有翼曰应龙，有角曰虬龙，无角曰螭龙”①，“一足为夔龙”②，汉画像石、画像砖的各种龙类都以生动形象出现（图108）。

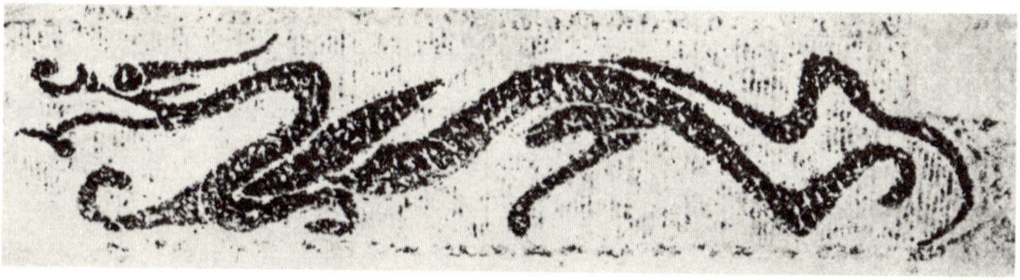

图108　汉画像石中龙的形象　（拓本）

综上所述，汉画像石、画像砖表现了自然界的基本动物，在汉代人的奇异想象中动物脱离了人间，变成具有自由形象的兽形神，极大丰富了动物的艺术世界。

在对动物的表现中，龙、凤、虎、龟的形象为多，牛、马、熊、象也各有特点。南阳黄牛自古盛名，田耕、角抵、驱疫无所不能，使汉代人视牛为第一表现题材。在汉代人驾车、骑射、竞技活动中，马引起人们的极大兴趣，马也作为艺术表现的主要题材。熊为逐疫十二神之一，方相氏掌蒙熊皮，“以逐恶鬼于禁中”③，形象也比较集中。汉代人与象也有密切的关系。在汉画像石、画像砖中，龙、凤、虎、龟被汉人视为四灵，赋名为苍龙、朱雀、白虎、玄武，代表着东南西北四方，成为人们生存空间的保护神，在墓室中更是大量出现。

在艺术发展过程中，动物表现是绘画和雕刻早期的常见题材。“动物是人所必须的东西，没有动物，人就不能生存，更不消说过人的生活。”④远古发展阶段，先民环境恶劣，与动物为伴。他们为生存追捕动物，但又赞美其

① 陈伯君校注：《阮籍集校注》，中华书局1987年版，第69页。

② 王大有：《龙风文化源流》，北京工艺美术出版社1988年版，第77页。

③ 范晔：《后汉书·志五·礼仪中·大傩》，岳麓书社1994年版，第1391页。

④ ［德］费尔巴哈（荫庭等译）：《费尔巴哈著作选集·下卷》，生活·读书·新知三联书店，第53页。

美和力，看成他们亲近的存在物，并绘制动物形象，涂上色彩，象征并希望自己能在生活中战胜这些动物。在先民看来，动物和人没有什么区别，它和人一样有思想、有感情、有灵魂。此外，动物中的超人现象，使人类望尘莫及，猛兽力大无穷，鸟类展翅高飞，被视为神秘神灵，产生了动物崇拜。由于动物形象的变异，神兽的形成，产生了图腾艺术。

（二）人物形象

汉画像石、画像砖的人物画像具有动物崇拜及自身崇拜的双重性，呈现着雄浑的气魄和宽厚的模式。画像石画像雍容华贵、仪态大方，画像砖画像朴素自然、清新宜人。它们交错地出现在画像石、画像砖不同的墓室上，两者共同发展、相映生辉。尽管人物画像和动物画像是同步发展起来的，但人物画像显然有较高层次的意义。汉画像石、画像砖中的人物形象亦可粗略分为现实人物形象和神话人物形象两类。

汉画像石、画像砖所表现的现实人物世界是极其丰富的，可以说是汉代社会生活的一个缩影。西汉初、中期，社会政治比较稳定，经济得以发展，科学技术进步。生活在这个时代，汉代人思维活跃，联想丰富。他们留恋人世的繁荣和幸福，渴求长生不死，求仙问道不绝。然而自然规律铁一般地无情，有生必有死，当种种幻想化为泡影，任何人都不得不走向生命的最后归宿——墓穴时，他们便把现世的荣耀、未能实现的遗恨、来世的希冀统统倾注在这冰冷的石块上，以慰藉他们孤独的灵魂。

历史故事在汉画像石、画像砖中有较集中的表现，如三皇五帝、仓颉造字、文王、周公、孔子见老子、狗咬赵盾、齐桓公与卫姬、晏子见齐景公、二桃杀三士、荆轲刺秦王、赵氏孤儿、伯乐相马、聂政刺侠累、范雎受袍、泗水捞鼎、高祖斩蛇（图 109）、鸿门宴、老莱子娱亲、闵子骞御车、邢渠

图 109　浙江海宁汉画像石墓高祖斩蛇画像　（摹本）

哺父、秋胡戏妻、剡子鹿乳等画像，集中表现了春秋战国与秦汉时期比较重要的历史事件和富有影响的故事情节，刻画出国君、将士、平民等各种社会阶层的人物形象。对这些著名历史人物、历史事件刻画的同时，注入了墓主人特殊的情感。

上层社会生活场景在汉画像石、画像砖中比比皆是。画像比较集中的表现了上层官吏祭祀、拜谒、跽坐、讲经、骑射、畋猎、出行等生活场景，生动地呈现了舞乐、鼓舞、百戏六博、投壶、秘戏、斗牛、斗鸡、斗兽、搏虎、骑象、拳勇等活动场面。同时，大量出现的执盾门吏、执戟门吏、执金吾门吏、执棒门吏、拥彗门吏、带剑门吏、牵獒门吏、捧奁侍女、捧炉侍女、捧盒侍女、执炉侍女、执镜侍女、端灯侍女等画像，反映了森严的等级与规范的社会秩序。上至达官贵人（图 110），下至侍从奴婢，形象都表现得生动自然、栩栩如生。

图 110　山东嘉祥宋山小石祠西壁画像　（拓本）

平民生活在南阳汉画像石中也得以清楚再现。牵牛、耕车、罟鱼、狩猎、庖厨等画像尤其显得朴实无华、淳厚亲切。

人事故事在汉画像砖中得到精彩表现：双索戏车画像生动地表现了杂技的高难度动作及杂技伎人的高超技巧；轺车出行画像，人物怡然自得、潇洒生动；胡汉战争图像表现了人物组合复杂的战争场面。采桑纺织（图111）、农耕收割画像自然真切地表现了劳作活动情景。

图111　四川彭州出土画像砖桑园画像　（拓本）

远古神话人物活动是汉画像石、画像砖的重要内容：伏羲、女娲、常羲、羲和、东王公、西王母、羿射十日、嫦娥奔月、高禖、天帝、雷公、风伯、雨师等生动的画像，反映出想象中的与世人共存的神灵世界。

极其丰富的汉画像石、画像砖的人物画像是现实社会中森严等级、浓郁生活情趣的直接反映。但是我们不认为这些是墓葬建筑中人物画像的主导意识，主导意识似乎还应从众多神灵人物形象本身进行分析。人们尽管在对动物的艺术表现注入了理想和希望，然而，这是一种寓意于动物原型、受到较大限制的审美活动。虎可以插上双翅但仍是山川野虎，蟾蜍加一圆月仍是蟾蜍原形，创想的动物天禄、辟邪的局部构成都可以在现实动物中找到影子。人物的艺术表现则受局限较小，它更便于表现人的意识和幻觉。汉画像石、画像砖中的人物有多种多样的变化：可以保持人面不变，身子呈蛇身与虎身；可以佩戴面具、化为神灵；可以概括为铺首等形象符号，镇鬼辟邪；另可以用动物陪衬人物，制造环境气氛，共同为人物的审美主体服务。即使没有人物出现的其他图像，也多以代表人类审美意识的灵气与象征符号出现，使画面有人的灵动之感。汉画像石、画像砖的动物画像是极其丰富的，一般来说对动物世界的崇拜是从表现与人类生存的密切关系开始，到理想化的动物表现结束，它是由认识动物的物质属性发展到精神属性的艺术审美过程。神灵人物画像不同，人类已经在认识动物的过程中产生了自信，且对人类自身寄托着憧憬与向往，所以开始即为较高层次的崇拜。认识的阶段性有特殊作用，阶段的递进不仅是量的增加，往往带有质的飞跃，加之对动物的亲情传统，使人物的画像表现出深刻的审美思想。

汉画像石较多出现了人面蛇身的伏羲、女娲、东王公和西王母等主神形象。在画像中伏羲和女娲双手常擎日轮和月轮，日轮中有三足乌、月轮中有蟾蜍。东王公，亦称东王父、木公等，和东王公相居一起的西王母，是中国神话体系中的重要神祇。配合着主神的出现，东王公、西王母两旁多有仙人画像，以此衬托出主神的权威和庄严。羽人位于东王公或西王母的身旁，作跪拜或侍奉状，有的捧杯，有的执嘉禾、灵芝草等仙物。他们的形象有人首人身和鸟首人身、兽首人身等，且大都在肩两侧生双翼，以表示羽化登仙。关于羽人，《山海经》记有“羽民国”。它是不死观念的产物，早在战国初期就已形成，汉人天真地幻想插上双翅便可升入仙界，长生不死。羽人常居于东王公、西王母的左右，有时也独自出游，活跃于天上人间，时而驾驭鹿车，时而与飞廉、龙虎嬉戏，时而雀跃于屋顶之上，枝叶之间，是变幻无穷的精灵。

（三）其他形象

汉画像石、画像砖的建筑、环境、场地、物品形象十分丰富。在建筑与环境中对楼阁馆所、厅堂宅院、桥梁车舆、家具陈设进行了表现。那“反宇”样式的屋顶坡面形象、前后悬臂出挑的斗拱形象、承托檐头伸展的昂之形象，均表现了汉代木构建筑布置空间、组织空间、创造空间的审美思想。还有那多样的桥梁建筑形象、多变的车舆外观形象。实用的各种家具形象、展示了汉代完美的建筑场景关系。在场地与物品中对山石路径、水流船只、树林草木、云气天象进行了表现，它们均以生动的形象出现在大千世界的变化中。

同时，汉画像石、画像砖的图案和文字，亦以简洁完美的形象显现出异样的光彩。

第二节 形象的节奏

汉画像石、画像砖有独特的艺术表现方法，画面形象和谐自然，与现代绘画雕刻有截然不同的艺术效果。汉代人的观念导致特有的空间意识，是一种类似音乐和舞蹈的空间感觉，表现一种生生之气。汉代人目光已经从狭隘的视野与实景里解脱出来，创造了汉画像永恒的灵动空间形象，形成鲜明的节奏表现。

形象的节奏由汉画像石、画像砖的物质与精神属性组成。在物质属性上汉画像石、画像砖上雕刻所形成的石面肌理与敷色，显示了形象的节奏表现外在特点。在精神属性上，几何形、图案与运动的表现方法是汉画像石、画像砖形象节奏的内在本质因素。而汉画像石、画像砖的相对表现组成的艺术形式则最终完成了其形象的节奏表现。

一 肌理与敷色

（一）肌理

汉画像石在制作中有从粗石到细石的加工过程，由于各地石质与制作过程不同，所形成的石面肌理效果各异。汉画像砖由泥坯烧制，形成了砖面的肌理效果，在不同的区域也有差别。在造型艺术中，物质材料对造型形象不但起媒介作用，而且材料本身的表现肌理也直接构成形象的感性形式。马克思曾精辟地指出:“颜色和大理石的物质特性不会在画和雕刻的领域之外。”①同样，石质肌理与砖质肌理的审美特性是由汉画像石、画像砖形象与形式组合而显现的。西汉早期的霍去病墓石雕是运用石质肌理雕刻的成功作品。其中的蟾蜍石雕（图版十）运用一块类似蟾蜍形状的不规则石块，在头部用阴刻与阳刻线对五官稍加凿饰，其余保留石块的初始形状不作处理，使石块的石质肌理恰到好处地表现出蟾蜍的身体细部，达到形与神的完美结合。对于霍去病墓石质肌理的运用，是有意识的艺术表现，还是无意识的偶然现象，人们都在进行探讨研究。但 1974 年秦兵马俑的出土，其准确的比例、严谨的造型对霍去病墓石雕肌理的探讨结论有所帮助。在同一地域，相隔时间不

① ［德］马克思：《一八五七年至一八五八年的政治经济学手稿》，《马克思恩格斯论艺术》第1卷，中国社会科学出版社 1982 年版，第 113 页。

远的两类雕刻，秦俑有如此精到的写实功力，说明霍去病墓的概括夸张肌理表现缘由根基，反映西汉极盛时期对气魄宏大，石质肌理美感的宏观认识。与霍去病墓石雕同时代产生、相同材质的汉画像石，肌理表现有相同的意义，汉画像砖也有相同的审美追求。

从现有的汉画像石材质看，多采用石灰岩[①]与砂岩[②]。石灰岩硬度高于砂岩，且质地比较细腻，因此石灰岩是汉画像石的首选材料。地域不同，石灰岩与砂岩的质地与色彩多有变化，就砂岩而言，苏北砂岩质地比较松、略呈黄褐色[③]；四川乐山、重庆砂岩呈红色[④]；陕北砂岩“颜色灰蓝或灰红，质地软”[⑤]。画像是通过石材材质表现的，石灰岩与砂岩质地与色彩的丰富性形成了画像石肌理的材质变化。

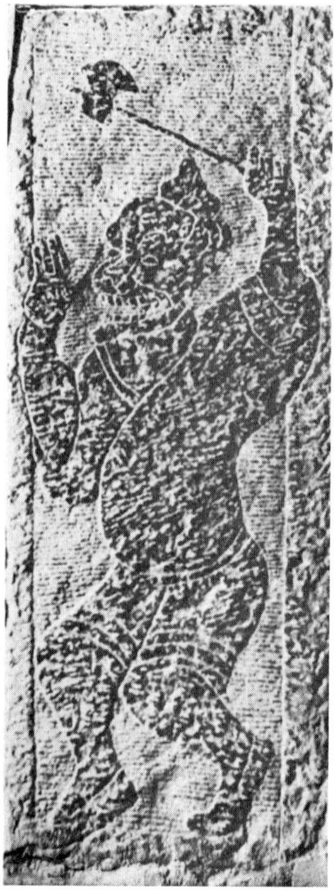

图 112.1 河南南阳县出土汉画像石 （照片）

汉画像石肌理表现受当地画像石的艺术特点与雕刻方法影响。南阳汉画像石浪漫生动、隽秀奇丽，以明显凸出感觉的隐起雕刻，呈现出石材材质、石材本身肌痕、所凿刻之肌痕三者自然统一的肌理效果（图 112.1）。山东武氏祠风格规严质朴，工整细腻，画像石以起伏不大而较为平整的凸面刻制作，显现出刻意加工后的石材材质的细密严实肌理效果（图 112.2）。四川汉代画像崖墓分布于大河江系的岸边山壁，具有巴蜀文化特点，在红色的砂岩上用隐起刻与起突刻制作，以

① ［日］高岛北海著（傅抱石译）：《写山要法》，上海人民出版社 1957 年版，第 16—17 页，认为：“石灰岩软得像粉笔，硬得像石灰石”，便于刻画。

② ［日］高岛北海著（傅抱石译）：《写山要法》，上海人民出版社 1957 年版，第 16—17 页，认为“砂质岩，凝结不坚固的，像小石子；凝结坚固的，又好像粗粒的砥石之类”，便于刻画。

③ 参见尤振尧《略述苏北地区汉画像石墓与汉画像石》，汉代画像石研究，文物出版社 1987 年版。

④ 参见唐长寿著《乐山崖墓和彭山崖墓》，电子科技大学出版社 1993 年版。

⑤ 戴应新、李仲煊：《陕西绥德县延家岔汉画像石墓》，《考古》1983 年第 1 期。

砂岩的粗糙肌理表现突起面较高的画像，砂岩石材质地与画像有机融为一体（图 112.3）。汉画像石的肌理有以自然为主的石纹肌理和人工为主的石纹肌理两种类型，自然为主的石纹肌理以南阳唐河针织厂汉画像石墓为典型。该墓是南阳汉画像石墓的一个早期墓葬，选用唐河寥山的石灰岩，凿制石料 130 块，在 1.60 米深的方形土圹里砌筑石结构墓室，其中雕造画像石 74 块①。画像石保持了所用石料的较粗糙石面，没有进行另外的打磨，显现了南阳汉画像石早期墓室建筑结构与装饰用石的艺术处理统一性。该墓画像风格粗犷生动、浑厚朴实，形成了几种类型的画面肌理。

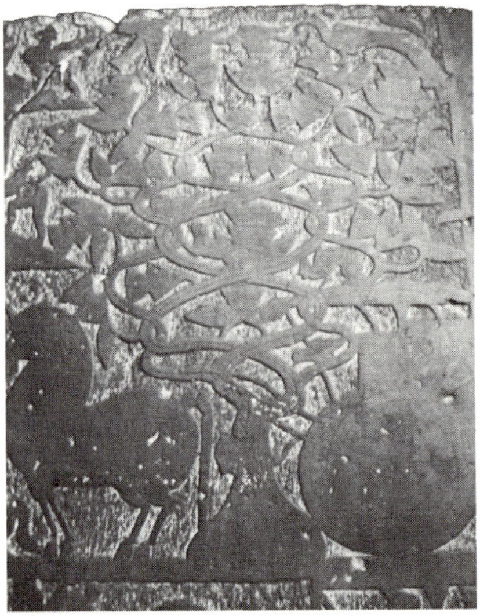

图 112.2 山东嘉祥武氏祠画像石 （照片）

图 112.3 四川新津三号石棺 （照片）

A. 自然石纹肌理

这种肌理以石质的自然粗糙纹理随意出现在画面的主体形象与背景上。在新石器时代的岩画中可以看到早期的这种形式，原始人有某种隐秘的情感和欲望，或是恐惧或是希望，总是倾向于赋予形象以内在生命。但那时的表现是无意识的，而该墓的拔剑武士、高祖斩蛇画像则经意表现画面的肌理。拔剑武士画像用长幅画面刻一武士，目视上方、拔剑出鞘、威风凛凛、英武雄壮，石的自然裂痕贯穿于武士画像与背景上，画工石匠利用石之裂痕，恰

① 参见周到、李京华著《唐河针织厂汉画像石墓发掘报告》，《文物》1973 年第 6 期。

当地表现了武士勇猛刚毅之美。高祖斩蛇画像高祖及随从武士横向排列，因为整个石面质地粗糙，且有道道裂痕，所以每个人物的外轮廓和身体内部细节均依据石面的裂痕刻画，或长或短、或浅或深，与石面肌理浑然一体，整个形象从粗犷斫放的画面上呼之欲出。

B. 质地不同的自然石纹肌理对比

该墓画像有意识地选用质地不同的自然石纹，形成不同肌理的对比变化。晏子见齐景公画像，画面横排一行人物，全部在自然的粗糙石纹上雕刻。为反衬这种粗放的人物形象，把形象外底子似用小凿平整地凿去一层，留下石面自然的细小纹路，以对比增加形象的感染力。

C. 组合的自然石纹肌理

在墓顶十二块画像石组成的天象图上，以组合后相应规则、动势强大的石纹肌理形成整体神秘美感。画面用一种肌理方式表现，在粗糙的石面上大胆地凿刻画像，背景不加任何修饰，呈现出方向一致的石痕肌理。这种石痕可能是在分解石块时自然保留下来，按照施工顺序，是画师工匠先于画面接触的无意识行为。它规则整齐、动势浩大，工匠巧妙地借用，表现上天的神秘感，正所谓鬼斧神工、自然天成。规则凿痕的整齐排列更容易表现石质的坚硬感，同时又呈现出石质的雕琢之美。

人工为主的石纹肌理以山东汉画像石进行分析。山东画像石的形式多样，石椁墓室、石室墓室、石祠、石阙因存在形式与画像内容有别，肌理的表现方法也不同。我们以平整的石面肌理、背景垂直凿痕肌理、背景水平凿痕肌理、几何形凿痕肌理进行分类，探讨它们的表现特点。

A. 平整的石面肌理

从长清孝堂山郭氏祠堂可以看到，画像石的石面磨合十分光滑平整（图版十一），依据现在当地石匠对汉代石作技术判断，可能是利用石块相互打磨而制成的。该祠堂壁面为阴刻线与凹面刻，阴线刻的阴线不深，凹面刻凹面平整亦不深，因此就要求石面处理得平整细腻，以显示出画像的风采。正是因为有了光洁平整的石面肌理，才能够衬托出画像所依存的阴刻线与凹下的面。山东沂南汉画像石墓壁面上也有这种石面肌理效果。

B. 背景垂直凿痕肌理

山东武氏祠画像严整规范，画像分组合一般呈现横向排列顺序。画像形象凸出面平整，显现面的生动变化。为与这些面的形式进行对比，形象之外的底上凿刻整齐又有所变化的金石细线。这些凿刻之线缠缠绵绵、规规矩矩、齐而不板、密而不实（图 113）。即使今天模仿武氏祠画像制作，也很难做出背景这种垂直凿线的艺术效果。

图 113　山东嘉祥武氏祠画像肌理　（拓本 局部）

C. 背景水平凿痕肌理

武氏祠武氏东阙子阙身东面画像竖向展开，画面中连弧纹框饰内有捧盾的人物与升腾的龙、虎图像，为加强人物与龙、虎的联系与画面的统一，人物与龙、虎的背景用水平凿痕肌理石纹装饰。而在同一子阙身的北面画像，背景用垂直凿痕肌理石纹，进行对比表现。

D. 几何形凿痕肌理

山东西汉画像石椁墓开始以几何形与图案进行表现。其方法常以平行凿线刻画成几何形与图案形状。在山东临沂庆云山 2 号墓石椁左侧板内壁画像中，左右两端单元画像相同，中间为圆壁，外套方形框。圆壁用垂直与水平凿线相交形成，方形框内以水平凿线凿成变化的多个三角形组合（图 114）。

庆云山石椁几何形凿纹肌理是汉画像石早期的一种画像表现方式，在西汉中期的河南南阳湖阳镇汉画像石墓墓门也是以雕琢的几何形图案来表现画像。由此看来，自然为主的石纹肌理与人工为主的石纹肌理两类方法，实际反映肌理表现的发展过程。在汉画像石的开始阶段对构图的理解还比较模糊，于是借用天工，自然地使之统一。但当认识发展到一定程度时，便采用

图 114　山东临沂庆云山 2 号墓石椁侧板内壁画像肌理　（摹本）

一种人工处理的肌理来表现艺术形象。南阳汉画像石似乎较多反映了早期画像石肌理特点，山东汉画像石则较多反映晚期画像石肌理特点。鲁道夫·阿恩海姆认为："在人类发展的早期，其所拥有的一切意象都是借助于图与底之间的简单分离而造成：代表事物的图看上去明确、有特定的结构，而且从一个没有边际、没有特定形状、均匀同质，看上去不太重要或常常被忽略的'底'中分离或突出出来。"[①] 图，是指画面形象轮廓线内的面；底，是指画面形象外的背景。在图底关系的讨论中，鲁道夫·阿恩海姆既重视形象研究的本身，也注意底在艺术中的作用，汉画像石的肌理表现对塑造画面形象起到重要作用。汉画像砖的木模制作决定了画像砖的平整砖面，它与画像石的平整石面肌理有接近的艺术功能。

人工为主的石纹肌理东汉时期在南阳也经常使用，南阳麒麟岗汉画像石墓画像雕刻精美，人物背景凿痕规则处理，形成规矩的人工肌理底面，衬托出生动的人物形象（图版十二）。

按照爱因斯坦的相对论，任何事物本身都存在着一定的模糊性与不确定性，模糊的观念与清晰的观念同样具有表现力，模糊的形象与明确的形象一样具有表现力。它由于看不到具体的造型，因此形象显得含蓄多变、深邃莫测，反而为情节表现提供了充分的再创造的空间。

（二）敷色

根据汉画像石墓的考古发掘资料，不少画像石、画像砖出土时还发现表面有施彩着色现象。西汉中期的河南南阳砖瓦厂画像石墓，是目前最早

---

① ［美］鲁道夫·阿恩海姆（滕守尧译）：《视觉思维》，光明日报出版社 1986 年版，第 409 页。

发现的画像石室墓其中一座，在墓门“上纹饰朱、黑色彩绘”①。该墓只有墓门画像，说明汉画像石室墓首先在墓门上敷色，另外画像与敷色是同步发生的。西汉晚期的河南南阳石桥画像石墓墓门画像敷色更为丰富：南门楣斗兽画像，兽黄色，黑色绘出兽纹，人物衣饰黄色、敛口与襟沿黑色绘出；北门楣角抵戏画像，像人上衣紫红色，领口、衣襟、袖口黑色装饰；墓门两侧门栓门吏冠施朱色，中柱门吏冠施朱色、盾施黄色；北门扉铺首施彩红色。②

东汉晚期的河南南阳陈棚画像石墓在墓门与墓室内对画像都进行了敷色（图版十三）。色彩沉稳安静，表现了汉画像石成熟期的敷色表现艺术。③ 东汉晚期的山东沂南汉画像石墓后室藻井的敷色至今保留（图版十四）。藻井中间的花瓣饰有朱色，两侧方框的菱形图案饰朱色与绿色，两方框间三角形黑地、上面涡卷纹饰朱色与绿色。④ 东汉晚期的陕西神木大保当第11号汉画像石墓，墓门石门柱“上半部凿刻一双层楼阁。红褐色线条勾勒出长方形基台，上设三个立柱，前两立柱间是两扇粉红色的门扉，门微启，门扉上分别以墨线绘朱雀”⑤，“门楣、门框、门限以墨线勾绘。门右侧墙上墨色勾绘井字图案，似为窗牖”⑥。檐下右侧之人“似人似神，脸涂红彩，五官不清，全身轮廓以墨线勾勒。屋顶呈覆斗状，墨绘斜纹象征瓦缝，左右相对各立一凤，喙及腿涂红彩，身以墨线勾勒”⑦。陕西、晋西北画像石采用砂岩质的页岩石，质地松软，透水性强，彩绘后易于保存，现在神木大保当不少汉墓的画像石色彩保存完好（图版十五）。

关于汉画像石室墓的敷色，考古发掘资料记叙的较多。画像石椁墓与石祠、石阙的敷色则记叙较少，可能由于画像石椁墓封闭性较差，石祠与石阙为开放建筑，敷色痕迹早已失去。汉画像砖的敷色出土时也多有发现，前文

---

① 南阳市博物馆：《南阳县赵寨砖瓦厂汉画像石墓》，《中原文物》1982年第1期。

② 参见南阳市博物馆《河南南阳石桥汉画像石墓》，《考古与文物》1982年第1期。

③ 参见蒋宏杰、赫玉建、刘小兵、鞠辉《河南南阳陈棚汉代彩绘画像石墓》，《考古学报》2007年第2期。

④ 参见曾昭燏、蒋宝庚、魏忠义著《沂南古画像石墓发掘报告》，文化部文物管理局1956年版，第9页。

⑤ 陕西考古研究所：《陕西神木大保当第11号、第23号汉画像石墓发掘简报》，《文物》1997年第9期。

⑥ 同上。

⑦ 同上。

提到的洛阳烧沟61号壁画墓，在墓室山墙的三角形与长方形透雕砖上绘制与壁画同样的色彩。

汉画像石的敷色以墨、朱、青、黄、白为基本色彩，同时加入绿、橙、紫等相间的色彩，画师在起稿时黑色即首先使用，至今在画像石上还能看到物象边缘保留着的底稿墨线痕迹，这些墨线还起到黑色的画面色彩作用。

汉画像石、画像砖的敷色不同于汉墓壁画的彩色绘制，汉画像石、画像砖是依稿先“雕制”，然后再“画”，汉墓壁画是在壁面上直接色彩绘制。现代的彩色壁画中有雕刻制作敷色与绘画表现等类型。前者是以石、木、金属等材料作为材质以雕刻形式进行制作，然后在雕刻品上敷色；后者是在选择的壁面上用色彩进行表现。前者雕刻作为主要过程，对雕刻语言的探索、雕刻材料肌理的选用、雕刻手法的选择，均为造型表现的重要组成部分。而敷色只是为了加强雕刻的艺术效果；后者以绘画为主要目的，壁画的形象、构图、色彩诸因素为一个组成整体，由于是彩色壁画，色彩的因素可以起到决定性的作用。前者完成后主要是以壁画所选择的材质制作美引起观者视觉的印象；后者是以壁画的色彩美使观者视觉产生共鸣。看来现代彩色壁画中雕刻制作敷色与绘画两种形式在视觉上有本质的不同。以此分析，汉画像石、画像砖敷色与汉墓壁画彩绘本质上也有差异，汉画像石、画像砖同样以雕刻的语言、材质的肌理运用、雕刻方法的选择作为艺术表现的主要手段，并起到决定性作用。敷色在形成墓室的气氛、完成形象的艺术情节中也起到重要的作用。

汉画像石、画像砖的肌理与敷色是完成形象情节表现的两种方式，肌理是本质性的，它由石材、砖材质地与雕刻制作后形成了形象与情节的主体构架，敷色则进一步加强了二者的艺术主题表现。

二 几何形、图案与运动特点

艺术是人类感情的表现形式，艺术与情感有密切的联系，感情载于一定的形式进行表现。克莱夫·贝尔在讨论南美洲神秘而又庄严的艺术后，精辟地指出形式“具有三个共同的性质——没有现实的再现，没有技术上的装模作样，唯有给人异常深刻印象……”① 一般来说，形式是非再现性的线条和

① ［英］克莱夫·贝尔（周金环、马钟元译，滕守尧校）：《艺术》，中国文联出版公司1984年版，第14页。

色彩的组合，是题材内容的外在表现。如何通过视觉式样对所表现形象进行比较，分析与归纳，这是形式所要面临的主要问题。汉画像石、画像砖艺术充满了形式感，无论刻画动物或人物形象，均用特定形式——几何形和图案表现方法。为揭示形象的本质多用概括的几何形手法。汉代的画师工匠对大自然物象中的各种形状信手拈来，均可作为几何变化的依据。如圆形、三角形、方形、菱形、弧形、不规则形，它是生活中具体感受的图像形体认识。汉画像石、画像砖开始是以几何形画像出现的。在山东枣庄小山 M3 石椁墓，画像中同心圆、鸟与树均以几何形表现（图 45），呈现简洁概括的整体形象。洛阳出土的画像砖以几何形作为基本的图像形式（图 115），画像极为规整。在发展过程中，南阳汉画像石动物画像几何形特点明显：日月同辉画像（图 93），阳乌的翅、尾均为清晰的几何形，身段则更大胆地处理成圆形，既和相连的几个几何形形成对比关系，又与后面的月圆相呼应。蟾蜍呈

图 115 河南洛阳汉画像砖几何形画像 （拓本）

椭圆，几个圆对比，出现节奏变化；兕画像（图 107），全身均由较规则的几何形组成，以眼的圆形、角的正三角形最为突出，表现了兕的凶猛和威力。其他画像的动物表现也多趋于几何形的归纳，使画面呈现动物世界的阳刚之气。图案表现方法来自先秦青铜雕刻与漆器装饰的影响。西汉早、中期的山东、苏北画像石椁墓、南阳汉画像石墓均以画像始在石面上作图案式排列，达到画像石的装饰效果，西汉早、中期的郑州、洛阳画像砖也呈现了这种图案样式。在对形象的认识与刻画中，图案表现呈规则与不规则的两种情况发展。山东、苏北、皖北、豫东画像石、郑州、洛阳画像砖多呈规则性发展，武氏祠画像按规则性图案特点，整齐排列画像内容，是规则性表现代表

作品（图 116）。南阳与四川画像石、画像砖多呈不规则性发展。在南阳汉画像石、画像砖中，利用图案组成具有艺术形象感的画面，对图案与形象进行分析，确定变化的形式与方法。首先把简单规则的形象单元变化为复杂不

图 116　山东嘉祥武氏祠左石室后壁小龛西壁画像　（拓本）

规则的形象图式，以对称均衡达到图案的统一，其次以变化的小整体形象单元重复出现，凸显复杂的形象图式。南阳沙岗店画像石投壶画像，中间的壶与鼎、两个投壶之人近似于对称图形，两旁投壶失败喝醉者与观看投壶结果者成均衡图形，呈变化的图案式排列（图 117）。新野画像砖套壁画像，呈现了较复杂的形象变化。画面上部两横线中间的两直线应为坠带，形成了图

图 117　河南南阳沙岗店出土汉画像石投壶画像　（拓本）

案的横竖图案骨架，坠带两边从上至下分别为布结、套璧、坠带下部下垂部分，布结与套璧严格对称，坠带下垂部分作均衡处理（图 118）。一般来说，对称与均衡可以产生一种较为轻松的心理反应，它给一个形象注入平衡、匀称的特征，从而使观看者大脑两半的神经作用处于平衡状态，满足了眼睛与心理活动的平衡需要。在具体处理中，如果过分强调对称，套璧必然僵硬缺乏生动感，因此套璧上部的布结、中部的套璧不是左右严格对称，下部的坠带图形自由活泼，在变化中求得套璧画像的图案稳定感。方城画像砖双鹤画像，两鹤曲颈相鸣，图案变化简洁生动。汉人的观念按照阴阳交合，循环往复，使生命存在于和谐之中，南阳画像石、画像砖的动物图像多出现同向或向心的表现形式。同向多表现在日月星宿图像中，阳乌和蟾蜍都朝一个方向运动，虽然没有显示出画面中的聚合点，但周而复始的运动使越出画面的空间循环更具有形式作用和意义。其他动物图像均向画面中心聚集作用力。横幅的兽斗图像，双方对峙力量趋于中间而和谐，场面宏大则使用均衡方法处理。唐河针织厂汉画像石墓虎吃女魃画像，穷奇、女魃、虎、熊形象组成循环状，自然构成了向心形式。竖幅画像利用形体本身的聚散，取得画面的均衡统一。

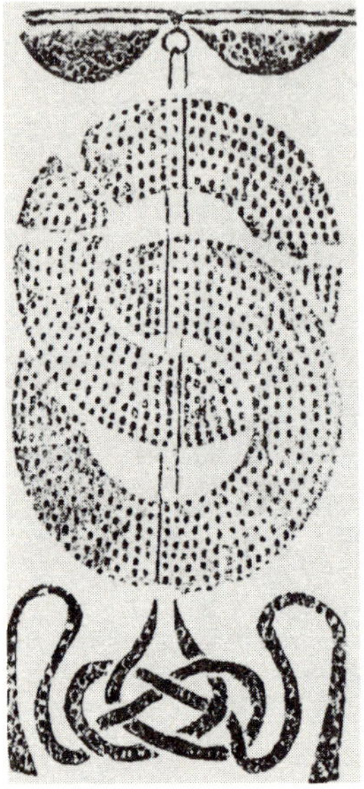

图 118　河南南阳新野张楼汉画像砖墓套璧画像　（拓本）

运动状态的表现

运动，是视觉最容易注意到的现象。中国古代哲学精粹《周易》的宇宙观给古人以极大的影响，行云、流水、雷鸣、风啸等运动的自然现象，都成为神秘宇宙的表现素材。同时动物有人所难以企及的生理运动，它们挥洒自如，成为宇宙阴阳二气之间的运动精灵，也成为人们向往的精神偶像。动物的运动速度和力度一直受到汉代人的赞赏。在现实生活中，一年四季的交替，白昼黑夜的变换，风雨雷电、江河激流的自然运动均受到汉代人的崇尚。汉画像石、画像砖借助动物运动表现时代精神，所以充满了运动感。龙是动物中刻画运动最成功的形象，它登天入地行走如流云，躯合盘旋如群山，既灵动异常，又富有爆发力。龙造型给各种动物运动找到了变化的依据。南阳汉画像石的动物表现最为生动：麒麟岗汉画像石墓的麒麟、飞廉、穷奇、赤罴、玄狐（图 119）、飞鼠均以飞动的姿态出现；引风庄画像石斗牛画像，牛低附的头、隆起的颈、着地的三个蹄在聚集着力量，腹的收缩、臀的微跃、后蹄和尾的扬起显示着向前的冲力。这种运动行如流水，能够生动地展现出自然力的神秘与活跃，形成的冲击力给人的心灵留下深刻的印象。飞速的运动感使汉画像石、画像砖的创造观念得到了极大的发展，形成了整体流动的虚灵空间，体现出汉代人的生命和信念，运动的速度也倍受汉代人赞赏。在视觉艺术中，有时仅仅是视觉形状向某些方向上的集聚或倾斜，这时传递的是一种理念，一种追求，而不是一种具象的存在，包含的是一种具有扩张性的张力。山东微山出土的西王母汉画像石，西王母居中端坐，由肩生的羽毛与两只青鸟组成画面四方的放射线，显示西王母形态的扩张神力。这些放射线由不同的形体组成，上面的两个放射线由云状的羽翼形成，下面的两个放射线由两只青鸟的长尾与两侍者的人首蛇身盘旋而成，西工母身体在上又释放出极大的力量（图 120）。这是汉画像石、画像砖运动画像表现的另一形式。南阳汉画像石枭鸟、门吏（图 121）

图 119　河南南阳麒麟岗汉画像石墓玄狐画像　（摹本）

图 120　山东微山两城西王母画像　（拓本）

图 121　河南南阳七孔桥出土汉画像石枭鸟、门吏画像　（拓本）

画像，下一门吏执盾、上一枭鸟，鸟喙自左向右，鸟翅左方团块肥大，右翅窄小，左腿微起，右腿着地，中间正圆形身子连接各个部分。执盾门吏两手抬起向上有一作用力，至枭鸟左下方，循身体而向右方运动，直至枭鸟右方上面。视觉的张力使人们感到枭鸟在无限制地运动。点、线、面是视觉艺术表现的手段。运用视觉艺术的创造意向使空间扩大，使画面增加运动和力度，无疑是汉画像砖、画像石艺术的一种可贵的尝试。

三　相对表现与节奏形式

（一）相对表现

汉画像石、画像砖的表现形式愈来愈引起人们的关注，有专家认为汉画像石中表现孔子与老子、周公辅成王、荆轲刺秦王等大量历史故事以及孝子故事时运用写实的再现手法；伏羲、女娲、西王母等表现黄老思想的远古神话运用想象的手法；表现麒麟等祥瑞形象运用了意象的表现手法。[①] 笔者认同在汉画像石、画像砖题材内容表现上的这种科学分析与认识方法。如果调整角度，从艺术形式分析，汉画像石、画像砖的相对表现方法显得尤为重要。

汉画像石、画像砖题材广泛，远古神话、天文星象、祥瑞图形、社会生活无所不容，它们均以丰富形象呈现在视觉感知内。透过表象，我们可以看到汉代的一种审美形式。这种形式打破了物化自然的一般概念，不断地超越着现实意识，形成艺术的自由表现。

爱因斯坦的相对论给我们指出了相对研究事物的方法论。艺术发展史早就总结了艺术相对表现的历史进程，艺术制作中看到的那种“现实”，是艺

① 参见张道一《深沉雄大的砖石精神·汉画像石和画像砖的艺术成就》，李砚祖主编《艺术与科学》，清华大学出版社 2006 年版，第 5— 6 页。

术家意志的产物。艺术所表现的对象并不应是“现实”，而是艺术家所看到的“现实”。新石器时代岩画的人物（图版十六）按照原始人对自身的认识与理解，进行相对表现。先秦楚墓的人物帛画、人物木雕（图122）均为不同地域、不同审美趣味的艺术工匠对自己所表现物象的不同解释，追求一种“现实”的艺术精神。

图122　湖北荆州天星观2号墓出土凤鸟羽人木雕　（照片）

马蒂斯精辟地指出了物象相对的艺术表现方法：“表现事物有两种表现方法：一种是原本原样地去表现它们，另一种则是艺术地把它们传写出来。”[①] 夸张是艺术采用的首要方法。古希腊雕刻的现实主义的杰作，拉奥孔群像（图123），传说是诸神派两条巨蛇从海里出去把拉奥孔和他的两个儿子缠死。在这个故事里，无辜的受害者因为讲真话而受难，艺术家没有表现这种恐怖，而是用一种永恒的群像雕塑方法，用夸张的方法表现全身紧张绷紧的肌肉，高尚而具有献身美的面容，用理想化的写实主义很好地处理了创作中的现实人物问题。秦兵马俑人物（图124）意在对秦始皇的部队进行写实刻画，但在艺术表现中，人物形象依据秦国将士的典型相貌、姿势塑造。对于人物的面部与服饰，舍弃不必要的细节，夸张能够表现精神气质的细节，如面部五官和胡须、服饰盔甲的体积感表现。汉画像石、画像砖表现的也是相对艺术思维，其雕刻手法，其材质与制作过程决定它选用相对表现的艺术手法。在具体表现形式上要采用夸张变形手法，不夸张不足以表现胸中的雄壮逸气，不变形不能够表现世间的神灵万物，以使用大胆夸张变形的方法表现画像中生动的形象。

所谓夸张，是对视觉事物本质进行大胆表现。客观世界中的本质和表象，首先是去掉表象，待本质彰显后根据艺术需要进行适意的变形，变形是艺术形象完成的关键一步。

在汉代人看来，动物和人一样有思想、有感情、有灵魂。此外，动物中

① ［英］赫伯特·里德（刘萍君译）：《现代绘画简史》，上海人民出版社1979年版，第25页。

图 123　希腊雕刻拉奥孔群像　（照片）

图 124　秦武士俑　（照片）

的超人现象，使人类望尘莫及。猛兽力大无穷，鸟类展翅高飞，被视为神秘精灵。因此在汉画像石、画像砖中，动物形象多被夸张变形表现。在自然界的动物、以动物原型变化了的动物、主观想象动物三类动物形象世界里，自然界的动物已开始强调其精神属性，对其形象进行了适度的夸张。以动物原型变化了的动物已进行精神属性的深入表现，主观想象的动物开始进入意象的创造阶段。浙江海宁汉画像石墓前室北壁的门楣画像对这三类动物形象进行了夸张变形描绘，在长 3.10 米、高 0.22 米的画面里，自东至西饰刻执撞举剑骑士、嘉禾、田地、天马、朱雀、嘉禾、朱雀、嘉禾、天鹿、似猴的动物、青龙、嘉莲、白虎形象。我们对天马、似猴的动物、青龙形象（图 125）进行分析，似猴的动物可视为自然界的动物，它两手拉着青龙尾巴嬉戏，且随着青龙飞翔，其形象已变成头小身大、四肢修长，有神灵的感觉。天马是由动物原形变化了的动物，马头上有独角、马身上有飞翅，已成为天空中的神马。青龙当属于主观想象的动物，它牛头（或马头、扬子鳄头）、象鼻、鹿角、马鬣、蛇躯、鳞身、鳄棘、鱼尾、鹰爪、鼍足[①]。青龙“在这里所选取各种动物的每一个部分，均为动物世界的特殊构成部分，呈现一定的性格美感。将其集为一体，必须抛弃这一组成部分的精神属性，如牛头不再是善良温存，而是代表龙体昂起的首

① 参见王大有著《龙风文化源流》，北京工艺美术出版社 1988 年版，第 77 页。

图 125 浙江海宁汉画像石墓前室北壁门楣似猴动物、青龙画像 （照片 局部）

要部分，鳞身不再是鱼类的一种装饰，而创造了身材扭动呈现幻觉色彩的神话意识”①。在这幅画像中，天降祥瑞，各种形象的动物、人物及瑞木嘉禾共同受用，它们均夸张变形成为神灵物象。

现实生活中人物的夸张变形在不同地域有不同特点。南阳承楚风，画像石、画像砖人物形象皆取楚画细腰传统，拉长变形。有些画像细节省略成了拉长的线形组合，但变形不失原来面目，达到赏心悦目的作用。山东儒家思想浑厚，对武氏祠风格画像人物形象进行加宽变形，使之成为不同体块面相互连接的厚重稳定形式，达到教化后人的强调作用（图 126）。

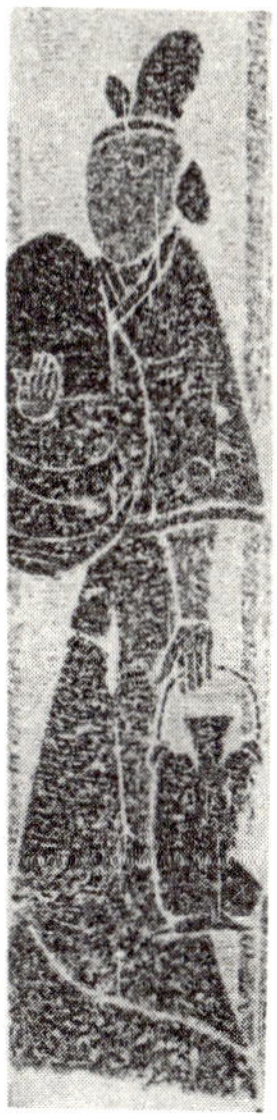

图 126.1 河南南阳汉画像石人物形象 （拓本 局部）

图 126.2 山东嘉祥武梁祠人物形象 （拓本 局部）

① 黄雅峰：《南阳汉画像砖石的视觉造型》，河南美术出版社 1994 年版，第 24 页。

（二）节奏形式

原始艺术的表现方式是自由的，但在青铜艺术中，青铜器作为祭祀王室祖先的礼器，以象征宗教与社会的两方面含义，表现了一种被压抑的力量，又呈现庄重的形式。汉画像石、画像砖艺术削弱规则、放松模式，则以比较自由的表现方式贯彻始终。在画像石、画像砖中我们看到各种形象的组合方式，它们汇聚于一堂，有着自由的空间，把生动的变化带入具有生命气息的场景之中。

接让，是指相互的组合关系，是造型形象外在形式的具体联系，同时也是形象外在形式的各种因素，如肌理与刻纹、线条与色彩，是这些因素组成画面情节的具象形式。汉画像石、画像砖完美地处理了形象之间的各种接让关系。

明确的接让关系。汉画像石、画像砖表现各种形象之间的明确联系，采用了顾盼有致，张合有度的接让关系。浙江海宁汉画像石墓前室北壁的高祖斩蛇画像，我们仅取蛇、高祖及前面的一个随从看画面形象的接让关系。青蛇居左，身体蜷曲两圈，似憋足了全部力气，将蛇头伸向中间的高祖，蛇尾与其呼应并支撑起身体。中间的高祖行走时突然迂蛇攻，躯体后倾，昂首向前，两腿一伸一屈，支撑起躯体，一臂前伸举掌，一臂后伸举剑，从容应战。右边的侍从见主人有危险，倾身举掌跨步向前，躯体与高祖平行，臂、腿伸曲与高祖臂、腿动势呼应，共同产生出抗击青蛇的力量。在画面上，青蛇、高祖、随从三个形象动势大、力量猛、爆发力强，形成一瞬间的紧张场面。接让关系处理的好使画像形成了生动的故事情节（图 127）。

图 127　浙江海宁汉画像石墓前室北壁高祖斩蛇画像　（拓本　局部）

微妙的接让关系。汉画像石、画像砖经常表现一些比较安静的形象场面，在画面上，各种形象安静地排列组合在一起，没有相应大的动作。但仔细分析，形象的安静中蕴藏着生动的变化。河南南阳新野汉画像砖侍女画像，三侍女头饰相同，胸前束手相同，细腰衣裙处理相同。不同的是由于前倾而造成身体重心变化。左边侍女细腰后倾、胫前倾，似表现侍女准备行走姿势；中间侍女细腰与胫均较直立，表现侍女开始行走中的状态；右边侍女细腰前倾，胫向前微倾，表现侍女已经行走中的情景。三个侍女排列在一起，以微妙的身体变化表现了侍女在墓室的行走活动，三侍女由于身体前倾而造成的人物重心变化不同，左面侍女呈直立状，中间侍女腰肢扭动正准备行走，右边侍女已在行走，表现了侍女由直立到行走的过程分析图，它是由形象的相似性和变化的连接性组成的知觉整体，显示出微妙的韵律变化（图128）。

图 128　河南南阳新野汉画像砖侍女画像　（拓本）

艺术形式在形象关联中产生。鲁道夫·阿恩海姆指出：“在绘画、雕塑和建筑中，凡是那些把一件物体与另一件物体或是把同一物体的各部分间隔开来的空间距离，都会受到这些物体的整体或部分的压缩，同时还可以反过来压迫这些物体的整体和部分。”[1] 汉画像石、画像砖在众多形象的表现过程中，对于各个形象之间的空间距离往往是通过形象本身的顾盼与张合，以形象间的互相联系填补这些空白。这种填补不是量的增加，如多刻画形象，而是质的提高，即如何寻找形象的内在本质特点，用一种意象的方法表现形象的接让关系，这样就产生了节奏的表现形式。节奏是一种意识表现，是意到笔不到的思维感觉。它产生于汉画像石、画像砖相对表现的认识方法。

第三节　形象的内容

一　形象内容分类

形象构成了画面的表现内容，汉画像石、画像砖的内容表现极为丰富。信立祥认为：“汉画像石的题材内容的分类，只能遵循这种宇宙观念，分为天上世界的内容、仙人世界的内容、人间现实世界的内容、地下鬼魂世界的内容等四大类。”[2] 按照汉代的宇宙观念，这四个世界的空间构成互相交合在一起，不能截然分开。信立祥进一步指出：“高处天穹的上帝和诸神，唯我独尊，公正无私地君临着整个宇宙，对万事万物实行着强有力的统治，维持着宇宙的正常运行次序。生活在凡间的人，尽管不能升天与诸神齐寿，但却能以死的形式摆脱苦难的现实世界。暂时牺牲到地下的鬼魂世界。在那里获得升仙资格后，再飞升到昆仑山仙界，在那里长生不老，永远过着无忧无虑的生活。”[3] 汉代人的生死观自然要反映在汉画像石、画像砖的内容分类之中，形成了思想基础。在汉画像石存在的建筑载体中，地下墓室、石祠、石阙按照这种观念，精心在不同部位设计与配置画像。汉画像砖墓与汉画像石墓有共同的设计与配置规律。庙阙、碑刻等画像石内容有所不同，表现的观念确是一致的。

一般来说，画像石的地下墓室与地上石祠、石阙画像内容的配置规律是相同的。我们选取一座典型的汉画像石墓研究具体的画像分类情况。

南阳麒麟岗汉画像石墓以门楣和横梁为界，其下多刻绘跪拜祈祷等人世间的生活与乘神龟升仙等仙界图像。其上多刻画瑞兽、神灵等天上景象。墓

---

① ［美］鲁道夫·阿恩海姆（滕守尧、朱疆源译）：《艺术与视知觉》，中国社会科学出版社1984年版，第590页。

② 信立祥：《汉代画像石综合研究》，文物出版社2000年版，第62页。

③ 同上。

室围绕亡灵升天这一主题，表现异彩纷呈的画像（图版十七）。

A. 天上

麒麟岗汉画像石墓在前室及北主室、中主室的墓顶与其壁面构筑了天上景象，图像内容包括日月星辰，天文神话和羲和、常羲四神等天界神灵。它反映了人们对宇宙自然的观测与联想，体现了汉代天文学的成就，同时也反映了儒家天人感应思想和谶纬迷信思想在民间的传播情况。如羲和捧日、常羲捧月画像等，其中比较典型的是前室盖顶石下面刻画的黄帝暨日月神画像，它是迄今为止墓葬中发现的最完整的汉代天象图（图129）。

此幅画像内容中部为居于中宫天极星中的黄帝，周围是代表四宫的四神，两边分别为阴阳主神羲和、常羲以及北斗七星和南斗六星。中间密饰云纹。画面突出了汉代盛行的阴阳五行观念。日月神羲和、常羲被刻在该墓墓顶，既有日月经天之意，又与中间五星部分构成完整的阴阳五行表达图式。图像外围的南北斗显示它们在民间信仰中已有了重要的位置。《史记》曰："斗为帝车，运于中央，临制四乡，分阴阳，建四时，均五行，移节度，定诸纪，皆系于斗。"[①] 东汉以后，早期道教宣扬南斗注生，北斗注死，进一步将南北斗神化。中国古代宫廷的观测天象往往是为政治服务的，天文图像表达的不是天象而是人文观念。

B. 仙界

神仙思想在汉代得以发展。方士们投帝王所好，制造出长生不死、羽化升仙的仙话，在民间产生了广泛的影响。麒麟岗汉画像石墓反映仙界的画像有东王公与西王母、仙人乘龟等。如在大门二门楣正面雕刻的东王公西王母画像，东王公与西王母端坐在云端之上，中间刻一龙作飞腾之状，旁有羽人、蟾蜍、仙人。昆仑仙山是汉代人认为的一方净土，有执掌不死之药、管人生死之权的神灵西王母。东王公，是汉代传说中东方的大神，与西王母对称。这幅画像采用空缺、虚幻的处理方法，显示出仙界的玄奥。

伏羲女娲据说是始祖神、生死神，具有多种功能，伏羲发明渔猎工具、八卦，女娲补天造人。由于他们能再造生命，因而受到渴望长生不死的汉代人的特别尊崇。麒麟岗汉画像石墓中伏羲女娲的形象动态大体相同，并与高禖同时出现（图130）。伏羲女娲代表着一阴一阳，与高禖在同一画面，则暗示高禖促使伏羲女娲交合，表达了墓主人希望生命得以延续和再生的愿望。

---

① 司马迁：《史记》，中华书局2005年版，第1117页。

图129　河南南阳麒麟岗汉画像石墓黄帝暨日月神画像　（摹本）

图130　河南南阳麒麟岗汉画像石伏羲女娲高禖画像　（摹本）

升仙是汉画像石墓的中心内容。麒麟岗汉画像石墓中有生动的羽人画像、飞廉画像等。羽人即仙人，长生而不死，羽人的职能是向凡人提供长寿之术所需要的仙药，如仙丹、灵芝之类。《论衡·雷虚篇》说："飞者皆有翼，物无翼而飞，谓仙人。画仙人之形为之作翼。"又云："图仙人之形，体生毛，臂变为翼，行于云。"[①] 羽化成仙，就可以自由出入于天地之间了。飞廉类龙而躯短，也是乘驾飞升的神兽。《楚辞·离骚》云："前望舒使先驱兮，后飞廉使奔属。"王逸注曰："飞廉，风伯也。"《淮南子·椒真训》云："若夫真人则动溶于至虚……骑飞廉而从敦圈。"高诱注："飞廉，长毛，有翼。"麒麟岗汉画像石墓的飞廉形象异常生动。

C. 人间

无论天界，仙界，还是冥界，都是人们根据现实生活的场景生发想象而来，因而都脱离不了人间烟火的痕迹。麒麟岗汉墓汉代画像石中反映汉代贵族生活的画像极多，且内容庞杂，有墓主人（图 131）、侍者、侍婢跪拜等画像。

舞乐百戏也是汉画像石中经常表现的内容。百戏是盛行于两汉时代的一

图 131　河南南阳麒麟岗汉画像石墓男墓主人画像　（摹本）

① 王充：《论衡·雷虚篇》，上海古籍出版社 1990 年版，第 68 页。

种综合性表演艺术，集歌舞、杂技、幻术为一体。该墓三主室门楣正面雕刻的舞乐百戏画像，表现了墓主人端坐观舞的场面。

D. 冥室

汉代人认为，疾病与灾难即是鬼域作祟的结果，是升仙的大敌。所以，汉代盛行驱邪逐疫之风。麒麟岗汉墓中墓门画像大多为祥瑞、升仙、辟邪之类的内容，驱邪题材有朱雀、虎与铺首衔环，门神神荼、郁垒，执械门吏，四灵和动物神兽等。其中该墓赤罴、护墓方相、兕等画像具有代表意义，以方相氏为题材。《周礼·夏官·方相氏》云："方相氏，掌蒙熊皮，黄金四目，玄衣朱裳，执戈扬盾，帅百隶而时摊。"在汉代的大傩之仪中，打鬼的头目方相氏即扮演成熊的形象。《汉书·礼仪志》中"大傩"条曰："先腊一日，大傩，谓之'逐疫'……方相氏黄金四目，蒙熊皮，玄衣朱裳，执戈扬盾，十二兽衣毛角。中黄门行之，冗从仆射将之，以逐恶鬼于禁中。"[①] 方相氏实际上就是一位巫师头目，他在大傩活动中不仅要装成熊的模样，而且还率领十一位由人装扮的神兽跳起驱鬼舞蹈。大傩仪式是一种巫术活动，具有浓厚的原始巫术的色彩。这种古老的巫术形式也源于楚地，熊与方相氏题材的频繁出现与楚的熊崇拜以及好巫信鬼的风俗有着自然的渊源关系。与此相类似的驱鬼逐疫活动还有驱魔画像等。兕刻画的是一种独角兽的形象（图 132），这种兽身似牛，头生一利角，肩生羽翼，作前抵之状。或为单体，或为二兽相斗，也有熊或人与之相斗的。它在墓中并不占据醒目显要的位置，往往被刻画在墓门下槛石上。从其所处的位置来看，所谓的犀兕画像应该是地府冥神形象。《楚辞·招魂》云："魂兮归来，君无下此幽嘟些垂。箱底怕九约巨，其角声鹫些。……

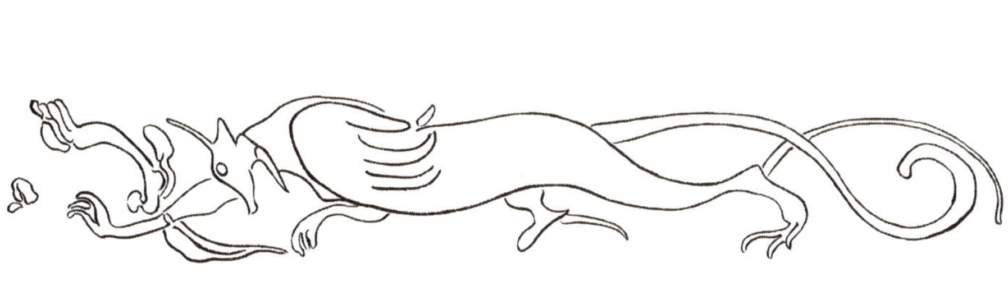

图 132　河南南阳麒麟岗汉画像石墓兕画像　（摹本）

① 范晔：《后汉书·志五·礼仪中·大傩》，岳麓书社 1994 年版，第 1391 页。

参目虎首昌，其身若牛些。”[1] 土伯一词仅见于此，所以一般人认为土伯应是楚地的地府冥神，是幽都的守护者和亡灵的保护者。汉画中的独角犀兕画像特征基本上与土伯的“利角、牛身”相吻合。而且犀兕画像在墓中的位置正是墓葬的最下部位，又与土伯为地下冥界之神职相一致。南阳曾属楚地，楚国神话中的冥神土伯形象出现在南阳汉画中也是情理之中的事。作为守护地府门户的神怪，犀兕形象被刻画在墓门下槛石上，其功能是阻挡地下厉鬼入侵墓室，保护墓主人的平安生活，反映的是子孙后代的愿望。

中国人认识和表现世界离不开“道”，往往从“道”的观点去观察、审视宇宙万象，主张天、地、人、神、万物和谐共处，其艺术上的表现手法也是天人合一，自然而亲切，神秘、幽默，富于哲理。南阳麒麟岗汉画像石墓展示了理想的生命世界。

二　形象内容的图像学分析

在传统图像的研究中，“图像学是对艺术作品题材的研究，是对图像的主题、姿态、意义进行描述和分类的方法。”[2] 把题材内容与表现形式联系起来进行分析，是图像学的科学研究方法。潘诺夫斯基认为，图像认识与表现的三种工作层次分别为前肖像学描述、肖像学分析与圣像学解释。[3] 肖像学描述、肖像学分析是对图像的风格与特点进行艺术分析，圣像学解释要对图像的意义进行释读。前一个层次是图像志分类，后一个层次是图像学研究。在图像的表现过程中，由线条、色彩描述到研究形象特点，再到对构成形象的特点进行解释，这是一个有机联系、不能分离的艺术过程。汉画像石的图像分类研究早就起步。对于南阳汉画像石的内容与形式的整体风格，滕固20世纪30年代已经论述：“南阳的俗尚自始即和山东不同而画像风格也就不得不异致。南阳人不尚理想，但事现实的享乐，这种一往无前的豪迈的性格无遗憾地发露于画像。”[4] 南阳的传统俗尚、南阳的豪迈风格使汉画像石、画像砖的人物题材个性特点突出，艺术形象鲜明生动，具有内容与形式表现的图

① 屈原：《楚辞·招魂》，陆侃如登选注《楚辞选》，中华书局1962年版，第106页。

② 邵宏：《图像学与图像志》，中国美术学院出版社2003年版，第222页。

③ 参见［美］潘诺夫斯基著（傅志强译）《视觉艺术的含义》，辽宁人民出版社1987年版，第39—40页。

④ 沈宁：《滕固艺术文集》，上海人民美术出版社2003年版，第291页。

像分析过程。根据现有资料，汉画像石产生最早的区域为山东南部及邻近区域、河南南阳及邻近区域。这两个区域的图像风格分别对全国汉画像石的发展产生影响。[①] 以视觉形式分析，武梁祠可以作为山东区域的重要代表。巫鸿认为武梁祠体现了汉代儒家的思想，具有汉代儒家艺术宇宙结构的图像配置特点。[②] 自宋代始，武梁祠的人物画像以所表现的人类历史、神仙与宇宙世界的完整性，成为古代画像的传统研究经典。武梁祠"独特的画像题材包括屋顶上的祥瑞图像、对古代史的系统表现、详尽的榜题和画赞，以及对绘画主题的精心挑选和系统分类"[③]，成为"中国艺术史上最精彩的一部'图像历史'"[④]，在汉画像的图像内容研究中有举足轻重的地位。而另一美术史论家时学颜认为河南画像以道教内容发展了其独特的图像志[⑤]。这里所指的河南画像应以南阳为代表。南阳汉画像石、画像砖墓墓葬集中，数量众多，人物画像题材丰富，与武梁祠比较，有些画像相同，但显然升仙与神异画像居多，特点鲜明。南阳汉画像石、画像砖按照巫楚与道教传统、以浪漫手法表现画像的生动性，形成了与武梁祠相映生辉的另一图像志风貌，应是中国艺术史上最为精彩的视觉图像之一。武梁祠的人物画像与南阳汉画像石、画像砖升仙神异画像的图像志风貌分别有自己独特形成过程，不同的形象内容是其主要成因。

除此之外，在黄河与长江流域不同地区的汉画像石、画像砖中，还呈现不同的图像志风貌。根据汉画像石雕刻方法的比较研究，黄河流域武氏祠凸面平整的刻法，鲁东南的沂南汉画像石墓、洛阳郑州的密县打虎亭汉画像石墓，陕北、晋西北汉画像石墓雕刻方法与此接近。长江流域南阳汉画像石的隐起刻制作方法，四川区的崖墓、石棺、石阙画像，浙北、苏南区的汉画像石与之较为相同。但是这些地域分别呈现的艺术风格与武氏祠、南阳汉画像石还有一定差别，这是由图像志的不同风貌所形成，应与组成内容的具体形

---

① 参见信立祥著《汉画像石综合研究》，文物出版社2000年版，第13页。

② 参见［美］巫鸿（柳扬、岑河译）《武梁祠——中国古代画像艺术的思想性》，生活·读书·新知三联书店2006年版，第174页。

③ ［美］巫鸿（柳扬、岑河译）《武梁祠——中国古代画像艺术的思想性》，生活·读书·新知三联书店2006年版，第230页。

④ 同上。

⑤ 参见［美］巫鸿（柳扬、岑河译）《武梁祠——中国古代画像艺术的思想性》，生活·读书·新知三联书店2006年版，第66页。

象有关。沂南汉画像石墓的民间民俗画像形象开始增加，密县打虎亭汉画像石墓的凡世生活画像形象多有出现。乐山、成都的崖墓、石棺、石阙画像，海宁汉画像石墓画像形象均明显体现了地域文化特点，分别由不同形象构成了自己的艺术风格。

三 形象的内容关联

武梁祠西壁第二层画像，刻有伏羲、女娲、祝融、神农、黄帝、颛顼、喾、尧、禹、舜、桀形象（图133）。画像横向排列，根据《史记》的相关记载，形象可分为三组：第一组三皇，伏羲（女娲）、祝融、神农；第二组五帝，黄帝、颛顼、喾、尧、舜，第三 组夏代，禹、桀。11个形象表现在10个空间单元里，前两个形象，伏羲、女娲相互缠绕，描绘在一个大的空间单元的正方形框里，其余9个形象描绘于9个空间单元，置于分别独立的长方形框中。在每一个空间单元的框的边缘以榜题写明所表现君王的德行。其形象组合通过榜题及相关的文献可以识别，同时通过图像本身也可以看到。设计者用衣冠的式样和人物的动作和姿势两种图像符号表示人物的分类。从形象的衣饰看，在三皇中，祝融与神农头上用“巾”束发，伏羲与祝融着短裳，神农穿短裤。黄帝、颛顼、喾、尧、舜五帝均带王冠、着宽松长袍。第三组夏代的禹、桀，禹戴草帽、穿短袍，桀戴华丽的帽子、着精美的长袍。尽管这些形象旁边有榜题写明了名字与德行，但是我们只用通过衣冠式样的形象分析，可以将整个画面形象分为上述的三组。第一组表现出三皇创业时代的原始与平等；第二组表示进入五帝统治的新的政治时代；第三组以禹、桀代表性地显现夏、商、周三代的君王统治。从形象的动作和姿势看，第一组伏羲右手扬起，他的右侧是诸君王形象，接着第二组、第三组，诸君王的形象均朝右方行走。这幅画像的三皇五帝、三代君王形象序列建立在内容关联的基础上，是把历史演进的过程和规律性作为形象内容关联的表现要点。在第三组画像中，选取了禹手执木铲的勤劳形象与桀坐两个美女身上的荒淫形象，并有禹右行回首看桀的形象细节，它们之间所表现的内容，一方面反映了二人的不同形象特点，另一方面表现三代君王代表性人物的美德与暴虐，总结三代君王的历史教益。

图133　山东嘉祥武梁祠西壁君王序列画像　（拓本）

图134　河南南阳麒麟岗汉画像石墓舞乐百戏画像　（拓本）

南阳麒麟岗汉画像石墓的舞乐百戏画像（图 134）的奏乐者、观赏者、跳舞者、百戏者分组后横向排列，画面舒朗大方，内容相互呼应，形象功能有机统一，成为不可分割的有机整体。它们的形式相互联系，组与组人物的表现姿势、每组人物的微妙形象变化呈现和谐的节奏关系。画像刻画了跳舞、百戏、奏乐、观赏几个相关的形象内容，同时也分别表现这几个局部内容的具体形象组成。我们首先对四组形象进行具体分析：观赏者有两组，居画面的右边与左边，右边四人，左边三人。右边四人中间二人根据所着衣冠判断，应为墓男女主人。其余二人与左边三人是观赏者还是歌唱者尚有待确认。墓男女主人左边一人是抚琴奏乐者，其右为百戏者，接着为两个跳盘舞者与弄丸者。再接右的画像模糊不清。在整个画像中，所有形象都处于舞乐百戏内容的关联中。右边男女主人与两侍者（或是歌唱者）、与抚琴奏者内容是相关联的，接着的百戏与跳舞四人和抚琴奏者、墓男女主人更为密切关联，左边三人或作为侍者观赏或歌唱，也与墓男女主人有直接联系。因此画像所有的人物形象表现的内容均紧密联系起来，形成生动的画面式样。在具体形象中，把四个动作类型分为三组，中间一组为舞蹈者与百戏表演。在这组画像中，居中为两个舞者、两旁两个百戏要者，他们是一组完整的形象表现内容。但在具体的安排中，左方舞姿轻盈的女妓与弄丸杂要的男优二人招式呼应合拍，右方舞姿稳健的男优与另一杂要的男优姿势互合，组成了两组生动的连接形象，它们之间的联系是由轻盈女妓用的长袖与稳健男优的面部朝向，还有二者的微妙舞姿而形成的。这二组形象组成一个完整的舞蹈杂要细节，又融合在舞乐百戏整个画像的场面中去。

山东沂南汉画像石墓中室东壁画像中表现有顶竿、飞刀、七盘舞、马术等杂要项目：顶竿的形象是由一人肩上顶一长竿，长竿上面顶一人在绕竿转动；飞刀的形象是由人弓步要接树把飞刀；七盘舞的形象是一人在快步踏七盘起舞；马术的形象是一人在马上倒立要术。这些形象分居中室东壁，但这些形象的内容相关联，组成了该壁面的杂要画像内容（图 135）。

四川雅安高颐阙右阙第四层构石画像（图 136），描绘阙主高颐在西王母使者迎接下升仙的情景。画面左边第二个正面直立的较小之人，应为阙主高颐，他衣带飘飞，正在受西王母的使者迎接升仙，那些使者形象高大，举幡执板，队伍浩大。画面上各种形象特点明显，升仙的内容使形象之间相互关联。

武梁祠的君主形象序列依据西壁规整的画像分格确定位置，然后通过衣

图 135　山东沂南汉画像石墓中室东壁杂耍画像　（拓本）

图 136　四川雅安高颐阙右阙第四层构石画像　（拓本）

饰与姿势朝向变化组成形象的静态内容关联。南阳麒麟岗汉画像石墓舞乐百戏画像位于南、中、北三主室的门楣，以自由的舞乐百戏形象娱乐墓男女主人的灵魂，因此形象活泼、内容生动，组成形象动态的内容关联。形象内容不同的关联方式，使武氏祠与南阳汉画像石表现出不同的图像风格。

与武氏祠相比，沂南汉画像石的形象内容有所变化，增添了民间色彩，形象内容逐渐生动起来。雅安高颐石阙阙主升仙画像以形象大小的变化来组成升仙内容的关联，画面呈现出神圣感觉，这是由于石阙庄重建筑装饰特点决定的。沂南汉画像石墓与高颐石阙形象表现分别是武氏祠与南阳汉画像石的风格发展。

第四节 情节

一 形象结构、形式、内容关联的统一性

前面分别讨论了汉画像石、画像砖形象的结构、节奏形式与内容关联诸多问题。在我们看来，形象的结构是研究的基础，要清楚认识到汉代人对于形象的生命认识，要认真观察动物与人物神灵形象在表现世界的重要作用。形象的节奏形式由三方面组成：肌理与敷色组成材质模式；几何形、图案与运动特点构成表现样式；相对与结构表现显现意象观念。两种样式与一个观念融合，呈现出鲜明的节奏形式。形象的内容关联凸显其图像志风格，不同地域的画像石、画像砖图像特点明确，呈现不同形象的内容关联。只有在观察与研究过程中，把形象的结构、节奏形式与内容关联进行综合、化整为一，才能认识与理解汉画石、画像砖形象的“主题”、“姿态”与“意义”。伯顿·沃森指出：“对于中国人，特别是对那些认为社会和自然界有着森严等级的汉代人来说，形式与意义是同义的。西方人很难想象这种观念对中国文字形式影响的程度。虽然我们有时会觉得中国人试图从古代文学作品的形式和秩序中探索意义是异想天开和勉为其难的，但是我们必须记得这种观念的确存在，至少在汉代是这样。”① 汉代人对事物的认识是宏观的，记录与表现的形式是综合的，当时的用纸并没有普及，汉画像石、画像砖通过砖石对汉代社会进行记录，完成其综合艺术表现的使命。汉画像石、画像砖所表现的意识与形象极其广泛，它不但反映了整个汉代社会，并且表现了丰富的神话世界。在汉画像石、画像砖中形式意义是同义的，意义是由形象的内容关联展开的。形式在意义中产生，意义通过形式得到阐述。因此形式与内容关联是统一整体，它们都是依靠形象而产生的。

在汉画像石、画像砖中，经典的画像能够揭示出汉代社会的本质特征。巫鸿认为武梁祠“这部画像历史从人类的发端开始，以武梁本人的‘图像签

① B. Watsan（沃森）. Grand Histcrian of China. New York：*Columbia University Press*. 1958：102.

名’结束。两部最伟大的汉代历史著作《史记》和《汉书》具有相似的结构”①。《史记》与《汉书》以文字记录历史，武梁祠以图像叙述历史。巫鸿进一步分析《史记》的重要特征及影响：对朝代更迭的线形描述；创造了以个人或成组人物构成的“纪传体”形式；营建了“本纪”“世家”和“列传”的通史总体结构；相应文体表现历史学家的观点。四个方面的原则对武梁词画像中的画像历史叙事提供了基本的框架结构。② 以这些原则书写的《史记》，大量对人物进行记叙，去描述人物形象的社会角色、意识形态与道德品行，从而产生出丰富的情节。武梁祠画像创作以《史记》作为蓝本，把文字转化为图像形式，用视觉语言刻画人物形象，以节奏形式与内容关联表现生动的情节。

武梁祠把武梁本人形象放在左壁画像结束时的左下角，显示武梁对武氏祠画像表现“画像历史”的清醒认识，汉代儒生只是历史沧海中的一粟。南阳麒麟岗汉画像石墓是地下墓室，是墓主人的灵寝之处。因此男女墓主人形象位于中主室与北主室东壁的重要地方。围绕墓主人的画像，在墓门、前室、北、中、南三主室表现了极其生动的画像，其中天文星象、神话传说、舞乐百戏、凡世生活中的各种形象刻画入微，以鲜明的节奏形式和丰富的内容关联展现了完美的情节变化。

二 情节

汉代人有宏大的气魄，汉画像石、画像砖中将动物、人物、神话、历史、现实打成一片，用隐喻手法生发出神奇的想象空间，来表现汉代人的追求。马克斯·米勒认为：“在我们人类的历史上必须且确实有过这样一个时期，那时，任何超出日常生活的狭隘视野的思想都非得借隐喻手段才有可能表达出来，并且这些隐喻那时尚未演变成今天这个样子，也就是说，还不是像我们眼中那样只不过是俗成沿袭下来的一些说法罢了，它们仍然半是按照其本来特性，半是按照其改变了的特性而被感受和理解的。”③ “隐喻”是以一种观念表述另一观念的方法，是要根据事物的特性去进行想象。艺术活动

① ［美］巫鸿（柳扬、岑河译）：《武梁祠——中国古代画像艺术的思想性》，生活·读书·新知三联书店 2006 年版，第 230 页。

② 参见［美］巫鸿（柳扬、岑河译）著《武梁祠——中国古代画像艺术的思想性》，生活·读书·新知三联书店 2006 年版，第 168—169 页。

③ ［英］马克斯·米勒：《语言科学讲演集》，1985 年版，第 372—376 页。

的原动力，乃在于艺术家要表现他面临之实在的感应，即为参与人类的直觉活动。然而直觉和表现之间横有一道鸿沟，只有充分运用想象的艺术家才能越过。汉画像石、画像砖在思维与表现过程中既注重具体的形式，也赋予了深邃的思想。阿道夫·希尔德勃兰特指出："无论知觉形式是这样或是那样，都取决于总体的情境，而且像情境本身那样，可能是稳定的或者经常变化的。"[①] 这种总体的情境产生了情节，如宗白华言："美与美术的特点是在'形式'、在'节奏'，而它所表现的是生命的内核，是生命内部最深的动，是至动而有条理的生命情调。"[②] 情节是由生命内部的情调而产生的，它是艺术作品的至高境界，由形象的节奏形式与内容的相互关联而形成的。武梁祠画像使我们看到了汉代儒家美术的图像学配置。儒家思想认为宇宙能够解释与包括一切，它有物质与形而上的两面性。在它包括范围里的物象合理地纳入一个基本的隐喻性范畴中，才能够去解释所有的物象。巫鸿认为："在武梁祠画像中，故事和征兆的画像来源于图籍和其他流行画集。这些图籍中的素材既隐喻着抽象的观念，又是表达个人思想的参考书和索引。"[③] 在武梁祠，征兆画像放在了屋顶，历史人物和故事画像放在了墙壁，神仙画像则放在了山墙。征兆画像隐喻着天界，历史人物和故事画像隐喻着人间凡世，神仙画像隐喻着神灵世界（图 137）。武梁祠的天界与人间凡世是依靠神仙世界联结在一起，武梁祠的祠堂内部空间装饰隐喻着儒家的宇宙观观点，同时也表达武梁本人的思想认识。"驾青虬兮骖白螭，吾与重华游合瑶之圃"[④]，楚辞对神灵的表现越过了这道鸿沟，以感性形式产生联想作用，引起了人们的审美共鸣。作为视觉艺术形式的南阳汉画像石、画像砖，其艺术表现不仅仅是一种隐喻想象，它同时又是具体的形象再现。对于现实人物形象的表现层面，南阳汉画像石、画像砖出现了不少墓室主人及各种人物画像，以此隐喻汉代人视死如生的观念。在神话人物表现层面，南阳汉画像石、画像砖极力表现和灵魂共处、与人同类的神灵，却不表现人的直接形象，这是认识过程的一个飞跃。画像按照人的本来特性，加上某种特殊的媒介，产生出新的

① ［德］阿道夫·希尔德勃兰特（潘耀昌等译）：《造型艺术中形式问题》，中国人民大学出版社 2004 年版，第 17 页。

② 宗白华：《美学散步》，上海人民出版社 1981 年版，第 99 页。

③ ［美］巫鸿（柳扬、岑河译）：《武梁祠——中国古代画像艺术的思想性》，生活·读书·新知三联书店 2006 年版，第 249 页。

④ 屈原：《楚辞·天问》，姚鼐纂集，胡士明、李祚唐标校《古文辞类纂》，上海古籍出版社 1998 年版，第 672 页。

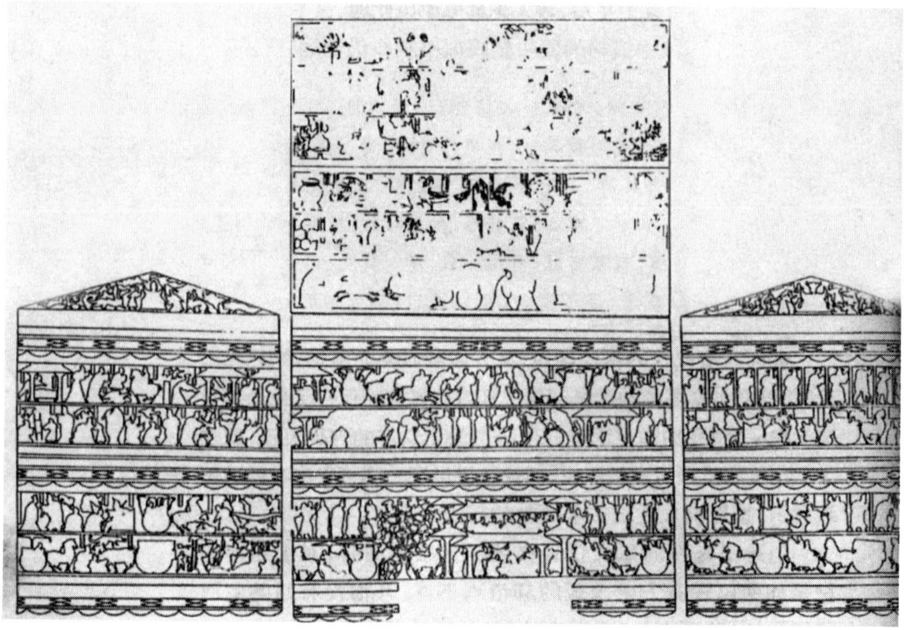

图 137　山东嘉祥武梁祠屋顶、山墙、墙壁画像位置图

视觉形象。伏羲、女娲取人面人身而增添蛇尾，或人面蛇身和蛇尾，有些画像还出现兽爪。常羲、羲和画像，亦人身蛇尾，且尾部交错互生，使其捧举的月、日有循环之感。在他们的周围常有奇禽、异兽、仙人等作跪拜或侍奉状，衬托了神灵的崇高地位。东王公、西王母周围都衬以玉兔和羽人，使画像顿生灵秀之感。方相氏画像借动物的精神属性和形象特点隐喻表现人的神态，近于人形而又熊躯熊首，取熊姿赋予人意，取熊力赋予人的智慧，使方相氏在两类形象两可之间，成为眼观四方、降邪灭佞的精灵。而神荼和郁垒画像，身材为人形，面部取饕餮的符号形象，动作概括生动，凶猛威严、威震墓室。形象怪异的墓室守护神人首虎身兽，人首虎身，尾上亦为三人首，四首皆戴冠。众多的神灵人物形象斑驳灿烂，显现了南阳汉代画师工匠超凡的隐喻想象能力。隐喻想象使汉画像石、画像砖人物画像具有动人的情节，极大地丰富了汉画像石、画像砖图像式样，在传统图像的研究中有重要的作用。

在汉画像石、画像砖中，一切物体处于一种美的状态，组成有节奏的生命存在，从而创造和谐境界下的生动情节。然后对组成情节本质特点的细节进行概括处理，致使呈现共性特点，利用艺术规律进行再创造。

情节表现形成了汉画像石的生动性，即使同一题材内容，不同区域的情节表现多有变化。秦始皇泗水捞鼎的故事汉代广为流传。鼎是重要的礼器，是贵族身份与权力的象征，鼎的早期记载在东周时期的《左传》：“昔夏之万有德也，远方图物，贡金九牧，铸鼎像物。”三代更迭演绎成了鼎的传承作用，形成鼎的象征意义。关于捞鼎的具体内容，《水经注·泗水》记述，鼎周亡时落沉河中，秦时水落鼎出，秦始皇派千人捞鼎，鼎被捞出时，一巨龙咬断绳索，鼎又复失。在画像石、画像砖中出现了不少这类画像。武氏祠左石室东壁捞鼎画像（图 138.1），画像象征性地出现桥身、桥洞，桥身之间并连接，大概桥身之间形成的空间表示鼎能从此捞出，从画面上看，桥身与桥洞是两个视点形成。桥上有一列人物在观看指导，桥洞左右分别有二列人物在用力拽鼎，桥上两只船上的人物在用杆支撑已捞起的鼎，也有水鸟飞翔在鼎的下面，为防鼎落下进行空间填补。上述这些人物动物形象都直接为捞鼎而操忙。画面左方静止的马车及人物、水中捕鱼人物和鱼及水鸟图形填补了整个画面空白，间接起到作用。武氏祠右石室的捞鼎画像画面比较理智，情节比较平静。形式如武氏祠的排列整齐图案类型，象征性的出现车骑出行、立在木制高台上的人物、捞及龙咬鼎索的场面，画像感觉是静态的。山东孝堂山郭氏祠泗水捞鼎画像（图 138.2），画面构图、人物形象组成与武氏祠右石室基本相同，只是具体形象的表现稍有区别。山东微山沟南村出土石棺第三石泗水捞鼎画像（图 138.3），图案式排列更为清楚，没有桥身，而以两竖线把桥洞分开，使鼎有上升的空间。按照时间顺序，这几幅泗水捞鼎画像按照时间划分，最早为微山沟南村、其次孝堂山郭

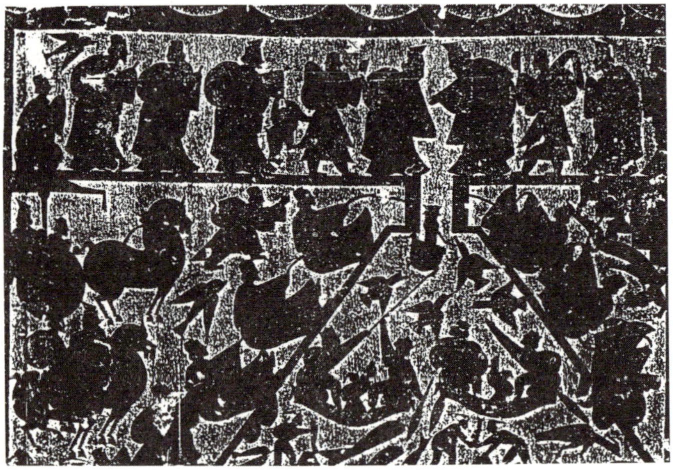

图 138.1 山东嘉祥武氏祠左石室东墙泗水捞鼎画像 （拓本）

图 138.2　山东长清孝堂山郭氏祠泗水捞鼎画像　（《金石索》之木版摹刻本）

图 138.3　山东微山沟南村出土石椁第二石泗水捞鼎画像　（拓本）

氏祠、最后武氏祠。由此可见在一个区域内同类画像的变化过程。武氏祠为以儒家的宇宙观的图像情节表现设立了一个基本的框架，其形式深受地域文化影响。南阳汉画像砖捞鼎画像表现的内容是相同的，但是由形象所组成情节表现不同，新野樊集汉画像砖的泗水捞鼎画像（图 139），画面中部刻划一拱桥，拱桥下面以两个斗拱支撑，拱桥上面有两层栏杆，桥身上用黑圆点进行装饰，桥两旁还有两个高耸的似装饰之物，拱桥的整体形状与细节表现均臻完善，成为捞鼎场面展开的生动载体。桥的中部为二人鼓舞与上桥的车行，两旁有拉鼎的四力士。桥下两船，船上相对的四人似在敲击乐器，中间有一卷曲昂头回首的巨龙，张口咬断绳索。拱桥上下情节迭起，马在高声嘶鸣，伎人在狂热鼓舞，力士在奋力拽鼎：拱桥下一龙腾空跃起，将索咬断。画像左方是车骑的飞行，右方是风的飞舞，一切形象都服从于情节的要求，所有形式都对情节进行表现。画面集中表现了巨龙咬断绳索的瞬间变化情节。在整幅画像中，马嘶阵阵，鼓舞相鸣，力士拽鼎，龙咬鼎索，所有情节的表现内容与形式是一致的，最后形成统一的情节，富于极强的艺术感染

图 139 河南南阳新野樊集 M24 汉画像砖墓泗水捞鼎画像 （拓本 局部）

力。南阳汉画像石、画像砖对情节表现大胆随意，王庄汉画像石墓河伯出行画像（图 140），出行队列密集型排列，前面有两神人和鱼，中间分别为四鱼、车、河伯，后面有尾随的两骑鱼侍者。波浪滚滚，从两神人开道的狰狞表情，可感受到河伯的神秘威严。情节赋予了南阳汉画像石、画像砖人物画像的生动造型。

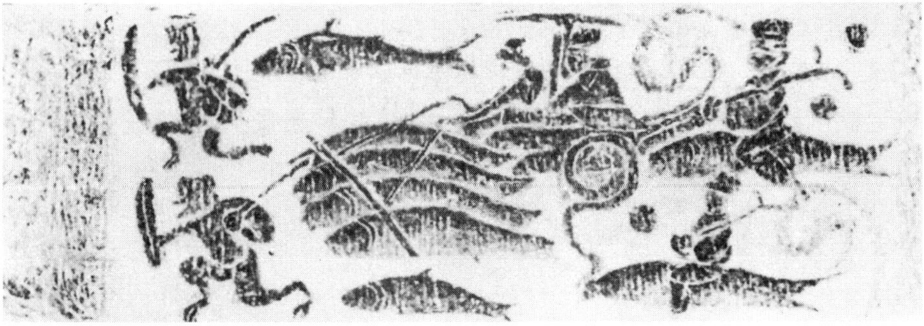

图 140 河南南阳王庄汉画像石墓河伯出行画像 （拓本）

浙江海宁汉画像石墓前室西壁北部下面画像（图 141），刻制人物三个，人物形象撑满了画面，上下顶接了画面边框。三个人物中，中间与右边人物顾盼相望，右边人物侧身移步，以手势与中间人物表达感情。中间人物头部倾下和右边人物交流，而身体已扭向左侧，以手势把情感传递给左方人物。左方人物侧身相迎，接受中间人物传递的感情。这样左右两侧的人物通过中

图141　浙江海宁汉画像石墓前室西壁人物画像　（拓本 局部）

间人物建立起了联系，三个人物组成了交流感情的情节，真可谓“此时无声胜有声”。如果进一步作形式分析，可以看到处于水平位置的三个人物，本身是相互分离的，由于感情的交流使三者成为一个连贯的整体，其中每一个人都处于两种不同的关联之中。如果剖析每一个人的构成因素，他们各自都有三度空间的形状，另外也有平面投影的形状。作为艺术品，一种构成是注重深度的形式，另一种构成是平面展开的感觉。在这里形状与形式均服从于情节表现，三个人物选择投影的平面形象，采用平面展开的形式，完成了富有情节的雕刻画像。在汉画像石的题记中，也形象地对画像进行了释读。汉画像石、画像砖的表现内容中，还有许多复杂的情节，有的甚至是多种情节的集中表现。在制作过程中，画师工匠始终在寻找画像石情节的本质特点，精心雕制汉画像石平面装饰形象，展开生动的艺术情节表现。

第五章

图像传统

第一节　天人合一的图像表现

作为墓葬艺术，汉代人按照现实生活的模样在墓室中模拟、再现甚至创造出来了亡者所居的幽冥世界，“从根本上说，坟墓艺术即为安葬死者而施行装饰并置以封闭门扉之用将不再开放的幽冥世界。坟墓艺术并不以给生人观看为目的，经历着与死者一同幽禁于冥世之命运。”① 但这里是一个相对自由的世界。一方面，它与人间的生活有紧密联系，工匠不可能脱离现实生活的基础去刻画形象，同时又有明显的区别，因为它是为死者灵魂营造的居所。汉画像石、画像砖是汉代人自信力与创造性的物化形态。死者生前的荣耀和地位，在这里可以得到充分的体现；死者未能了却的夙愿，在这里统统可以变为“现实”。汉代盛行的天人合一思潮，使汉画像石、画像砖墓与地上祠堂成为“实现”天人合一愿望的最佳场所。

本来，在墓中展示宇宙形象，小小石棺即可为之，先秦的棺椁也早已表现了此类主题，而在第宅化的墓室尤其是汉画像石、画像砖墓与石祠堂中，由于空间开阔，有充分的展示余地，因此，形成的画像石与画像砖既为建筑构件，又为雕刻装饰，其画面图像生动，线条古朴，表现力异常丰富。

前文在讨论画像石分区时认为长江中游的南阳与黄河中、下游的山东、苏北、皖北、豫东是画像石产生较早、并有代表性的两个地区，下边试以两地的图像传统进行分析。

西汉晚期的唐河石灰窑村汉画石墓的墓门画像，其上部均为建筑图像，它们的相同部分是均为四阿式顶楼阁，双柱，柱上有双层望亭，柱两侧各置

---

① ［日］土居淑子：《古代中国的画像石·序》，同朋舍 1986 年版。

柏树一株，在阁楼、望亭、柏树顶部都饰有凤鸟。其不同点在于厅堂内的人物。一幅为男主人居中凭几而坐，左侧一侍卫侧身而立，右侧一侍卫躬身跪拜。另一幅为女主人凭几而坐，右侧有侍女举樽侍奉。画像似表现墓室男女主人的平常生活情况。汉人的宇宙观本与庐舍有关，“宙”是由“宇”中出入往来而形成的，所以在“宙”中极重视“宇”与环境的关系。楼阁与望楼屋顶坡面鳞次栉比、错落有致，凤鸟姿态各异，柏树与望楼上的凤鸟向中心方向聚拢，中间楼阁上的凤鸟展翅欲飞。在画面上，建筑、动物、植物、人物组成十分和谐的关系。

新莽时期的唐河针织厂汉画像石墓的楼阁、人物画像（图 142），画面中间为一厅堂建筑，柱头有一斗三升斗拱，上部有两个望亭，整个建筑气魄雄伟，落落大方。厅堂内外 7 个人物分成 4 组。厅堂内两组：一组主人端坐，侍从相伴，另一组伎优在表演。厅堂外面，左方一组是拜谒图，右方一组乐伎在弹奏。画面上部望亭之间有两羽人在飞舞，望亭之外有 4 只凤鸟飞鸣。整个画面敞宇高堂，借助巍峨的建筑，常青树、伎舞、羽人、凤鸟的陪衬，表现出墓室主人雍容优雅的风度，体现了祥瑞自然的气氛。

图 142 河南南阳唐河针织厂汉画像石墓楼阁、人物画像 （拓本）

东汉早中期的南阳麒麟岗汉画像石墓有 110 块画像石，150 余幅画像。

截至目前考古发现为止，是南阳汉画像石墓中图像最为丰富的墓葬。麒麟岗的得名，据说是因为春秋时期的“人中麒麟”百里奚曾隐居于此。《水经注》说：“梅溪水出（宛）县北紫山，南经百里奚故宅。”《荆州记》的说法与之相近：“（南阳）郡西七里有梅溪，溪西有百里奚宅。”《明通志》则认为之所以叫麒麟岗，或因百里奚被百姓誉为麒麟子，或因他墓前曾有过两个石麒麟。而墓中出土的画像石麒麟图像造型生动，更增添了该墓麒麟形象的神秘色彩。麒麟岗汉画像石墓在墓室的大门、前室、主室顶、壁、门处均作以起突雕刻。画像题材非常广泛，天文星象、神话传说、舞乐百戏、装饰图案、象征符号，无所不有。画面构成疏朗生动，节奏流畅飞动，线性韵律力透石背，呈现天地间的灵透之气。

该墓前室与北主室、中主室墓顶集中刻画了上天诸神形象，前室墓顶更以九块条石组成了异常壮观的天界图像（图 129）。居于中心位置的主神，戴山形冠，正襟危坐，朱雀、玄武分居上下，青龙、白虎列于左右，张衡《灵宪》云：“苍龙连蜷于左，白虎猛据于右，朱雀奋翼于前，灵龟蜷首于后，黄帝轩辕于中”[①]，《晋书·天文志》：“北斗七星在太微北，七政之枢机，阴阳之元本也。故运乎天中，而临制四方，以建四时，而均五行也。”[②]这里表现的正是东、南、西、北、中的空间状态，四灵围绕主神，五行分布有序。这是画面的核心部分。往两侧扩展，东方青龙旁边是羲和捧日，西方白虎旁边是常羲捧月。画面的两端尽头，则是北斗七星和南斗六星。整个画面以飞动的朵朵云气相连。画像的中间主神，或认为是太一神，或认为是黄帝，[③] 总之它系统而形象地体现了当时流行的天界观。中国古代的天文图折射的是人文观念，麒麟岗汉画像石墓前室墓顶反映的正是主次分明、规整有序的天人合一的观念。从构图的角度看，麒麟岗汉画像石墓的天文图像主题鲜明，优美和谐。正中间位置的四灵围绕主神形成墓室视觉中心。对称均衡是四灵图像的形式，也是它的内涵。它们闭合了局部空间，标定了视觉的均衡中心，在无限的空间中闭合可感知的有限空间。

---

① 刘昭：《后汉书》卷 20《天文志》，《二十五史》第二册，上海古籍出版社、上海书店 1996 年版，第 816 页。

② 房玄龄等撰：《晋书·天文上》，中华书局 1974 年版，第 290 页。

③ 巫鸿初步认为是太一神。（［美］巫鸿（郑岩、王睿编，郑岩等译）：《礼仪中的美术——巫鸿中国古代美术史文编》，生活·读书·新知．三联书店 2005 年版，第 471 页。）有学者认为该画像为黄帝日月神图。（黄雅峰：《南阳麒麟岗汉画像石墓》，三秦出版社 2008 年版，第 40 页。）

在全国各地出土与收集的汉画像石中，以南阳的天文图像数量最多，内容最为系统丰富。王建中的《汉代画像石通论》一书论述天文星象类时所列典型图像 17 幅，其中南阳的图像有 14 幅。唐河针织厂墓两主室顶部刻制有四环图、太阳白虎图、河伯出行图。南阳县王寨墓刻制有彗星图。南阳县英庄墓刻制有阳乌图、应龙图、雷公图、月神图。南阳市王庄墓刻制有河伯图、苍龙图等。王庄的天帝出行画像，三神人拉一五星座车迅速行进，右刻风伯，张口吹风，中间流云缭绕。左上方斜对四星。《韩非子·十过》："昔者黄帝合鬼神于泰山之上，驾象车而六蛟龙，毕方并辖，蚩尤居前，风伯进扫，雨师洒道。"① 这里，拉车的三神人与四雨师并排展开，形成浩大的气势。居右的风伯形体高大，与左方神人、雨师呼应。天帝乘坐的五星车，示意出太空的广浩。南阳县出土的日月同辉画像，画面左右有两图形，其中分别饰以阳乌与蟾蜍，其间填刻云气。《山海经·大荒东经》载："一日方至，一日方出．皆载于乌。"② 乌是运载太阳的工具。蟾蜍与玉兔共存于月球中。张衡的《灵宪》："嫦娥遂托身于月，是为蟾蜍。"③ 而南阳的天文画像石中，又以麒麟岗汉墓的天文图像气势最为恢弘。

在麒麟岗汉画像石墓中，仙人神兽题材占绝大部分。东王公、西王母，伏羲、女娲，神荼、郁垒等图像成组成对的出现。还有古代媒神——高禖，风神飞廉等形象，呼风唤雨，栩栩如生。神兽画像更为丰富，有强良、穷奇、玄狐等二十余类神灵画像。汉画像石中麒麟的画像并不多，麒麟岗汉画像石墓刻画的麒麟形象，鹿首鹿身，头上有独角，形象温驯，寓意深厚，与文献记录的体貌特征接近。还有凤凰、虬龙、白鹿、赤罴等。汉画像石常被分为社会生活、历史故事、神话传说、天文星象、装饰图案等类，麒麟岗汉画像石墓中以仙人神兽为主要表现题材，反映的是浓郁的楚文化特色。

麒麟岗汉画像石墓人物的形象精雕细刻，极其生动传神。墓主人及其奉侍于左右的吏属仆从、舞乐百戏中的男优女伎，其形象飘逸洗练，呼之欲出。尤其是女墓主人的形象，雍容华贵，端庄贤淑，颇有大家闺秀的风范。

处于黄河中下游的山东、苏北、皖北、豫东画像石具有墓室、石椁、祠堂、碑、阙与摩崖造像等各种载体，图像表现极其丰富。有神话传说及祥瑞

① 张觉校注：《韩非子校注》，岳麓书社 2006 年版，第 90 页。

② 张云点校：《山海经·穆天子传》，岳麓书社 2006 年版，第 157 页。

③ 《东汉文纪·卷十三·灵宪》，清文澜阁四库全书本，第 253 页。

物，如伏羲、女娲、东王公、西王母及各种奇禽异兽；历史故事与历史人物，如古帝王将相、圣贤、高士、烈女、孝子等；现实生活内容，如表现田地和农业、渔猎、手工业劳动场面，车骑出行、聚会宴饮、乐舞百戏、侍仆以及禽、兽、鱼、虫和各种建筑物等；还有物象内容，如有日月星辰、山川树木等景物和装饰图案等。

徐州沛县栖山画像石椁墓为西汉晚期墓葬[1]。该墓石椁画像开始增多，头部挡板外壁中间画面以玉璧通过了两道纵横宽线，在分成的回格内饰铺首衔环、拜谒、马图像；中部无玉璧，其余图像与外面大致相同。足部挡板外壁刻乌、常青树图像；内壁刻虎图像。东侧板外壁刻西王母仙界、树木射乌、建鼓、墓祭、击刺图像（图 143）；内壁刻玉璧、乌、常青树、虎图像。西侧板外壁刻楼阁双阙、舞乐、庖厨、车骑出行图像；内壁刻玉璧、乌、常青树、狩猎图像。根据图像特点，信立祥认为该墓建成时间可能晚到东汉初

图 143 江苏徐州沛县栖山画像石椁墓画像 （拓本）

期，并且对椁外壁从图形学意义上进行分析：西王母仙界图中，西王母戴胜端坐二层仙阁楼上，阁楼下面和右方有仙鸟、三足乌、九尾狐、制不死之药的仙人为之取食，示意墓主的升天希望；楼阁双阙图中楼阁里是祭祀墓主的祠庙，双阙是墓地的墓阙，车马出行的目的地是楼阁和双阙，表示墓主从地下世界到祠庙去接受子孙家人的祭祀；头部挡板上铺首象征墓室门扉，下面的人物是墓室的门卫，马匹是墓主的坐骑，玉璧既能附着墓主的灵魂，也能

---

① 徐州市博物馆等：《江苏沛县栖山汉画像石墓清理简报》，《考古学集刊》第二集，1982 年第12 期。

防止墓主尸体腐败，描绘墓主的地下生活。① 与黄河中下游早期的画像石椁墓相比，栖山画像石椁墓的图像比较丰富，对仙界、人间及地下世界均有象征性的表现。

沂南汉画像石墓使用103块画像石，画像60余幅，布满墓门及三个墓室的壁面、柱与斗拱等建筑构件上。墓门图像表现车马出行、西王母仙界情景与傩神形象，表示墓主升仙的愿望。前室、中室中央的八角擎天柱图像生动，中室擎天柱有东王公、西王母等仙人与仙禽神兽图像。中室四壁门柱上刻有苍颉和沮诵、荆轲刺秦王、周公辅成王等18幅历史故事图像。在前室与中室还有表现祭祀墓主活动与西王母仙界的图像。由柱与斗拱连接的隔墙分成的东、西主室，有表现墓主人日常生活与守护墓室仙禽神兽的图像（图144）。西主室是男墓主人的棺室、东壁南端石面刻武库与仆役图像，东壁北端石面刻神怪与衣架几案图像，表现墓男主人的生活与休息场景。东主室是女墓主人棺室，西壁南端石面刻闺房与侍女图像，西壁北端石面刻神怪与洒扫图像，表现女墓主人的生活情况。画面形象生动，细节刻画入微。东壁北端与西壁北端石刻饰的神怪图均赤裸上身、下着短绔，或手持斧钺或挥舞短棍，形象狰狞凶猛，充作墓主人的保护神。西壁北端石面的洒扫图像，表现有台基围栏的干阑式厕所，前面有侍女

图144　山东沂南汉画像石墓主室画像　（拓本）

① 参见信立祥著《汉画像石综合研究》，文物出版社2000年版，第208、211、213页。

在清洗便器，旁边有可汲水的水缸。沂南汉画像石墓以生动细腻的图像表现仙界、人间、地下世界的生活场景。

目前发现的石祠堂图像丰富，多在山东、皖北、苏北区域内。作为汉代墓葬的地上之“堂”，在其壁面上都刻有精美的图像，以此成为联系现实人间世界和地下鬼魂世界的纽带。① 孝堂山郭氏祠堂为双开间单檐悬山式建筑，在石祠内壁面隔梁及东立柱用阴线与凹面刻饰丰富的图像。东壁自上而下，山墙刻神话传说、其下刻车马出行、周公辅成王与虞舜涂廪故事、庖厨、百戏、拜谒、鹿车鱼车、瑞兽瑞禽、伎乐、格斗、楼阁、赈贷图像。西壁自上而下，山墙有女娲、西王母、仙人图像、其下刻车骑、大雁、躬立、胡汉战争（图 145）、狩猎、陆搏图像。后壁自上至下刻车马出行、祠主受祭、老子见孔子、车马出行等图像。石祠隔梁东面刻刘道锡打捞南越尉陀鼎故事与车马出行图像，西面刻虹、神人、大雁及豫让刺赵襄子故事图像，底面刻金乌日轮、织女星座、金乌、玉兔蟾蜍月轮、星宿图像。东立柱刻有翼龙、神兽、拥彗等图像。孝堂山石祠在东、西山墙上刻饰西王母、女娲、仙人及神话传说图像，象征仙人世界。在隔梁下部刻日轮、月轮、织女星座、星宿图像象征天上世界（图 146），在山墙下面与隔梁的壁面刻饰凡间的生活与故事、活动与希望，表示人间世界。孝堂山石祠画像布局严谨，图像成组横向序列展开，每个壁面画像整体形象感极强。后壁画像图形组成的场面宏伟，下面几列图像以不同的图案饰框围合，表示为刻画的重点。第一列图像表现祠主受祭场面，祠主受祭是祠堂最为重要的图像，为了表现重要的图像场面，以三组基本相同的楼阁双阙并列展开，用建筑与人物的横向序列活动营造出神圣的祭祀气氛。第二列图像表现孔子见老子的场景，画面中孔子与老子相对而揖，中间有问难孔子的智童项橐，孔子与老子的身后分别由自己的弟子排列随从。第三列是车马出行图像。在图案围合框内的图像表现墓主的车马队伍由地下世界跋涉而来，经过很长的路途，越过漫漫的时光（孔子见老子图像以故事形式象征时间序列），然后在祠堂神圣受祭。在图案围合框上还有一列车马出行图像，中间有一驷马安车，车盖、车身装饰华丽，“大王车”三字刻在车伞后部。大王车前面有鼓乐车，车舆有上下两层，每层上面有精美的伞盖，下层四人奏乐，上层二人击建鼓跳舞。整个大王车车马出行队列浩荡，图像生动（图 147）。信立祥认为：“孝堂山石祠后壁位于复合

① 参见信立祥著《汉画像石综合研究》，文物出版社 2000 年版，第 323 页。

图145　山东长清孝堂山郭氏祠胡汉战争画像　（摹本）

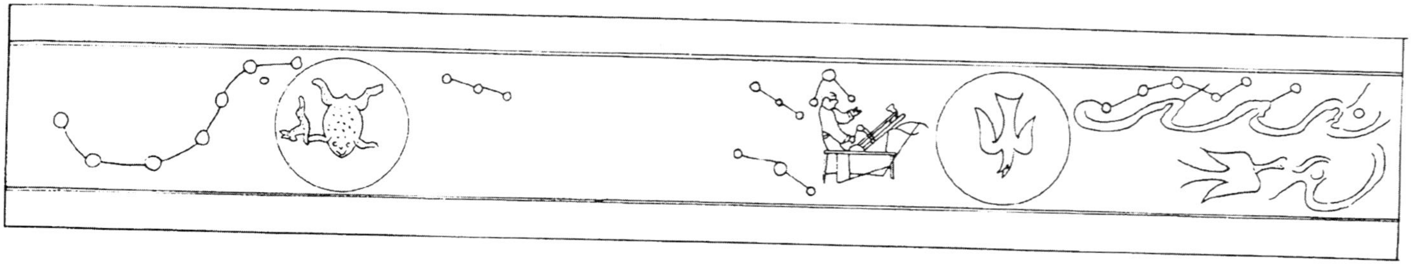

图146　山东长清孝堂山郭氏隔梁下部画像　（摹本）

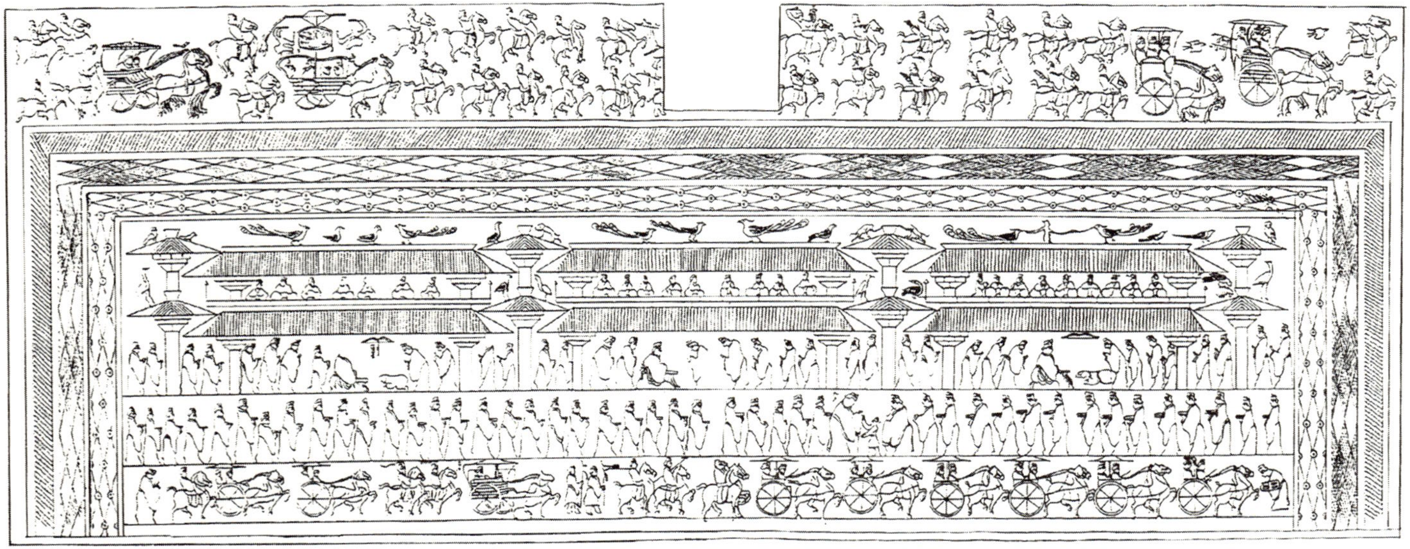

图147　山东长清孝堂山郭氏祠后壁画像　（摹本）

图案花带之上的车马出行图描绘的是现实人间世界的事情。位于复合图案之下的‘祠主受祭图’和祠主车马出行图描绘的是地下鬼魂世界或幽明交界处的事情。”[①] 由此可知，同为车马出行，汉画像石图像处于不同位置，象征的意义也有不同。

石阙表现汉代的宇宙方位观念，常将不同内容的图像刻制在不同的位置上。山东嘉祥武氏阙四面刻满图像，有阙主、门吏、门亭长、铺首衔环、伏羲、青龙、女娲、白虎、朱雀、玄武、车马出行、双阙厅堂、楼阁，戈射、狩猎、拜谒、迎谒、周公辅成王、孔子师项橐、开明兽、仙禽神兽、仙人等图像。墓阙高耸于墓地祠堂的前面，阙主接受墓祭要经过阙下，因此车马出行图像在阙上刻制位置较低，在阙身上有祠庙祭祀阙主的相关图像，升仙的图像刻制在阙的高处，实现阙主接受祭祀后升仙的愿望（图 148）。

图 148　山东嘉祥武氏西阙子阙身北面画像　（拓本 局部）

① 信立祥：《汉画像石综合研究》，文物出版社 2000 年版，第 118 页。

图 149　江苏连云港孔望山摩崖造像老子画像　　（照片）

图 150　江苏连云港孔望山摩崖造像涅槃图　（照片）

位于苏北沿海的连云港孔望山摩崖画像①有 105 尊，用隐起刻方法雕刻。画像可分为 18 组，6 组为道教内容，12 组为佛教内容。在道教内容中刻画了黄帝、老子（图 149）等形象。佛教内容中刻制有涅槃图（图 150），舍身

① 连云港市博物馆：《连云港市孔望山摩崖造像调查报告》，《文物》1981 年第 7 期。

饲虎等画像。

从全国各地的画像石题材内容来看，各地有其不同的风格，但也有基本相同的主题，那就是追求生命不朽，渴求死者安息，福佑子孙。天人合一是汉代社会主要的社会思潮，它强有力地影响到社会的各个阶层。各地画像石、画像砖艺术中最为普遍的题材便是天界、仙界与人间等丰富的图像。

在汉画像石、画像砖中，“画像”与“图像”是两个层次的概念。“画像”最早是在北宋洪适对武梁祠图像进行研究后开始使用，在《隶释》中以“武梁祠堂画像”名之，“画像”一词以书名得以使用与流传。清末瞿中溶于道光五年（1826）撰写《汉武梁祠画像考》，在书名中首次使用“汉画像”的字样。这些金石学家都是利用武梁祠拓片进行研究的，可见“画像”与“汉画像”是金石学家对武梁祠拓片研究的一个称谓。顾森认为：“所谓‘画像’，就其本意来说是指拓片上的图像，即平面上的画，并不是指原砖原石。中国对汉代这些原砖原石的研究，几百年来基本上是根据拓片开展的。”① 在近数十年的汉画研究中，“画像”逐渐成为代表汉画像石，画像砖图形的专用名词。如果我们恢复“画像”原来的拓片研究意义，会发现“画像”一词不能代表汉画像石、画像砖原石原砖的图形意义。而“图像”一词能够反映画像砖、画像石砖面与石面图形在视知觉中留下的具体印象，因此在本书中多以“图像”一词讨论画像石、画像砖的视觉图形意义。

汉代有以《史记》、《汉书》及器物铭文、碑刻记载的文字历史，同时也有依存于以建筑与墓葬艺术所表现的视觉图像历史。组成这些艺术遗存的石祠、石阙、地下墓室的画像石、画像砖，既是汉代社会天人合一的图像展示，也是反映汉代视觉图像历史的主要载体。

图像直接呈现事物的面貌与本质特点，它能够具体反映事物的外部相貌、形态，也可以表现事物内在的意识与精神。汉画像石、画像砖的典型图像是汉代艺术精神的集中映现。

第二节　神灵仙界图像的形式意义

汉画像石、画像砖表现了一个奇幻瑰丽的宇宙空间，追求了一种混沌广

① 顾森：《中国汉画图典·序》，浙江摄影出版社 1996 年版。

大、阴阳相济、运化循环的审美理想。中国古代传说中的主要神祇仙灵，均可从汉画像石、画像砖中睹其风姿，从而构成了丰富多彩的汉画像石、画像砖的神灵仙界图像世界。其形式意义我们以有代表性的动物、祥瑞、西王母的典型图像进行分析。

一　动物

汉画像石、画像砖动物图像丰富，神兽、神灵、仙人等生动的图像均由此派生。溯本求源，在石器时代的岩画艺术阶段，始起的绘画多以动物为题材。远古人在岩洞石壁上绘制动物形象并涂上绚丽的色彩。内蒙古阴山岩画

图 151　内蒙古阴山野鹿岩画

图 152　法国拉斯科山洞野牛岩画　（照片）

刻画出虎、豹、黑熊、野马、野驴、野猪、驼鹿（图 151）等动物的各种运动姿态，去追求充沛的生命意识。法国拉斯科山洞的野牛（图 152），贡布

里希认为“是对图画威力的那种普遍信仰所留下的最悠久的古迹”①。它们都表现了史前人类天真童心的古拙稚趣。人类脱离了动物界后，有了直觉的意识。他们追捕动物，以动物作为自己可靠的生活来源。但同时又为动物的狰狞之美和强大的力量所震慑，赞美动物的美和力，在艺术上表现这些动物，并把与动物的友善关系从上古带到了文明时代。中国先民保持着原始人的传统，对凡生命之物无所不包地同情。在这种混沌而和谐的生活之上，盘桓着一个神话与传说的世界。他们不去反抗魔鬼，因为对它们没有恐惧感，他们过着半神半人的生活，一直心想超越自身的局限，使自己与外界存在物同化。他们创造了具有原始精神的工艺设计文化。彩陶时代的陶器纹饰也以动物形象和动物纹样居多。庙底沟、马家窑时期的彩陶，蛙（图153）、蜥蜴等动物形象没有恐怖与紧张的表情，而具有活泼、淳朴的曼容。尽管这个时期中国和外国的后期彩陶以曲线、直线、水纹、几何花纹等抽象的纹饰居多，但它们也是由写实的动物形象而逐渐变化为抽象符号。在这个变化过程

图153　庙底沟文化彩陶蛙纹

中，不仅中国和其他国家的审美感觉显出差异，中国南北文化的分歧也初见端倪。苏秉琦先生指出：“仰韶文化后期同它南方临境江汉之间的屈家岭文

① ［英］贡布里希（范景中译）：《艺术发展史》，天津人民出版社1986年版，第18页。

化的关系，也表现为自南而北的影响要多于自北而南的影响。"[①] 另外在讨论南阳和洛阳两地仰韶文化遗存时，苏秉琦先生还指出："下集遗址中下、中两层相当于仰韶文化的两期。……网纹带彩陶、穿孔石、有肩石器等出现，在南阳地区似乎也比在洛阳地区早些。"[②] 这里已经显示出中国南方文化的活跃及其由南向北的影响作用。三代礼乐文化的影响使北中国逐渐摆脱了远古的浪漫诗情，而远离黄河文化的南楚正"筚路蓝缕"，艰难跋涉，尚保留着远古时代的天真与质朴。楚人以图腾崇拜表示对动物的脉脉亲情，表现其神奇特点。当北方被孔孟思想桎梏束缚时，南方则以老庄的静谧自然，屈原的奇丽激情把艺术创造和自由生命作为至上追求目标，庄子的"逍遥游"描述着飞天的大鹏；"北冥有鱼，其名为鲲，鲲之大，不知几千里也。变而为鸟，其名为鹏。鹏之背，不知其几千里也。怒而飞，其翼若垂天之云。"[③] 屈原在《涉江》中要"驾青虬兮骖白螭"[④]，形成了玄妙奇丽的楚艺术风格。在漆器（图 154）、丝绸、帛画、青铜器、玉器、木雕等造型艺术中极力地进行动物

图 154　湖北江陵出土虎座凤架鼓　（照片）

① 苏秉琦：《关于仰韶文化若干问题》，《考古学报》1965 年第 1 期。

② 同上。

③ 孙通海译注：《庄子》，中华书局 2007 年版，第 6 页。

④ 屈原：《楚辞·涉江》，姚鼐纂集，胡士明、李祚唐标校《古文辞类纂》，上海古籍出版社 1998 年版，第 672 页。

装饰表现，形成了南方长江流域动物图像的艺术风格。

东部沿海东夷文化圈先民同样在艰辛生存中发展，保持了与动物的友好关系，动物的表现极为生动。黄河流域的北中国青铜文化狞厉而神秘，对动物神兽的形象进行了发展。长江流域的动物图像艺术风格又以极大影响力渗透到黄河流域与东部沿海地区，与不同地域的文化进行交融，形成的动物表现传统直接影响到汉画像石、画像砖艺术。

秦依楚风，汉承秦制，“汉文化就是楚文化，楚汉不可分”①。楚汉浪漫主义是主宰汉代艺术的美学思潮，汉代人在其连续不断的记忆里保留着原始时期的经验，把早期与动物世界的友善关系从远古到三代，一直带到文明时代。I. 比尼恩指出：“在和谐处理的生活之上，盘桓着一个神话世界，他们似乎过着半神半人的生活，并通过神话和历史、现实和神、人与兽同台演出的丰富形象画面，极有气魄地展示了一个五彩缤纷、琳琅满目的世界。”② 汉代艺术以动物图像为主要内容，对一切生命之物极为关怀，有力地表现了人对物质世界和自然世界的征服主题。

汉画像石、画像砖以生动的形象、成熟的线条、斑斓的色彩表现了天界、仙界、人间与地下世界的动物图像。南阳麒麟岗汉画像石墓表现的动物图像神采奕奕，气魄宏大（图版十七）；武梁祠表现的动物图像概括简练，深入细致。形成了汉画像石、画像砖动物形象长江流域与黄河流域的两种艺术风格。南阳汉宗资墓的天禄、辟邪石刻（图 155）躯体团圆浑实、神态挺胸欲起，静止的形体内蕴涵着爆发的力量，可以看到它们与淅川徐家岭九号楚墓出土的镶绿松石怪兽（图版四）之间的承继关系。武氏祠的石狮规严威武、神态凝重，具有某种程式，显现了殷墟司母戊方鼎纹饰的装饰风格。

动物图像表现丰富是汉画像石、画像砖的共同特点，但是在共性之中存在着个性的差异。陕北区、苏鲁豫皖的北部区域动物图像相对较少；南阳区、四川区、苏鲁豫皖的南部区域动物图像相对较多，尤其南阳区以动物表现著称。南阳区、苏鲁豫皖区南部在先秦曾一度为楚的地域，深受楚画艺术影响。另外，四川区汉画像砖石墓多集中在江汉流域沿岸，有学者认为，南阳画像风格通过水路传入四川，苏鲁豫皖区南部画像的动物图像表现手法也

① 李泽厚：《美的历程》，文物出版社 1981 年版，第 70 页。

② ［英］L. 比尼恩（孙乃修译）：《亚洲艺术中人的精神》，辽宁人民出版社 1988 年版，第 4 页。

图 155　河南南阳汉宗资墓天禄、辟邪石刻　（照片）

接近于南阳区。南阳作为长江、黄河之间的南北文化交接地，与楚地艺术更为广泛的接触承继，对动物形象的空灵飞动表现，成为南阳汉画像石、画像砖的主要艺术风格。

二　祥瑞

祥瑞图像在汉画像石中多有出现，武梁祠的屋顶画像石最为集中，它们长期以来被称为“祥瑞石一”与“祥瑞石二”。祥瑞石上的图形排列成行，由具有象征意义的动物、植物、器物、神仙等图像构成，每个图形旁有榜题刻在竖长条框里，对图像进行谶释。祥瑞石上的多数图像与榜题已漫漶不清，目前可以确定 24 个祥瑞图像（图 156），从右到左排列。

祥瑞石一：第一列，浪井、神鼎、麒麟、黄龙、蓂荚；第二列，六足兽；第三列，白虎。

祥瑞石二：第一列，玉马、玉英、赤罴、木连理、壁流离、玄圭、比翼鸟、比肩兽、白鱼、比目鱼、银瓮；第二列，后稷诞生、巨畅、渠搜献裘、白马朱鬣、泽马、玉胜。[1]

---

① 祥瑞图像的确认与命名，根据［美］巫鸿（柳扬、岑河译）《武梁祠——中国古代画像艺术的思想性》，生活·读书·新知三联书店 2006 年版，第 93 页。

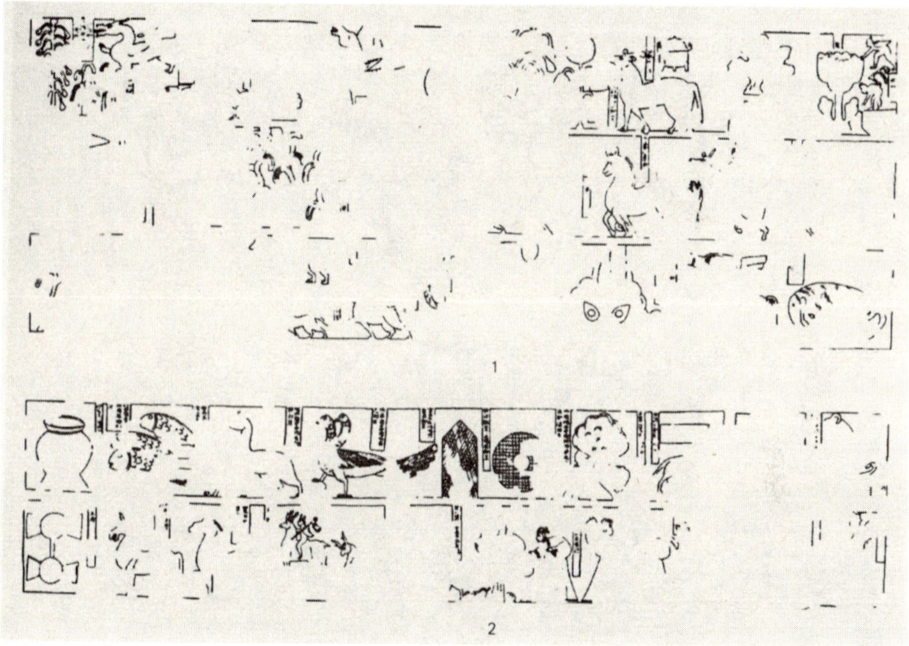

图 156 山东嘉祥武梁祠屋顶前后坡祥瑞图像 （摹本）

浙江海宁汉画像石墓祥瑞图像也比较集中，前室四壁用画像石砌筑，门楣画像石以上用带“天”字画像砖拱券墓顶，祥瑞图像配置在画像石最上层的门楣上，从右到左排列（图 157）。

墓门外侧：凤凰、蓮莆、麒麟、桃祓；东壁上层：白羊、麒麟、飞鹿、嘉禾、浪井、嘉莲；北壁上层：嘉禾、田地、玉马、朱雀、嘉禾、天鹿、青龙、白虎；西壁上层：比肩兽、白马、玉兔、玄武、飞燕、天鹿、朱雀、玄女、白象、玉胜、石函、比目鱼、双瓶、蚌生明珠、灵芝。

南阳与四川的汉画像石、画像砖祥瑞图像也很丰富。

武梁祠祥瑞石二榜题[①]较清晰，试以图像与榜题结合，并以《宋书》与《瑞应图记》接近段落释读。

玉马。榜题：（玉）马，（王者）清明尊贤（则出）。[②]《宋书》载“玉马，

① 祥瑞图像的确认与命名，根据［美］巫鸿（柳扬、岑河译）《武梁祠——中国古代画像艺术的思想性》，生活·读书·新知三联书店 2006 年版，第 93 页。

② 榜题内容取自［美］巫鸿（柳扬、岑河译）《武梁祠——中国古代画像艺术的思想性》，生活·读书·新知三联书社 2006 年版，第 257—263 页。

墓门门楣

前室东壁

前室北壁

前室西壁

图 157　浙江海宁汉画像石墓祥瑞画像　（摹本）

王者精明尊贤者则出”。①

玉英。榜题：玉英，五常（并修）则（见）。《宋书》载“玉英，五常并修则见”。②

赤罴。榜题：赤罴，仁（佞）奸（息则）至。《宋书》载“赤熊，佞人远，奸猾息，则入国”。③

木连理。榜题：木连理，王者德（洽，八方为一）家，则连理生。④

壁流离。榜题：壁流离，王者不隐过则至。《瑞应图记》所载为：“王

① 沈约：《宋书》，中华书局 1974 年版，第 848 页。

② 同上书，第 851 页。

③ 同上书，第 803 页。

④ 同上书，第 853 页。

者不多娶妻妾，则碧琉璃见。”①

玄圭。榜题：玄圭，水泉流通，四（海）会同则至。《宋书》载“玄圭，水泉流通，四海会同则出”。②

比翼鸟。榜题：比翼鸟，王者德及高远则至。③

比肩兽。榜题：比肩兽，王者德及（鳏）寡则至。④

白鱼。榜题：白鱼，武（王渡孟）津，入于王（舟）。《宋书》载“白鱼，武王渡孟津，中流入于王舟”。⑤

比目鱼。榜题：比目鱼，王（者）明无不（衙则）至。《宋书》载“王者德及幽隐则见”。⑥

银瓮。榜题：（银）甕，（刑）法德（中则至）。《宋书》载“银甈，刑罚得失，民不为非至至”。⑦

渠搜献裘。榜题：渠（搜），（禹时）来（献裘）。《宋书》载“渠搜，禹时来献裘”。⑧

白马朱鬣。榜题：白马朱鬣，（王者任贤）良则至。《宋书》载“白马朱鬣，王者任贤良则见”。⑨

泽马。榜题：泽马，王者劳来（百姓）则（至）。《宋书》载“泽马，王者劳来百姓则至”。⑩

玉胜。榜题：玉胜，王者□□。《宋书》载“金胜，国平盗贼，四夷宾服则出”。⑪

武梁祠的祥瑞图像与相关榜题图文互证，清晰地显示了汉代人将自然现象解释为上天意愿的思想观念。作为海宁汉画像石墓的祥瑞图像虽无榜题，但表达的观念与武梁祠是一样的。巫鸿解释说：“祥瑞是汉代人认为代表‘上天重象’的

---

① 孙柔之：《瑞应图记》，见叶德辉《观古堂瑞所著书》，第12页。

② 祥瑞图像的确认与命名，根据［美］巫鸿（柳扬、岑河译）《武梁祠——中国古代画像艺术的思想性》，生活·读书·新知三联书店2006年版，第851页。

③ 沈约：《宋书》，中华书局1974年版，第821页。

④ 同上书，第807页。

⑤ 同上书，第852页。

⑥ 同上书，第860页。

⑦ 同上书，第813页。

⑧ 同上书，第863页。

⑨ 同上书，第802页。

⑩ 同上书，第802页。

⑪ 同上书，第852页。

某些自然现象。例如一只美丽的五彩鸟飞上了宫殿的房顶，或是皇帝在狩猎中发现了一只麒麟，地上报告了一支禾茎上长了多个麦穗，这些都被理解为上天对皇帝的赐福。祥瑞的出现意味着当朝皇帝英明睿智、治国有方。”① 在西汉武帝晚年这种思想开始出现，西汉晚期发展成风。祥瑞的瑞应之象成为上天佑护汉室王朝的有力证据，《后汉书》记载了多种这样的祥瑞现象。

明帝永平十一年（68），宝鼎、黄金、麒麟、白雉、醴泉、嘉禾现。

永平十七年（74），甘露、芝草、五色神雀见。

章帝元和二年（85），凤凰、黄龙、鸾鸟、白鸟、神雀、甘露现。

元和四年（87），有凤凰、麒麟、甘露、佳谷、芝草。

安帝元初三年（116），木连理。

延光三年（124），凤凰、甘露、白鹿、木连理、麒麟、白虎、黄龙现。

桓帝建和元年（147），黄龙、五色大鸟现。

建和二年（148），木连理见。

元嘉二年（152），黄龙见。

永兴元年（153），白鹿见。

灵帝熹平五年（176），黄龙现。

光和四年（181），芝英草、凤凰现。

这些祥瑞的出现反映了汉代天人感应思想的盛行，汉代的道德学说建立在这种天命观的基础上。汉代王朝的建立被演绎为汉高祖受命于天的传说，高祖曾杀死一条白帝之子化身的蟒蛇，后代皇帝纷纷效法，以天降祥瑞之说来护佑王朝统治的稳定。海宁汉画像石墓前室北壁高祖斩蛇图像的上层即为祥瑞图像，祥瑞与高祖斩蛇图像意义是相互关联的，可见天降祥瑞观念是汉代王朝统治的御用工具。在这种观念的影响下，汉代人相信通过祥瑞与人世间的沟通，人们的活动遵循了上天的意志，与上天达到和谐统一，葛兆光认为汉代“在普通和一般的知识与思想水平的人们的心目中，天仍然具有无比崇高的地位，天是自然的天象，是终极的境界，是至上的神祇”②。

既然祥瑞图像是上天对人世政治权威的解释，自然多多益善，因此祥瑞图像的内容丰富，形象生动。祥瑞图像的内容也比较广泛，与人类相关联的

---

① ［美］巫鸿（郑岩、王睿编，郑岩等译）：《礼仪中的美术—巫鸿中国古代史文编》，生活·读书·新知三联书店2005年版，第147页。

② 葛兆光：《中国思想史·第一卷，七世纪前中国的知识、思想与信仰世界》，复旦大学出版社1998年版，第335页。

动物、植物、器物，均可成为创造的素材。在祥瑞图像的创造过程中，汉代人有一种把握事物的和谐意识，试图表现事物的内在联系与本质精神，是完成祥瑞形象的主要思想与方法。

关于人物与动物的关系，在商与先秦青铜器雕刻上常表现人物与动物的对抗。这些青铜器的狩猎、祭祀与战争场面中，人物是以征服动物的形象出现的。它反映了青铜艺术已经改变了人类与动物的友善关系，追求象征权利统治的狞厉之美。汉代人的和谐意识来源于保持与动物的友善关系，对世间万物的同情之心。在南阳汉画像石中，和谐意识得以集中表现：首先，人和神和谐存在。南阳汉画像石有大量人神同处的图像，许多神兽均为人首兽身，在神的意蕴下二者合为一体，自然微妙。其次，人与兽和谐存在。人与兽斗南阳汉画像石中形象众多，在画面中人丝毫没有惊慌失措之态，反而有玩耍动作的安闲与滑稽，人以兽为亲密的伙伴（图 158）。最后，兽与兽和谐存在。动物表现是南阳汉画像石的主要内容，在画像中龙与虎、虎与熊、

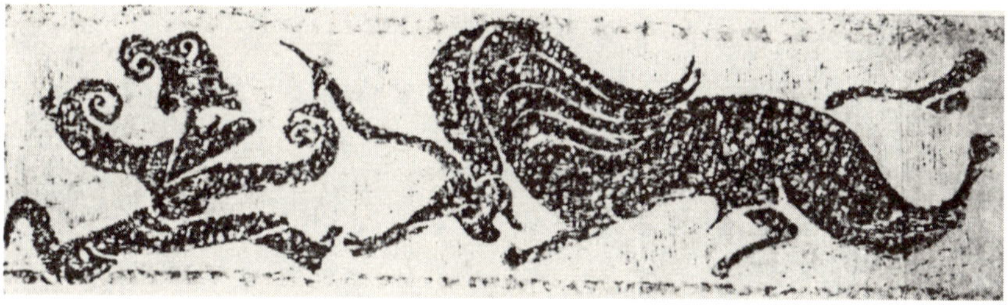

图 158　河南南阳汉画像石人与兽斗图像　（拓本）

熊与狮、狮与豹，或者牛与象、象与凤，这些不同类别、不同性格的动物出现在一起的很多，它们的争斗场面祥云缭绕，呈现出祥和、温瑞的情趣。南阳汉画像石人类和动物之间的友善关系，实际代表汉代人的意识中物体与事物处在和谐境界中，和谐的生命观才会产生出祥瑞图像的丰富内容。

祥瑞图像的形式简明生动，它常常表现了一个具体图像的本质特点。罗利在《中国绘画原则》中指出："在唐代以前的绘画中，由于艺术家关心的是事物本质，其结果是表意的图像而非叙述性的形似。这种视觉表现的心理学基础乃是人们试图把理念形象化时都会体验到的。"① 罗利对中国早期绘画

① G. Rowley（罗利），Principles of Chinese Painting，rev. ed. Princeton，N. J.：Princeton University Press，1974：27.

原则与形式进行了直觉的描绘，认为早期艺术是对事物本质的反映，是表现形象化视觉理念。巫鸿结合武梁祠祥瑞图像进行分析，“在表现比翼鸟的时候，艺术家就仅仅画出鸟的侧影，有两条腿以及一前一后的两个头（图159）。他在设计这个形象时绝对避免叠压和覆盖，甚至一个孩子看到这张画也明白这只鸟有两个头，一个身子和两条腿（而非四条腿）。”[①]显然，在武梁祠比翼鸟祥瑞图像的表现中只有用这种概念式的方法，才能表现比翼鸟的本质形貌，然后配合榜题说明，表现出比翼鸟的祥瑞形象。海宁汉画像石墓前室西壁的灵芝草祥瑞图像（图160），灵芝草的根、茎、灵芝儿部分生动刻画。根部许多小根生出，表现生命力的旺盛。茎部分两支，盘旋而交叉在一起，显示旺盛生命力的延续。灵芝在茎上分出了五个，它们姿势各异，飘飘欲仙，向上绽放生命的灵气。海宁画像石墓的灵芝草祥瑞图像没有榜题，不能靠文字的辅助说明，所以只能靠形象本身的生动形式反映主题。同时海宁汉画像石墓所表现图像大多处于动感之中，以运动产生的美感展示图像的本质特点。在汉画像石、画像砖艺术中，地域的表现风格决定祥瑞图像的具体形式。

图159　山东嘉祥武梁祠屋顶比翼鸟图像　（复原图）

武梁祠屋顶上大约刻有40到50种祥瑞图像，祠堂的开放性会形成祥瑞图像的影响和流传，汉代末年内蒙古和林格尔壁画汉墓有数十种祥瑞图像，[②]海宁汉画像石墓祥瑞图像也有相当数量。汉画像石、画像砖上的丰富祥瑞图像一方面成为如董仲舒所言，是标志“帝王之将兴也，其美祥亦先见”[③]的

① ［美］巫鸿（柳扬、岑河译）：《武梁祠——中国古代画像艺术的思想性》，生活·读书·新知三联书店2006年版，第102页。

② 参见内蒙古自治区博物馆编《和林格尔汉墓壁画》，文物出版社1978年版，第136—137页。

③ 董仲舒：《春秋繁露》卷五十七，杭州书局1901年版，第4页。

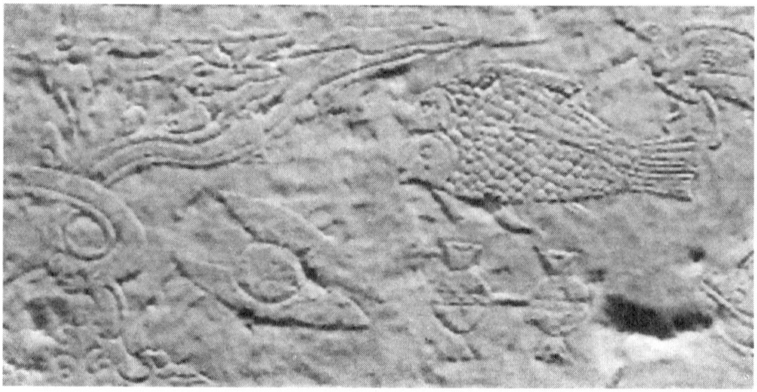

图 160　浙江海宁汉画像石墓前室西壁灵芝图像　（照片）

“受命符”[①]，为建立汉代的政治体系进行服务；另一方面祥瑞图像以不寻常的图形，冷静思辨，保持独立风格，增进了汉画像的形象表现能力。

三　西王母

西王母在中国古代有悠久的历史传说，西王母的形象特点在不同的传说中不断演变。由于汉代对西王母的崇拜达到了顶峰，作为图像记录历史的汉画像石、画像砖也应运生成西王母不同版本的丰富图像。

在西王母端坐的图像中，周围有各种形象。顾森认为这些形象“基本含义分为两类。一类表明天空即神灵居处，如日神、月神、蟾蜍（月精即月亮）、四灵（主管天之四方之神）等。另一类才衬托西王母的神性，如三青鸟、三足乌、各种神人等。在这众多的形象中，有几个具有很特殊的意义，如九尾狐、伏羲、女娲、龙虎座等”[②]。汉画像石、画像砖对西王母和周围的各种形象有生动的表现。

（一）西王母仙界的阴阳

江苏徐州沛县栖山画像石椁墓中椁东侧壁板外壁的西王母仙界图像，在二层仙阁上端坐着戴胜的西王母，三足乌、九尾狐、仙鸟、拥臼操杵制不死之药的仙人，还有四个半动物仙人——一位人身蛇尾、一位马首人身，一位

① 董仲舒：《春秋繁露》卷五十七，杭州书局 1901 年版，第 3 页。

② 顾森：《生命的图式——汉代西王母图像研究之一》，李砚祖主编《艺术与科学》，清华大学出版社 2006 年版，第 48 页。

鸟首人身、一位人的形象，簇拥在西王母旁边（图143）。信立祥认为："在迄今发现的大量汉代西王母图像中，坐在仙阁外的半动物形神怪为晚期西王母图像所不见，说明这是最早的西王母图像之一。"① 这个早期的石椁画像石中，西王母图像在东侧壁板外壁左边，接连的图像是树木射鸟、建鼓舞与墓祭，它们表现了祭祀墓主的相关内容。该石椁的西侧壁板外壁图像，在与东侧壁板外壁的相同位置也表现了建筑的楼阁、双阙，但依次接连有车马出行图像，表现的是车马出行墓主受祭场面，是人世间的活动，其楼阁、双阙与东侧壁板西王母端坐的仙阁有不同的性质。在东侧壁板外壁的西王母仙界图像里，西王母端坐二层仙阁上，旁边有九尾狐、三足乌、拥臼捣药仙人与诸仙人，是仙界的活动。在河南郑州新通桥空心砖墓出土的西汉末东汉初画像砖中，也可以看到西王母与三足乌、九尾狐与捣药玉兔的图像（图161）。说明早期的西王母图像格局已经初步形成，图像已有戴胜的西王母、三足乌、九尾狐及捣药仙人或玉兔、仙人等。东汉早期山东嘉祥洪山村出土的祠堂西壁上层画像，西王母戴胜中间端坐，两旁有人首仙人陪伴。然后从左到右依次排列表演状态的蟾蜍、与蟾蜍舞姿呼应的有翼仙人、操臼拥杵捣制不死之药的三只玉兔、执物的三足乌与九尾狐（图162）。这时西王母仙界图像已基本形成。西王母戴胜女仙形象，如司马相如所赞美："吾乃今日睹西王母，皬然白首戴胜而穴处兮，亦幸有三足乌为之使。必长生若此而不

图161　河南郑州新通桥空心砖墓西王母图像　（拓本）

① 信立祥：《汉代画像石综合研究》，文物出版社2000年版，第210页。

图 162　山东嘉祥洪山村出土的祠堂西壁西王母图像　（拓本）

死兮，虽济万世不足为喜。"[①] 三足乌，是太阳神的象征。《灵宪》云："日者，阳精之宗，积尔称乌，象乌而三趾。"[②] 蟾蜍，传说是嫦娥奔月后而变化的月精。"嫦娥以西王母不死之药服之，遂奔月为月精。"[③] 九尾狐是一神兽，《山海经·南山经》："有兽焉，其状如狐而九尾，其音如婴儿，能食人，食者不蛊。"[④] 顾森认为："九尾狐代表了生殖旺盛的天象。由于'尾'有生殖与交接之意，出现在西王母身边的九尾狐，也就有更普通的意义，并不仅仅专属帝王。九尾狐实应是汉代人生殖祈求或生殖崇拜的一种天象、一种象征。"[⑤] 蟾蜍是"阴"的象征，玉兔在月中的主要任务就是捣药。至此西王母仙界中的主要图像已经确定，其他仙人在仙界中可多可少，他们处于次要的位置。在组成仙界的主要图像中，西王母是最高主宰，三足乌与蟾蜍（或

① 司马相如：《大人赋》，班固著《汉书》，中州古籍出版社 1996 年版，第 295 页。

② 张衡：《灵宪》，范晔《后汉书》（李贤等编），中华书局 2005 年版，第 2185 页。

③ 刘勰（王运熙，周峰撰）：《文心雕龙译注·诸子第十七》，上海古籍出版社 1989 年版，第 150 页。

④ 《山海经·南山经》，袁珂校译《山海经校译》，上海古籍出版社 1985 年版，第 114 页。

⑤ 顾森：《生命的图式——汉代西王母图像研究之一》，李砚祖主编《艺术与科学》，清华大学出版社 2006 年版，第 51 页。

捣药的玉兔、仙人）在其旁，象征月与日围绕循环。河南南阳县出土的日月同辉画像石（图93），画面上有三足乌的太阳与有蟾蜍的圆月同时出现，接连的云气处于动势，象征日出日落、阴阳更替的宇宙变化。三足乌与蟾蜍出现在西王母仙界，暗示西王母主宰宇宙的阴阳变化。七尾狐是生殖旺盛的天象。人们幻想着世人成仙到了慈祥善良的幸福女神西王母的仙界，日月更迭，阴阳交替，生命延续，长生不死，完成在仙界生命归于永恒的夙愿。

在东汉早期的孝堂山郭氏祠的西山墙图像中（图183），西王母戴胜端坐在仙界中心，西旁有九尾狐、三足乌、蟾蜍、捣药的玉兔及仙人，它们是西王母仙界的常设图像。在西王母的上方偏右的位置出现了手持圆规、人兽蛇身、凌空而立的女娲图像。与此对面的东山墙，西王母相对的图像为众仙人围绕的风伯，女娲相对的是手执矩尺、人首蛇身、云气缭绕之中的伏羲。在汉代祠堂中，山墙上部的图像往往是表现仙人世界的，孝堂山石祠东西山墙应该配置已经确定了的西王母仙界图像。并在确定的仙界原有图像上又增加了女娲、伏羲、风伯的形象。女娲，《说文》云："娲，古之神圣女，化万物者也。"[1] 女娲是始造人类的神祇。伏羲，《易·系辞下传》云："古者包牺氏之王天下也，仰则观象于天，俯则观法于地，观鸟兽之文，与地之宜，近取诸身，远取诸物，于是始作八卦，以通神明之德，以类万物之情。"伏羲是始作八卦，修行道德的神祇。风伯是天上世界的自然神，将其与神仙世界的女神西王母相对，可能是与西王母一起的男性主仙还未创造出来之前的临时配置。然而女娲和伏羲呈人首蛇身形象出现在这里，说明原来已确定的西王母仙界图像开始有所变化。在西汉晚期的河南南阳唐河电厂汉画像石墓前室的中柱与西侧柱，刻有人首蛇身的伏羲、女娲交尾图像（图163）。伏羲与女娲均戴冠，身着衣，蛇尾互交。伏羲、女娲原有经天纬地、化生万物的功绩，但组合在一起伏羲举日、女娲举月，已表示天地间的阴阳更迭。另外《经史·后记》注引《风俗通》云："女娲，伏羲之妹。"《独异志》云："昔宇宙初开之时，有女娲兄妹二人，在昆仑山，而天下未有人民。议以为夫妻，又自羞耻。兄即与其妹上昆仑山，咒曰：'天若谴我二人为夫妻，而烟重合；若不，使烟散。'于烟即合。其妹即来就兄，乃结草为扇，以障其面。今时取归执扇，象其事也。"传说中的伏羲、女娲由兄妹变为了夫妻，因此，汉画像石中的伏羲女娲交尾又有着阴阳和谐、生殖繁衍的象征意义。

① 许慎：《说文解字·卷十二下·女部四》，中华书局1985年版，第260页。

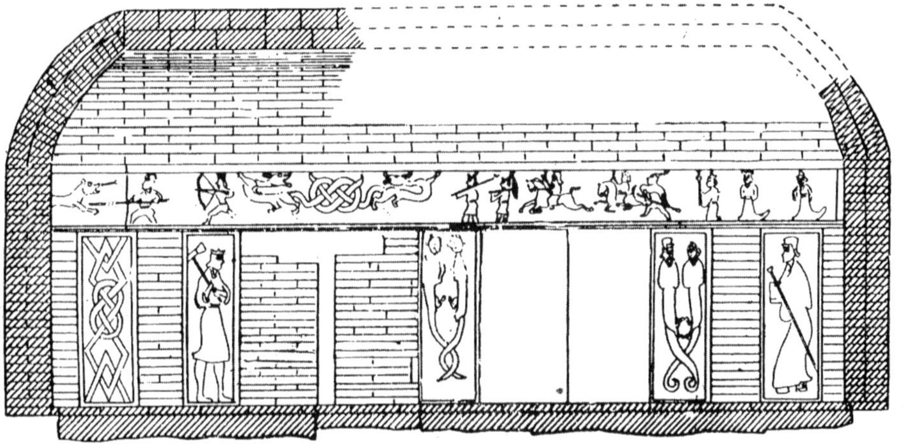

图163 河南南阳唐河电厂汉画像石墓伏羲、女娲 （摹本）

在孝堂山石祠的西山墙上，女娲在西王母的从属位置出现，伏羲在东上墙也是从属位置出现，说明伏羲、女娲对于西王母均为从属身份。它们和三足乌、蟾蜍一样，是代表阴阳变化的仙灵，同时也是象征生殖交媾的神祇。因此他们的出现使图像显得十分重要。从位置上看，孝堂山郭氏祠东、西山墙上他们的图像分别在最上方，明显超过了位居下层图像的三足乌、蟾蜍、九尾狐。从形式上看，伏羲、女娲人首蛇身，图形较大，在视觉映现上也超过了三足乌、蟾蜍、九尾狐。在山东滕州出土的画像石图像中（图164）西王母戴胜居中，伏羲、女娲以人身蛇尾紧紧围合护佑西王母，而蟾蜍、九尾狐、捣药玉兔在其周围。可见在西王母仙界里伏羲、女娲仙灵位置的重要，同时反映阴阳与敷衍是主要的仙界活动。另一个现象值得我们注意，在孝堂山郭氏祠的西山墙西王母与女娲在一起，东山墙风伯与伏羲在一起，西王母与女娲组成了西山墙的阴性仙界，巫鸿指出：“‘阴’因此由女娲与西王母同时来代表，这种现象反映出象征阴阳的图像在演变中的一个过渡状态。”① 在山东汉代石祠中，这种变化还要彻底。在东汉晚期的武梁祠中，西山墙为西王母图像，东山墙为东王公端坐中间的图像（图165），经过认真的造神

① ［美］巫鸿（柳扬、岑河译）：《武梁祠——中国古代画像艺术的思想性》，生活·读书·新知三联书店2006年版，第132页。

图 164 山东滕州汉画像石西王母图像 （拓本）

图 165 山东嘉祥武梁祠山墙西王母、东王公图像 （拓本）

过程，仙人世界终于创造出可以与西王母匹配的男性主神——东王公。在西山墙与东山墙的图像中，西王母、东王公肩生双翼，端坐中央，其他有翼仙人侍奉两旁，左右有捣制不死之药的玉兔及仙禽神兽在活动。这时伏羲、女娲图像也看不到了，武梁祠山墙图像造就了西王母与'阴'等同为一的概念，加强了她与东山墙表示'阳'的东王公之间的和谐关系。这种模式在当地祠堂中得到应用，武梁祠东侧最上部的仙人图像，嘉祥宋山 1 号小祠堂仙人图像，均以这种图像形式表现。

汉代人的阴阳观念特别突出，它表现的是对宇宙的宏观认识，对天地日月、性别方位等具体事物都可以用阴阳观念去解释。巫鸿认为汉代人对阴阳相克相生模式的追求可以说是到了着迷的程度，“他们把阴阳概念推而广之，运用到对所有社会和自然现象的解释中去，创造了许多象征阴阳的物象，并用它们来阐发这一对概念。”[①] 在西王母仙界图像的创造过程中，不同地域产生不同的变化。东汉晚期山东石祠出现了东王公图像，南阳画像石也不乏其例，在南阳市熊营汉画像石墓西王母、东王公图像上，西王母与东王公共同坐于仙台，东王公侧身，西王母正坐，东王公形象稍小于西王母，有西王母为主的感觉（图 166）。四川的情况又有不同。四川东王公形象很少见到，但在西王母仙界出现了龙虎座图像。四川郫县新胜二号墓二号石棺侧壁西王母仙界图像，西王母居中，端坐在昆仑山最高仙界的龙虎座上，除了左侧配置九尾狐、蟾蜍和玉兔图像外，右侧有两个仙人在陆博（图 167）[②]。西王母坐龙虎座图像在彭山一号石棺上还可见到。龙与虎在一起可以御凶化吉，阴阳和谐，顾森指出：“这种图式是神仙世界大一统，天地阴阳协理的象征外，还有它更深一层或更隐秘的意义，即长生不老神仙思想的体现。”[③] 龙虎之交，龙虎相戏在汉代画像石、画像砖中不乏出现，它隐喻了男欢女爱的交媾之情。同在郫县新胜二号墓出土的一号石棺刻有龙虎戏璧与牛郎织女图像（图 168）。璧有通天接地的灵性，也有表现时间和谐的

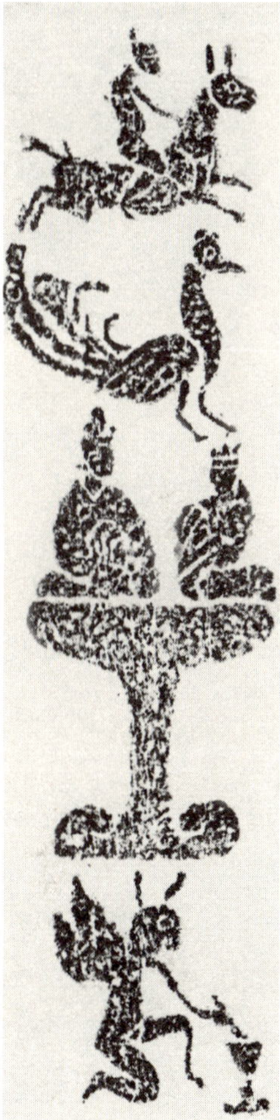

图 166　河南南阳市熊营汉画像石墓西王母、东王公图像　（拓本）

① ［美］巫鸿（柳扬、岑河译）：《武梁祠——中国古代画像艺术的思想性》，生活·读书·新知三联书店 2006 年版，第 134 页。

② 参见四川博物馆、郫县文化馆编《四川郫县东汉砖墓的石棺画像》，《考古》1976 年第 6 期。

③ 顾森：《生命的图式——汉代西王母图像研究之一》，李砚祖主编《艺术与科学》，清华大学出版社 2006 年版，第 50 页。

图 167 四川郫县新胜二号墓二号石棺西王母仙境图像 （拓本）

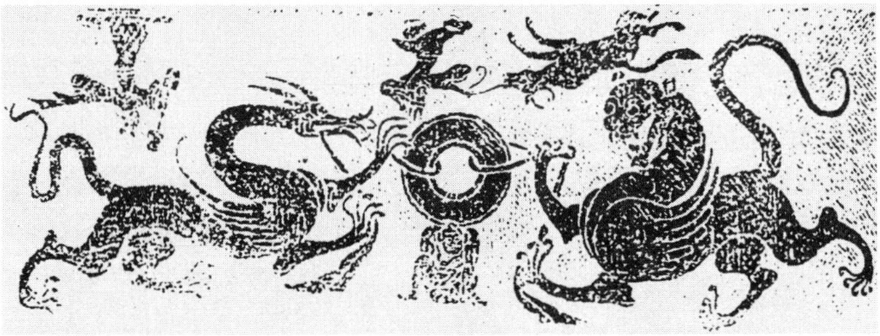

图 168 四川郫县新胜二号墓一号石棺龙虎戏璧、牛郎织女图像 （拓本）

图 169 四川南溪二号石棺胜纹图像 （拓本）

图 170 四川荥经石棺拥抱亲吻图像 （拓本）

概念。龙虎戏璧呈现了祥和气氛，负璧的猴与龙虎同刻在一起，出现了龙虎交媾的另层含义。画面上部的牛郎与织女图像，以脍炙人口的神话传说隐喻着龙虎相戏的生命繁衍思想。西王母选择的龙虎相交的龙虎座，实质是表示男女阴阳相处，具有男女交媾之意。

新胜二号墓二号石棺出现的龙虎座与仙人陆博图像，是四川区域内西王母仙界中经常出现的图像。西王母所戴的胜、三足乌、蟾蜍、九尾狐等图像单独出现，也是西王母仙界的象征。在四川南溪二号石棺还出现以单独胜纹表现的西王母仙界图像（图169）。这样龙虎座与陆博图像也可以象征西王母仙界。在四川新津宝子山出土石棺右侧壁图像中，左侧图像表现昆仑山顶有两位仙人陆博，右侧图像表现昆仑山顶部左边一人抚琴，右边男女二人拥抱亲吻，表现在昆仑山西王母仙界刚刚会面的墓主亲热场面，同时也内涵西王母仙界是男女阴阳结合、生殖繁衍、生命延续场地的意蕴。人们所向往的阴阳和谐，男女结合生死相依的夙愿只有在西王母仙界里可以存在，脱离人世到达西王母仙界是最好的选择。在四川荥经石棺图像中，一对拥抱亲吻的男女出现在西王母端坐的仙界厅堂里，他们已经成为陪伴西王母的仙人（图170）。鲁道夫·阿恩海姆指出："艺术品的知觉式样并不是任意的，它并不是一种由形状和色彩组成的纯形式，而是某一观念的准确解释者。此外，作品所选择的题材同样也不是任意的和无足轻重的，它在作品中与形式式样相互依赖和相互配合，从而为抽象主题提供出一个具体显现的机会。"① 龙虎座、陆博、拥抱亲吻图像形成是阴阳观念的一种表现方法，出现在汉画像石墓的建筑形式中似乎很随意，但它的确表现汉代至关重要的阴阳与生死主题。这种图像分布广泛，在四川彭山550号崖墓墓门上有拥抱亲吻起突雕刻，在河南南阳方城城关镇出土画像石也有拥抱亲吻的隐起雕刻（图171），这些图像长期定名为"秘戏"，认为是表现男欢女爱的一般生活情节。但是拥抱亲吻的画像石表现在墓室，表现在西王母仙界的特殊场合，显然不是现实生活的简单反映，而是表现了一种生死吻别之情，一个在宇宙天地长存的阴阳概念。因此顾森将其这类图像定位"相拥吻别"②。它是西王母仙界的另一种表现阴阳交媾的图像形式。

---

① 鲁道夫·阿恩海姆（滕守尧、朱疆源译）：《艺术与视知觉》，中国社会科学出版社1984年版，第631页。

② 顾森：《生命的图式——汉代西王母图像研究之一》，李砚祖主编《艺术与科学》，清华大学出版社2006年版，第56页。

图171 河南南阳方城城关镇出土画像石拥抱亲吻图像 （拓本）

（二）西王母仙界的境相

由于各个地域的文化背景与艺术表现方法的不同，所形成的西王母仙界境相极为丰富。境相是艺术形象与形式的统一体，但具体反映给我们的境相，则是形象的视觉外在表现形式。

A. 厅堂楼阁仙界

艺术形象表现的素材来源于实际生活的积累。汉代是中国建筑发展的成熟时期。西汉的都城长安未央宫中有承明殿、宣室殿、清凉殿、温室殿等数十座殿堂，未央宫四恒分别建有司马门，北、东二门外建阙。1988年考古发掘的未央宫西南隅角楼，曲尺形平面。其中南段东西宽67.7米，南北进深11.4—13.3米；西段南北长31.5米，东西宽10.5米，建筑体量宏大。东汉的都城洛阳有南北二宫。南宫有正殿、却非殿等30余座宫殿，四门以青龙、白虎、朱雀、玄武命名；北宫有宫殿楼阁10余座，《后汉书·礼记志》描写其中的德阳殿“周旋容万人，陛高二丈，皆文石作坛，急沼水于殿下”。洛城城东有白马寺，城南有祭坛、明堂、辟雍。汉代的阙广为筑建，可分为宫阙、城阙、庙阙、墓阙。汉代的皇家园林上林苑“缭垣绵连，四百余里”①，取广袤的天地，以自然的山水，建奇秀的宫殿，造神秘的环境。在汉代民间楼阁兴建极盛，与神仙说有密切的关系，《后汉书》载张衡的《思玄赋》云：“伏灵龟以灵坻兮，亘螭龙之飞梁”②，《水经注·沔水》：“沔水之左有骑城，周二里余，高一丈六尺，即骑亭也。……县南有黄家墓，目前有双石阙，雕制甚工，俗谓

① 张衡：《西京赋》，张震译校注《张衡诗文集校注·西京赋》，上海古籍出版社1986年版，第56页。

② 范晔：《后汉书》，中华书局2007年版，第565页。

之黄公阙”，汉代的城、亭、阙建筑普遍存在。汉代都城的巍峨建筑与奇丽园林，各地的楼阁建筑与民间居住环境是西王母厅堂楼阁仙界创造的图像来源。

汉画像石早期的西王母图像出现在徐州沛县栖山石椁侧板（图 143）上，在画面上有柱斗撑起四阿顶的二层楼阁，西王母端坐在第二层上，楼阁不大，但极精致，是一座质朴的仙阁，以仙阁为主体形成了早期的画像石西王母仙界图像。

在河南南阳新野樊集吊窑 M28 汉画像砖墓门楣的升仙图像，西王母坐在左上部，面向右部的双阙，左下部有墓主乘车马到临双阙，双阙在西王母的下方，应是登临仙界的入口（图 172）。1976 年四川简阳鬼头山出土的石棺，

图 172　河南南阳新野汉画像砖升仙图像　（拓本）

在石棺上双阙形象的中间上部刻榜题“天门”二字，意思非常明确（图 173）。由此可以确定，墓主乘车马进入双阙形成的天门，可到达西王母仙界。因此，双阙在画面中占据重要的位置，它体量最大，构造复杂，每个阙均为双层。阙中间两个骑马者是引导墓主登临仙界的仙人，他们以背面形式出现，又反衬出天门双阙建筑的神秘与雄伟。

东汉晚期的四川荥经石棺升仙图像在宏伟的厅堂建筑中展开（图 170）。中间是天门，天门有掩门的女仙，两旁是宽敞的厅堂。通过四层连贯的踏步进入四个柱斗鼎立的厅堂，有朱雀中间分立，右方是端坐几案、神圣严肃的西王母，左边是象征阴阳的相拥吻别仙人。图像表现厅堂建筑的大门、踏步、柱、斗拱的宏大气势与构件的精美，创造出西王母厅堂建筑仙界的盛大景况。

B. 峰顶云端仙界

汉代人认为西王母仙界位于昆仑山上，《汉书》云：“西北至塞外，有

图 173　四川简阳鬼头山石棺天门图像　（拓本 局部）

西王母石室、仙海、盐池。北侧湟水所出，东至允吾入河。西有须抵池，有弱水、昆仑山祠。”[①] 这是对西王母和昆仑山，经过长期的统一认识后形成的观念。西王母仙界在昆仑山峰顶云端的境相图像，随着西王母居昆仑山的观念形成过程，被描绘得越来越神奇玄妙。

武氏祠风格的这类图像比较规整。武梁祠中西王母仙界图像利用山墙的锐顶三角形做成，是对西王母居昆仑山的一种形式示意。西王母居中的三角形画面形成的图案较为规整，在武氏祠统一的艺术风格中，使情节复杂、构图多变的西王母仙界形成了规整的特点。武氏祠左石室天井石的西王母仙界图像（图 174）画面上半部充满规则有序的祥云，云间端坐着西王母与东王公、祥云中间祠主夫妇分别乘坐规整的有翼的輧车，在服饰整齐的有翼仙人护送下到达东王公、西王母端坐的仙界。画面下层鞍马、轺车、车上下来的

---

① 《班固·汉书》，中华书局 1962 年版，第 1611 页。

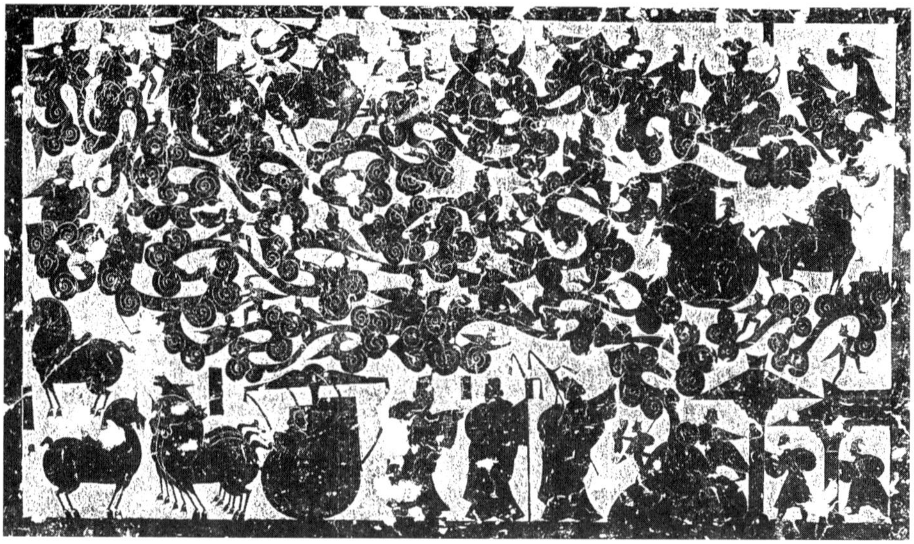

图 174 山东嘉祥武氏祠左石室天井石西王母仙界图像 （拓本）

人，阙屋及屋里忙碌的人，他们组成横列，均以规整的图形出现。画面以规整的表现方式统一了上中下三个层面内容，整体形成了峰顶云端的生动情节图像。山东沂南汉画像石墓中室八角形擎天柱图像，西王母端坐在神龟背三峰鼎立的昆仑山上，神龟、西王母皆取正面形象，昆仑山山峰左右两边对称均齐，整体形象规整统一（图 175）。规整的峰顶云端仙界图显示了自然界的有序组成，受汉代儒家思想影响的图像有种规整的宇宙阐释模式，为图像表现设立了一个基本框架，即使充满想象的西王母峰顶云端仙界图像，也在这个框架与有序整体的约束之中。

相对而言，南阳汉画像石、画像砖中峰顶云端仙界则表现得较为自然灵活。新野张楼汉画像砖墓西王母仙界图像（图 176），西王母稍微侧身、自然舒适地坐在昆仑山峰顶的县圃上，左右有人面虎身兽与羽人相伴，它们形象生动，虎与羽人充满自然界中的野性。画面下边的昆仑山描绘成荒凉的自然山林；重峦逶迤相交，遍野覆盖林木。其中有引颈长鸣、悠然自得的凤鸟，有惊慌失措、飞速跳跑的小獐，更有匿身于荒林，伺机跳出的猛兽。《山海经·大荒西经》："西海之南，流沙之滨，赤水之后，有大山，名曰昆仑之丘。……有人戴胜、虎齿、有豹尾、穴居，名曰西王母。此山万物尽有。"传说中西王母原来是形象可怕的刑神，后来后羿从西王母那里求得不

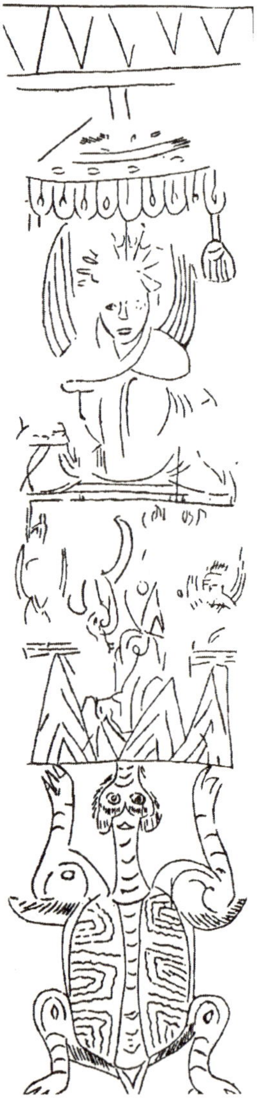

图175 山东沂南汉画像石墓中室八角形擎天柱西王母仙界图像 （摹本 局部）

死之药，西王母由刑神转变为美丽的仙女。这个画像砖中的西王母形象已经转变，然而周围环境似乎还保留着西王母做刑神时的各种特点。人面虎身兽应还有西王母原来相貌的象征意义，似乎还有“此山万物尽有”的各种动物的形象表现，画像砖以自然的野性表现传说中的西王母峰顶云端仙界的理想境相。南阳麒麟岗汉画像石墓墓门的西王母仙界（图177），用另一种方法表现。横长的画面没有表现昆仑山，而以满画面的云气象征仙界。左半部分有一头梳丫髻、人首蛇身双足的女子，左手高擎株树，升腾云端，应为西王母。左边刻一仙兽，人身蟾蜍面相，与西王母蛇身相交嬉戏。其左有身生毛羽、双手反缚的仙人。右半部分刻戴冠长襦、肩生毛羽、正襟危坐的东王公，前面有驾雾的青龙，手拿芝草的羽人，三个图像连在一起，形成东王公在云车上、羽人为之驾驭青龙、向左方的西王母驶去的生动画面。左方双手反缚的仙人应叫“危”，危杀害了窫窳，天帝把危两手反缚，系之山上木。[1] 西王母原来主刑杀，把反缚手的危放在西王母旁边，反映西王母传说在南阳的广泛流传。南阳麒麟岗汉画像石墓东西朝向，横堂式前室东为三个主室，西为两个并列的墓大门，西王母仙界图像位于通向墓道两个墓大门的整个门楣上，是墓室与外部联系的最重要位置。上面配置的西王母仙界图像要完成墓主的升仙愿望。该墓的中主室与北主室东壁分别有男、女墓主的大幅图像，在通向墓室外界的门楣上精心表

① 西王母在昆仑山，《山海经·海内北经》：“其东有犬封国，贰负之。”《山海经·海内西经》：“贰负之臣曰卷……帝乃梏之疏属之山，桎其右足，仅缚两手与发，系之山上木。”

图 176　河南南阳新野张楼汉画像石砖墓西王母仙界图像　（拓本）

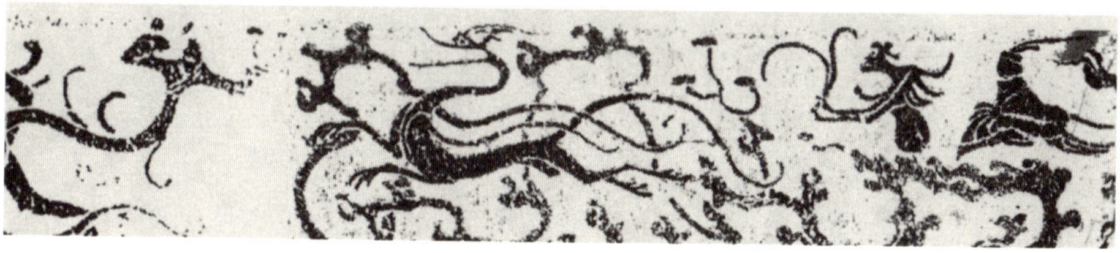

图 177　河南南阳麒麟岗汉画像石墓西王母仙界图像　（拓本）

现登临仙界的图像。墓室里男墓主居中主室，女墓主居北主室，男女墓主的地位差异，决定了门楣的西王母仙界图像中东王公与西王母的主次位置。因此图像中东王公由羽人驾云车，青龙开道，西王母则表现她与蟾蜍及危的仙灵形象。这种意识上的差异通过图像表现的形式进行了统一，在虚灵太空流动的祥云间，不忘司刑职责的西王母与陪伴的蟾蜍嬉戏起舞，迎接驾龙乘云的东王公的到来。画面以天地空灵、阴阳和谐、祥云缭绕、歌舞升平的浪漫气氛创造出西王母峰顶云海仙界，以生动的图像表现墓主的成仙过程。南阳画像石、画像砖的西王母仙界给我们创造了一个奇幻瑰丽的自然境相。它体现了道家的大道无形与天地间原始混沌思想。从其不凡的仙界画面表象中，我们可以感受到其磅礴的气势，神奇的想象，浓郁的世俗，深长的意蕴。它形成了鲜明而又朴素的艺术个性，表现了一种美学追求。这种美是混沌广大之美，阴阳相济之美，运动循环之美。

C. 时空概念的仙界

西王母拥有不死之药的说法在西汉广为流传，仙丹便是西王母的不死之药。在郑州西汉中晚期出土有西王母饲凤图像的画像砖（图 178），画面上戴胜的西王母面容慈祥、侧身跽坐、伸手托丹。一凤伸颈扬尾、张嘴衔丹，刻画了西王母安详善良的形象。方士在秦汉的求仙活动中是重要的人物，顾

图 178　河南郑州出土画像砖西王母饲凤图像　（拓本）

颉刚认为："鼓吹神仙说的叫做方士，想是因为懂得了神奇的方术，或藏着很多药方，所以有此称号。"[①] 方士能够炼丹、也能够求仙，在汉画像石、画像砖中出现执三重旄节的方士，他们执节到西王母身边，是向天国通报尘世间新人到来，也是新人入西王母仙界的带领者。西王母的这类图像常有仙丹与方士出现，有时画面中没有出现西王母图像，而用仙丹与方士象征西王母形象，仙丹可以使人长生不死，方士可以助人成仙，西王母、仙丹、方士助人完成由冥间到仙界的夙愿。

根据墓葬建筑的需要，西王母图像极其自然地与众生灵共现于祠堂壁面上。山东嘉祥五老洼画像石第五石（图 179），蒋英矩认为来源于东汉早期

① 顾颉刚：《汉代学术史略》，东方出版社 2005 年版，第 11 页。

图 179　山东嘉祥五老洼出土汉画像石第五石图像　（拓本）

的小祠堂。[①] 第五石的画面分为上、中、下三格，上格西王母凭几端坐，左右有多个手捧嘉禾与仙的跪拜侍者，其中有一鸡首人身侍者。第二、三格分别为车马出行与狩猎图。五老洼第七石与第五石相对应，其中上、中、下三格，图像分别为奏乐、建鼓与庖厨。在相对应的 6 格图像中，除西王母所在一格的图像外，其余 5 格在表现世间的生活与车马出行的途中，所表现的西王母仙界存在于墓主生活的时空中，是墓主生活空间活动的最后归宿。

运用不同的空间图像进行对比，创造西王母的时空概念仙界。仙人为汉代人所向往，希望自己死后能够浪漫地游戏于人世之外，永远在仙界生存。因此在汉画像石、画像砖上使用对比与隐喻的表现方法，形成了西王母时空概念仙界。山东苍山汉画像石墓墓门的右侧主柱可分为三个部分，第一部分刻饰端坐的西王母，下面两部分刻饰两个身姿轻盈的仙人。左侧立柱画面用横线分成了三格，分别出现了三个人物（图 180），巫鸿认为三个人物象征

① 参见蒋英炬《汉代的小祠堂——嘉祥宋山汉画像石的建筑复原》，《考古》1983 年第 8 期。

图 180　山东苍山汉画像石墓墓门门柱图像　（拓本）

死者的子孙①。三个人物与右侧立柱上的西王母、二仙人一一对应，两组人物在墓门两侧并列出现，图像之间产生隐喻作用，由墓门分开的凡人与仙人共同组成了西王母仙界，它们本来是两个层面的人物形态，由于时空概念将其联系在一起。

人类的空间意识来源于直观感觉上的形式体验。然而心理上的空间意识构成凭借的是对感官经验的把握。宗白华认为："每一种艺术可以表现出一种空间感型。并且可以相互移易地表现他们的空间感型。"② 中国传统的空间意识表达依靠感官对时空的把握，《易经·系辞下》云："仰则观象于天，俯则观法于地，观鸟兽之文与地之宜。近取诸身，远取诸物。"在时空概念仙界的表现中，汉代的画师工匠关照形形色色的物象变化，用富于生命意识的心灵洞察空间万象，精心创造出西王母的时空概念仙界。

（三）西王母仙界图式

西王母仙界画面图式丰富多彩，表现出日臻完美的装饰形式。庞薰琹认为："汉代装饰画在构图方面，突破了只是把人物等等排列在画面上，而是根据不同的主题，作出不同的画面安排。"③ 西王母仙界的图像与形式，均处窗体顶端于不断变化的过程中，在所形成的现实式样中，往往选择和描绘其中的一种进行装饰表现，使其达到一定的艺术效果，产生有意义的情境。阿道夫·希尔德勒兰特认为情境"可能是稳定的或者是经受着变化的。这在研究我们对实际存在的形式的印象时的是至关重要的，因为许多事物被结合在一特定的情境中，我们只

① 参见［美］巫鸿著（郑岩等译）《礼仪中的美术——巫鸿中国古代美术史文编》，生活·读书·新知三联书店 2005 年版，第 221 页。

② 宗白华：《美学散步》，上海人民出版社 1981 年版，第 115 页。

③ 庞薰琹：《中国历代装饰画研究》，上海人民出版社 1982 年版，第 34 页。

知道它们是某种合理规定的知觉形式。在情境中的任何变化也改变了实际形式"①。在表现过程中，构成西王母仙界情境的基本要素是图像与图式，情境的形成来源于图像与图式的变化，而图式是图像的外在表现形式。图式造就了西王母仙界的情境，而情境又形成了西王母仙界的不同图式。

A. 自由图式

自由图式在汉画像石、画像砖西王母仙界图像上分布广泛，且形成时间早，并贯穿于各个时期。在自由图式中，西王母图像在画面中间或偏于一隅，或居于左中部与右中部，不同地域的画像石、画像砖有不同的表现。

南阳魏公桥汉画像石中西王母仙界图像（图181），西王母以四分之三半身侧面居于画面左中部，中间是载着蟾蜍图像的圆月，右中部为捣药的玉

图181　河南南阳魏公桥汉画像石西王母仙界图像　（拓本）

兔，西王母与玉兔相向而立，它的两旁还有云气与九尾狐。南阳新野樊集吊窑M28汉画像砖墓门楣西王母仙界图像，西王母与象征天门的双阙分别置于画面的左中与右中部。山东嘉祥洪山村出土的祠堂西壁西王母仙界图像（图162），西王母居于左中部，仙人、蟾蜍、三足乌、九尾狐等图像分别列于两旁。武氏祠左石室天井石西王母仙界图像（图174），东王公居中，西王母居右，二者形成的视觉中心位置在画面的右中部。陕西绥德四十里铺汉画像石墓门楣西王母仙界图像（图182），西王母居画面右中部。

徐州沛县栖山石椁西王母仙界图像（图143），西王母坐仙阁居画面左隅。如果同仙界的三足乌、九尾狐、仙人等图形放在一起观察，西王母仙界图像位于有树木射鸟、建鼓、墓祭等图像画面的左中部。与其有相同艺术感

① ［德］阿道夫·希尔德勃兰特（潘耀昌译）：《造型艺术中的形式问题》，中国人民大学出版社2004年版，第17页。

图 182 陕西绥德四十里铺汉画像石墓门楣西王母仙界图像 （拓本 局部）

觉的是四川南溪长顺坡三号石棺西王母仙界图像，西王母居于左隅，和西王母相接连的天门靠近画面的中部，所构成的西王母仙界图像居于整个石棺画面的左中部。四川荥经石棺西王母仙界图像（图 170），也是靠居画面中部的天门与居画面右部端坐的西王母，组成的仙界图像位于画面的右中部。

南阳新野张楼汉画像砖墓仙界图像（图 176），画面上部尽管只出现了虎、羽人等较少的图像，但西王母还是居于左中部端坐。

由此看来，自由图式中西王母仙界图像的画面构成，有居于左中或右中部的规律性，产生出有一定意义的形式美感。画面构成从广义上讲，是指图像或符号在画面空间的布局情况。在视觉艺术表现时，有专家将 1∶1.618 比例的横长画面称为黄金比矩形①，以这种比例的画面表现宽阔的空间。当然在实际表现时，矩形画面的比例会有所变化。也有心理学家在比较众多美术作品后，认为画面要取得视觉中心的左右和谐，垂直二分线的黄金分割，可能是在中点与三分之二点之间的唯一合适区域。② 在这个合适区域内安排主要图像，能够很好显示作品的视觉意义。因此，在画面上左半部与右半部是安排主要图像的合适区域。一般来说，左半部与右半部在视觉上处于不对称的关系。在人们感知外部视觉形象时，不同位置上的感知有别，处于视阈右方的形象，总是更容易被感知在视觉感知中，画面右半部的印象产生的比较迅速，图像感觉比较强烈。然而由于在位置上的对称关系，画面左半部相对

① 参见吴士元编译《谈构图》，黑龙江人民出版社 1984 年版，第 26 页。

② 参见［美］弗拉基米尔·L. 科内奇尼（耿焱译）《论“黄金分割”》，李砚祖主编《艺术与科学》（卷二），清华大学出版社 2006 年版，第 159 页。

的视觉中心也同样承担更多的重力。因此，画面的左中部与右中部是图像形状与意义表现的最佳位置。汉画像石、画像砖西王母仙界画面中，西王母的主要图像一般选择了这个位置，由此看来，所谓的自由图式仅相对而言，它是有自身规律变化的。

自由图式中的西王母总是被表现为四分之三侧面到全侧面之间的图像，并且与西王母仙界的其他图像有密切的呼应关系，西王母常常显示在具有微妙感情变化的活动中。巫鸿将其称为情节式构图，并进一步指出："情节性构图方式可以追溯到很早的人物画。东周青铜器画像上的人物纹饰，长沙出土的两幅最早的人物肖像，以及含有最早西王母形象的西汉墓室壁画，都延续了这种构图传统。"[①] 在汉画像石、画像砖中的西王母仙界自由图式中，南阳魏公桥汉画像石的西王母图像最具有代表性（图 181）。在画面上，西王母图像居左中部，其左右两侧的云气在后面形成西王母图像的图形范围。西王母图像又在画面中点与三分之二点的合适区域。两种因素使西王母形象的视觉特点明显。与西王母图像相对应的右中部是捣药的玉兔，玉兔形象右面与上面有九尾狐及云气，它们又组成了玉兔捣药图像的图形范围，玉兔图形范围也在画面中点与三分之二点的合适区域。这样画面左中的西王母图像，右中的捣药玉兔图像形成两个主要视觉中心的呼应，画面中间载着蟾蜍的月圆成为联系两个视觉中心的关联图形。于是画面就产生了有意义的情节，这种情节由西王母与捣药玉兔的画面重要位置形成，同时也取决于西王母四分之三侧面形象与玉兔捣药举止动作的相互关联。这幅图像在内容上具有情节性，可以视为巫鸿所认为的情节性构图。而在具体图式反映上则是一种自由图式。湖南长沙子弹库楚墓出土的人物御龙图（图版十八），峨冠宽袍、侧身而立的男子居画面中到右三分之二的中间部分，所驾驭的龙昂首在画面右中部，使画面主要图像突出，情节生动。汉画像石、画像砖西王母仙界自由图式可以在这里找到传统的道家思想影响元素。汉代的画师工匠采用了比较实际的形式，表现墓主进入仙界的过程。所采用的自由图式，使西王母图像在画面的主要位置与其他图像联系，形成叙事性的情节。这种自由图式发生在西汉晚期至东汉初期，以后逐步被平衡图式代替，但在许多地方还有自由图式的生命土壤。

① ［美］巫鸿（柳扬、岑河译）：《武梁祠——中国古代画像艺术的思想性》，生活·读书·新知三联书店 2006 年版，第 150 页。

B. 平衡图式

平衡图式在东汉初期逐步形成，一般来说这种图式西王母以正面图像刻制在画面的中部，形成画面的平衡中心，左右两旁安排西王母仙界的其他形象，形成画面的平衡关系。

在视觉艺术中，由对称与均齐构成了平衡。对称是以中轴线展开的两部分完全相同的图形，均齐是以中轴线展开的两部分分量相同的图形，平衡则是包含对称与均衡两种特点的图形表现。

孝堂山郭氏祠是平衡图式的初步尝试。西山墙西王母仙界有三排图像。第三排图像，西王母居中正面端坐，由侍从与仙灵分列两旁，形成比较规范的有序排列。第一排与第二排还有自由图式的特点，第一排中女娲图像尚居画面的右半部，显示自由图式的主要图像位置。但是，端坐中间的西王母与山墙三角形状的顶点，形成了画面的中心轴线，显现的平衡图式统一了第一、第二排图像自由图式的分散图形（图 183）。至武梁祠平衡图式已经形成。武梁祠西山墙上的西王母、东墙上的东王公正襟端坐，面部与帽式、羽翼、衣服各部、椅座对称统一，西王母、东王公两旁的侍从与仙灵在山墙三角形状内规矩排列，以极为规整的平衡图式显现西王母、东王公的威慑力量（图 165）。形成了西王母仙界比较标准的平衡图式。

图 183　山东长清孝堂山郭氏石祠西山墙西王母仙界图像　（摹本）

不同地域的平衡图式各有特点。山东沂南汉画像石墓的墓门立柱西王母仙界图像借鉴了武梁祠平衡图式处理方法。西王母、东王公端坐在昆仑山上，他们面部的五官、肩上的翼、身体各部与捣药的玉兔、昆仑山的山体对称统一，只是西王母身下的虎、东王公身下的龙以侧面形象出现，但两幅图像比较，他们又取得了均齐效果（图 184）。山东微山两城出土画像石西王母仙界图像，西王母居中端坐，其面积、身体各部、肩后的云气、伏羲、女娲的蛇躯之身及尾连的二鸟都保持了对称关系。仅在某些局部，如西王母头上的三青鸟、伏羲女娲的冠式进行了均齐处理（图 120）。江苏徐州铜山白集石祠西、东两壁在第一层分别刻画了西王母仙界图像，西王母与东王公居中端坐，形象略呈侧面，两旁分别有捣药的蟾蜍与玉兔，还有其他的一些图像。第二层以下分格刻画嘉禾瑞兽、阁楼庖厨、孔子见老子、车马出行图像，排列比较严谨。与山东此类图像相比，在规整中已有了西王母、东王公形象稍微侧面的变化。陕西绥德杨孟元汉画像石墓，西王母仙界图像出现在墓门的门柱上面，在画面中西王母微侧面向墓门端坐，两旁有捣药的玉兔跪坐。下面是弯曲植物状的县圃（图 185）。画面以平衡图式处理，西王母以均齐姿势取得稳定感，两旁其他图像也在追求均齐处理的微妙变化。南阳汉画像石也出现了西王母正面端坐的图像（图 186）。西王母在画面中部稍左

图 184　山东沂南汉画像石墓墓门门柱西王母仙界图像　（拓本 局部）

图 185　陕西绥德杨孟元汉画像石墓西王母仙界图像　（拓本 局部）

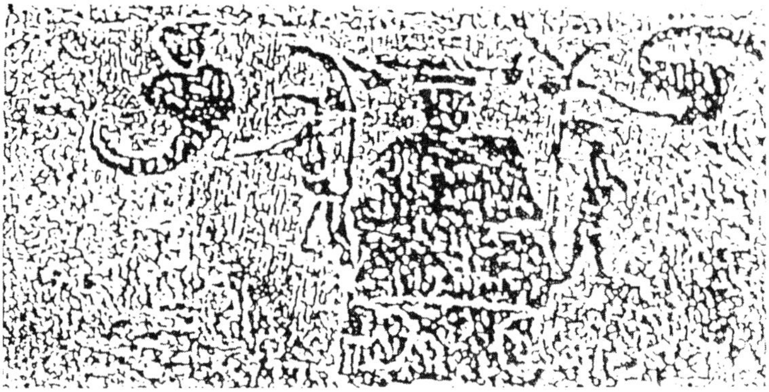

图186 河南南阳汉画像石西王母仙界图像 （拓本）

在座上端坐，两旁有羽人与仙灵。西汉晚期至东汉初期，南阳的西王母是以四分之三侧面到侧面之间的图像出现，而且居于画面的左中或右中部，这幅正面居中的西王母图像说明南阳西王母自由图式逐渐向平衡图式转变。四川新都永元元年（89）汉画像砖墓西王母仙界图像（图187），西王母居中端坐在龙虎座上，由西王母的头部、身体各部、龙虎座组成了基本对称的图形（龙虎颈部上肢为均齐变化），西王母周围的人物与仙灵进行均齐处理。四川

图187 四川新都永元元年画像砖墓西王母仙界图像 （拓本）

彭山一号石棺西王母仙界图像（图188），西王母居中稍左坐于龙虎座上，右面以散形分布的三人和蟾蜍，与左边的三足乌、九尾狐仙灵进行均齐对

比。右面三人中有两个奏乐的女子，她们头饰双髻。新都的永元元年画像砖墓西王母画像头戴胜、似有发髻，装饰平常，正面端坐。其世俗的形象值得注意。四川乐山麻浩 1 号崖墓享堂后壁中后室门额上刻有一尊正面坐佛图像（图 189），同在享堂后壁的北后室南门柱刻有仙人陆博、玉兔捣药与蟾蜍图像，此门柱刻有僧侣图像，该墓享堂与其后室建造于东汉晚期①，说明这时四川地区佛陀已经和西王母一样得到信仰。信仰的时间还应向前推算，至少在东汉中期靠前的新都永元元年画像砖时期。新都画像砖西王母的世俗形象

图 188　四川彭山一号石棺西王母仙界图像　（拓本）

图 189　四川乐山麻浩一号崖墓坐佛图像　（拓本）

① 参见乐山市文化局《四川乐山麻浩一号崖墓》，《考古》1990 年第 2 期。

及正面坐姿来自于佛陀形象的影响，正如巫鸿所说：“艺术作品生动地反映出佛陀与西王母之间的呼应与相似。”[①] 在进一步的分析中巫鸿指出：“西王母形象成为一幅对称画面的绝对中心，两旁围绕着跪拜的崇拜者和侍从。这种偶像式的构图方式随之成为东汉时期表现西王母（稍后包括东王公）及其仙境的标准模式。”[②] 偶像式的构图决定用对称与均齐的方法进行图像表现，最后形成规整统一的平衡图式。

视觉艺术中的平衡，不是寻找一种平衡的幻觉，而是要获取画面和谐、秩序统一的平衡处理。同时要追求画面的和谐与统一，要研究构成和谐统一的方向性力的式样。鲁道夫·阿恩海姆指出：“任何一个有机的统一结构体，也都是由它包含的所有的力合成的。这意味着，任何一个存在的模式，都是通过它所能具有的最有效的形式呈现出来的。”[③] 在平衡图式中，组成画面的部分图形是对称的，但也有部分图形是均齐的，即部分图形是相同而对立的，也有部分图形是不同而变化的。最后形成的图像既端正庄严又不呆板单调。这种平衡图式是一个有机的构造体系，其中心与其他位置能产生不同方向的作用力，最后由稳定的平衡图式对作用力进行统一，形成完美的艺术图像。

武梁祠东西山墙的平衡图式表现规范。西山墙的三角形画面中，西王母正中端坐，以身体的中线划分，两边的衣饰绝对对称，形成画面的中轴图像，西王母坐的龙虎座左右的龙虎图形均齐处理，建立起中轴图形的稳定感。相接的两边图形，左方有四个有翼仙人和龙，右方有三个有翼仙人和玉兔捣药。再接着左方有九尾狐，右方有蟾蜍和三足乌。两旁图形都进行均齐变化，视觉形象稳定，完美统一。同时画面上不同方向的作用力，从西王母图像位居的中轴线上展开。西王母的冠饰、羽翼、龙虎座的龙和虎均向上，产生聚合中轴线的作用力线。相连接的左方四个有翼仙人和龙、右方三个有翼仙人和玉兔捣药图像，均取侧面的运动状态，它们又以几条环状的作用力线围合向画面中轴线。再连接的左方九尾狐、右方蟾蜍与三足乌，则以躯体形成直射线，与三角形框边的装饰直线，共同聚拢于画面的中轴线。在画面

① ［美］巫鸿（柳扬、岑河译）：《武梁祠——中国古代画像艺术的思想性》，生活·读书·新知三联书店2006年版，第153页。

② 同上书，第150页。

③ 鲁道夫·阿恩海姆（滕守尧、朱疆源译）：《艺术与视知觉》，中国社会科学出版社1984年版，第39页。

中，中轴线接纳了多变的各种作用力线，形成了西王母仙界图像的规整与变化的艺术效果（图 165）。四川郫县新胜二号墓二号石棺西王母仙界图像平衡图式相对自由，画面依靠大块面的均齐对比形成。在画面中，西王母坐龙虎座居中稍右，是由于右方昆仑山体高大，稍靠右以取得画面均齐。同时在龙虎座上的华盖从右上伸出左方，另外画面上层横列的帷幔左方大于右方两个，也是为了取得均齐效果。这样尽管左方只有稀疏的三足乌、九尾狐、捣药玉兔等仙灵，但画面整体平衡，视觉怡然。我们再对画面的作用力进行分析，西王母端坐正中、顶天立地，是一竖高向上的作用力线，华盖柱杆向上产生作用力线，与西王母的作用力线并列，右方昆仑山向上产生体面较大的作用力线，山顶的两个陆博仙人是昆仑山向上作用力线的聚合标志，而左方捣药玉兔与仙人的向上作用力线与之呼应。这些向上的作用力线在画面上部框下的六个帷幔进行了聚合统一，使向上的力凝聚于画面，成为横贯画面的作用力线。在画面中部，由左及右的三足乌、西王母两旁的仙炉也形成了横向作用力线。中部和下面的两条横向作用力线与上部横贯的作用力线形成对比。这样画面的竖向与横向作用力线浑然一体、相得益彰，形成了西王母仙界平衡图式的生生之气（图 167）。

我们进一步分析麻浩 1 号崖墓的坐佛图像，其佛头有背光、圆领长衫、安详端坐，身体两部分是对称的图形（图 189）。佛教传自于印度，印度公元前 100 年至公元 300 年间的犍陀罗雕刻，常任侠分析认为其“以希腊神像为范，制作佛像”[①]。在公元前 5 世纪，希腊古典主义无论对人或神，形象都进行理想表现，追求艺术的完美与平衡（图版十九）。希腊后期雕像风格被印度艺术吸收，形成“莲衣贴体、褶纹稠密、风格趋向于优美纤巧”[②] 的犍陀罗雕刻。佛教传入中国后，佛陀造像经过汉代画师工匠的再创造，取其对称平衡的图式及工整纤细的方法，创造出理想化偶像特点的西王母仙界平衡图式。

第三节　故事人事图像的形式意义

人物的活动集中在故事人事的表现上，张道一解释说：“所谓‘人事故

---

① 常任侠：《东方艺术丛谈》，新文艺出版社 1956 年版，第 108 页。
② 王子云：《中国雕塑艺术史》，岳麓书社 2005 年版，第 146 页。

事'，是历史上曾经发生过的人与事。其中有传说中的圣贤、英明的君主、忠君的臣民、孝子与节女、义士与侠客等，都是在人们心目中的好人善事，成为可效法的榜样，也有少数对坏人恶事的揭露，那是为了引以为戒。"[①] 汉画像石、画像砖的人伦教化作用是通过故事人事画像体现的，因此，故事人事图像是汉画像石、画像砖精心表现的主要内容，汉代人向往自身生活的完善，追求人文价值的体现，十分关注社会道德教义，热切期盼家族的兴旺发展。在汉画像石、画像砖中以生动的故事人事图像展开了汉代人的丰富想象。

一 人物故事——荆轲刺秦王

人物表现是汉画像石、画像砖的重要题材，一般来说，汉代墓葬的墓室画像在建造与葬前，人们可以看到。地面上的石祠、石阙即是社会交流的媒介，墓祭仪式完成后，面对公众开放。在一座东汉祠堂的题记中指明了画像的作用："涕泣双并，传告后生，勉修孝义，无辱生生。唯诸观者，深加哀怜。"[②] 要达到这种令人感动的效果，画像要选择人物故事中的精华内容。武梁祠的墙壁画像表现了各种人物故事。列女故事有后壁梁高行[③]、鲁秋胡妻、鲁义姑姊、楚昭贞姜、梁节姑姊、齐义继母、京师节女、钟离春画像。孝子义士故事西壁有曾子、闵子骞、莱子、丁兰画像，后壁有伯瑜、邢渠、董永、蒋章训、朱明、李善、金日磾画像，东壁有三州孝人、羊公、魏汤、颜乌、赵徇、原毂画像。后壁右端忠臣故事有蔺相如、范雎画像。刺客故事西壁有曹沫劫持齐桓公、专诸刺杀王僚、荆轲刺秦王画像，东壁有要离刺庆忌、豫让刺杀赵襄子、聂政刺韩王画像。武梁祠的人物故事比较集中，反映了丰富的社会生活内容。但武梁祠仅是一个祠堂，全国的汉画像石、画像砖包含有更多题材的人物故事画像。由于人物故事由不同的人物及其不同的故事组成，因此形成的人物故事图像极为丰富，它们以鲜明的个性与多变的形式出现。荆轲刺秦王画像富有代表性，我们以此为例。

荆轲刺秦王是战国末年的故事。荆轲，齐国人，后迁居卫国。荆轲好读书击剑，游历至燕国时，燕太子丹尊为上卿。秦灭赵逼近燕国边境，太子丹

① 张道一：《汉画故事》，重庆大学出版社 2006 年版，第 3 页。

② 李发林：《山东汉画像石研究》，齐鲁书社 1982 年版。

③ 武梁祠墙壁人物故事画像名字，沿用巫鸿的命名，以下相同。参见巫鸿（柳扬、岑河译）《武梁祠——中国古代画像艺术的思想性》，生活·读书·新知三联书店 2006 年版，第 271—329 页。

请荆轲出使秦，荆轲取得秦国叛将樊於期首级与燕国督亢地图，身藏匕首，带燕国勇士秦舞阳，以燕降秦为名，赴秦刺秦王。太子丹易水送别时，荆轲击筑而歌，吟唱“风萧萧兮易水寒，壮士一去兮不复还”的悲壮词曲为千古绝唱。荆轲刺秦失败被杀后，其忠义品德与勇武之气受到儒家的推崇与赞扬。荆轲刺秦王的画像在汉代较多表现，仅武氏祠就有3幅图像。在南阳区、四川区、苏南浙北区的汉画像石上，也有荆轲刺秦王的生动图像。

《史纪·刺客列传》描写荆轲刺秦王的过程：“秦王谓轲曰：‘取舞阳所持地图。’轲既取图奏之，秦王发图，图穷而匕首见。因左手把秦王之袖，而右手持匕首揕之。未至身，秦王惊，自引而起，袖绝。拔剑，剑长，操其室。荆轲逐秦王，秦王环柱而走。群臣皆愕，卒起不意，尽失其度。而秦法，群臣侍殿上者不得持尺寸之兵；诸郎中执兵皆陈殿下，非有诏召不得上。方急时，不及召下兵，以故荆轲乃逐秦王。而卒惶急，无以击轲，而以手共搏之。是时侍医夏无且以其所奉药囊提荆轲也。秦王方环柱走，卒惶急，不知所为，左右乃曰：‘王负剑！’负剑，遂拔以击荆轲，断其左股。荆轲废，乃引其匕首以擿秦王，不中，中铜柱。秦王复击轲，轲被八创。”荆轲刺秦王时惊心动魄的一幕如在眼前：首先是“图穷匕首见”，荆轲与秦王短兵相接，其次是“搏斗”，荆轲逐秦王，再次是“掷匕”，荆轲被秦王击伤后，乃以匕首掷秦王，不中，匕首插进了铜柱；最后是“击轲”，秦王复击轲，轲受重创。在“刺杀”与“搏斗”等过程中没有出现秦舞阳的具体描写，是因为秦舞阳开始见秦王就害怕，在“刺杀”过程中已被吓倒，是不足一提的人物。在这个故事中有4个人物比较重要，荆轲、秦王是故事的主要人物。秦舞阳是燕国的使者，荆轲刺秦王的帮手，是故事情节中出现的人物。樊於期是秦国降燕之将，被迫自杀后首级放于匣内，是荆轲与秦王言降的见面礼，是故事情节中少不了的人物。汉画像石利用视觉语言安排画面图像，以上主要人物必须表现。

迄今考古发现为止，最早的荆轲刺秦王画像出现在河南南阳唐河针织厂汉画像石墓北主室西壁上（图190）。画像为方形画面，只表现荆轲、秦王、秦舞阳三个人物。三个人物图像由身份决定服饰，秦王的华贵、荆轲的随意与秦舞阳的简陋。这是符合画像石的图像表现规律的，汉画像石对图像的认识与表现有从简单到复杂的过程。西汉中期的汉画像石墓，图像比较简单。西汉晚期唐河针织厂等一批汉画像石墓开始出现生动的图像，继承了传统的表现方法。南阳汉画像石以简洁为美，其简要的图像，简明的图式常常呈现

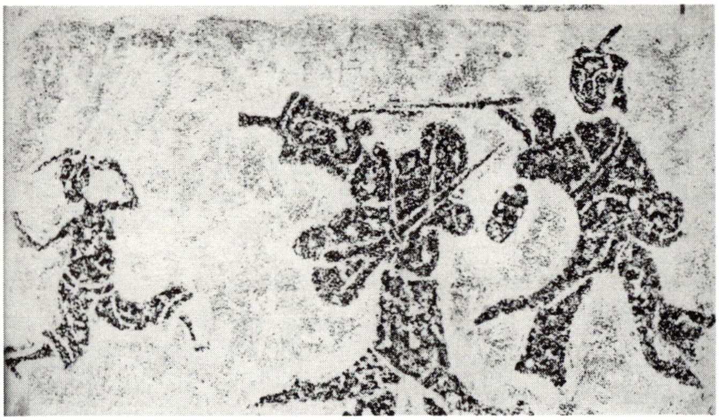

图 190　河南南阳唐河针织厂汉画像石墓荆轲刺秦王画像　（拓本）

出疏朗洒脱的泱泱大气，庞薰琹认为南阳汉画像石善于“抓动态，抛弃一切细部描写，形成一种粗壮、豪放、激动、夸张的作风”[①]。“抛弃一切细部描写”，是指在图像表现上要尽量精简人物，在较少图像上可以集中进行艺术表现。“抓动态”，指在图式上要选取典型的运动姿势，显现图像的性格特点。南阳汉画像石选择了荆轲刺秦王故事中的“刺杀”情节，在画面中部，荆轲跨步举匕刺向秦王，动势敏捷。飘拂的紧身衣服增加了动感的力度。秦王仰首躲开荆轲的匕锋，慌忙拔剑举出应付，而身着的华贵饰装长服曳地，形成稳定的静态身体体量，来承接荆轲的动势力量，使二人的图形处于平稳状态。画面的左部，秦舞阳短袴短裤，臂张腿跳，惊慌失措，面容恐骇。其惊慌的图像与荆轲、秦王的刺杀搏斗图像形成鲜明对比，同时在画面图式上取得了均齐式的平衡。在极为简洁的画面上出现大与小、强于弱、重与轻、主与次以及大义凛然与惊弓之鸟等不同状态动势的对比变化，形成了极为生动的图像。

武氏祠建造于东汉晚期（147—189），由武梁祠、左石室、前石室等墓葬建筑组成。左石室可能是武梁之弟武开明的祠堂，前石室可能是武开明之子武荣的祠堂。[②] 武梁死于公元 151 年，武开明死于公元 148 年，武荣死于

① 庞薰琹：《中国历代装饰画研究》，上海人民出版社 1982 年版，第 17 页。

② 参见［美］巫鸿著（柳扬、岑河译）《武梁祠——中国古代画像艺术的思想性》，生活·读书·新知三联书店 2006 年版，第 35—36 页。

公元 168 年，[1] 他们的祠堂在相应的时间建立。武梁碑铭：“□故从事武椽，讳梁，字绥宗。……年七十四，元嘉元年，季夏三日，遭疾陨灵。呜呼哀哉。孝子仲章、季章、季立，孝孙子侨，躬修子道。竭家所有，选择名石……后建祠堂。”[2] 根据他们去世的年代判断，武梁祠与武开明的左石室建造年代较早，武荣的前石室较晚。其表现方法因时期而变化，武梁祠与左石室的画像艺术风格接近，前石室仿其他的祠堂而建，其艺术风格更为精致。但总体比较，三个祠堂均以儒家的思想表现画像，艺术风格基本相同。而对于具体图像与图式表现，也存在一定差异。三个祠堂均有荆轲刺秦王画像，它们之间具有共性，又有个性。在荆轲刺秦王故事中，它们都选择“掷匕”的情节，表现荆轲在断其左股后仍然掷匕秦王的不辱使命的儒家忠义献身精神。同时秦王、荆轲、秦舞阳、樊於期均选择整齐威严的上朝服饰，以示儒家严格的礼仪制度。但是他们的个性特点也存在于图像与图式的变化中。

武梁祠西壁的荆轲刺秦王画像（图 191），只表现荆轲、秦王、秦舞阳、樊於期 4 人。选择荆轲已被“断股”后，仍引其匕首以掷秦王的壮烈“掷匕”场面。“掷匕”的故事情节，在汉代被人赞言，王充的《论衡》云：“欲言匕首之利，荆轲势盛，投锐利之刃，陷坚强之柱，称荆轲之勇，故增

图 191 山东嘉祥武梁祠西壁荆轲刺秦王画像 （拓本）

① 蒋英炬、吴文祺：《汉代武氏墓群石刻研究》，山东美术出版社 1995 年版，第 106—108 页。
② 朱锡禄：《武氏祠汉画像石》，山东美术出版社 1986 年版，第 3 页。

益其事也。夫言入铜柱，实也；言其入尺，增之也。夫铜虽不若匕首坚刚，入之不过数寸，殆不能入尺。”在长方形的画面上，荆轲居右，秦王居左，故事的主要图像对峙，它们均在画面的右中与左中构成位置。右中的荆轲被秦王的侍卫紧抱，侍卫面部向右，似在召唤更多的侍卫前来救应。荆轲欲挣脱侍卫的紧抱，侧身向秦王掷匕。荆轲与秦王侍卫组成画面的右中视觉中心。左中的视觉中心是铜柱，秦王侧身以面向铜柱，与铜柱共同组成了左中的视觉图形。在画面中间的上部，秦舞阳面向秦王，跪拜在地，下部则是装有樊於期的首级的匣盒。整个画面为菱形构图，秦王、荆轲、秦舞阳、樊於期分别为菱形的四个端点。端点之间有作用力的连贯性能：秦王身体向外，表现菱形左端点的画面外释放力，然而面部向右，表示左端点的释放力向画面内收回，作用力通过菱形的边框直线，传递给樊於期所在的菱形下端点位置；下端点位置的樊於期首级放置匣盒，盒盖开向右方，把作用力通过菱形的边框直线传递给菱形右端点位置；在右端点位置上的荆轲与秦王侍卫处搏斗状态，侍卫面部与身体向右，表现出菱形右端点的向外扩张力，荆轲面部与身体向左，表示菱形右端点的内收作用力，这个作用力又通过菱形的边框直线传递给菱形上端点位置的秦舞阳；再通过秦舞阳面向秦王的跪拜，把上端点位置的作用力传递到左端点。在画面的菱形构成上，左右两端点既有向外的扩张力，也有向内的作用力，反映长方形画面的菱形构图左右两端点的重要作用。由向外的扩张力拉开菱形的左右开阔的框架，再由向内的作用力形成菱形四个端点的连接图形。因此在画面上，左右两端点位置成为表现秦王与荆轲故事的主要图像，上下两端点位置形成表现秦舞阳与樊於期的故事次要图像，次要图像为主要图像的激烈冲突进行铺垫与衬托。

武氏祠左石室第四石的荆轲刺秦王画像（图 192），人物图像除了荆轲、秦王、秦舞阳、樊於期外，又增加了秦王的侍医夏无且与侍卫。画面中部的铜柱上插着荆轲掷的匕首，与右边的装有樊於期首级的头匣，被荆轲扯掉的秦王断袖，共同组成了画面的中间图像，由此画面分成两部分。左部为掷匕的荆轲与抱着荆轲的秦王侍医夏无且，荆轲的头部与叉开的两腿组成了稳定的等腰三角形，而侍医的侧面头部与两腿组成了不稳定的斜角三角形。由于荆轲与侍医相抱重合，斜角三角形没能改变直角三角形的稳定性，在图像上反衬出荆轲的坚定、勇武气概。右部为秦王、秦王侍卫与秦舞阳三个图像，秦王、秦王侍卫在上，秦舞阳惊吓倒地在下，三人组成了一个倒三角形，形成右部的不稳定性。虽然秦王头与叉开的双腿形成了近似等腰三角形，局部

图 192　山东嘉祥武氏祠左石室荆轲刺秦王画像　（拓本）

形象有一定的稳定性。但是总体图像是不稳定的。画面以三角形的图形视觉特点形成对比，显示出荆轲义举力量的强大。并对秦王的霸道、秦舞阳的懦夫行为进行有意的贬低。

武氏祠前石室第十一石荆轲刺秦王画像（图 193），在武氏祠左石室荆

图 193　山东嘉祥武氏祠前石室荆轲刺秦王画像　（拓本）

轲刺秦王人物图像的基础上，又增加了秦王的三个侍卫，这样画面被拉长了，人物图像之间的冲突也增加了。荆轲在铜柱右方，扬手投出匕首，匕首刺中铜柱。秦王侍医夏无且紧抱荆轲不让他追秦王。秦舞阳吓得跪在樊於期的首级匣盒前面，似乎表明他拜见秦王后，始终没有挪动半步，十分害怕。荆轲右方，一个手执剑盾的侍卫正在赶来。柱子左方，秦王转身躲匕，后边一个侍卫匍身手持剑盾赶来。秦王左边，两个执戟侍卫惊倒在地上。柱子左方地上，有一双秦王逃跑时脱落的鞋。由于画面的横长幅度增加，与左石室一样，利用柱子的两部分，占据两部分右中与左中主要位置的仍然是荆轲与秦王。在荆轲的周围，以荆轲的头部与樊於期首级匣盒、秦舞阳的跪拜身体

与荆轲的深衣边缘组成了等腰三角形，秦王的侧身姿势又组成了斜角三角形。荆轲手掷匕举起显示出等腰三角形的作用力，抱着荆轲的侍医夏无且与赶来的秦王侍卫进行呼应，想改变这种作用力，但只是造成了矛盾的冲突，不曾达到目的。在秦王身体组成的斜角三角形两旁，有倒地的两个侍卫，也有向画面中心前进的侍卫，他们在制造运动的不同作用力，来支撑秦王三角形身体的稳定。画面努力形成荆轲与秦王两个主要矛盾图像的对立与统一，同时又加以辅助图像为主要图像进行调和。如右边的秦舞阳跪在地上，左边有侍卫倒在地上；右边有侍卫侧面向右，左边也有侍卫侧身向右前进；右边有侍卫举剑向左，左边也有侍卫举剑向左。进一步形成画面的左右相互衬托与呼应关系，并取得画面的图像平衡。

前石室荆轲刺秦王画像人物图像的增加，一方面说明祠主武荣是左石室祠堂与武梁祠祠主的后代，在武氏墓地儒家思想的细致表现中，前石室的图像朝精致方面发展；另一方面反映在武氏墓地长达四十余年的修建过程中，画像的艺术表现水平不断提高。画面画像增多，由简单到复杂，清楚地显现了汉代装饰艺术对图像的选择使用能力。庞熏琹认为武梁祠、左石室与前石室祠堂："表现相同的题材，采用相同的材料，用同样的表现方法，是同样的作风，是同一时代的作品，又是在同一地方发现的。只是由于画面的大小不同，所以要求在构图上作出不同的处理。"① 武氏祠的三幅荆轲刺秦王画像，画面的主要人物图像相同，均选择中间铜柱两旁布列人物的构图。画像的内容主题相同，均表现荆轲刺秦王的"掷匕"场面。画面的主要人物图像相同，其变化只是在荆轲、秦王、秦舞阳、樊於期四个人物组成画面的基础上根据需要增加次要人物。以武梁祠为代表的图像风格，巫鸿认为在对绘画主题的精心挑选和系统分类方面，形成了图像的独创性，它与已知的东汉石刻相比是独一无二的。② 其中武梁祠与左石室、前右室的荆轲刺秦王画像，确定了其典型的图像与图式。

在黄河流域的陕北绥德出土了一个墓门的门楣画像石，其上及外层是表现西王母仙界的画像，下层中间部分表现荆轲刺秦王画像（图 194）。由于该石的出土地失载③，我们无法判定其在东汉的具体时间。但陕北画像石多

---

① 庞薰琹：《中国历代装饰画研究》，上海人民出版社 1982 年版，第 10 页。

② 参见［美］巫鸿著（柳扬、岑河译）《武梁祠——中国古代画像艺术的思想性》，生活·读书·新知三联书店 2006 年版，第 230 页。

③ 参见李贵龙、王建勋著《绥德汉代画像石》，陕西人民出版社 2001 年版，第 146 页。

图 194　陕西绥德汉画像石荆轲刺秦王画像　（拓本）

在东汉早、中期，同时根据荆轲刺秦王画面人物的简略图像，可以认为该画像石是陕北地区同类题材的早期作品。最迟应该不会晚于东汉中期。画像表现荆轲刺秦王故事的“掷匕”场面，画面中间为插有匕首的铜柱。右方有荆轲与抱着荆轲的秦王侍卫，还有秦舞阳与装有樊於期首级匣盒图像。左方有秦王与侍卫图像。在靠近边缘的左右两边为骑射熊与虎的图像。整个画面上部有 6 只鸟自由飞翔，把画面图像统一起来。陕西神木大保当 M16 汉画画像石墓门楣下层中间的荆轲刺秦王画像（图 195），根据考古分析，该墓时间

图 195　陕西神木 M16 汉画像石墓荆轲刺秦王画像　（照片）

当在东汉中期。[①] 同时也认为该墓荆轲刺秦王画像要晚于绥德汉画像石，对于这一论证我们从画面分析中也能得到。与绥德画像石一样，大保当画像石也选取故事的“掷匕”情节，画面中间有插着匕首的铜柱，右方有荆轲与秦王侍卫、秦舞阳与装有樊於期首级匣盒，左方有秦王与侍卫，侍卫所持的仪仗棨戟呈现的折尺形状与绥德画像石相同。所不同的是左方有增添的一个持棨戟的侍卫，同时画面右方表现两人隔铜柱跽坐、一吏侍棨戟端立，上面两

① 陕西省考古研究所、榆林市文物管理委员会办公室：《神木大保当·汉代城址与墓葬考古报告》，科学出版社 2001 年版，第 112 页。

只鸟飞翔的图像。有学者推测为表现燕太子丹易水相送的场面[①]。同时画面左方表现了两个宫中舞伎图像，似在表现秦王宫的殿堂场景。这样画面形成了一个较为完整的荆轲刺秦王故事画像，从燕太子丹易水送行，到荆轲刺秦王在秦王宫的过程展开，以及秦王宫的殿堂宫室环境，形成了时间空间顺序的表现。

大保当的画面中荆轲刺秦王图像比较生动，具体细节表现深入，开始注意到了人物形象的衣态动势与相互穿插组合表现。另外与绥德画像石一样，与上及外层的西王母仙界图像进行联系表现。画面中左方西王母端坐云端县圃，右方墓主乘坐一龙四凤引行的轺车去西王母身边。整块画像石的表现方法统一。在人物图像上由简单到复杂，在表现形式上由粗放到精致，其上层图像形成生动的西王母仙境，其下层图像连环画式的组图显示出荆轲刺秦王故事的深刻寓意，以及对图像的驾驭表现能力。从另一个层面分析，绥德与神木的荆轲刺秦王画像都出现在墓门门楣，门楣的两层画像分别为上层的西王母仙界与荆轲刺秦王内容。前者表达人所向往的仙境，后者表示人所敬仰的忠义。陕北画像石出现的荆轲刺秦王画像虽然不多，但是都放置在墓室的门楣重要位置上。从某种意义上讲，在简明的图像功能特点表现上，比武氏祠同类题材更具有图像志特点。

武氏祠表现的荆轲刺秦王画像，是和一般的历史故事画像并列出现的。武梁祠西壁和东壁分别在第三层表现了荆轲刺秦王等7幅刺客义士画像。武氏祠左石室第四石第二层为荆轲刺秦王画像，而第一层为管仲射小白的画像，与其相应的第五石第二层、第一层、第三层分别为赵宣子舍食灵辄的画像。武氏祠前石室第十一石为荆轲刺秦王画像，而在该石室的其他画像石出现刑渠哺父等历史故事画像。它的图像虽然没有配置在像陕北画像石墓门楣的重要位置，但是它与其他刺客义士和历史故事画像所产生的整齐划一的图像图式风格会产生一定的影响作用。

武氏祠表现的荆轲刺秦王的图像与图式反映了两个层面的意义。其一，图像反映了故事中最生动的情节，是对故事情节的形象表现，荆轲刺秦王图像完成在石祠壁面，具有社会的观看审美功能。而图式是图像的表现形式，是帮助完成荆轲刺秦王图像审美功能的具体手段。其二，荆轲刺秦王图像是

① 参见［美］巫鸿著（柳扬、岑河译）《武梁祠——中国古代画像艺术的思想性》，生活·读书·新知三联书店2006年版，第113页。

一个传播载体，体现的是一种忠义献身的儒家思想，所使用的图式手段包含在图像的内部。E. 潘诺夫斯基指出："在所谓'纯传播手段'和'纯器械'中，意图与产品的观念，即产品要传达的含义，要完成的功能是明显固定在一起的。至于艺术品，对观念的兴趣与对形式的兴趣，是相互平衡的，后者甚至要压倒前者。"① 武氏祠的荆轲刺秦王的图像发展逐渐显示出图式的重要性，在浙江海宁汉画像石这种特点更为明显。

海宁汉画像石墓前室西壁荆轲刺秦王画像也表现故事的"掷匕"情节（图 196），人物图像有荆轲、秦王、秦舞阳、装有樊於期首级的匣盒、秦王

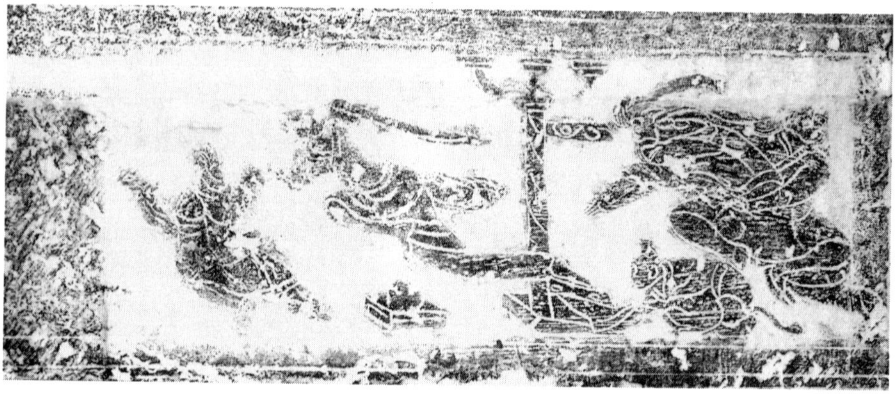

图 196　浙江海宁汉画像石墓荆轲刺秦王画像　（拓本）

侍医夏无且、抱着荆轲的秦王侍卫，与武氏祠前石室荆轲刺秦王画像图像相同。但对于图像表现的图式极为重视。画面仍选取武氏祠所使用铜柱居中的构图方法，安排荆轲与秦王侍卫两旁秦舞阳在右部，秦王与其侍医夏无且、樊於期首级匣盒在左部。人物图像的位置与武氏祠前石室也基本相同。但图式明显不同，加强了图像的相互平衡关系表现，画面充满具有视觉意义的变化形式。首先动静对比变化。画面上荆轲、秦王侍卫、秦王、侍医夏无且处于运动状态，秦舞阳、樊於期为静止状态。运动状态异常激烈，荆轲似箭，掷匕扑向秦王，发鬚飘起，有雷霆万钧之力，秦王侍卫则两腿紧盘荆轲下肢，以反作用力拽住荆轲向前冲出的身体。秦王扬臂甩袖、飞步腾起，惊慌逃离，侍医夏无且身体躬屈，有力向荆轲掷药囊。这些动作均惊天动地、一

① ［美］E. 潘诺夫斯基（傅志强译）：《视觉艺术的含义》，辽宁人民出版社 1987 年版，第 15 页。

瞬间爆发。而跪地畏缩的秦舞阳与只是首级的樊於期处于不显示动作的静止状态，以静衬动，更加强了动作的力度。其次虚实对比变化。画面中铜柱居中靠右，铜柱上插入荆轲掷出的匕首，铜柱下面有柱础，画面右部荆轲身材高大，秦王侍卫亦体态浑厚，跪地的秦舞阳形状圆实。这些图像组合在一起，形成具体实在的图像密集区，它出现在画面的右中位置上。前文在讨论画面的左中与右中位置关系时，认为画面右中的图像要比左中的图像更能引起视觉的注意力，画面对此重点图像用密集图形表现。而画面的左部面积大于右部，刻画的秦王与侍医夏无且图像，体态较小、身材较细，装有樊於期首级的匣盒面积不大，因此画面左部图像稀疏，留有大量的空白，形成左部虚、右部实的画面虚实变化。再次图形对比变化。画面中左部的荆轲、秦王侍卫、右部的秦王、下部的秦舞阳与铜柱柱础连接成一个倒三角形，呈现不稳定状态。左部秦王、侍医夏无且、樊於期首级匣盒连接成另一个倒三角形形体。由于秦王与樊於期首级匣盒处于一条竖直线上，侍医夏无且又偏向左部，所形成的倒三角形比前一个三角形，更显不稳定状态。两个三角形连接在一起，形成了大与小的两个不稳定三角形的对比，更加强了画面来自荆轲所居右部的力度与动势，从而充分揭示荆轲刺秦王正义之举的主题意义。最后，画面中组成图像的图形交错存在，形成对比。荆轲的臂与所掷之匕首和铜柱连接在一起，秦舞阳的脊背与秦王侍卫的脚连接在一起，侍卫是和荆轲紧抱相连的，秦舞阳的臂袖与铜柱柱础连接在一起，秦王飞起的腿与铜柱连接在一起，秦王的手又与画面左部的侍医夏无且扬起的手相互接连。画面形体连接一气，形成了大与小、横线与竖线、圆与方、直线与弧线的丰富图形对比变化。

在画像的图像与图式比较中，图式可以更好表现图像的意义，然而图像还是起决定性作用。E. 潘诺夫斯基在比较中世纪艺术时，认为艺术“创造了一种风格，在这种风格中，虽然出现了‘真实的’而不是‘潜在的’运动，但是，人物似乎受到一种更高级力量的影响而运动，而不是根据自己的意志活动的”①。E. 潘诺夫斯基指出的“更高级力量的影响”，是“自己意志活动”，而决定“自己意志”的只有人物的图像本身。图像的开始表现常常是对主题的自然而又真实的描写，并通过一定线条与构图进

① ［美］E. 潘诺夫斯基（傅志强译）：《视觉艺术的含义》，辽宁人民出版社 1987 年版，第 114—115 页。

行形式的表现。汉画像石的荆轲刺秦王画像，从南阳汉画像石开始的只有荆轲、秦王、秦舞阳人物图像的简约疏朗型图式，到进行更“自然”与“真实”的深入表现，逐渐又形成了两个类型。一个是武氏祠类型，其图像内容由简至繁，逐渐增加樊於期、秦王侍医夏无且、秦王侍卫等图像，侍卫也由一人逐渐增加到多人。图像的形象也越来越追求自然，表现现实生活的真实感。武氏祠画像开始选取的“掷匕”情节，决定了画面以中间铜柱分成左右两部分的构图形式，在不同时期表现中，平衡处理图像关系，寻求对比和谐的完美形式。前石室荆轲刺秦王画像是图像图式结合的成熟作品。海宁汉画像石墓荆轲刺秦王画像，在与武氏祠接近的人物图像与图式中，以飞速的运动姿势与节奏形成了耳目一新的图像风格。另一个是陕北类型，按时间分析陕北荆轲刺秦王画像应早于武氏祠。但绥德开始也选用了故事的“掷匕”情节，画面中间有插着匕首的铜柱，右面有荆轲、秦舞阳、樊於期、秦王侍卫，左面有秦王及其侍卫。神木大保当与绥德主要人物基本相同，但在画面的左右两端增加了荆轲刺秦王的时空连环图像，两幅画像居于墓门门楣的重要位置，显示其特殊的图像风格。两个类型在图式与图像表现中形成了荆轲刺秦王画像的图像志特点。但这只是表现的第一步，接着要进行荆轲刺秦王画像的象征符号的图像学表现。本书在第四章对图像志与图像学进行了分析，认为图像学建立在图像志的基础上。在对荆轲刺秦王图像分类，图像特点已经把握的情况下，要对图像的象征意义进行阐释。E. 潘诺夫斯基曾经分析：“人类使用的符号和结构则是记录，因为它们表达的概念与符号表意和进行建筑的过程是不同的，然而这些概念正是靠了这些过程才得以体现出来。”[①] 荆轲刺秦王的图像要表达符号的结构过程体现，汉画像石的荆轲刺秦王的图像有明显的符号化演变过程。

东汉晚期的山东沂南汉画像石墓中室西壁荆轲刺秦王画像（图 197），画面中部为插有匕首的铜柱，两边只有居右的荆轲与居左的秦王两个人物。形成荆轲刺秦王的符号化象征图像。荆轲刺秦王故事的“掷匕”情节，一直是汉画像石图像表现的主题，因此象征符号是根据“掷匕”情节而形成图像的。插匕首的铜柱首选，然后选择矛盾冲突的代表人物——荆轲与秦王图

① ［美］E. 潘诺夫斯基（傅志强译）：《视觉艺术的含义》，辽宁人民出版社 1987 年版，第 7 页。

图 197 山东沂南汉画像石墓荆轲刺秦王画像 （拓本）

像，它们居于铜柱两边，共同构成了荆轲刺秦王的符号象征图形。这个图形即为表现忠义献身精神的符号。这种符号的象征图形各地不一，同为东汉晚期的荆轲刺秦王画像（图 198），四川乐山麻浩一号崖墓享堂壁面的画面由仿木结构建筑的石立柱分为三格，中间一格中为插有匕首的铜柱，两边右为

图 198 四川乐山麻浩一号崖墓荆轲刺秦王画像 （照片）

荆轲，左为秦王，只是右方还有抱着荆轲的秦王侍卫，两边左格是秦王的两个侍卫，右格是秦舞阳与装有樊於期首级的匣盒。左右两格图像是与中格分隔开的，是画师工匠雕刻时有意识地要表现掷匕的主要图像而巧妙分格处理的。至于抱荆轲的秦王侍卫还在出现，说明各地符号形式精简程度尚不相

同。但在四川江安出土的魏晋石棺荆轲刺秦王画像（图199），则已只有插有匕首的铜柱、荆轲与秦王二人。说明四川地区经过一定时期的发展，荆轲刺秦王画像最终达到了极其简练的符号象征图形。

图199　四川江安出土魏晋石棺荆轲刺秦王画像　（拓本）

荆轲刺秦王画像是汉画像石人物故事图像中的代表作品，它的典型图像图式来源于生动的题材内容，它与众多的人物故事图像组成了汉画像石极其丰富的人物图像艺术宝库。

二　人间追求——“树木射鸟”

汉画像石、画像砖中的树木射鸟图像也是颇具深意的。原始岩画、商周的三星堆青铜神树与战国青铜器中就已经出现了不同样式的树木射鸟图像雏形。汉代人“视死如生”的丧葬意识是通过丰富的图像内容传达的。汉画像石、画像砖中的树木射鸟图像可视为一个典型。

（一）图像构成

汉画像石、画像砖可见的树木射鸟图像已有40余幅，主要分布在黄河流域的山东、苏北、皖北区、陕北区与长江流域的南阳区、四川区等地。南阳区发现的树木射鸟图像年代多为西汉中晚期，在画像砖上居多；山东、苏北、皖北区发现的树木射鸟图像年代多在东汉中晚期，比较集中在墓室和墓上祠堂画像石中。西汉时期，南阳汉画像石、画像砖发展快，所以树木射鸟图像最早在此地出现。东汉中晚期，山东、苏北、皖北等地是画像石发展时期，树木射鸟图像在此多有出现。四川、陕北东汉中晚期也出现了树木射鸟图像。

树木射鸟图像有三个主要图形：树、树上鸟（或猴）、射鸟之人。随着发展不断融入次要图形，可以分为基本图像与变化图像两种类型。

A. 基本图像

树木射鸟的基本图像由三个主要图形组成，树、树上鸟（或猴）、射鸟之人分别处于相对独立的位置，构图形式简单，意义相对独立。

西汉中晚期河南南阳新野樊集汉画像砖墓①出现有多幅树木射鸟图像，M11 的树木射鸟图像，画面上一树下立一人，一手往树上捉鸟，一手提一鸟，树木射鸟图形比较简单（图 200）。M28 的树木射鸟图像出现在墓门的中间门柱与右西门柱上方（图 201），两个门柱由两块相同图形的画像砖组

图 200　河南南阳新野樊集 M11 汉画像砖墓树木射鸟图像　（拓本 局部）

图 201　河南南阳新野樊集 M28 汉画像砖墓树木射鸟图像　（摹本）

① 关于新野樊集汉画像砖墓群的时期，参见河南省南阳地区文物研究所《新野樊集汉画像砖墓》，《考古学报》1990 年第 4 期。

成，树木射鸟图像的画面有树，树上有鸟，树下右面一人弯腰拉弓，左面一人举手指鸟。M40 的树木射鸟图像与此相同，该图可以视为南阳区早期树木射鸟的标准图形。郑州出土的画像砖上面有模印的树木射鸟图像（图 202），根据郑州向阳肥料社画像砖墓西汉晚期的画像模印特点，这块有树木射鸟图像的画像砖也可确定在西汉晚期。在此画面上有树、鸟与射鸟之人。前文提到的西汉晚期江苏徐州栖山汉画石椁墓的椁壁其中的树木射鸟图像也是由树、树上的鸟、射鸟之人与拿鸟之人的图形组成的。由此可见，南阳等地西汉时期的画像砖已经确定了树木射鸟图像的基本图形。

图 202 河南郑州出土画像砖树木射鸟图像 （拓本 局部）

树与人类的关系密切，其视觉形象在原始艺术中就已经出现，而且形式众多，在古文献中可以找到很多树与太阳的相关记载，如《山海经·海外东经》有："汤谷上有扶桑，十日所浴。在黑齿北，居水中，有大木。九日居下枝，一日居上枝。"①《十洲记》记载有："扶桑在碧海之中……有葚树，长者数千丈，大两千余围。树两两同根偶生，更相依倚，是以名为扶桑。"②这里描述的扶桑与树木射鸟图像中的树形象有相同的地方。树具有生命崇拜的意义。

树上有鸟，有的站立在树端，有的在空中飞翔，有的则被人捉拿。金乌三足曰踆乌，《淮南子·精神训》中有"日中有踆乌"，高诱注："踆，犹蹲也，谓三足乌。"《山海经·大荒东经》有"汤谷上有扶木。一日方至，一日方出，皆载于乌"③，乌在古代被认为是太阳的精灵，具有图腾崇拜的意义。

树木射鸟图像，画像砖、画像石上多为一人射鸟，有些图像有人捉鸟或拿鸟，或用手指鸟，他们与射鸟之人的动作功能是一样的。从其服饰看与普

① （晋）郭璞注，毕沅校：《山海经》，上海古籍出版社 1989 年版，第 89 页。
② 《东方朔·十洲记》，夯货古籍出版社 1990 年版，第 7 页。
③ 郭璞注，毕沅校：《山海经》，上海古籍出版社 1989 年版，第 106 页。

通人无异，从射鸟和帮助射鸟的状态看，也是随意自然的，“从射鸟人的身形与衣着看，绝不会是地位显赫的高贵人物或什么神怪”①。

B. 变化图像

树木射鸟图像中逐渐增加图形。树上增加猴子和其他动物，树下增加马与马车，射鸟人数逐渐增加到二人、三人或者更多。图像内容逐步复杂。在西汉中晚期的树木射鸟图形成时期，河南南阳樊集汉画像砖墓的一些图像，树上增加了攀爬的猴子。

永和二年（137）山东微山两城出土的树木射鸟画像砖（图 203），树上增加了羽人与人首鸟身图像。鸟的图像也有所变化，有似凤鸟的图像，上方

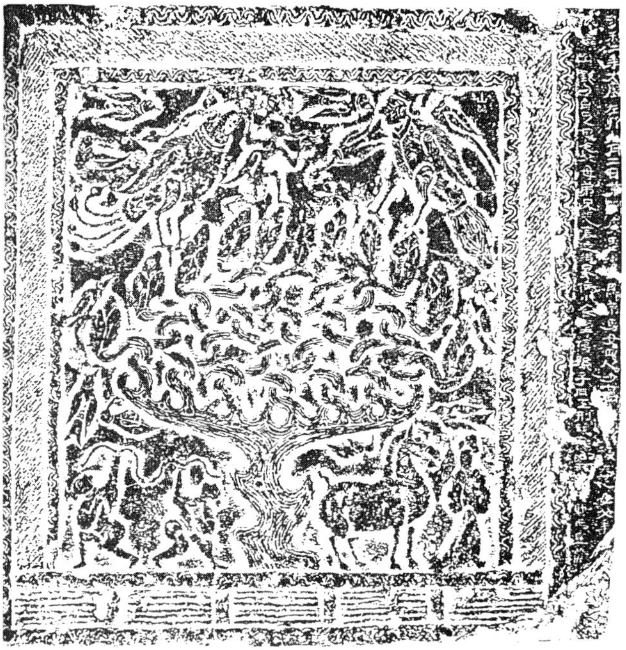

图 203　山东微山两城永和二年祠堂树木射鸟图像　（拓本）

刻“蛮鸟”、下边刻“乌生”、左上角刻“山雀”。树下有鸟及两男一女三人，左边两个仰射的男子分别有榜题“长卿”、“伯昌”，树右与马待立的一女子，有榜题为“女黄”，图像左边题记为：“永和二年大岁在卯，九月二

① 信立祥：《汉代画像石综合研究》，文物出版社 2000 年版，第 98 页。

日，□乡广里泱□昆弟男女四人，少□□□，复失慈母，父年（下缺）时经有钱刀自足，思念父母，弟兄悲哀，乃治冢作小食堂传孙子，石工刑□□□□□财弗直万（下缺）。"[①] 从题记可以分析这是墓主的三个子女长卿、伯昌、女黄在祭祀父母。山东梁山汉壁画墓中在一棵枝叶繁茂的大树下，刻有九人，榜题分别为"子元"、"子礼"、"子仁"等，[②] 由这两款清晰的榜题确定射鸟是世间之人所为，也可能是墓主的子孙。画像中射者都为男性，符合文献中有关"射者为男子之事"的记载，也表现祈求子孙旺盛的意愿。手提落鸟，说明只有使鸟降落人间才能达到子孙兴旺的目的。山东微山两城出土的另一树木射鸟画像石[③]，画面树下已增至六七人之多。右面一组人物有射弓的，有指引的，有跪坐的，有观看的，左边一组有骑马的，有待立的，画面人物表现了相呼应的情节联系。而山东邹城大故县出土的树木射鸟画像石（图 204），画面上树的根部为双虎相连的形状，两旁有二人弯弓仰射，树上有口衔联珠的凤鸟，还有左右的三个羽人侍之，其树木射鸟图上的形象又有了新的变化。

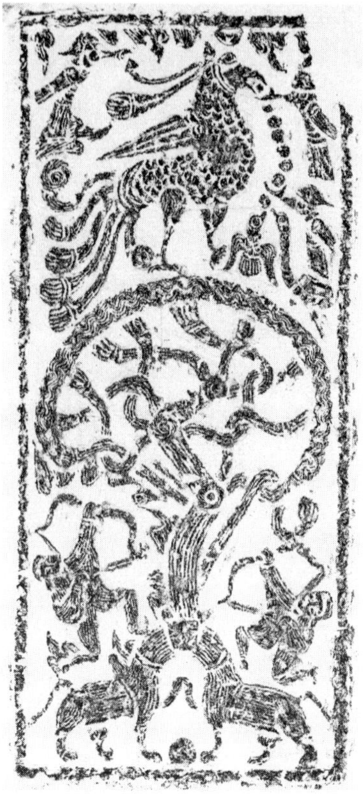

图 204 山东邹城大故县村出土画像石树木射鸟图像 （拓本 局部）

（二）图像形式

树木射鸟图像是汉画像石、画像砖的一类建筑装饰图案表现，它有不规则与规则两种表现形式。

A. 不规则式

不规则式图像早期主要出现在南阳与郑州的画像砖上，画像石上也有少量。晚期则出现于山东、苏北、皖北与南阳、四川、陕北的一些画像石上，画像砖也有少量出现。它的特点是树形自然生长，树干呈 S 形，枝条自由向上

① 参见宋长宏著《骐骥驰骋》，社会科学文献出版社 1998 年版，第 243 页。
② 关天相、冀刚：《梁山汉墓》，文物参考资料 1955 年版，第 44 页。
③ 马汉国：《微山县汉画像石选集》，文物出版社 2003 年版，第 38 页。

伸展，树叶自由舒放。树上的鸟与猴自由活泼，树下射箭之人与其他人姿势生动，表现一种力度之美。

汉代树木射鸟图像，南阳新野出土的西汉画像砖，其构成形式比较简单，呈现出一种生动的模式状态。它们的形式与内容基本一致，具备三个必要元素：树的造型为随意的枝丫型，没有大片的树叶；树上有若干只小鸟；树下有一人仰射，或一人一手指向树上，或一人手提着一只落鸟。这个时期的树木射鸟图像均分布在画像砖的最上方，下面分布着不同主题的图像，画像之间意义有所联系。由此可见画师工匠在制作画像砖时已形成较为一致的格式，这时画像砖已进入批量生产时期，树木射鸟图像已经形成了相对稳定的含义，格式也相应固定下来。

四川广汉三星堆遗址二号坑出土的青铜神树（图版二十）高达3.9米，神树由三层树枝组成，每枝上立一鸟。将之与南阳汉画像石、画像砖的树木射鸟图像进行比较分析：三星堆青铜神树生动自然，显示与同时期黄河流域青铜器森严法度的不同特点，其奇秀形态的造型特点，是在制度宽松、气氛活泼的蜀地环境出现的；南阳地处楚地的汉水区域，楚文化思想决定了汉画像石、画像砖艺术的奇思异想与自然真情，呈现出生动自由的树木射鸟图像不规则形式。长江流域商代的三星堆青铜神树与汉代的南阳树木射鸟画像石、画像砖的自然艺术风格表现，是在长江流域的不同时代产生的，它们有某种意义的关联性。

南阳唐河出土的东汉汉画像砖进一步把树木射鸟图像固定为简单的形式，树、树上的鸟与射鸟之人。但简单的形式中含有自然表现的魅力：树干自然扭曲、射箭之人自然扭曲，两个扭曲之形相互并列。图形均为下面粗放的S形线状扭曲，上面细致的S形线状连接。树的根部与人的腿部同为三角形，增强了两个图形的稳定性。树干左上伸去，扭曲了两次，又舒展地展开枝丫，组成了一个交叉的自然转折形状。射箭之人身体侧转，拉弓之手臂与身体也呈现交叉的自然转折形状。两个形象排列在一起组成生动的画面；拉弓之人宽肩猿臂，腰身细长，把力量聚集在所拉的弓弦上。再看所拉之弓，弦紧弓张，而鸟还在树枝上悠然自得，形成了生动的画面情节（图205）。南阳出土的另外一块东汉画像石，则表现了树木射鸟图像更为完美的画面形式：画面竖高1.51米、横高0.31米，上下伸展；S形树贯穿其中，树干上枝丫疏朗，生长自然，几个姿态各异的鸟栖居在树枝上；下面树干的弯曲处，一高髻长袍之人弯腰侧身举弓射箭，他两腿有力着地，腰身弯曲扭动，把力量聚集在两臂拉开的弓矢上，头部侧转仰看树上的鸟（图 206）。画面选择最为简单的形象，用恰当好处的构成图式表现树木射鸟图像，可以视为中国早期竖高画幅讲究构图的成熟作品。

图 205　河南南阳唐河汉画像砖树木射鸟图像（拓本　局部）

图 206　河南南阳汉画像石树木射鸟图像（拓本）

四川新津宝子山东汉崖墓石函的树木射鸟图像①，横长画面选取了比较集中的形象主题，树干交错由中间向两边弯曲延伸，两只凤鸟与较小的十二只鸟分布于枝间，着长袍之人弯弓拉弦在中间射鸟。画面极其自然地横向展开，呈现四川区域的自由式画面特点。

B. 规则式

规则式图像最早出现在西汉晚期的江苏徐州栖山画像石椁墓的椁壁上（图 143），树的 S 形树干呈放射性均匀展开，树上的鸟、鱼、鹤分别栖于枝头上，树下两边的射弓与提鸟之人相对而立。树干的扭曲与树枝的展开形状与现藏于故宫博物院的战国青铜宴乐壶上的树木有相同的地方。这个青铜宴

① 高文：《中国画像石全集・四川汉画像石》，河南美术出版社、山东美术出版社 2006 年版，图版说明 62 页。

图 207　故宫博物院藏青铜宴乐纹壶图像　（局部）

乐纹壶（图 207），壶身图像分为三层，第一层有树木多株，树干及枝叶规则生长，枝间有女子采摘树叶。青铜宴乐纹壶树的造型简洁，线条单纯，对树干及枝叶的描绘，已于简洁的构图中形成了比较规则的装饰效果。

规则性的画面形式在山东等地得到发展。微山两城出土的永和二年画像石的树木射鸟图像，树干居画中央，树枝呈现有规律的交错，相互盘绕，整体成为圆形。树枝上生长出大小统一、聚向上形象部中间方向的树叶，它们又组成了圆弧形线，与树枝构成的圆形取得一致。树干下部左也是两个射弓之人，右边是侍立女子与马。树叶上部有两个大鸟相向而立，形成极为规则的画面。而邹城大故县村的树木射鸟图像（图 204），树枝有规律地交错，树叶则概括成圆形粗线，下面对称的共头双虎形成树的根部。树下两个射弓之人相对立于两旁，树上凤鸟居中央，两旁由羽人及凤尾组成均齐图形。在东汉晚期的山东嘉祥武氏祠前石室后壁小龛后壁的树木射鸟图像（图 208），画面上树干粗壮有力，苍劲多姿，枝条规律性勾连与交叉，规范造型的树叶填补其中，并与树枝一起组成了圆形树冠。树冠两边，左有飞翔的鸟群，右有居阁楼的弓射之人；树干两侧形象，均以规整的体块状形成对比，整个图像概括统一，简明大方，富于装饰感。这幅图像与河南南阳的东汉树木射鸟图像（图 206）形成明显的对比，成为规则与不规则式树木射鸟图像的代表，它们共同构成了图案装饰效果。

东汉晚期，树木射鸟图像还呈现出明显的规律性，即主要分布在祠堂后壁上，与墓祭的内容紧密结合，成为其组成部分，构成元素的造型更是趋于一致，只是射鸟人的位置不确定，有的在树下，有的在车上，有的在屋檐。与墓祭图像联系在一起，画面形式也相应发生变化。

图 208 山东嘉祥武氏祠前石室后壁小龛后壁树木射鸟图像 （拓本）

（三）图像意义

在传统的树木射鸟图像基础上，汉代人不断丰富图像的内容和形式，按照汉代人对生命的理解，表现了汉代的生命价值观。道家的长生不老和升仙意愿，儒家对生命延续的解释和认识，成为汉代树木射鸟图像的思想基础。

树木射鸟图像具有射爵射侯的寓意。张道一根据东汉和林格尔墓室壁画的“立官桂树”的榜题分析了树木射鸟图像的含义。“桂树”有“贵树”的含意，鸟在“贵树”之上，射鸟意在求取富贵。[①] 邢义田解析画像的主要图形：树、树上之鸟或猴、树下仰射者，并讨论了其组合变化，亦以“立官桂树”等榜题为据，树下之人射鸟或猴，象征意义明确，旨在“射爵射侯”。[②] 蒋英炬认为树木射鸟图像中树下的车、马有“致仕悬车”的寓意，既荣耀祖

① 参见张道一《立官桂树——汉画所表现的一种世俗观念》，《张道一文集》，安徽教育出版社 1999 年版，第 629— 638 页。

② 参见邢义田《汉代画像中的“射爵射侯图”》，《中央研究院历史语言研究所集刊》第 71 本第一分册，2000 年版，第 1— 66 页。

先，又荫福子孙。[①]

树木射鸟图像反映了汉代人的生命繁衍意识。求子是图像的思想追求。山东微山两城镇出土的汉画像石（图 209），其画面下层两棵枝干相交的大树。树下有射鸟、端坐之人，中间有马、羊及射下之鸟。树端有 13 只猴子相立，还有飞鸟数只。在画面上猴与马一起，有长寿或长生之意。[②] 而猴与羊在一起，"羊"与"阳"谐音，表现了求子思想。[③]

汉画像石、画像砖的树木射鸟图像中逐步增加了马的形象，马也是古代生殖崇拜的象征。新疆呼图壁县康家石门子原始岩画画有九个裸体舞蹈的女子，且每三个女性中间就有一组两马相对的图形[④]，两马相对的图形有一定的生命意义。马与树的结合在汉代树木射鸟图中经常出现。但还没有相对的马出现，而在洛阳西汉中期出土的画像砖有对称两马的图像，画面中部为树，两边有两个长翅的天马相对而立（图 210）。此图应视为树木射鸟图的另一种表现形式，同样有生殖崇拜意义。

图 209　山东微山两城出土汉画像石树木射鸟图像　（拓本）

① 参见蒋英炬《汉代画像"楼阁拜谒图"中的大树方位与诸图像意义》，《艺术学研究·第六辑》2004 年版，第 149—171 页。

② 参见顾森著《秦汉绘画史》，人民美术出版社 2000 年版，第 203 页。

③ 同上书，第 207 页。

④ 参见宋长宏著《骐骥驰骋》，社会科学文献出版社 1998 年版，第 243 页。

图 210　河南洛阳出土画像砖对称天马图像　（拓本 局部）

生命意识之于道家，即要追求自身的永恒，也就是追求长生不老与死后升仙，汉代的树木射鸟图像不少是和西王母图像接连出现的。河南南阳新野

图 211　河南新野樊集出土画像砖　（拓本 局部）

樊集出土的画像砖（图 211），最上层是树木射鸟图像，紧接着下层是西王母踞坐、羽人跪拜、玉兔捣药的图像。邹城大故县村出土画像石的树木射鸟图像，凤鸟口衔联珠，三羽人围侍其旁，应该为西王母仙界的象征图像。树木射鸟图像与西王母仙界图像联系起来，表现了汉代人升仙永恒的生命观念。

东汉晚期，祠堂画像中的树木射鸟图像，多与祠堂后壁中央位置表现墓祭的图像组合在一起，共同表现墓祭场景。在汉代祠堂中，墓祭是最重要的活动，后壁的墓祭图像处于非常重要的位置，它的核心内容是为表现祠主升仙的生命永恒。把树木射鸟图像与其设置在一起，显示东汉晚期树木射鸟图像已经成熟，在祠堂画像中占据着重要的位置。这类树木射鸟图像，树的形式基本一样，只是射鸟人的位置发生了变化，有的在树下，有的在屋檐上，还有的在车顶上，他们与树上的鸟更加接近，几乎触手可及，与墓祭的楼阁组成一个完整的图像。树木射鸟图的寓意是多方面的，它象征着祠堂或墓室的主人子孙后代绵延兴盛，家族和睦稳定，官爵不绝，福荫万代，这应是汉代人一种普遍的追求。

第六章

艺术影响

第一节　艺术精神的影响

一　宏阔的艺术精神

汉代是中国历史上一个极其重要的时期。政治上，汉王朝探索并逐步健全了与这种政治体制相配套的各种制度；经济方面，土地私有制与商业经济得以持续发展，小农经济成为国家稳定的赋税来源，官僚、豪族、富商的经济实力增强；思想文化方面，汉初七十年改用清静无为的黄老学说治理天下，但也带来了种种难以解决的社会问题，汉朝统治者最终选择了刚柔有节的儒家学说作为统治思想。汉代“产生了把深沉的理性精神和大胆的浪漫幻想结合在一起的生机勃勃、恢宏伟岸的汉文化”①。汉代是汉民族形成的重要历史时期，它奠定了中华文化坚实的根基，此期所形成的社会制度与文化精神，长期支配着中国历史的发展方向。

汉朝是一个伟大的时代，极尽铺张的汉赋，空前绝后的宫殿，深沉雄大的汉画像石、画像砖，都在这个时代产生。

汉赋赞美和歌颂了汉代社会的繁荣和发展，强调了创造美的艺术表现过程。在中国艺术的发展史上，汉赋表现出了“巨丽”之美和宏大气魄，充满着开朗广阔的信心与力量。

前所未有的大一统政治局面与皇权至上的观念造就了崇大、超常规的宫殿建筑风格。《礼记》中谓“礼有以多为贵”，“有以太为贵”，“有以高为贵”，“有以文为贵”。“太”即大，“文”即纹饰。在汉代，能集诸“贵”

---

① 李泽厚、刘钢纪：《中国美学史》（第一卷），中国社会科学出版社 1984 年版，第 442 页。

于一身者唯有皇宫，只有它才有资格也有权势殚天下之人力物力。汉武帝是充满自信的，大气磅礴，汉皇宫阔大的建筑正是时代精神的特写。

统治阶级的思想往往在社会上居于主导地位，除以宫室巍峨以彰示独尊外，汉武帝出于个人喜好而大规模举行的求仙活动也在汉代产生了巨大的社会影响。汉代盛行的神仙说尤其与汉武帝的痴迷仙术有关，而方士们投其所好经常向武帝提及的“神仙好楼居，不及高显，神终不降”之说，武帝更是深信不疑，因而有飞廉观、延寿观等高耸入云的楼阁出现，这是先秦以来从未有过的最高的建筑。上有好者，下必甚焉，民间造楼屡见记载。从汉墓中出土的陶楼及画像所见，楼房在现实生活中大概为数不少，且楼台之上往往有西王母与玉兔的形象，它真切地反映出时人向往仙境的心态。

求富逐利是汉代不可阻挡的时代思潮。统治者以雄伟壮丽的宫殿园囿显示他们的尊严与权势，贵族用雕梁画栋、深宅大院显示他们的富有，普通民众也要在陶器上刻画“日进千万”的文字，希望成为现实。在瓦当、铜镜中刻上“安乐富贵”、“千秋万岁富贵”、“千秋万岁宜富安世”、“君宜高官”等文字，表现了时人对富贵的热切渴求。

汉代人在现实生活中的大气、直率、务实、功利，在求仙活动中的浪漫、奇异，都在汉画像石、画像砖里得到了生动的反映。汉代的画师工匠在刻石、雕砖的过程中，融入了他们对文化的理解，对生死的思索，对人间生活的眷恋，对神仙世界的向往，刻画出异常生动的画像。宗白华指出：“在汉代，不但舞蹈、杂技等艺术十分发达，就是绘画、雕刻，也无不呈现一种飞舞的状态。图案画常常用云彩、雷纹和翻腾的龙构成，雕刻也常常是一雄壮的动物，还要加上两个能飞的翅膀，充分反映了汉民族当时的前进活力。”①

汉画像石、画像砖是集建筑、雕塑、绘画为一体的工艺设计文化。它是中国土生土长的艺术形式，代表了中国本土艺术发展成熟时期的“原生态”。汉画像石、画像砖形成了民族艺术精神。

汉画像石、画像砖在图像上彰示出汉代艺术的特质，塑造了汉代艺术精神的灵魂。汉代艺术具有“席卷天下，包举宇内”的雄浑气魄，典型地反映了汉民族初步形成时期特有的积极进取、蓬勃向上的乐观主义精神，这是一种崇尚阳刚之美的、大气磅礴的英雄主义精神。汉代艺术精神是一种宏阔的

① 宗白华：《美学散步》，上海人民出版社1981年版，第53页。

文化精神。它通过生动、形象的画面，展现出汉代人特有的力量、运动和速度，形成了汉代艺术的特殊气势和古拙风格，表现了一种整体灵动、浪漫进取的时代精神。在确立我们民族精神的历史时期——汉代，生发出的这种气势磅礴的阳刚之气，影响极其深远。这种积极进取、开拓向上的精神，渗透于我们民族精神之中，并在唐代得以充分发扬光大。汉代艺术精神在民族艺术的发展过程中具有凝聚民族、精神激励的重要作用，并产生广泛的影响。

其一，塑造了早期汉民族文化蓬勃进取的精神风貌。

汉代开拓进取、活力四射。建功立业，求富逐利，是汉代社会民众的常有心态。汉画像石、画像砖构成的天上、仙境、人间、冥界图像世界，纵横驰骋，神游八荒，具有开阔的胸襟与磅礴的气势。

汉画像石、画像砖的想象力与表现力极其丰富。比如流传最广、影响最大的西方昆仑山西王母与东方蓬莱神话的结合，便是新时代文化交融的产物。而祖先的墓葬往往负载着子孙后代的深厚期望，墓中的画像将墓主人未竟的心愿与生者的所有期盼统统变为“现实”，去表现生死这一永恒主题。对此，李泽厚、刘纲纪认为，汉画像石“把神话——历史——现实打成一片，以雄强古拙的气势和力量表现了人征服占有外部世界的胜利和乐观精神”[①]。同时，汉画像石、画像砖所反映的艺术精神“毫不含糊地肯定了人的伦理道德精神的崇高性，反对人的兽性化，反对一切残忍的反人道的行为。儒家人道主义精神在汉代继续保持和流传下来，终于成为不可动摇的中华民族的传统精神”[②]。在此基础上，形成朝气蓬勃的汉文化精神。

其二，形成了工艺设计文化的空前繁荣。

工艺设计文化产生于劳动实践，工艺美术是其一种呈现形式，物质文化与精神文化由结合到疏离的过程对工艺美术并未造成大的冲击。张道一认为：“物质文化和精神文化分化出来之后，原来的兼有物质和精神双重性的工艺美术并没有分解。其延续长达数千年乃至上万年，并且逐渐扩大着自己的领域，品类越来越多，同人民生活的关系越来越密切。”[③] 在物质文化和精神文化长期的发展过程中，两种文化状态各自都有具体的分化演变。在造型领域，物质文化可分为生产用品工艺与生活用品工艺；精神文化也有民间美

① 李泽厚、刘钢纪：《中国美学史》（第一卷），中国社会科学出版社 1984 年版，第 443 页。
② 同上书，第 444 页。
③ 张道一：《造物的艺术论》，《工艺美术研究》，江苏美术出版社 1988 年版，第 10 页。

术、宫廷美术、文人美术、宗教美术的分类。在其绵延发展过程中，物质文化的工艺美术，由于与日常生产生活联系密切本身分化不明显。但精神文化的艺术形式分类逐渐清晰。同时，兼有物质文化和精神文化特点的艺术形式也在出现。汉画像石、画像砖本身即为建筑构件，图像雕刻与彩绘为建筑装饰，这些建筑技术属于物质文化范畴；图像内容则表达汉人的理想与希冀，反映精神文化追求。它们融物质文化与精神文化为一体，是工艺设计文化在汉代的具体反映。汉画像石、画像砖以其丰富的内容、生动的形式为我们展现出汉代“深沉雄大”的大千世界，标志着工艺设计文化的空前繁荣，在中华艺术发展史中占据着重要位置。

汉画像石、画像砖的工艺设计文化特点，在墓葬与建筑艺术中逐步发展：一是建筑、雕刻、绘画的综合性，二是画面载体的多样性与灵活性，三是画面题材的丰富性。工艺设计文化在汉代空前繁荣，汉画像石、画像砖的发展状态充分显示出工艺设计文化的旺盛生命力。

其三，奠定中国美术发展的基石。

汉画像石、画像砖艺术保持着与原始艺术的联系，从远古的岩画、新石器时期的彩陶，商周的青铜器到先秦楚地的漆器，再到汉画像石、画像砖神秘飞动、博大精深的艺术形式，可以看到中国古代艺术的发展轨迹。就画像石的整体而言，深沉雄大是其共性特点，但山东、苏北、皖北、豫东区风格凝重、南阳区隽秀、四川区奇丽、陕北区古拙，则具有各自鲜明的个性特征。丰富多彩的汉画像石、画像砖艺术形式凸显着汉代艺术的生动性，展示着中国艺术在汉代取得的巨大成就。

汉赋强调了艺术要摆脱政治伦理道德的附庸，首次以文学作品突出了艺术美的创造性特点。汉画像石、画像砖探索了艺术表现社会思想与生活的路径，第一次集中刻画生动的图像，表现律动式情节的画面形象特征。正如邓以蛰所言：“世人多言秦汉，殊不知秦所以结束三代文化，故凡秦之文献，虽至始皇力求变革，终属于周之系统也。至汉则焕然一新，迥然与周代异趣者，孰使之然欤？吾敢断定其受‘楚风’也。何谓楚风？即别与三代之严格图案式而为气韵生动之作风也。”[①] 气韵生动的艺术形式通过汉赋予汉画像石、画像砖，在中国艺术史上率先出现，由此改变了中国长期形成的“三代之严格图案式”艺术形式，开阔了汉唐艺术发展的道路。汉代是中国艺术发

① 邓以蛰：《邓以蛰全集·辛巳病余录》，安徽教育出版社1998年版，第281页。

展的重要时期，汉代艺术成为中国美术发展的基石。

汉画像石、画像砖数量大，艺术表现力强。其画面组合方式与内容因时间、地域的不同而各异。它们往往以“线条流动之美（如春蚕吐丝）组织人物衣褶，构成全幅生动的画面”[①]。汉画像石、画像砖中生动多变的画面、深邃浪漫的意境、飞动流放的线条“成一体特殊风格，非晋唐所能企及”[②]。同时汉画像石、画像砖确立了或横或竖的长条幅的中国画款式。构图方式上，一幅画面有律动性情节的内容，形成了完整的建筑装饰形式。汉画像石、画像砖的表现方法均对后世的中国美术发展产生了深远的影响。

二　艺术精神的传播

汉画像石、画像砖具有中国本土艺术的鲜明形象特质，铸就了生动活泼的汉代艺术精神。宗白华说：“中国从新石器时代以来一直到汉代，这一段长的时间内，的确存在过丰富的美学思想，这些美学思想有着不同于六朝以后的特点。”[③] 中国艺术发展的道路，有森严等级的束缚，也有自由花木的生长。青铜艺术的饕餮狰狞面目改变了北中国动物生命与运动的交响曲，又依靠周礼的森严乐章威赫了几个世纪，给中国大地以深远致久的影响。但是，楚艺术在扬弃的过程中悄悄地发展了起来，最后融合发展为汉画艺术的主流，终于唱响了汉代艺术精神的主旋律。汉代以后，汉画像石、画像砖艺术为六朝人文思想的活跃奠定了基础。但是，伴随佛教艺术的不断传入，中国本土艺术精神逐渐发生了重大的变化。敦煌早期石窟艺术一部分尚保持中华民族本土艺术风格，一部分已为西域艺术风格，另一部分则移植了印度的艺术风格。敦煌后期石窟艺术形成了中华民族本土艺术与西域艺术、印度艺术、西方艺术相结合的表现形式。在敦煌的雕刻与壁画中尽管具有各种变化形式，但民族本土艺术还是占据主流，从中可以看到汉画像石、画像砖图像影响的因素。

在中国古代艺术的发展过程中，经过不同的发展阶段，整体灵动、极富浪漫进取特点的汉画像石、画像砖艺术独树一帜。形成了中国古代艺术的基本特征，并升华为汉代艺术精神。

---

① 宗白华：《美学散步》，上海人民出版社 1981 年版，第 103 页。

② 潘天寿：《中国绘画史》，上海人民出版社 1983 年版，第 22 页。

③ 宗白华：《美学散步》，上海人民出版社 1981 年版，第 53 页。

在岩画至汉画艺术的形成过程中，人类在不断的思索。远古图腾艺术也曾有人与神灵共存的表现，也使用过大胆随意的表现手法，但是汉画像石、画像砖艺术在此基础上已完成了质的超越，它不再受神灵主宰和支配，而是人要到天上分享神的欢乐，并把人间愉快、乐观、浪漫、向上的情趣带到天上仙界和神灵共享。

中国人最早的艺术认识来源于对客观世界的朦胧认识与整体把握，老子认为，“有物混成，先天地生”[①]，天地产生之前是原始混沌的整体、进而发展成为“天地合气、万物自生”的汉代元气自然论，其广阔无垠的宇宙意识造就了汉画艺术的整体观。汉画像石、画像砖的建筑形式、雕刻技艺、绘画表现是有机的组合整体，彼此不能分割，达到高度的统一。墓室内的一切陪葬物品都是这个统一体的组成单元，它们共同构建了汉画墓室表现艺术的美感式样。墓葬地面上的祠堂、墓阙建筑和雕刻是墓室的外延部分，它们形成了另一个审美层面的整体表现。“从原始人打击和磨制石器，制造出工具和武器，以及用火和烧制出石器开始，人类文化的曙光也开始照亮了大地。那时的文化多是在统一在一起的。”[②] 本来，最早的意义上讲，原始的艺术是综合的、系统的、实用的，它具有朦胧的整体美。这种文化现象在汉画像石、画像砖艺术中比较充分地表现出来。汉代民间的工匠和画师没有严格区分。张衡制造的地动仪有极为优美和谐的造型，史籍也记述其为丹青画师。张衡“少善属文，游于三辅，因入京师，观太学，遂通五经，贯六艺”[③]。可见在汉代即使宫廷设计师，画师也是集造型、技艺、绘画、雕刻为一体，有对事物整体表现的能力与水平。因此，融建筑、雕塑、绘画等形式于一体的具有物质文化和精神文化双重性的汉画艺术之出现并非偶然，它所保持的工艺设计文化形成汉代艺术精神的主要特征。

由动物神灵世界表现的飞动性使汉画艺术充满了生机和活力，它出现在汉代不同形式的建筑、雕刻与绘画中。建筑屋顶的“反宇向阳”曲线使中国古典建筑在天地间呈现飞动之姿；南阳宗资墓天禄、辟邪以浑圆的团块与流畅的曲线表现了腾空升天的运动和力量；汉画像所刻画的龙如贯天彩虹，以流线感觉出现在画面中。宗白华指出：“由于把形体化成飞动的线条，着重

① 任继愈：《老子新译》，上海古籍出版社1978年版，第57页。

② 张道一：《造物的艺术论》，《工艺美术研究》，江苏美术出版社1988年版，第8页。

③ 范晔：《后汉书·张衡传》，中华书局2007年版，第599页。

于线条的流动，因此使得珍贵的绘画带有舞蹈的意味。……有的线条不一定是客观实在所有的线条，而是画家的构思，画家的意境中要求一种有节奏的联系。”① 中国艺术的发展过程中不断进行扬弃，逐渐剔除掉板拙与琐碎的表现方法，克服了一般具象表现的思想影响，进而大胆地刻画精神世界，在汉画像石、画像砖表现中以生命和信念的完美结合形成神游的意境。于是生发出线性韵律的艺术感觉，在宗资墓石雕和南阳汉画像石、画像砖图像中看到了这种形式。它已经摆脱了三代器物饰造图案的传统束缚，形成超越于器物之外的艺术理念，表现出浪漫幻想、生气勃勃的艺术特点。

美感的创造与运用在汉画像石、画像砖艺术中表现得淋漓尽致，艺术回归到自觉性发展的良好路径。它不再是青铜艺术伦理道德的附庸，而是积极表现社会上升时期人类创造伟大业绩的思想境界与场景，以磅礴的气势与力量表现人类征服外部世界的乐观精神，在中国艺术的发展史上，开天辟地的形成了对精神理念艺术创造的表现手法。从另一个层面讲，汉画像石、画像砖艺术在完成自我审美感觉的同时，对汉代的民间文化与社会意识产生极大的影响，汉代墓室的地面祠堂是对外开放的，汉画像石、画像砖的制作技艺在汉代有普及性，对铸造汉代思想产生着重要作用。汉代儒家经学“成人伦，助教化”的现实功利思想没有能束缚汉画像石、画像砖艺术的发展，相反，其艺术形式极强的独立性特征，引导生发了社会蓬勃向上的汉代进取精神。

古希腊求实的艺术风格经过文艺复兴、浪漫主义与古典主义等阶段的发展与思考，似乎20世纪的现代主义从东方艺术传统精神中找到了灵感，并导致在世界范围内涌动起科学和艺术结合、艺术需要重新认识的思潮。笔者认为这是汉画像石、画像砖所反映的中华本土艺术精神通过长期传播与潜移默化影响，经与西方艺术的相互磨合，必然产生的一种思潮。它的积极意义在于：重新认识艺术的本质，促使人们重新建立艺术的认识程序。同时对于我们认识汉画像石、画像砖艺术也有实际的意义。

六朝以后，艺术形式富于变化：唐代的建筑雕刻富丽堂皇；宋代的山水画雄伟壮丽；明清的文人画形式盈然。它们的艺术风格形成与汉代艺术精神应有一定的联系。在汉代以后，随着专制主义的不断强化，民间蓬勃的生命力与艺术表现力受到遏制，逐渐形成艺术的细化特点。在发展过程中，艺术

① 宗白华：《美学散步》，上海人民出版社1981年版，第41页。

逐渐分类明确，且以不同路径发展：科学和艺术分开了，设计和绘画分开了，绘画的画师逐渐分为黄门、文人、宗教、民间四个层次。分类的细化造成了风格的多样化，但不影响包含物质和精神、科学和艺术的工艺设计文化的继续发展。汉画像石、画像砖形式中包含的艺术精神对不同艺术产生着积极的影响，表现出中华民族本土艺术的旺盛生命力。但是汉画像石、画像砖那种整体的飞动气势、那种昂扬向上精神的艺术作品在以后的发展过程中始终不再出现。

汉画像石、画像砖的生动图像，其实早被古人所关注，已不同程度地对汉画像石的图像进行记录与整理。通过汉代的民间交流、晋至唐代的记录与拓制、宋至清代的金石学研究，至清末瞿中溶的《汉武梁祠画像考》一书中首次使用“汉画像”的字样。1929 年鲁迅在致徐寿裳的信中言：“且将北大所有我缺乏之汉画照来，再作后图。”[①] 首次将汉画像石拓片称为“汉画”。1936 年宗白华在《论中西画法的渊源与基础》一文中指出“东晋顾恺之的画全从汉画脱胎”[②]，当时宗白华能够看到的“汉画”，应该仍为汉画像石。可见是由汉画像石的研究逐渐形成“汉画”的称谓。之后随着西学的传入，在金石学图像与文字资料研究的基础上，考古学、艺术史学、历史学、建筑学、社会学等领域开始进行汉画研究，并把狭义的单指汉画像石的“汉画”研究扩展到广义的汉代艺术“汉画”研究。在此基础上，不少学者呼吁建立汉画学，认为汉画以其丰富的内容和多方面的价值，已进入各个学科的研究，应当将其熔铸于一炉，建立起汉画学[③]；汉画学与神画学、民俗学、伦理学、建筑史等学科有交叉研究的意义[④]；汉画研究的历史积淀和历史传统、理论传统诸方面是建立汉画学的重要依据[⑤]。

汉画学的研究对象是中国古代本土艺术辉煌时期的代表作，若将它与中西合璧性质的敦煌艺术比较研究，可以进一步理绪中国早期文化艺术发展的进程，从本源上挖掘并继承中华民族优秀遗产；其次，汉画学集中研究汉代墓葬遗存。汉代坟墓艺术鲜明与深刻地反映生死这一人类永恒的主题，忠实

① 《鲁迅全集·第十一卷》，人民文学出版社 1981 年版，第 662 页。

② 李泽厚、刘钢纪：《中国美学史》（第一卷），中国社会科学出版社 1984 年版，第 103 页。

③ 参见王继如《汉画研究的前瞻》，《汉画研究》第二期。

④ 参见刘道广《汉画学刍议》，《汉画学术文集》，河南美术出版社 1996 年版，第 54—55 页。

⑤ 参见陈江风《汉画学学科建设的思考其依据》，《中国汉画学会第九届年会论文集》，中国社会出版社 2004 年版，第 278 页。

记录汉人生前愿望以及死后世界的演化过程。这些容量巨大的形象与文字资料为各学科研究搭建了平台，都能从自身学科角度去审视汉代墓葬这一生动的艺术遗存，形成各学科的聚焦点。另外，汉画信息量大，层面丰富，能为各学科在艺术与科学，传统艺术与现代科技的结合方面提供有益的启示。

汉画研究乃至汉画学科的建立，对民族文化遗产保护与传承有重要的社会意义。西方民间的文化寻根运动，源于资本主义社会所面临的困境，西方人认识到必须重新确认自己的灵魂。今天世界范围内的文化寻根，其实质是在西方资本主义生产生活方式和现代性的价值之外，寻找人类生存的多样性和未来发展道路的多样性，东方文化以其特有的价值引起西方人的重新评价。因此，继甲骨学与敦煌学之后，汉画学必将成为西方注目的又一热点。

中国在20世纪80年代打开国门向世界开放后，随即兴起的文化寻根浪潮，意欲挖掘各种本土性地方性文化的特有价值。中华民族的伟大复兴呼唤文化的复兴，而民族文化的更新是原有文化传统精髓的激活与更高层次上的发扬和转换。中国文化遗产抢救工程的启动，表明抢救和保护文化遗产不仅是学者的共识，而且已成为政府与民众的共同行动。汉画研究与汉画学学科建设的成果展现了深厚的民族文化历史积淀与历史传统。

中华民族本土艺术精神将不断地被人类社会所认识，汉画像石、画像砖艺术精神也必然会在不同时期继续得到释放与发扬，因为它是中华民族艺术之本源。

第二节　艺术表现观念和方法的传承

一　工艺设计文化的传承

汉画像石、画像砖是装饰于两汉时期墓室、墓祠、墓阙、石棺、摩崖等建筑物上，以石、砖为地，以刀代笔，或勾以墨线、涂以彩色的综合艺术作品，与现在我们所熟知的绘画、雕塑任何一种艺术形式都不相同。画像石、画像砖的石与砖面图像有一定高度，初看上去像是现在的浮雕作品，但形象的细部是用阴线刻画出来的，隐起雕刻的突起状与浮雕形式是不同的，具有中国本土艺术特点的雕刻特点，显示出独特的技艺。另外，画像石、画像砖反映出汉代的社会生活、习俗、观念，兼有物质与精神的双重作用，其工艺设计文化特点传承于后世。

汉画像石、画像砖材质坚硬，在永存的画像上表现了汉代人的思想信仰，其使用价值要先于审美价值，首先完成的是建筑上的构件装饰，然后再满足精神层面的追求。工艺设计文化是民族文化的精华，它的生命力强盛，常常借助于艺术载体的变化而得以发展。汉代晚期，崇拜神灵的社会思潮为佛教的传入准备了沃土，石雕、砖雕技术经过两晋的传承，南北朝也转入了一个新的阶段。南北朝是中国佛教发展的第一个高潮，这个时期的人们精心修造佛寺与石窟建筑，用雕刻与绘画进行装饰，创造了崭新的艺术形式。

北朝造像石窟往往在山石上凿建，山西大同云冈石窟，甘肃敦煌、麦积山石窟，河南洛阳龙门、巩县石窟，河北邯郸响堂山石窟等组成了佛教石窟体系。中国石窟艺术的起源，可以追溯到3世纪末至4世纪中叶的新疆克孜尔等石窟。在中国工艺设计文化传统的影响下，经过长期的吸收、消化、融合，北魏时期开始兴盛。云冈“昙曜五窟”“……魏帝之所造也。去长安西北三十里，武周山北面石窟，就而镌之，建立佛寺，名曰灵岩。龛之大者，举高二十余丈，可受三千许人。面别镌像，穷诸巧丽；龛别异状，骇动人神。栉比相连，三十余里。东头僧寺，恒供千人”①。武周山开凿的“昙曜五窟”（现编号为云冈16—20窟）东西相连，规模宏大。其中前四个窟上有长方形明窗，下有圆拱长方形的窟门，每窟正壁都有迎门而造的石佛巨像，左右有胁侍像。第五窟（现编号为20窟）释迦牟尼像是云冈北魏石窟的典型作品，显示出建筑、雕刻与绘画的完美结合（图212）。北魏开始兴建的巩县石窟，开凿前对石窟建筑进行了周密的设计与思考，在窟内留有中心方柱，形成全窟的中心，此外如窟形、外观立面、四壁壁面、窟顶及地面进行统一的建筑构造与装饰规划（图

图212　云冈石窟第20窟佛像　（摹本）

① 《开元释教录》卷六，清文澜阁四库全书本，第160页。

版二十一）。敦煌莫高窟的始建年代在3世纪末至4世纪初，所形成的石窟群："东即三危山，西即鸣沙山……南北二里，并是镌凿高大沙窟，塑画佛像。"① 因山体由戈壁的砾岩形成，不可能用像花岗岩石质雕造石像，即用泥塑像，窟壁涂上白灰，画成壁画，形成不同材质的建筑、雕刻、绘画之新的形式结合（图213）。至北魏这种表现形式又有了进一步的发展。随着佛教

图213　敦煌二十五窟北凉交脚弥勒菩萨　（照片）

自西向东传播的时间和过程，外来的艺术风格被逐渐同化，民族传统的艺术特色越来越浓厚，最后演变成具有中国特色的佛教艺术。北魏石窟建筑增加了中国木构营造元素，雕刻与壁画中的神话人物、神异形象、佛与菩萨形象穿着具有汉画风格装饰图案的衣服。洛阳龙门石窟古阳洞内的《礼佛图》（图214）、宾阳洞南侧的《护法天》雕刻，其画面的疏密构图、人物的形象刻画、雕作的减地阴线刻均与汉画像石相同，只是在佛教气氛的渲染、人物

① 石室本《敦煌录》，唐耕耦、陆宏基编《敦煌社会经济文献真迹释录（一）》，文献出版社1986年版，第46、48页。

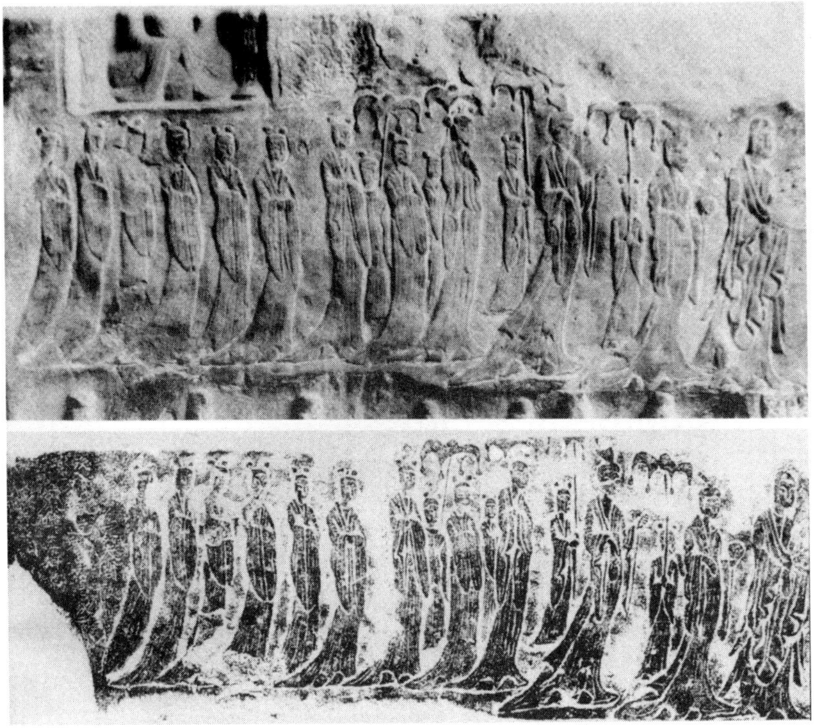

图214 洛阳龙门石窟古阳洞礼佛图 （照片 拓本）

造型的写实方面显出时代特点。但受希腊艺术影响的印度犍陀罗艺术雕刻绘画风格与汉画像石不同，“以这种画与中国古代花纹图案画或汉代南阳及四川壁画相对照，其动静之殊令人惊异。一为飞动的线纹，一为沈重的雕像”①。印度犍陀罗艺术传到中国后，没有改变中国工艺设计文化的民族艺术特点，北魏石窟艺术保持与汉画像石的密切联系。汉画像石的工艺设计文化表现形式，在北魏石窟艺术中得到继承与发展。

魏晋南北朝的墓葬艺术形式多样，内容丰富。与汉代画像石、画像砖墓葬艺术一样，具有建筑、雕刻、绘画相结合的特点，在其墓葬建筑的表面运用雕刻与绘画装饰画像。南京地区的东晋南朝墓葬选地讲究风水，有些墓葬以画像砖砌筑墓室，墓葬地面上至今保存神道石雕，呈现建筑、雕刻、绘画的综合表现形式。魏晋南北朝墓葬的有些葬具制作成一种完整的建筑形式，

① 宗白华：《美学散步》，上海人民出版社1981年版，第105—106页。

图 215　河南洛阳宁懋石室示意图

上面进行雕刻与绘画。如北魏洛阳的宁懋石室制作成木构建筑形式，在壁面内外刻制画像（图 215）。北周西安安伽墓的石棺床具有完整的建筑构造体形态，在棺床的表面进行雕刻与彩画。在题材内容上，汉画像石、画像砖的“四灵”与孝子节烈等图像在石室、石棺床上出现；在雕刻方式上，汉画像石的阴线刻与隐起阴线刻在石室、石棺上继续使用；在形象表现上，汉画像石、画像砖的律动性情节得到进一步展示；在技法运用上，汉画像石、画像砖的平面装饰方法进行了具体实践。汉画像石、画像砖的工艺设计文化理念被魏晋南北朝的葬具艺术所传承。

汉画像石、画像砖的工艺设计文化的综合性特点，在魏晋南北朝的石窟与墓葬艺术中均有所体现。但是在以后的发展过程中，绘画与雕刻逐渐从工艺设计文化中分离出来，成为单独的艺术表现形式。就其纯粹性而言，魏晋南北朝石窟与墓葬艺术的工艺设计文化特点也有所变化。

二　中国传统美术的发展

汉画像石是一种纯粹的民族艺术。它在继承和发展先秦美术的基础上，融会了中国南北文化的精髓，创造出丰富多彩的艺术表现手法，具有鲜明的民族风格，为中国传统美术的民族性特征奠定了坚实的基础。

汉画像石、画像砖艺术开启了魏晋时期图像艺术的发展道路，显现佛教雕刻传入之前中国图像艺术的演变过程。巩县石窟的一、三、四窟的壁脚与中心方柱下层刻有十神王像与伎乐画像。神王像有山神、河神、象神、鸟神、风神、火神、地神、龙神、兔神、牛神，这些名字来自《山海经》的记载，它们在汉画像石、画像砖上也多有表现，显示出中国传统神话艺术在不同时期的传承变化的特点。伎乐画像出现了多种正在演奏中的乐器，有鼓、磬、钹、鐃、笛、笙、排箫、筚篥、法螺、琴、琵琶、箜篌、阮咸等。多数乐器在汉画像石、画像砖上都能看到。三窟中心柱的飞天画像，如凌空飞舞的仙女，富有神话般的色彩。南阳汉画像石的嫦娥奔月画像，嫦娥人首蛇躯，后肢腾空，长尾弯曲，身负月轮，作飞翔奔月状（图 216）。如果把两幅画像进行比较，可以看到她们均为上身挺起，从腰部以下开始转折，向上

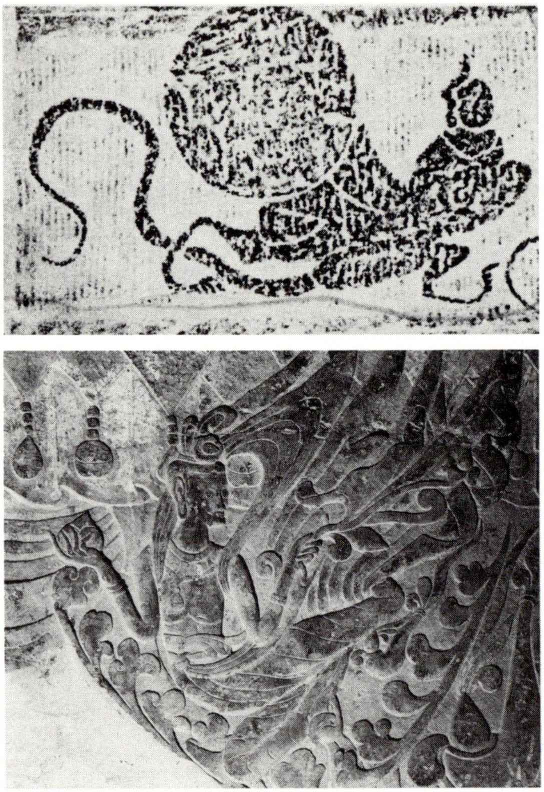

图 216　河南南阳汉画像石嫦娥奔月画像与河南巩县石窟北魏飞天画像　（拓本 照片）

形成较大的体团，完成飞天奔月的动作。画像的雕刻均采用起突刻或隐起刻施阴线的方法，既表现了形象的整体动势，也刻画出生动的细节特点，使两个人物栩栩如生。沂南汉画像石与洛阳北魏墓出土的石棺有比较接近的仙人形象，沂南汉画像石墓前室西壁北侧画像，仙人倒立，躯身上扬，腾空而飞，臂、肩、腰、腿部羽翼张开，组成了整体的节奏韵律。祥云盘旋升起，加强了仙人的飞舞动势，整个形象俨然就是汉画像石的“飞天”图形。洛阳北魏墓出土石棺的仙人画像，与沂南汉画像石一样在臂、肩、腰、腿部生出羽翼，形成腾空求仙的“飞天”图形。两个图像的人物造型基本相同，雕刻

方法沂南汉画像石在略显的凸面刻上施阴线，洛阳北魏石棺则全部用阴线刻，其阴线的刚柔畅滞、虚实聚散处理手法接近。沂南汉画像石的仙人下面有白虎、青龙、朱雀与异兽，洛阳北魏石棺仙人之中有青龙、白虎神灵，可以看到两个画像题材内容的异同。沂南汉画像石按照汉代的道家升仙思想对四灵进行表现，洛阳北魏石棺仍表现青龙、白虎，是道家思想的继续。两个画像都在表现羽化登仙的仙境。如果把上面叙述的南阳汉画像石嫦娥奔月画像与巩县石窟的飞天画像联系起来，可以清晰地看出汉至北魏羽化成仙飞天画像的变化情况。南阳汉画像石嫦娥奔月画像显示东汉早、中期成熟的雕刻技法，所表现的嫦娥蛇躯长尾，身负蟾蜍图形的月圆，具有道家的神秘色彩。沂南汉画像石墓不会早于东汉晚期，表现的仙人形象除了全身的羽翼，已按照世人特点塑造，但陪衬还基本为四灵图像，呈现道家图像特点。洛阳北魏石棺仙人龙虎及装饰图案与沂南汉画像石有相同的地方，有道家的艺术表现，但人物面部与身上的装饰已显示佛教的影响。巩县石窟飞天画像，其动势尚有道家的风范，而人物形象与服饰具有了更多的儒家的因素。由此我们看到了从汉至北魏中国飞天图像的具体变化。

汉画像石、画像砖对后世美术的表现方法和观念产生了重大影响，形成了中国绘画史上的第一个发展高潮。张道一在谈到汉画像石、画像砖的图像艺术时指出："其想象之奇特，结构之巧妙和造型之严谨，标志着我国绘画艺术的成熟，成为中国美术发展的一个重要的里程碑。"① 汉画像石、画像砖艺术的线性与情节表现、平面装饰形式一方面形成了艺术的里程碑，另一方面影响于后世美术。

中国传统美术的线性表现特征，是在以汉画像石、画像砖为代表的汉代艺术的发展中逐渐形成的。这种形式除了在魏晋南北朝石窟与墓室石棺中得到表现外，在制作精美、便于保存的石刻造像碑也有所体现。北魏正光五年刘根造像碑，中部用阴线刻制画像，人物、树木、器物采用粗犷深刻的阴刻线条表现，造型语言凝重（图 217）。保留了汉画像石的艺术特点。汉画像砖的阳刚之线在南朝的汉画像砖墓中得到发展。南京西善桥画像砖墓的竹林七贤与荣启期画像砖（图 218），以熟练流畅的砖刻阳线表现了魏末名士嵇康、阮籍、山涛、王戎、向秀、刘伶、阮咸与春秋高士荣启期画像，人物形象且以阳线刻的竹、青松、银杏、垂柳排列，显现六朝隽丽的人物景物。该

① 张道一：《南阳汉代画像石拓片精品展祝辞》，《汉画研究》第二期。

图 217　河南洛阳北魏刘根造像碑　（拓本 局部）

图 218　南京西善桥南朝佚名陵竹林七贤与荣启期画像砖　（拓本 局部）

墓出土于南朝刘宋时期，刘宋、南齐是陆探微艺术活动时期，从竹林七贤与荣启期画像可以看出陆探微铁线描表现的艺术特点。与此线条风格相近的有邓县彩绘画像砖（图版二十二）、大同司马金龙墓漆屏风画。顾恺之的《女史箴图卷》与《洛神赋图卷》摹本用“春蚕吐丝”般的高古游丝描塑造人物形象，这种形式在酒泉丁家闸壁画与冶源二年（551）山东临朐崔芬墓墓主出行画像中可以看到。在中国的传统绘画中，笔墨是其特有的艺术造型手段，尤其是在水墨画兴起之前，中国绘画重用笔，其中线条是造型的主要手段。衣褶、道具、物象轮廓、人物形态和性格，以及虚实关系、阴阳向背等都要借助于运动的线条，以线条的运动轨迹表现出形象姿态。同时，线条本身也具有一定程度的性格特征和象征意义；挺拔流利，不作顿挫，转折不露圭角的线条，常常是表示愉快的感情；一往停顿，呈现出一种艰涩状态的线条，就显出焦灼和忧郁感；有时纵笔如“风趋电疾”，如“兔起鹊落”，纵横挥砍，就构成了某种激情的线条。因此，笔力线条的表现在中国传统绘画中不仅表达出形式和结构上的美，还传达出主体的情绪和神采。在创作过程中，主观的情感始终和笔的表现融合在一起，笔锋所指，无论点、线、面，都留下其感情活动的痕迹。笔力具有不依存物像而相对独立的美学意义。这种蕴涵着抽象审美意识的艺术表现，是中国传统绘画和书法艺术的最根本的特征。而这种美学观念在汉画像石、画像砖艺术简率、潇洒的线条中得到了生动的体现，同时在魏晋南北朝的壁画中得到发展。

在表现情节的过程中，写实与写意是汉画像石、画像砖艺术创作的两种方法。写实与写意两种方法密切关联，写意建立在写实的基础上，它代表了中国传统绘画最显著的美学特征。汉代的画师工匠从精神的感知认识出发，对物象局部细节的夸张变形与隐喻象征，从而把物象抽象变形成某种概括性的形体，最终创造出了许多介乎于似与不似之间的写意（相对于“写实”）艺术形象。当然，这里的“意”还是来自于“象”的意，这里的“遗形”还是没有完全“忘形”，还有“似”的一面。这种隐含于艺术形象之中的抽“象”之“意”，正是汉画像石、画像砖艺术的“内容”之所在。也正是因为求“意”、求“神”创作精神的主宰，使得身处不同地区、受到不同区域文化影响的汉代艺术家所创作的汉画像石，呈现出相异不同的艺术风格和题材。山东汉画像石表达儒家道德理想的历史人物故事题材居多，形成敦厚浑朴、布局密集的艺术风格；南阳汉画像石则在楚文化的强劲影响下，突出动物与神人题材，形成了鲁迅所说的“稍粗”的、奔放有力的、构图疏朗的艺术风格。山东与南阳的艺术风格，分别表现出写实与写意的方法。两种方法对不同地域的汉画像石、画像砖产生影响，如陕北的质朴简洁与四川的灵动神秘，形成了汉画像石、画像砖多种风格的艺术魅力。

写实写意与艺术中的虚实表现有某种联系。宗白华认为："艺术家创造的形象是'实'，引起我们的想象是'虚'，由形象产生的意象境界就是虚实结合。"① 在艺术表现中进行写实与写意相联系、虚与实相结合，才能真实地反映生命世界。如前文所说的汉画像石、画像砖艺术既有"错彩镂金"表现生活世界的"实"，又有"芙蓉出水"追求自我精神表现的"虚"。

汉画像石艺术的"密集"风格，汉画像石的"舒朗"风格，则逐渐形成了唐宋文人画所提倡的"留白天地宽"的审美情趣，成为文人画的发展方向。在布局上不留白，常以小的物件堵塞其间，使画面不留空隙余裕。以后被文人画弃之不用，但在民间艺术里得到了保留与传承。中国传统绘画的民族性特征之一多点透视构图法，是在以汉画像石、画像砖艺术为代表的汉代艺术的发展中逐步成熟、定型的。汉画像石、画像砖在构图上，常是不分远近的，它所用的透视，是散点的；后世用的俯瞰透视法，在汉画像石、画像砖里业已完成，一直到今天，在中国画中还有很大的影响。汉画像石这种多视点观察的构图，使得一幅汉画图像中可以容纳不同区域、不同场景中的不同物象，也可以容不同时空的事件，大大增强了创作者的组织构图能力。并且在表达主观意象、自然的精神、时空的布运等方面比焦点透视更加有力，更加自由，更能使创作者尽可能地摆脱来自于客观物象外部形色的干扰和制约，也更加适应美术意象的传递和表达。多视点观察的构图布局形式一经汉画像石艺术定型，就给中国传统绘画提供了一种属于民族特有的技术手段，为最终形成中国绘画独有的艺术风格奠定了坚实的基础。

平面造型是汉画像石、画像砖的主要特征，平面装饰手法决定了汉画像石、画像砖的构成形式。汉画像石、画像砖形象情节的表现，依据于平面造型的形式，其所体现的审美观念和表现方法在魏晋南北朝的墓葬艺术中进行了实践。

河西走廊的武威五坎山、酒泉下河清等地发现的汉画像砖墓，分别应是当地魏晋画像砖墓艺术表现的直接渊源。西晋末年，中原关中百姓移居河西，文化的传播是当地魏晋画像砖墓发生变化的另一因由。嘉峪关魏晋墓多为画像砖墓，在砖上以白垩土作底，上面绘制描写宴饮、奏乐、博弈、出

① 宗白华：《美学散步》，上海人民出版社1981年版，第33页。

行、农桑、畜牧、井饮、狩猎、屯垦、营垒等社会现实生活的彩色图像，画面比较写实。而酒泉丁家闸十六国壁画墓前室以土红色宽带分隔成天、地、人间的不同境界，以写意手法表现了生动的画面。其中的西王母与羽人画像表现得意象充分，内涵丰富。张朋川认为："丁家闸十六国时期壁画上承嘉峪关魏晋壁画，下接敦煌北朝壁画。"① 从嘉峪关魏晋画像砖墓的写实表现到酒泉丁家闸十六国壁画墓的写意再现，可以看到图像的形式在变化：由汉画像砖的粗放到魏晋画像砖的精细，再到十六国壁画的清秀与敦煌北朝壁画与塑像（图版二十三）的隽丽；以汉与魏晋画像砖的写实表现到十六国壁画、敦煌北朝壁画与塑像的写意表现。

在东魏至北齐的邺城地区（冀南豫北一带）出土的壁画墓，杨泓分析其墓道的图像特点称："以巨大的龙、虎布置在最前端，青龙和白虎面向墓外，衬以流云、忍冬，有时附有凤鸟与神兽……"② 宿白进一步指出："这个现象似乎暗示此图画内容为更高等级的墓葬所特具。"③ 在这些墓室壁画中，写意所形成的图像式样为其共同的特征。河北磁县北齐湾漳墓的青龙（图 219）腾

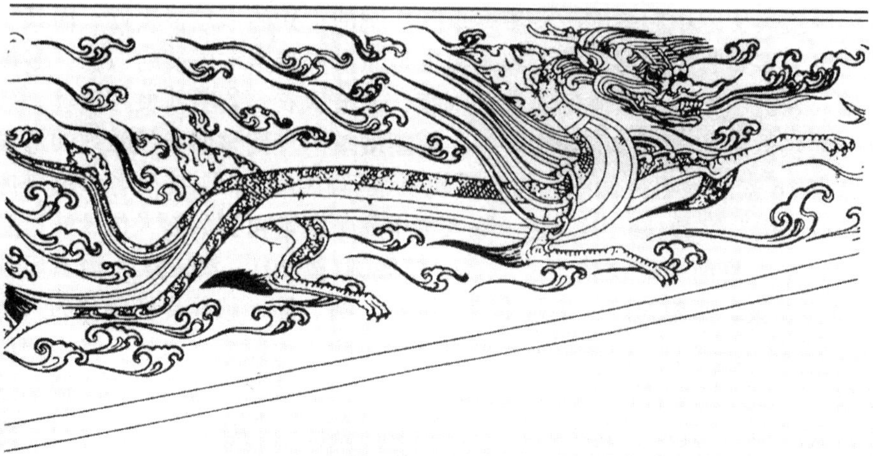

图 219 河北磁县北齐湾漳壁画墓墓道东壁壁画中的青龙图像 （摹本）

① 张朋川：《酒泉丁家闸古墓壁画艺术》，《黄土上下——美术考古文萃》，山东画报出版社 2006 年版，第 178 页。

② 杨泓：《南北朝墓的壁画和拼镶砖画》，《汉代考古和佛教艺术》，科学出版社 2000 年版，第 97 页。

③ 宿白：《关于河北四处古墓的札记》，《文物》1996 年第 9 期。

空凌云、神采奕奕，是汉画像石、画像砖青龙图像的发展。邓县学庄彩色画像砖墓，杨泓认为“其上限应为东晋，下限止于萧梁”[①]。该墓位于南北交界的南阳地区，汉画像石、画像砖的写意表现南阳富有特点。邓县彩色画像砖的四神、麒麟、天马、凤鸟、人首怪兽、跨虎仙人与同时代相比，能从南北朝图像中找到相互一致的地方，如受士族观念影响的秀骨清像样式。若与相隔的汉代相比，与南阳汉画像石、画像砖的写意图像也有相近之处，邓县画像砖的麒麟图像（图220.2）与南阳麒麟岗汉画像石墓的麒麟图像（图220.1），尽管相隔时代久远，但鹿角、鹿首、鹿身、羽翼的图像特点基本相同。

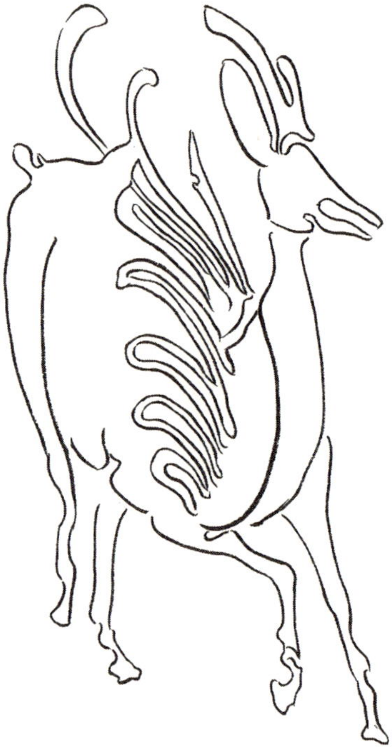

图220.1　南阳麒麟岗汉画像石墓麒麟图像　（摹本）

图220.2　邓县画像砖麒麟图像　（摹本）

以南朝画像砖的竹林七贤与荣启期画像为代表，集中反映了南京地区画像砖墓、邓县彩色画像砖墓、云南昭通东晋霍承嗣墓等墓室壁画的写意表现方法。《历代名画记》说：“顾生首创维摩诘像，有清羸示病之容，隐几忘言之状”，顾恺之开创了“秀骨清象”之风。《画断》说陆探微：“秀骨清象，似觉生动”，《历代名画记》又说：“陆（探微）得其骨，顾（恺之）得其神。”“秀骨清象”表现了人物与其他物象清瘦秀丽、修长苗条的写意特点，南朝齐谢赫提出的绘画六法：气韵生动、骨法用笔、应物象形、随类赋

① 杨泓：《南北朝墓的壁画和拼镶砖画》，《汉代考古和佛教艺术》，科学出版社2000年版，第113页。

彩、经营位置、传移摹写，是对魏晋南北朝写实与写意表现方法的理论总结。这些实践和理论与汉画像石、画像砖“芙蓉出水”的追求及自然表现是分不开的。

汉画像石、画像砖的密集型与舒朗型构成方式，魏晋时期的河西画像砖采用密集型方式，画像排列紧凑，组成连贯的画面。十六国时期的丁家闸壁画以舒朗型方式，一个壁画由一完整的情节画像构成。至敦煌壁画两种形式进行了完美结合。汉画像石、画像砖的舒朗型表现，南朝的邓县画像砖一个砖面一幅完整的画像，直接受到南阳区舒朗型方式影响。南京地区的高淳固城汉画像砖，一砖一画，孔子见老子、鸿门宴等故事情节生动丰富，画面舒朗。在这一地区东晋永和四年的迈皋桥汉画像砖墓①，有龙虎与虎啸丘山画像。东晋隆安二年的镇江画像砖墓②，有青龙、白虎、朱雀、玄武四神与兽首鸟身、人首兽身、兽首人身的不同题材画像。南朝的西善桥画像砖墓的竹林七贤与荣启期画像，均保持了画面的舒朗型表现方式。

竹林七贤与荣启期画像的舒朗型表现，寓丰富的情节于画面之中，以全面节奏来决定各部分的表现程度。南朝宗炳的《画山水序》说：“身所盘桓，目所绸缪。以形写形，以色貌色。”“目所绸缪”的空间景象要采用数层视点，进行图像节奏的全面观照，魏晋南北朝时期把汉画像石、画像砖形成的多视点观察方法在墓葬装饰方面不断探索，在理论上进行总结，逐渐形成了中国绘画艺术的独特观察方法。

汉画像石、画像砖平面造型的时空表现在魏晋南北朝时期也得到发展。南阳汉画像砖的三个侍女画像（图 128），以微妙的动势变化表现了其在运动状态下的时间变化。洛阳宁懋石室刻画了三组并列的人物肖像，中间用木构建筑的柱枋细线分开（图 221）。每组肖像均由相同整齐冠服的男、女二人组成。女为男者侍从，从男性人物看右组的形象最为年轻，左组形象年长于右组，中间一组年龄最大。从动势看右组男性人物面向中间，左组男子似回顾右组面向的男子，迈步向中间走去，中间男子凝视手中莲花，将要进入木构建筑内。石室同时出土的宁懋墓志记录了石室主人宁懋从政到去世的经历，有专家认为画像中的男性人物是宁懋本人，他在石室中三组画像出现，反映一生中的不同阶段，从朝气蓬勃的青年阶段到从政发展，最后完成精神

① 《南京六朝墓清理简报》，《考古》1959 年第 5 期。

② 《镇江东晋画像砖墓》，《文物》1973 年第 4 期。

图 221 河南洛阳出土公元 527 年宁懋石室后墙画像 （摹本）

的升华。[1] 巫鸿认为："三个连续肖像的意味——从追求世俗荣耀到追求内心平静的转变——正是南北朝时期士人中最为流行的一个思想主题。"[2] 宁懋石室石刻画像打破了时间界限，以平面装饰形式塑造石室主人从年轻到衰老的完整形象。海宁汉画像石墓前室通向后室过道两侧画像，正是分别表现墓室主人冥间的不同活动场景，把这些图像并置在一起，来表现神秘的冥灵世界。河南洛阳出土的北魏孝子王琳画像石棺（图 222），画像中一棵大树将画面分成两个部分。左方是王琳哥哥被捉，王琳跪地哀求，右方是王琳及其哥哥被释放，左方图像是正面，右方图像是背影，表现了孝子王琳故事的两个不同情节。把两个相异情节的图像组成一个画面，表现了两个相关联的空间形象，由故事过程形成了时空变化。山东长清孝堂山郭氏祠堂后壁画像（图 146）画面内容丰富、形式生动。画面由两个部分组成，其一是图案框内的画像，表现了祠主受祭的不同时间活动内容，其二是图案框上的大王车出行图。两个组成部分反映了升仙与人间祭祀的不同空间活动。这种组合式的时空画面魏晋南北朝有了新的发展。河南洛阳出土公元 524 年石棺画像（图 223），画像由两种视觉形式组成。第一种形式是地面的画像，第二种形

① 黄明兰的解释。参见《中国美术全集·卷一》，人民美术出版社 1989 年版，图版 19、5 的说明。

② ［美］巫鸿（郑岩、王睿编，郑岩等译）：《礼仪中的美术——巫鸿中国古代美术史文编》，生活·读书·新知三联书店 2005 年版，第 688—689 页。

图 222 河南洛阳出土北魏石棺孝子王琳画像 （摹本）

式是镶嵌在底面上的铺首衔环。铺首衔环本是汉画像石墓门的装饰，一般又成为墓门的符号象征图案。它以居于石棺中间的平面图案出现，应带有表示墓门的含意。带方框的画像，每个方框内有两个人物，方框有窗口的意思。在画面中铺首与方框窗口的存在形成了视觉的空间变化。在汉代，四川王晖石棺的女子半启门画像，显示石棺内外的通透感。这种空间交流的方式，洛阳石棺是通过铺首与方框窗口画像体现的。以铺首象征的门，具有内外联系的作用。石棺上铺首左右的方框窗口，显现两个人物的画像，又加强了石棺内外空间的通透感。变化的图式形成了石棺画像的两种时空表现：其一是石棺底面表现的儒家圣贤形象，他们生活在宇宙世界的空间变化中；其二是底面之上的铺首衔环与人物窗口形成的通透图像，显现游离于石棺底面画像的空间变化。巫鸿在讨论该幅画像时指出："写实风格的历史故事画与幻想和装饰性的线性形象相对；'凸起'的铺首与'凹陷'的窗户并列。……这一构图的原理仍然是'二元'手法。"[1] 石棺通过二元手法的刻意表现，创造了画像的时空概念。

① ［美］巫鸿（郑岩、王睿编，郑岩等译）：《礼仪中的美术——巫鸿中国古代美术史文编》，生活·读书·新知三联书店 2005 年版，第 696 页。

图223　河南洛阳出土公元524年石棺画像　（摹本）

三　对民间美术的影响

汉画像石、画像砖多来源于汉代的中等阶层墓葬，从汉画像石、画像砖所依据的建筑载体的设计，到汉画像石、画像砖的雕刻绘制，均为名不见经传的画师工匠所完成。他们产生于民间，发展于民间，并把艺术审美与思维、设计与制作方法在民间进行传播，逐渐形成民间美术的基本表现形式。

最早出现的西汉画像石、画像砖墓都只在墓门上装饰，墓门装饰被看成是门画的一种。关于门画，《楚辞》中已有“网户朱缀，刻方连些”[①] 的描述。在《论衡》中也有门户画“神荼、郁垒与虎”[②] 的门画记载。但是关于门画的具体视像，汉画像石、画像砖凸显出丰富的形式内容，在形式上可以看到南阳汉画像石的简明与陕北画像石的宏制，从内容上可以显示各地画像石、画像砖的生动图像。南阳汉画像石墓门画像布局疏朗、简明生动、主题突出、粗犷豪放；陕北汉画像石墓门画像布局密集、规制谨严、内容丰富、古拙朴实。具有御凶辟邪、祈福求愿的内涵。汉画像石、画像砖所形成的门画艺术流行于民间，其形式与画像内容广为流传，逐渐成为民间发展的门画艺术。

汉画像石、画像砖壁面装饰的表现形式与画像内容，均对民间产生的影响更为深远。庞薰琹指出：“汉代装饰画作风，总的说来，是写实的。不少装饰画真实地描写了当时的生活情况，特别是有些作品描写了农民们的劳动情况。”[③] 汉画像石、画像砖反映了汉代社会的生活场景，展现了民间的思想风貌。汉画像石、画像砖的装饰风格为后世承接应用。嘉峪关魏晋 12、13 号画像砖墓表现浓郁的河西地区民间生活风情，画像砖墓中的宰猪画像，宰猪人持刀向前，猪伏在宰案上，面部恐怖，整个画面洋溢出强烈的生活气息。在壁面上表现具体的生活场景，这一习俗逐渐发展成为民间室内装饰的表现形式。汉画像石、画像砖对神灵仙瑞的图像表现，在魏晋南北朝的石棺与造像碑中有明显的继承与发扬。同时石窟艺术的佛教神鬼图像表现也开始发展，以后与道教结合，在民间广为传播。

工艺设计文化的发展逐步产生了民间美术，汉画像石、画像砖在承继工艺设计文化的过程中同时对民间美术产生广泛的影响。

---

① 崔富章等注释：《楚辞·招魂》，浙江古籍出版社 1998 年版，第 129 页。

② 王充：《第二十二卷·论衡》，上海古籍出版社 1990 年版，第 217 页。

③ 庞薰琹：《中国历代装饰画研究》，上海人民出版社 1982 年版，第 34 页。

第三节 艺术发展方向与境界的确立

汉画像石、画像砖形成的艺术精神决定着中国艺术的发展与变化。宗白华认为："中国艺术有三个方向与境界。第一个是礼教的、伦理的方向。三代钟鼎和玉器都联系于礼教，而它的图案画发展为具有教育与道德意义的汉代壁画（如武梁祠壁画等），东晋顾恺之的女史箴图，也还是属于这个范畴。第二是唐宋以来笃爱自然界的山水花鸟，使中国绘画艺术树立了它的特色，获得了世界地位……第三个方向，即从六朝到晚唐宋初的丰富的宗教艺术。"① 宗白华指出的三个方向与境界，逐步在汉画像石、画像砖艺术实践和发展中被确定。

汉画像石、画像砖在前代的钟鼎、玉器、漆器、帛画等艺术的继承中形成，既有图案表现的装饰意义，也有伦理道德的教育作用。它通过现实主义与浪漫主义写实与写意的艺术表现，创造了具有生动情节的图像。顾恺之的《洛神赋》、《女史箴图》，陆探微艺术风格的竹林七贤与荣启期砖刻画像，都是由汉画像石、画像砖人物等图像发展变化而出现，并逐渐形成抒情达意的中国人物画发展方向。

中国的山水画起源于汉代，在汉代以前，对大地、山水等现象的描述，"节彼南山，维石岩岩"② 已在诗文里出现。汉代老庄的遁世隐逸思想使山水、林木等题材，经常成为文人和画师的表现内容。汉画像石、画像砖有丰富的山水画像，南阳汉画像砖的狩猎画像（图 224），四川汉画像砖弋射画

图 224 河南南阳汉画像砖狩猎画像 （拓本 局部）

① 宗白华：《美学散步》，上海人民出版社 1981 年版，第 128 页。

② 王秀梅译注：《诗经》，中华书局 2006 年版，第 272 页。

图 225　四川汉画像砖竹林群鹿画像　（拓本）

像、竹林群鹿画像（图 225），以及各地汉画像石、画像砖画像的不同石形、不同树形、不同云形均有中国山水画的初始表现。顾森认为："这些作品不能视为汉代高水平的绘画。但这一点并不影响我们今天透过这些作品来判断汉代的美术水平和美术成就。从探讨山水画起源这一角度出发，这些作品仍然向我们显示，它们或全部或局部都具有了山水画的基本特征，即使那些局部，只要将它们稍作组合，即可以成为一件真正的山水画。"[①]在汉画像石、画像砖山水表现的基础上，至魏晋南北朝，宗炳、王微的山水画理论达到了相当高的水平。到唐宋发展成"笃爱自然界"的山水花鸟画，形成了中国的艺术特色。

汉画像石、画像砖东汉晚期已经受到佛教的影响，四川乐山麻浩汉画像石墓、江苏连云港孔望山汉代摩崖石刻出现了佛教意义的画像，至魏晋南北朝佛教石窟、造像碑或墓葬艺术佛教画像处于盛期。逐渐形成了宗教艺术的发展局面。在宗教意义方面，魏晋南北朝乃至后世的思想内涵不断发展。然而在艺术精神和表现形式方面，汉画像石、画像砖的工艺设计文化综合性特点、平面装饰形式与形象表达方法，一直注入在宗教艺术的发展过程中，形成了中国的宗教艺术特色。

中国艺术的发展与境界的确立，均来自传统文化的积淀与影响。在此过程中，丰富多彩的汉画像石、画像砖艺术发挥着不可替代的重要作用。

① 顾森：《内心的完善与生存空间的完善——论中国山水画起源于汉代》，《杭州师范学院学报》2006 年增刊。

参考文献

［瑞士］H. 沃尔夫林（潘耀昌译）：《艺术风格学》，辽宁人民出版社1987年版。

［英］L. 比尼恩（孙乃修译）：《亚洲艺术中人的精神》，辽宁人民出版社1988年版。

［德］阿道夫·希尔德勃兰特（潘耀昌等译）：《造型艺术的形式问题》，中国人民大学出版社2004年版。

常任侠：《东方艺术丛谈》，新文艺出版社1956年版。

陈江风：《汉画学学科建设的思考其依据》，顾森主编《中国汉画学会第九届年会论文集》，中国社会出版社2004年版。

陈俊成：《宋代金石学著述考》，自印本1976年版。

陈龙海：《线性艺术论》，华中师范大学出版社2005年版。

陈明达：《汉代石阙》，《文物》1961年第12期。

陈明达：《崖墓建筑（上）——彭山发掘报告之一》，张复合主编《建筑史论文集》第17辑，清华大学出版社2003年版。

陈明达：《崖墓建筑（下）——彭山发掘报告之一》，张复合主编《建筑史》第1辑，机械工业出版社2003年版。

戴应新、李仲煊：《陕西绥德县延家岔汉画像石墓》，《考古》1983年第1期。

邓以蛰：《辛巳病余录》，邓以蛰著《邓以蛰全集》，安徽教育出版社1998年版。

邓福星：《艺术前的艺术》，山东文艺出版社1986年版。

董旭：《汉代画像形式初探》，《河南大学学报》（哲社版）1987年第2期。

董作宾：《山东滕县曹王墓汉画像石》，《大陆杂志》1960年第21卷第

12 期。

段拭：《汉画》，中国古典艺术出版社 1958 年版。

［美］弗拉基米尔·L．科内奇尼（耿焱译）：《论“黄金分割”》，李砚祖主编《艺术与科学》卷二，清华大学出版社 2006 年版。

高文：《中国画像石全集·四川汉画像石》，河南美术出版社、山东美术出版社 2006 年版。

［英］贡布里希（范景中译）：《艺术发展史》，天津人民出版社 1986 年版。

顾森、刘兴珍：《论汉画像砖与画像石的表现性》，南阳汉代画像石学术讨论会办公室编《汉画像石研究》，文物出版社 1986 年版。

顾森：《内心的完善与生存空间的完善——论中国山水画起源于汉代》，《杭州师范学院学报》2006 年增刊。

顾森：《生命的图式——汉代西王母图像研究之一》，李砚祖主编《艺术与科学》，清华大学出版社 2000 年版。

顾森：《中国汉画图典》，浙江摄影出版社 1996 年版。

顾森：《中国美术史·秦汉卷》，齐鲁书社、明天出版社 2002 年版。

郭晓川：《南阳汉画像石视觉形式的演变的分期研究》，《美术研究》1994 年第 2 期。

郭晓川：《苏鲁豫皖区汉画像视觉形式演变的分期研究》，《考古学报》1997 年第 2 期。

韩玉祥、李陈广：《南阳汉画像石墓》，河南美术出版社 1998 年版。

河南省文化局文物工作队：《郑州二里冈汉画像空心砖墓》，《考古》1963 年第 11 期。

河南省文化局文物工作队：《河南南阳杨官寺汉代画像石墓发掘报告》，《考古学报》1963 年第 11 期。

河南省文物研究所：《密县打虎亭汉墓》，文物出版社 1993 年版。

洪适：《从事武梁碑》，《隶释》卷六，中华书局 1985 年版。

华人德：《中国书法史·两汉卷》，江苏教育出版社 1999 年版。

黄明兰、郭引强：《洛阳汉墓壁画》，文物出版社 1986 年版。

黄明兰：《洛阳汉画像砖》，河南美术出版社 1986 年版。

黄雅峰：《海宁汉画像石墓研究》，浙江大学出版社 2008 年版。

黄雅峰：《南阳汉画像砖石的视觉造型》，河南美术出版社 1994 年版。

黄专：《饕餮与楚族》，《新美术》1989 第 1 期。

济南文化局文物处、平阴博物馆筹建处：《山东平阴新屯汉画像石墓》，《考古》1988 年第 11 期。

济宁地区文物组、嘉祥县文管所：《山东嘉祥宋山 1980 年出土的汉画像石》，《文物》1982 年第 5 期。

嘉祥县武氏祠文管所：《山东嘉祥宋山发现汉画像石》，《文物》1979 年第 9 期。

嘉兴地区文管会、海宁县博物馆：《浙江海宁东汉画像石墓发掘报告》，《文物》1983 年第 5 期。

翦伯赞：《秦汉史》，北京大学出版社 1983 年版。

蒋宏杰、赫玉建、刘小兵、鞠辉：《河南南阳陈棚汉代彩绘画像石墓》，《考古学报》2007 年第 2 期。

蒋英炬、吴文琪：《汉代武氏墓群石刻研究》，山东美术出版社 1995 年版。

蒋英炬、吴文琪：《武氏祠画像配置考》，《考古学报》1981 年第 2 期。

蒋英炬：《汉代画像“楼阁拜谒图”中的大树方位与诸图像意义》，邵宏、向群主编《艺术学研究》第六辑，2004 年版。

［俄］康定斯基：《论艺术的精神》，人民美术出版社 1980 年版。

［英］克莱夫·贝尔（周金环、马钟元译，滕守尧校）：《艺术》，中国文联出版公司 1984 年版。

乐山市文化局：《四川乐山麻浩一号崖墓》，《考古》1990 年第 2 期。

李发林：《论汉画像石的雕刻技法》，《考古》1965 年第 4 期。

李发林：《山东汉画像石研究》，齐鲁书社 1982 年版。

李凇：《论汉代艺术中的西王母图像》，湖南教育出版社 2000 年版。

李蔚然：《南京六朝墓清理简报》，《考古》1959 年第 5 期。

李泽厚、刘钢纪：《中国美学史·第一卷》，中国社会科学出版社 1984 年版。

李泽厚：《美的历程》，文物出版社 1981 年版。

郦道元：《水经注》，商务印书馆 1982 年版。

连云港市博物馆：《连云港市孔望山摩崖造像调查报告》，《文物》1981 年第 7 期。

梁思成：《中国建筑史》，百花文艺出版社 2006 年版。

林树中:《常州画像砖墓的年代与画像砖艺术》,《文物》1979年第3期。

临沂市博物馆:《临沂的西汉瓮棺、砖棺、石棺墓》,《文物》1988年第10期。

刘道广:《汉画学刍议》,韩玉祥主编《汉画学术文集》,河南美术出版社1996年版。

刘敦桢:《川康之汉阙》,刘敦桢著《刘敦桢全集》第三卷,中国建筑工业出版社1997年版。

刘敦桢:《山东平邑汉阙》,《文物考古资料》1954年第5期。

刘晓路:《焱焱炎炎,扬光飞文——秦汉绘画概论》,《南都学坛》2001年第1期。

刘晓路:《中国帛画》,中国书店1994年版。

[美]鲁道夫·阿恩海姆(滕守尧、朱疆源译):《视觉思维》,光明日报出版社1986年版。

[美]鲁道夫·阿恩海姆(滕守尧、朱疆源译):《艺术与视知觉》,中国社会科学出版社1984年版。

陆九皋、刘兴:《镇江东晋画像砖墓》,《文物》1973年第4期。

罗哲文:《孝堂山郭氏墓石祠》,《文物》1961年第12期。

罗哲文:《孝堂山郭氏墓石祠》,《文物》1961年第4期。

南阳地区文物队、南阳博物馆:《唐河汉郁平大尹冯君孺人画像石墓》,《考古学报》1980年第2期。

南阳地区文物工作队、唐河县文化馆:《唐河县湖阳镇汉画像石墓清理简报》,《中原文物》1985年第3期。

南阳汉画像石编辑委员会:《南阳汉画像石》,文物出版社1985年版。

南阳市博物馆:《河南南阳石桥汉画像石墓》,《考古与文物》1982年第1期。

南阳市博物馆:《南阳县赵寨砖瓦厂汉画像石墓》,《中原文物》1982年第1期。

[美]L.潘诺夫斯基(傅志强译):《视觉艺术的含义》,辽宁人民出版社1987年版。

潘天寿:《中国绘画史》,上海人民出版社1983年版。

庞薰琹:《中国历代装饰画研究》,上海人民美术出版社1982年版。

瞿中溶:《汉武梁祠画像考》,北京图书馆出版社2004年版。

容庚：《汉武梁祠画像考释》，北京图书馆出版社 2004 年版。

山东省博物馆、苍山县文化馆：《山东苍山元嘉元年画像石墓》，《考古》1975 年第 2 期。

山东省博物馆：《山东安丘汉画像石墓发掘简报》，《文物》1964 年第 4 期。

陕西省考古研究所：《陕西神木大保当第 11 号、第 23 号汉画像石墓发掘简报》，《文物》1997 年第 9 期。

陕西省考古研究所、榆林市文物管理办公室：《神木大保当·汉代城址与墓葬考古报告》，科学出版社 2001 年版。

邵宏：《图像学与图像志·美术史的观念》，中国美术学院出版社 2003 年版。

四川省博物馆、郫县文化馆：《四川郫县东汉砖墓的石棺画像》，《考古》1976 年第 6 期。

苏秉琦：《关于仰韶文化若干问题》，《考古学报》1965 年第 1 期。

绥德县汉画像石展览馆编：《绥德汉画像石》，陕西人民美术出版社 2001 年版。

汤池：《孔望山造像的汉画风格》，《考古》1987 年第 1 期。

唐长寿：《乐山崖墓和彭山崖墓》，电子科技大学出版社 1993 年版。

滕固：《南阳汉画像石刻之历史及风格的考察》，沈宁编《滕固艺术文集》，上海人民美术出版社 2003 年版。

［日］土居淑子：《古代中国的画像石》，同明舍 1986 年版。

王伯敏：《汉代的画像石刻》，《版画》1957 年第 4 期。

王昶：《金石萃编》（扫地山房民国十年石印本），陕西人民美术出版社 1990 年版。

王大有：《龙凤文化源流》，北京工艺美术出版社 1996 年版。

王建中：《汉代画像石通论》，紫禁城出版社 2001 年版。

王子云：《中国雕塑艺术史》，岳麓书社 2005 年版。

［美］巫鸿：《国外百年汉画像研究之回顾》，《中原文物》1994 年第 1 期。

［美］巫鸿（郑岩、王睿编，郑岩等译）：《礼仪中的美术——巫鸿中国古代美术史文编》，生活·读书·新知三联书店 2005 年版。

［美］巫鸿（柳扬、岑河译）：《武梁祠——中国古代画像艺术的思想

性》，生活·读书·新知三联书店2006年版。

信立祥：《汉代画像石综合研究》，文物出版社2000年版。

邢义田：《汉代画像中的“射爵射侯图”》，“中央研究院”历史语言研究所出版品编辑委员会编《中央研究院历史语言研究所集刊》第71本第一分册，2000年版。

宿白：《关于河北四处古墓的札记》，《文物》1996年第9期。

徐州博物馆：《徐州发现东汉元和三年画像石》，《文物》1990年第9期。

徐州博物馆等：《江苏沛县栖山汉画像石墓清理简报》，《考古学集刊》第二集1982年第12期。

阎道衡：《永城芒山柿园发现梁国国王壁画墓》，《中原文物》1990年第1期。

杨爱国：《幽明两界——纪年汉代画像石研究》，陕西人民美术出版社2006年版。

杨伯达：《试论山东画像石的刻法》，《故宫博物院院刊》1987年第4期。

杨泓：《汉代考古和佛教艺术》，科学出版社2000年版。

尤振尧：《略述苏北地区汉画像石墓与汉画像石》，南阳汉代画像石学术讨论会办公室编《汉代画像石研究》，文物出版社1987年版。

榆林地区文管会、绥德县博物馆：《陕西绥德县四十里铺画像石调查简报》，《考古与文物》2002年第3期。

枣庄市文物管理委员会办公室、枣庄市博物馆：《山东枣庄小山西汉画像石墓》，《文物》1997年第12期。

曾昭燏、蒋宝庚、黎忠义：《沂南古画像石墓发掘报告》，文化部文物管理局1958年版。

湛轩业、傅善忠、梁嘉琪：《中华砖瓦史话》，中国建材工业出版社2006年版。

张道一：《汉画故事》，重庆大学出版社2006年版。

张道一：《画像石鉴赏》，重庆大学出版社2009年版。

张道一：《立官桂树——汉画所表现的一种世俗观念》，《张道一文集》，安徽教育出版社1999年版。

张道一：《造物的艺术论》，《工艺美术研究》，江苏美术出版社1988年版。

张朋川：《酒泉丁家闸古墓壁画艺术》，《黄土上下——美术考古文萃》，山东画报出版社 2006 年版。

张晓凌：《中国原始艺术精神》，重庆出版社 2005 年版。

赵成甫：《南阳汉代画像砖》，文物出版社 1990 年版。

周到、李京华：《唐河针织厂汉画像石墓发掘报告》，《文物》1973 年第 6 期。

朱存明：《汉画像的象征世界》，人民文学出版社 2005 年版。

朱剑心：《金石学》，商务印书馆 1930 年初版、1955 年重印。

朱杰勤：《秦汉美术史》，商务印书馆 1957 年版。

朱锡禄：《武氏祠汉画像石》，山东美术出版社 1986 年版。

宗白华：《美学散步》，上海人民出版社 1981 年版。

G. Rowley, *Principles of Chinese Painting*, Princenton, NJ: Princeton University Press. 1974.

B. Watson, *Ssu - Ma Ch' ien*, *Grand Historian of China.* New York: Columbia University Press. 1958.

L. Bachhofer, "Der Raumdarstellung in der chinesischen Malerei, etc." *Münchner Jahrbuch für Bildenden Kunst*. vol. 3, Trans. H. Joachim into English. MS in the Rübel Art Library. Harvard University. 1931.

A. Soper, "Life - motion and the Sense of Space in Early Chinese Representational ART," *Art Bulletin*30. 1948, no. 3.

A. Soper, "Early Chinese Landscape Painting," *Art Bulletin*23, 1941, no. 2.

W. Fairbank, "A Structural Key to Han Mural Art," *Harvard Journal of Asiatic Studies*, 1942 vol. 7, no. 1.

H. Y. Shih, *Early Chinese Pictorial Style*: *From the later Han to the Six Dynasties*, Thesis (Ph. D.), Bryn Mawr College, 1961.

插图出处

图 1　山东嘉祥永寿三年安国祠堂画像石　拓本　局部（图片来源　赖非：《中国画像石全集·山东汉画像石 2》，山东美术出版社 2000 年版，第 100 页）

图 2　山东嘉祥武梁祠闵子骞画像　拓本（图片来源　蒋英炬、吴文祺：《中国画像石全集·山东汉画像石 1》，山东美术出版社、河南美术出版社 2000 年版，第 28 页）

图 3　河南许阿瞿墓志画像　拓本　局部（图片来源　王建中、闪修山：《南阳两汉画像石》，文物出版社 1990 年版，图版 282）

图 4

1. 河南南阳淅川老人仓汉画像砖　拓本（图片来源　赵成甫：《南阳汉代画像砖》，文物出版社 1990 年版，图版 406）
2. 河南南阳唐河井楼汉画像砖　拓本（图片来源　同图 4.1，图版 410）

图 5　汉弘东太守张德墓地复原平面图（图片来源　杭州师范大学汉画艺术研究所张锋作）

图 6　宋洪适《隶释》卷六中的两页（图片来源　洪适《隶释》石刻史料新编，第 7131、7132 页）

图 7　山东金乡朱鲔石祠后壁画像　摹本（图片来源　费慰梅作复原及线描图）［美］巫鸿：《武梁祠——中国古代画像艺术的思想性》，生活·读书·新知三联书店 2006 年版，第 62 页）

图 8　鲁迅绘制的汉代石阙图（图片来源　黄雅峰摄于北京鲁迅博物馆）

图 9　北京周口店山顶洞人制作的石器示意图（图片来源　张之恒、吴建民：《中国旧石器时代文化》，南京大学出版社 1991 年版，第 178 页）

图 10　江苏连云港锦屏山将军崖岩画　照片（图片来源　唐云俊：《江苏文

物古迹通览》，上海古籍出版社 2004 年版，彩色图版 2）

图 11 浙江余杭安溪出土玉璧刻符　摹本（图片来源　良渚文化博物馆：《良渚文化论坛》，浙江古籍出版社 2002 年版，第 98 页）

图 12 浙江瑞安岱石山石棚平、剖面图（图片来源　浙江省文物考古研究所：《浙江省文物考古研究所学刊》，长征出版社 1997 年版，第 162 页）

图 13 江苏徐州楚王陵平、剖面图（图片来源　《东南文化》1988 年第 3 期，第 32 页）

图 14 江西新干大洋洲出土玉神人兽面形饰　照片（图片来源　张正明、邵学海：《长江流域古代美术·史前至东汉·玉石器》，湖北教育出版社 2002 年版，第 101 页）

图 15 陕西兴平霍去病墓前野猪石雕　照片（图片来源　陕西历史博物馆：《秦汉雄风——雄风振彩的历史画卷》，浙江人民美术出版社 1999 年版，第 135 页）

图 16 陕西咸阳窑店空心画像砖　照片　（图片来源　中华砖瓦工业协会：《中华砖瓦史话》，中国建筑工业出版社 2006 年版，第 143 页）

图 17 湖北随州曾侯乙墓内棺漆画　照片（图片来源　张正明、邵学海：《长江流域古代美术·史前至东汉·绘画与雕刻》，湖北教育出版社 2002 年版，第 35 页）

图 18 湖南长沙陈家大山楚墓人物龙凤帛画　照片（图片来源　同图 17，第 61 页）

图 19 四川郫县汉代一号石棺双阙画像　拓本（图片来源　高文：《中国画像石全集·四川汉画像石》，河南美术出版社、山东美术出版社 2000 年版，第 100 页）

图 20 山东东阿芗他君祠堂石柱　拓本（图片来源　信立祥：《汉代画像石综合研究》，文物出版社 2000 年版，第 23 页）

图 21 河南唐河冯君孺人汉画像石墓文字画像　拓本（图片来源　韩玉祥、李陈广：《南阳汉画像石墓》，河南美术出版社 1998 年版，第 80 页）

图 22 山东嘉祥武梁祠县功曹向处士致敬画像　拓本（图片来源　［美］巫鸿：《武梁祠——中国古代画像艺术的思想性》，生活·读书·新知三联书店 2006 年版，第 229 页）

图 23 四川邛崃汉画像砖舂米画像　拓本（图片来源　魏学峰：《中国画像

砖全集·四川汉画像砖》，四川出版集团、四川美术出版社2006年版，第53页）

图24 南阳王庄汉画像石墓风伯神人画像 拓本（图片来源 同图21，第207页）

图25 费慰梅所作的山东金乡朱鲔墓地复原图（图片来源 同图22，第37页）

图26 汉画像石分区图（图片来源 同图20，第14页）

图27 山东安丘汉画像石墓后室中间圆柱 照片（图片来源 蒋英炬、吴文祺：《中国画像石全集·山东汉画像石1》，山东美术出版社、河南美术出版社2000年版，图版说明第33页）

图28 山东平邑皇圣卿西阙 照片（图片来源 同图27，图版说明第34页）

图29 江苏徐州邳县燕子埠汉画像石墓墓志 拓本（图片来源 武利华：《徐州汉画像石》，线装书局2002年版，第144页）

图30 安徽宿县诸兰汉画像石墓前室东壁画像 拓本（图片来源 汤池：《中国画像石全集·江苏、安徽、浙江汉画像石》，山东美术出版社、河南美术出版社2006年版，第116页）

图31 江苏徐州铜山洪楼祠堂 拓本（图片来源 同图29，第125页）

图32 河南郑州出土汉画像砖 照片（图片来源 张文军：《中国汉画像砖全集·河南画像砖》，四川出版集团、四川美术出版社2006年版，论文第25页）

图33 河南南阳十里铺汉画像石墓中室南盖顶石画像 拓本（图片来源 同图21，第200页）

图34 河南南阳新野樊集M40汉画像砖墓耳室东门柱画像 照片（图片来源 同图4.1，图版54）

图35 四川彭山460号墓外景 照片 陈明达摄于1941年（图片来源 陈明达：《崖墓建筑（上）——彭山发掘报告之一》，清华大学建筑学院历史与文物建筑保护研究所、世界建筑杂志社主办《建筑史论文集·第17辑》，清华大学出版社2003年版，第63页）

图36 四川成都收获弋射汉画像砖 拓本（图片来源 同图23，第80页）

图37 浙江德清凤凰山汉画像石墓画像 拓本（图片来源 浙江省文物管理委员会：《浙江省德清县凤凰山画像石墓发掘简报》，《浙江省文物考

古研究所学刊·第 7 辑》，杭州出版社 2005 年版）

图 38　江苏高淳固城汉画像砖墓二桃杀三士画像　拓本（图片来源　徐湖平：《中国画像砖全集·全国其他地区画像砖》，四川出版集团、四川美术出版社 2006 年版，第 25 页）

图 39　陕西秦都咸阳第二号宫殿出土的双龙交尾纹空心画像砖　拓本（图片来源　同图 16，第 150 页）

图 40　浙江海宁汉画像石墓前室北壁画像　摹本（图片来源　黄雅峰：《海宁汉画像石墓研究》，浙江大学出版社 2008 年版，第 88 页）

图 41　山东沂南汉画像石墓前、中、后三主室的石柱、石斗拱示意图（图片来源　曾昭燏、蒋宝庚、黎忠义：《沂南古画像石墓发掘报告》，文化部文物管理局 1956 年版，第 4 页）

图 42　四川雅安高颐阙立面图（图片来源　潘谷西：《中国建筑史》，中国建筑工业出版社 1996 年版，第 76 页）

图 43　山东长清孝堂山石祠平、立、剖面图（图片来源　罗哲文：《孝堂山郭氏墓石祠》，《文物》1961 年第 4 期）

图 44　河南南阳新野樊集 M38 汉画像砖墓　照片（图片来源　同图 34，图版 7）

图 45　山东枣庄小山 M3 石椁墓画像　拓本（图片来源　枣庄市文物管理委员会办公室、枣庄市博物馆：《山东枣庄西汉画像石墓》，《文物》1997 年第 2 期）

图 46　湖南长沙马王堆 1 号墓第三重木棺漆画　摹本（图片来源　同图 20，第 194 页）

图 47　湖南长沙马王堆 1 号墓漆奁　照片（图片来源　张正明、邵学海：《长江流域古代美术·史前至东汉·漆木器》，湖北教育出版社 2002 年版，第 191 页）

图 48　山东临沂庆云山二号石棺　拓本（图片来源　同图 27，图版说明 33 页）

图 49　山东枣庄小山 M2 石椁墓画像　拓本（图片来源　同图 45）

图 50　南阳市砖瓦厂汉画像石墓画像　拓本（图片来源　同图 21，第 41 页）

图 51　南阳唐河冯君孺人汉画像石墓墓大门立面图（图片来源　南阳地区文物队、南阳博物馆：《唐河汉郁平大尹冯君孺人画像石墓》，《考古学

报》1980 年第 2 期)
图 52 南阳唐河针织厂汉画像石墓鸟瞰图(图片来源 南阳汉代画像石编辑委员会:《南阳汉代画像石》,文物出版社 1986 年版,第 10 页)
图 53 南阳唐河针织厂汉画像石墓墓顶仰视图 摹本(图片来源 周到、李京华:《唐河针织厂汉画像石墓的发掘》,《文物》1973 年第 6 期)
图 54 南阳唐河针织厂汉画像石墓前室、南主室、后室剖面图(图片来源 同图 53)
图 55 秦都咸阳第三号宫殿遗址出土双龙绕凤璧纹空心砖 拓本(图片来源 同图 16,第 149 页)
图 56 南越国宫署遗址铺地砖 照片(图片来源 黄雅峰摄于广州南越国宫苑遗址博物馆)
图 57 河南新野潦口自然村墓墓壁画面 照片(图片来源 同图 4.1)
图 58 河南洛阳汉画像砖 拓本(图片来源 同图 32,第 18—19 页)
图 59 山东金乡鸡黍镇徐庙村汉画像砖 拓本(图片来源 同图 38,第 101 页)
图 60 河南新野樊集吊窑 M23 汉画像砖墓墓门立面图(图片来源 同图 4.1,第 7 页)
图 61 河南新野樊集吊窑 M24 汉画像砖墓墓门立面图(图片来源 同图 4.1,第 12 页)
图 62 汉画像石的规则形画面 山东临沂白庄汉画像石画像 拓本(图片来源 焦德森:《中国画像石全集·山东汉画像石 3》,山东美术出版社、河南美术出版社 2000 年版,第 30 页)
图 63 汉画像石的不规则形画面 山东沂南汉画像石墓前室八角柱斗拱画像 拓本(图片来源 同图 27,第 150 页)
图 64 汉画像石、画像砖的组合画面
1. 山东平邑皇圣卿东阙西面画像 拓本(图片来源 同图 27,第 4 页)
2. 河南新野樊集 M37 汉画像砖墓画像 拓本(图片来源 同图 4.1,拓本 164)
3. 浙江海宁汉画像石墓前室南壁画像 拓本(图片来源 同图 40,第 34 页)
4. 山东嘉祥武梁祠西壁画像 拓本(图片来源 同图 27,第 29 页)

5. 浙江海宁汉画像石墓前室西壁画像　拓本（图片来源　同图 40，第 54 页）
6. 陕西神木大保当 M17 汉画像石墓墓门画像　拓本（图片来源　陕西省考古研究所、榆林市文物管理委员会：《神木大保当——汉代城址与墓葬考古报告》，科学出版社 2001 年版，第 76 页）

图 65　汉画像石、画像砖的装饰画面
1. 山东安丘汉画像石墓后室东间室顶南坡画像　拓本（图片来源　同图 27，第 118 页）
2. 山东安丘汉画像石墓后室东间北壁画像　拓本（图片来源　同图 27，第 116 页）
3. 河南洛阳汉画像砖画像　拓本（图片来源　同图 32，第 9 页）
4. 山东金乡出土石椁画像　拓本（图片来源　同图 1，第 35 页）
5. 河南南阳方城城关镇汉画像石墓画像　拓本（图片来源　王建中：《中国画像石全集·河南汉画像石》，河南美术出版社、山东美术出版社 2000 年版，第 33 页）
6. 山东东平居摄三年立柱画像　拓本（图片来源　杨爱国：《幽明两界——纪年汉代画像石研究》，陕西人民美术出版社 2006 年版，第 36 页）
7. 河南南阳建宁三年许阿瞿汉画像石画像　拓本（图片来源　同图 3，图版 282）
8. 内蒙古准格尔旗出土文字砖图像　拓本（图片来源　华人德：《中国书法史·两汉卷》，江苏教育出版社 1999 年版，第 117 页）

图 66　河南南阳冯君孺人汉画像石墓拜谒画像　拓本（图片来源　同图 21，第 75 页）

图 67　汉画像石加工后的“细石”（图片来源　杭州师范大学汉画艺术研究所藏石）

图 68　河南南阳杨官寺汉画像石墓“宋文甲”、“宋威甲”题记　拓本（图片来源　同图 21，第 47 页）

图 69　汉画像石画像的不同风格
1. 杨官寺汉画像石白虎画像（图片来源　同图 21，第 45 页）
2. 武梁祠屋顶白虎画像复原图（图片来源　同图 22，第 258 页）
3. 海宁汉画像石墓白虎画像（图片来源　嘉兴地区文管会、海宁县

博物馆：《浙江海宁东汉画像石墓发掘报告》，《文物》1983 年第 5 期）
图 70 汉画像石各类刻法剖面示意图（图片来源 杭州师范大学汉画艺术研究所张锋作，该图参考杨伯达著《试论山东画像石的刻法》，《故宫博物院院刊》1987 年第 4 期，“各类刻法断面示意图”）
图 71 山东肥城桃源区西里村永平十六年祠堂后壁画像 拓本（图片来源 同图 65.6，第 19 页）
图 72 四川江津沙河乡水浒村延熹二年 2 号崖墓画像 拓本（图片来源 同图 19，第 27 页）
图 73 山东长清孝堂山郭氏祠画像 照片（图片来源 黄雅峰摄于山东长清孝堂山郭氏祠）
图 74 陕西绥德黄家塔永元二年辽东太守墓画像 拓本 局部（图片来源 绥德汉画像石展览馆：《绥德汉代画像石》，陕西人民美术出版社 2001 年版，第 40 页）
图 75 山东嘉祥武梁祠画像 拓本 局部（图片来源 同图 27，第 38 页）
图 76 山东沂南汉画像石墓画像 拓本 局部（图片来源 同图 27，第 162 页）
图 77 河南密县打虎亭汉画像石墓画像 摹本 局部（图片来源 安金槐、王与刚：《密县打虎亭汉代画像石墓和壁画墓》，《文物》1972 年第 10 期）
图 78 河南唐河冯君孺人画像石墓画像 照片 局部（图片来源 同图 21，第 71 页）
图 79 江苏铜山汉王乡元和三年画像石 照片 局部（图片来源 同图 30，第 13 页）
图 80 山东安丘汉画像石墓门楣画像 照片（图片来源 同图 27，第 93 页）
图 81 四川芦山王晖石棺画像 拓本（图片来源 同图 19，第 72 页）
图 82 山东沂南汉画像石墓中室八角擎天柱半身龙画像石 照片（图片来源 黄雅峰摄于山东沂南汉画像石墓）
图 83 陕西西安汉画像空心砖 照片（图片来源 同图 16，第 209 页）
图 84 河南南阳新野樊集 M37 墓汉画像砖（图片来源 同图 4.1，图版 60）
图 85 浙江海宁汉画像石墓蟠龙柱画像 摹本（图片来源 同图 40，第 89

页）
图 86　四川成都东汉阳子山一号墓骑吹画像砖　拓本（图片来源　同图 23，第 32 页）
图 87　山东沂南汉画像石墓中室东壁东侧人物画像　拓本（图片来源　同图 27，第 164 页）
图 88　河南南阳樊集汉画像砖阙、门吏画像　拓本　局部（图片来源　同图 4.1，拓本 46）
图 89　河南南阳麒麟岗汉画像石墓大门门楣画像　拓本　局部（图片来源　黄雅峰：《南阳麒麟岗汉画像石墓》，三秦出版社 2008 年版，图版 79）
图 90　山东嘉祥武梁祠前檐东柱画像（图片来源　同图 27，第 32 页）
图 91　浙江海宁汉画像石墓门楣画像　拓本（图片来源　同图 40，第 97 页）
图 92　河南南阳英庄汉画像石墓虎车雷公画像　拓本（图片来源　同图 21，第 92 页）
图 93　河南南阳县出土日月同辉汉画像石画像　拓本（图片来源　同图 52，图 522—525）
图 94　陕西绥德四十里铺出土汉画像石画像　拓本　局部（图片来源　同图 74，第 115 页）
图 95　四川德阳柏隆汉画像砖农作画像　拓本（图片来源　同图 23，第 84 页）
图 96　山东嘉祥宋山小石祠西壁画像　拓本　局部（图片来源　同图 27，第 66 页）
图 97
1. 罗马马克·奥勒利乌斯凯旋柱浮雕　约 181 年照片（图片来源　［英］休·昂纳、约翰·弗莱明：《世界美术史》，国际文化出版社 1989 年版，第 170 页）
2. 山东莒县东莞孙熹阙　178 年　拓本（图片来源　同图 65.6，第 48 页）
图 98　河南南阳唐河针织厂汉画像石墓高祖斩蛇画像　拓本　局部（图片来源　同图 21，第 62 页）
图 99　河南南阳邓县长冢店汉画像石墓牵犬画像　拓本（图片来源　同图

图 115 河南洛阳汉画像砖几何形画像 拓本（图片来源 同图 32，第 14 页）

图 116 山东嘉祥武氏祠左石室后壁小龛西壁画像 拓本（图片来源 同图 27，第 58 页）

图 117 河南南阳沙岗店出土汉画像石投壶画像 拓本（图片来源 同图 3，图版 34）

图 118 河南南阳新野张楼汉画像砖墓套壁画像 拓本（图片来源 同图 4.1，拓本 214）

图 119 河南南阳麒麟岗汉画像石墓玄狐画像 摹本（图片来源 同图 89，第 49 页）

图 120 山东微山两城西王母画像 拓本（图片来源 马汉国：《微山汉画像石选集》，文物出版社 2003 年版，第 33 页）

图 121 河南南阳七孔桥出土汉画像石枭鸟、门吏画像 拓本（图片来源 同图 52，图版 279）

图 122 湖北荆州天星观 2 号墓出土凤鸟羽人木雕 照片（图片来源 同图 47，第 72 页）

图 123 希腊雕刻拉奥孔群像 照片（图片来源 同图 97.1，第 160 页）

图 124 秦武士俑 照片（图片来源 同图 15，第 23 页）

图 125 浙江海宁汉画像石墓前室北壁门楣似猴动物、青龙画像 照片 局部（图片来源 同图 40，第 95 页）

图 126

1. 河南南阳汉画像石人物形象 拓本 局部（图片来源 同图 52，图版 252）
2. 山东嘉祥武梁祠人物形象 拓本 局部（图片来源 同图 22，第 276 页）

图 127 浙江海宁汉画像石墓前室北壁高祖斩蛇画像 拓本（图片来源 同图 40，第 97 页）

图 128 河南南阳新野汉画像砖侍女画像 拓本（图片来源 同图 4.1，拓本 58）

图 129 河南南阳麒麟岗汉画像石墓黄帝暨日月神画像 摹本（图片来源 同图 89，第 96 页）

图 130 河南南阳麒麟岗汉画像石伏羲女娲高禖画像 摹本（图片来源 同

图版目录